ZHONGGUO CHUANTONG FAZHI WENHUA DE ZAI RENSHI
JIQI DANGDAI JIAZHI

中国传统法治文化的再认识及其当代价值

鄢晓实◎著

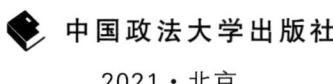
中国政法大学出版社

2021·北京

声　　明	1. 版权所有，侵权必究。
	2. 如有缺页、倒装问题，由出版社负责退换。

图书在版编目（CIP）数据

中国传统法治文化的再认识及其当代价值/鄢晓实著. —北京：中国政法大学出版社，2021.9
ISBN 978-7-5764-0112-7

Ⅰ.①中… Ⅱ.①鄢… Ⅲ.①社会主义法治－文化研究－中国 Ⅳ.①D920.0

中国版本图书馆CIP数据核字(2021)第194222号

出　版　者	中国政法大学出版社
地　　　址	北京市海淀区西土城路25号
邮寄地址	北京100088 信箱8034分箱　邮编100088
网　　　址	http://www.cuplpress.com（网络实名：中国政法大学出版社）
电　　　话	010-58908586（编辑部）58908334（邮购部）
编辑邮箱	zhengfadch@126.com
承　　　印	固安华明印业有限公司
开　　　本	720mm×960mm　1/16
印　　　张	19.75
字　　　数	340千字
版　　　次	2021年9月第1版
印　　　次	2021年9月第1次印刷
定　　　价	79.00元

前　言

　　法治文化是法治理论的灵魂，法治理论是法治文化的表现形式。对中国传统法治文化的深度发掘，其当代价值在于丰富和完善法治理论的文化内涵。本书的主旨就是通过对中国传统法治文化的再认识，实现对中国现代法治理论之文化渊源的重新思考。今日中国依法治国的目标是实现法治理想，即法治国家、法治政府、法治社会三位一体的状态。近几十年来，法治理想在国内一度被普遍认为是以"法律主治"为特征的人类理想社会。法治被普遍认为是西方社会的传统和专属，中国传统社会又被普遍冠以"德治"或者"人治"等标签。因此研究学习西方的法治文化、理论和经验成了国内学界主流趋势，反思、否定和批判中国传统社会治理模式也普遍盛行。然而，在中国现代汉语语境中，法律本应是社会成员的行为底线，法律是因为其义务、底线、秩序等第一属性而应该获得权威性，法律因为秉承良知的人群坚守法律底线、形成对法律的内心认同而在事实上使其获得权威性的保障力量；法律是人制定的规则因而应该永远服从于内在于人心的良知。因此，法律在中国传统社会不具有至上地位顺理成章，法家法治作为中国传统社会法律至上的典型，留给我们的是国家治理彻底失败的沉痛教训。因此，"法律至上"与"法律主治"在中国的语境中似乎无法成立，这就促动我们必须重新审视西方法治理论所言"法律至上"与"法律主治"的真实面貌，促使我们必须反思追随西方法治理论构建中国现代法治理据的国内学界主流思潮。

　　以中西法治文化比较为视角进行深入的研究可以发现，西方社会以"法即正义""王在法下"等理念为代表的法治，其中翻译成汉语的"法"字并非中国汉语意义上的"法律"，而是相当于《道德经》所言的"道"；"法"字同而义异，此"法"根本非彼"法"；西方"至上"与"主治"之"法"原本是指宇宙自然的运行法则或者上帝确立的主宰宇宙运行、指导并约束人类精神和行为的法则，此种法则加之于人的这部分载体或表现形式，部分体现为国家制定法；西方法治之本意和实质都是上帝至上或者宇宙法则至上，由于法治之"法"是外在于人、高于人的上帝设定的，因而具有高于人、独立于人的至上性和权威性；西方社会在近现代资产阶级革命以来确立的"世俗法律"与中国的法律同义，但是却并没有成为西方社会"主治"的依据，在西方社会中也并未获得"至高无上"的地位。西方社会中宣扬世俗法律至高无上的理论和相关法治实践也是西方社会种种失败与乱象的重要原因，作为教训被西方有识之士所反思。现代西方社会真正的主宰依然是宗教文化。西方"法律主治"的文化根基是上帝信仰，其实质是宗教文化主治，因此中国无法也不应该效仿西方的"法律主治"。

因此，如果现代中国确立"法律至上"和"法律主治"作为法治的目标，不仅无法从西方法治理据中获得正当性支持，而且在中国语境下更无法获得将法律这一社会成员行为底线确立为"主治依据"的正当性理据。希望将法治确立为信仰的呼声，其理据论证是现代中国多元文化格局中发生了中西文化错位导致的畸形观念，应予以反思。中国现代法治的关键问题在于解决"有法无治"这一国家治理"基本"问题，而不是强行将法治作为国家治理的"根本"问题推上神坛。中国国家治理的根本问题在于文化，因此需要以构建国家总体文化战略为根本，法治应该保持在文化战略下的基本治国方略的定位。

本书以中西法治文化比较研究为主要视角来对中国传统法治文化进行再认识。为了给中国现代法治寻求到恰当的理据，需要对中西法治、文化进行比较研究，其中主要是对中国传统法治、西方古典法治、西方近现代法治及其各自的文化根基进行比较研究。对中国传统社会和西方社会的国家治理进行考察可以发现，在理论上和事实上，中西方都不存在今天通常所认为的"人治""法治""德治"的类型化差别。中西国家治理的根本规律都是"文化主治"而非"法律主治"，都要求在文化主治下的人、道德、法律、制度等多要素协调一致以实现治理目标。中国传统社会的文化是天道与人道的一致与合一，天道之治称之为"道统"，人道之治称之为"德政"。西方社会是宗教文化中宇宙法则与人间法律的一致，宇宙法则称之为"法统"，"法则之治"称之为"法治"。因此，中西国家治理的差异根源在于文化的差异，亦即天道文化与宗教文化的差异，相应形成了"德政"与"法治"的不同称谓。

经过比较研究笔者发现，中国的天道和西方的上帝是对应的概念，中国的"中庸"和西方的"正义"是对应的概念，中国的"德政"与西方的"法治"是对应的概念。中国传统德政与西方法治的差异并不是现代意义上的"道德主治"与"法律主治"之别，而是人本和神本的差异，现代意义上的道德和法律在德政和法治中的地位和作用并不存在本质与量级差异。因此，现代中国所推动的法治和西方法治本应是两回事。中国现代法治必须确立自己独有的理据，具体来说事关法治文化、法治模式和法治道路。我们不仅应该从西方"法治"中获取经验，更应该从中国传统"德政"中获取智慧。

根据本书的研究，笔者认为应该确立人文精神作为中国现代法治理据之主要文化依托。中国传统德政与西方法治的比较研究告诉我们，文化主治是中西共同的国家治理规律，因为唯有文化方可直指人心、弘扬人性光辉、塑造理想人格。西方法治亦是通过宗教塑造理想人格与法律规范人的外在行为的综合体，绝不是抛开人心、人格而空有、空谈法或者法律之当然正义性。中国现代法治绝对无法起到替代文化的作用，只能是文化之下的一个方面，因此在法治之上必须确立文化作为法治的理据。现代中国的法治应该针对中国当下需要解决的国家治理的现实问题，因此我们应该从中国的实际出发，确立现代中国的国家总体文化战略作为根本治国方略以完成"文化主治"的要求，确立和加强依法治国作为基本治国方略以推进法治进程。文化战略和法治方略是一体两面，其中文化战略具有主导和指导地位，文化是最高社会理想实现的必要条件和灵魂所在；法治方略具有不可替代的现实功用，法治是实现最高社会理想的最低要求和衡量标志；抛开文化的法治无法成功，抛开法治的文化也是空中楼阁，文化决定法治，法治精神是文化的一部分。以文化为本以导人向善并使文化成为人们的精神家园，以法治为用以防止作恶并向人们提供行为准则。不可偏执于推崇法治而将文化和法治本末倒置；二者需要融为一体、整体共进。

根据本书的研究，笔者得出结论：中国现代法治就应该是中国特色社会主义法治，我们应该以"文化自信"为引领，坚定不移地走中国特色社会主义法治道路。在文化战略中需要厘清中国传统文化、马克思主义与西方文化之间的关系，在多元文化格局之现状中寻求立国的文化之本；法治方略需要在中国传统德政、中国法家法治、西方古典法治、西方近现代法治中寻找规律，确立中国现代法治的理据。中西法治比较研究的终极目的是为中国现代法治，即中国特色社会主义法治确立理据，包括具体的法治文化、法治模式和法治道路三个方面。我们应该在中国特色社会主义文化指导下实现中国特色社会主义法治目标。中国从古至今都有自己的法治，中国现代法治的话语权，需要掌握在中国人自己的手中，而不是根据西方提供的法治模板作为唯一的评判标准。弘扬中华民族的民族精神，再次确立现代中国的人本文化地位，构建中国特色社会主义人本法治理论，谋划现代中国的人本法治步骤，解决当下中国的现实问题，自信地选择中国自己的法治道路，找到中华民族恒久发展的动力源泉，让中华民族远离西方式虚构的"想象共同体"陷阱，构建中国人民实质和同质的良知共同体，为实现中华民族伟大复兴的中国梦而奋斗！

目录 CONTENTS

前　言 …………………………………………………………………… 001

引　言　中国传统法治文化再认识之动因 ………………………………… 001
　一、对中国传统法治文化再认识的缘起 ……………………………… 001
　二、选题依据与写作目的 ……………………………………………… 003
　三、本书研究领域的国内外现状 ……………………………………… 005
　四、国内外研究的不足及本书主要解决的问题 ……………………… 017
　五、本书的研究方法与逻辑结构 ……………………………………… 021
　六、本书研究工作的实用价值 ………………………………………… 023
　七、本书研究工作的理论意义 ………………………………………… 024
　八、本书研究工作的不足之处 ………………………………………… 025

第一章　中国现代法治理据须立根于文化 ……………………………… 026
　第一节　依法治国定位与中国现代法治释义 ………………………… 026
　　一、问题的提出——"中国现代法治理据"是什么？ ……………… 026
　　二、依法治国历程的简要描述 ……………………………………… 027
　　三、依法治国的准确定位 …………………………………………… 030
　　四、法治定义辨析 …………………………………………………… 036
　第二节　国家总体文化战略与依法治国基本方略的关系 …………… 053
　　一、构建国家总体文化战略之必要性 ……………………………… 053
　　二、国家总体文化战略与依法治国基本方略之一体化 …………… 058

三、国家总体文化战略的意义 …………………………………………… 059

第二章　中国传统法治文化的再认识 …………………………… 063

第一节　走进儒家道统 …………………………………………… 063
一、儒家的起源——人之所需 …………………………………………… 063
二、儒家的传承载体——儒家文化 ……………………………………… 072

第二节　德政理论解析 …………………………………………… 079
一、中国当下学术中的德治概念——谬传久矣 ………………………… 079
二、儒家的德政理论还原——为政以德 ………………………………… 087

第三节　德政实践考察 …………………………………………… 093
一、对儒家德政的评价——见仁见智 …………………………………… 093
二、德政的正向思考 ……………………………………………………… 097
三、非德政的反思 ………………………………………………………… 101

第三章　西方法治文化的再认识 ………………………………… 105

第一节　走进西方法统 …………………………………………… 105
一、西方法统的解析 ……………………………………………………… 105
二、宇宙法则与人间法律之关系 ………………………………………… 111
三、西方法统的总结评析 ………………………………………………… 117

第二节　西方法治理论评析 ……………………………………… 119
一、西方法治内涵的正本清源 …………………………………………… 119
二、西方法治理论类型划分 ……………………………………………… 127
三、法统文化是西方法治的灵魂 ………………………………………… 133

第三节　西方法治实践考察 ……………………………………… 134
一、西方法治实践的考量因素 …………………………………………… 134
二、西方法治的正向思考 ………………………………………………… 139
三、西方法治实践的反思 ………………………………………………… 143

第四章　法治文化之中西比较 147

　第一节　德政与法治比较的观念基础和逻辑架构 147
　　一、德政与西方法治比较研究的时代背景 148
　　二、德政与法治比较研究的方法 154
　　三、德政与法治比较研究的意义 161
　第二节　德政与法治的文化根基比较 162
　　一、文化的界定 163
　　二、中西文化的差异 174
　　三、中西文化互通——良知是人本文化的终极 186
　第三节　法治模式/制度的比较——治道/治术的生成 191
　　一、法治模式之限权法治 191
　　二、民主法治——民主与法治是两回事 195
　　三、法治模式之两党制 202
　　四、法治模式之三权分立 204
　　五、法治模式/制度背后的理念比较 209
　　六、法治模式比较的结论——用智慧终结"历史终结论" 212
　第四节　德政与西方法治比较的结论 214
　　一、从儒家德政寻找中国现代法治智慧是根本 214
　　二、正确看待西方法治 216
　　三、政治的动力与文化的作用——文化与政治的关系 222

第五章　中国传统法治文化之当代价值 226

　第一节　德政与西方法治比较对中国现代法治理据完善的启示 226
　　一、明确文化主治是国家治理的总规律 226
　　二、必须构建中国自己的法治理据 235
　第二节　中国现代法治理据的文化根基 239
　　一、现代中国的文化路径选择 239
　　二、国家总体文化战略的构建思路 245

三、中国现代法治理念的文化评判 …………………………………… 252
　第三节　中国现代法治理据下的政治模式 …………………………… 257
　　一、现代中国的法治模式基础 ………………………………………… 257
　　二、中国现代法治的模式理据 ………………………………………… 261
　第四节　中国现代法治道路理据 ……………………………………… 262
　　一、中国现代法治道路之设想 ………………………………………… 262
　　二、现代中国的法治道路选择之内生原因 …………………………… 269
　　三、现代中国法治的道路理据 ………………………………………… 273

结　语　以中华民族精神推动人本法治 ……………………………… 280
　一、中国人永远的家国情怀 …………………………………………… 280
　二、历史呼唤新的轴心时代 …………………………………………… 283
　三、法治之道理应止于至善 …………………………………………… 286

参考文献 ………………………………………………………………… 289
后　记 …………………………………………………………………… 305
致谢和声明 ……………………………………………………………… 306

引言 中国传统法治文化再认识之动因

一、对中国传统法治文化再认识的缘起

凡事必有因，有因必有果，因果之定律须注重"缘起"。笔者为何希望对中国传统法治文化进行再认识？这还要从两千多年前、遥远的古希腊说起。古希腊著名的哲人亚里士多德，他在对城邦（相当于今日中国的一个镇或者县城）统治的政体优劣进行分析时，"驳斥"了"他人"的一个"近乎天真"的意见：法治应当优于一人之治。然而在今日中国，"法治（应当）优于一人之治"却摇身一变成为亚氏为推崇法治所做的论断，并且广为流传，学界的文章专著都以此作为法治必要性的充分理据，并且以此理据"启蒙"着国人进行中国现代法治建设。同样还是亚氏，他说过一句名言："吾爱吾师，吾更爱真理。"这句话也在中国广为流传。亚氏的老师是古希腊大名鼎鼎的柏拉图，曾经提出过"哲学王"治国的政治设想。在今日中国，这对师徒之间的故事被演绎为：柏拉图的"人治论"输给了亚氏的"法治论"。随之而演绎出的就是一个风靡中国大地的被广为讨论且争论不休的话题：治理国家是人的才德更加可靠还是固定、良好的法律制度更加可靠，而前者是人治，后者是法治。因此，柏拉图和亚氏关于"人治—法治"的"师徒与真理"之争的"结果"就成了今日中国倡导法治舍弃人治的重要理据。还是亚氏，创立了"形而上学"来研究"存在自身"，创立了形式逻辑体系、开启了西方哲学主客观二分法的先河。这些方法在今日中国同样被作为论述法治理据的必备思维和方法，不可或缺。

同样是在两千多年前，中国春秋时期出现了一位被后世尊为"万世师表"的圣人——孔子。孔子对国家治理提出的政治主张是"为政在人"和"为政以德"。孔子在世时认为"知我者，其惟《春秋》乎！罪我者，其惟《春秋》

乎!",然其未曾预见在两千多年之后,其"罪"恰在"为政在人"和"为政以德",因为前者表明了其与法治对立的"人治观",因而必须反对;后者表明了其远不如法治"高明"的"德治观",亦必须反对,主流观点至少要论证出其不如法治高明和有效。因此,似乎很少有人去思考孔子为什么说"为政在人",是因为"徒法不能以自行",因此必须要有以"仁德"施政的"人"来完成这一使命;也似乎很少有人思考孔子到底是否重视法律制度,而孔子面对礼崩乐坏的春秋战乱,是希望恢复"周礼"这一最根本的制度的,法律是必备的和极其重要的,因而需要"出礼则入刑"。何况,孔子曾经是鲁国的大法官——当时名为"大司寇",我们能够找出这位大法官"不重视"法律的理由和事实吗?"重视"仁德就是"不重视"法律的同义语吗?如果说"最"重视什么,孔子显然"最"重视"以仁德合天道",而不是"法律",因为前者代表了人生的终极意义,而后者是一个为了人生终极意义而存在的规范,当然其中应该体现了人为注入的仁德精神。那么如果我们今天将法律作为"最重视"的来否定孔子对人生终极意义的追求,那么我们所"最重视"的法律里面,体现了人生的终极意义了吗?如果体现了,又是什么具体内涵?很多人说是"正义",那这个正义又是谁的"正义"?当然是人所认同的"正义"。人为什么追求正义?当然是为了人生的终极意义。那么人生的终极意义是什么?这样才发现,原来我们又回到了和孔子一样的模式:人生终极意义一定高于法律本身,人生终极意义一定比法律更为重要和根本。难道不是吗?我们再来看,孔子"学道、修道、悟道",其境界是无主客观分别的"天人合一",这又被认为是"原始、朴素"的,甚至还没有脱离人类最原始的追求。对"圣人"的光环而言,这是不是比《春秋》更严重的"罪"?因此,中国现代法治似乎不仅无法从孔子那里找到理据支持,反而让我们找到了更多法治的反面参照。可事实本来如此吗?

  以上问题就足以引发从法治文化高度对中国现代法治理据的重思。为什么古希腊时期一个针对相当于今日中国一个乡镇或县城的治理,而且近乎乌托邦式幻想的意见"法治(应当)优于一人之治"会成为今日偌大中国之现代法治的理据且大家对此深信不疑?而中华民族的圣人孔子在法治话题甚至更广泛的话题中,却只能作为被批判的对象?对孔子的批判往往是以古希腊这个近乎天真的意见为信条和立论前提的,而且这个立论前提还是通行的大部分学理研究中"法治理据"的立论前提。我们不妨冷静下来思考一下,有一个叫"法律"的东西可以像人一样治理国家吗?"徒法不能以自行"难道在此时不适用吗?治理国家的"人"和"制度"一定是对立关系吗?如果说一个好的制度存在,那么这个好的制度是否必须能够保证最优秀的人有机会施政才算是最好的制度呢?如果一个最优秀的人不制定、遵守、依靠一个好的制度,那么他还算是最优秀的人吗?因此,柏拉图和亚氏之间真的存在人治和法治之争吗?西方现代民主理论所提倡并引以为自豪的理念是:民主虽不一定是最好的,但是一定不是最坏的。难道我们就没有能力和智慧去设计、追求一个最好的方案吗?而且这个最好的方案里面一定是民主和人本的完美契合,可以称之为"民本"。为什么在通行的观念中,中国两千多年来唯一被称为"圣人"的孔子似乎没有给中国现代法治带来智慧支持?通过好的制度保证充满仁德和智慧的最优秀的人来施政难道不应该吗?我们必须在主/客观的"有对"二分法之下制造类似的制度/人或者法律/人的对立吗?还是可以在"天人合一"这种"无对"方式下追求人/制度的完美统一?人的主体属性和法律/制度的规范、理念或精神属性人尽皆知,那么人/法律/制度可以作为国家治理的并列/对立主体吗?这种划分方法是否存在亚氏眼中的"逻辑"问题?

以上一系列的问题,都足以让人产生困惑,因此必须重新思考那些原本看似已经成为"通论"和"定论"的法治理据。而且随着研究的深入,我们会发现问题还远远不止这些,还有更多的具体问题需要重思;更重要的是,我们又发现上述问题还只是表象,其中有着更为深层次和更为复杂的文化、历史、政治、经济、宗教、信仰、人性等原因。而对这些问题的重思,其影响和意义更为重大、深远。因此,重新思考中国现代法治理据十分必要,即使重新思考后可能得出并不正确的结论,也不应因此隐忧导致恐惧而停止重新思考的脚步。

笔者经过深入的思考和研究,得出的结论是:文化与法治本为一体、断无可分,应该支持中国现代法治从中国传统文化寻求智慧借鉴以及找到人文皈依;因此与流行的"西方中心主义"法治观之下的以西方法治为师、为宗形成了重大差异。这就是中华民族"文化自信"背景下的"中国现代法治理据"重思之缘起。

二、选题依据与写作目的

(一) 选题依据

(1) 法治方面之依据:1997 年,党的十五大提出了把依法治国作为党领导人民治理国家的基本方略；1999年九届全国人大二次会议通过宪法修正案规定"中华人民共和国实行依法治国，建设社会主义法治国家"；中共十六大提出全面落实依法治国基本方略；2014年中共中央发布《中共中央关于全面推进依法治国若干重大问题的决定》……依法治国的伟大实践必然需要法治理论的支撑和推动，因此法治理据的研究就具有了重要的理论意义和明确的现实指向。

（2）文化方面之依据：2012年11月8日，胡锦涛同志在中国共产党第十八次全国代表大会所做的题为《坚定不移沿着中国特色社会主义道路前进 为全面建成小康社会而奋斗》的报告提出了"道路自信、理论自信、制度自信"；2016年7月1日，习近平总书记在庆祝中国共产党成立95周年大会上明确提出：中国共产党人"坚持不忘初心、继续前进"，就是要坚持"四个自信"即"中国特色社会主义道路自信、理论自信、制度自信、文化自信"。"文化自信"的提出，必然涉及对中华传统文化的深入认识和正确定位。而中国特色社会主义文化应该根植于中华优秀传统文化的沃土，已经越来越成为党和社会各界的共识。因此，对中华传统文化的进一步深入研究就更加具有重要的理论意义和积极的现实意义。

上述法治和文化方面的中央精神和时代背景，构成了本书选择"中国传统法治文化再认识及其当代价值"作为论题的主要依据。

（二）写作目的

文化和法治的关系是什么？中华传统文化与中国现代法治——依法治国——的关系又是什么？这似乎就是一个非常复杂的问题。笔者发现，认为中国传统文化无法为中国现代法治提供文化支持，甚至认为中国传统文化是中国现代法治的阻碍的观点非常普遍。尤其是在文化虚无主义、历史虚无主义、全盘西化思潮盛行的时代背景下，太多的人将西方法治作为中国现代法治的理想样板，这对党领导人民推进的中国特色社会主义法治何以体现"中国特色"提出了挑战和难题。中华优秀传统文化是中华民族的精神命脉，中国现代法治是国家治理的重要依托，如果不能对二者之间的关系进行正确的理解和把握，则必然导致理论上的混乱和实践中的迷茫。因此，本书写作的主要目的是基于对中华优秀传统文化的深入研究和对中国现代法治的深入观察，做出推动二者实现和谐一致的理论思考，让中华优秀传统文化进一步成为中国现代法治理据的文化和智慧源泉。

三、本书研究领域的国内外现状

（一）国外研究现状综述

1. 国外研究现状综括

法治在西方是一个古老的话题，也是一个常新的话题。因为法治本身就被公认为"难以下一个统一定义"，何况关于法治的各种理论众说纷纭、见仁见智。如有所谓的保守主义法治、自由主义法治、民主主义法治、国家主义法治之分别。从古希腊苏格拉底、柏拉图、亚里士多德；到古罗马的西塞罗和乌尔比安等五大罗马法学家；到欧洲中世纪的奥古斯丁、托马斯·阿奎那；到西方近代的格劳秀斯、霍布斯、洛克、斯宾诺莎、孟德斯鸠、卢梭、康德、黑格尔、萨维尼、梅因、边沁、戴雪、奥斯丁；到西方现代的庞德、狄骥、凯尔森、哈特、拉兹、马里旦、富勒、罗尔斯、德沃金、哈耶克等众多人物，都对法治进行过专门研究或者有所涉猎，为西方法治理据的构建作出了巨大贡献。

目前国内外对于西方法治理据的研究，基本都是在追随这些人物的思想或者在其基础上力求有所创新。因此，研究这些"法学家"的"法学家"队伍庞大壮观。由于西方文化在当今世界中的"强势地位"，与此相应地，西方法治理据也占据了世界法治研究领域的主流地位，法治理据的话语权、法治话语体系基本是围绕着西方法治理据展开的。国内学者一般将西方法学划分为不同的法学流派，不同的法学流派具有各自特色鲜明的法治理据成果。

2. 国外研究现状评析

回溯过往，我们从稍微久远的时间跨度、更加广阔的研究领域上看，19世纪以来，西方人视野中的"中国问题"也基本是戴着西方中心主义和西方文化优越论的有色眼镜观察得来的。譬如黑格尔、孟德斯鸠等人对中国的评论代表了中西两种文化之间存在巨大鸿沟的必然结果，这在某种程度上就是西方人近代以来对中国问题认知的常态；此外，英国哲学家罗素、英国科学技术史专家李约瑟等人则代表了少有的能够深入了解中国文化的少数西方人。具体到法治研究，已有的国外关于法治理据问题的研究多是基于西方社会自身进行法治理据研究，鲜有以中西法治文化比较为视角，以中国现代法治理据为落脚点的专题研究；或者研究者的"有色眼镜"让其研究成果大打折扣，因此对本书的正向借鉴意义不大。但是本书的研究势必涉及西方学者对西方自身的研究,也涉及西方学者对中国的相关观察研究,此处不予详细述评。西方列强必须为从1840年开始的侵华战争寻找冠冕堂皇的借口,其借口之一就是中西法律文化差异[1]。而今天,我们依然没有完全找回应该属于我们自己的法律文化话语权,尤其是在法治研究领域。一方面,中国现代法治需要自己的话语体系;另一方面,西方法治话语体系几乎已经形成垄断局面;这样的状况导致我们很难构建与中国传统、现实相符合的、真正属于自己——既体现法治共性,又体现法治个性——的法治理据[2]。国内很多论者构建出的"中国特色社会主义法治"理据,不过是用西方的法治理据在中国进行"填鸭"而已。如"法治中国化"这样的论题,看似是在打造中国自己的法治,实际上却有一个隐含前提——法治是西方的专利,中国自古没有法治,因此才需要引进来,谓之"中国化"。这是本书需要进行彻底纠偏的观念。中国现代法治的话语权与话语体系之缺位,是中国现代法治理据构建过程中的首要问题。用中国语言、表达中国思想、发出中国声音、解决中国问题,这是中国现代法治理据的应然努力方向。

(二)国内研究现状综述

1. 国内研究现状综括

本书所论述的主题是:通过中西法治文化比较的视角来探寻中国现代法治的理据。这样的一个论题,实际上涉及的学科领域众多,包含了中国和西方两大地域,涵盖理论和实践双重内容,需要从文化、历史、哲学、宗教、政治、法律、社会等多重视角进行综合研究分析。因此,与本书主题相关的研究成果浩如烟海。

如果根据论题视角——中西法治文化比较——来看,中国国内研究此论

---

[1] "自1840年鸦片战争开始,随着列强的入侵,中国进入了屈辱、苦难的近代历史,并从此落伍。列强在中国割地、赔款、采矿、驻军、司法,中华民族受尽耻辱。与此相对应,西方列强借口中西法律文化观念的差异,认为中国法律在形式上'以刑为主诸法合一',与其以宪法为根本法,由此派生部门法的格局不同;在实体法上,侧重惩罚,缺乏西方的人权和保护;在程序上,刑民不分、审判不独立,诉讼机制不配套等,不承认中国法制,通过签订不平等条约强行在中国攫取领事裁判权。自唐迄清一直独立的中国司法主权由此丧失,西方英美法系和大陆法系的司法理念和制度由此取代中国的司法理论乃至中华法系,实践中出现了'外人不受中国之刑章,而华人反就外国之裁判'的反常现象。"姜小川:《司法的理论、改革及史鉴》,法律出版社2018年版,第107页。

[2] 见微知著,譬如我们说"天理、国法、人情"的时候,鲜有人会认为这与法治相关;当我们用西方概念"民主、自由、正义"进行表达的时候,大家才会认为这是标准的"法治话语"。

题的成果远远多于国外,其原因在于,在西方中心主义文化观的影响下:一是中国向西方学习、借鉴的需求动力强劲,而西方向中国学习此问题的需求动力不足,这是一个超越百年时空的大时代的问题;二是中国传统法治文化难以被西方国家完全、真正理解[1],中国现代相关理论又多受西方影响,因此西方更加缺乏反过来再向现代中国寻求理论的动力需求。这与16世纪至18世纪间,中国作为欧洲的样板、儒学西传启迪了欧洲的人本主义之产生的状况形成了巨大反差。现代中国相关的理论研究取法、效法西方成为主流,中国传统文化式微,加之政治、信仰、国际格局、意识形态等诸多现实因素影响,自然造成了当下的局面。此外,由于西方主流观点不承认中国传统法治的存在,因此以中西"法治文化"作为比较视角的系统研究较少,更多的是以"法律文化""法律思想""法律传统"等作为视角进行比较研究。但是这类研究成果与本书论题紧密相关。就国内成果而言,譬如系统论述"中西法文化比较"的张中秋先生,其代表性专著为《中西法律文化比较研究》。笔者认为该专著选取的材料丰富、素材价值极高,但是研究方法、最终研究结论却是笔者不甚赞同的[2]。还譬如崔永东先生所著之《中西法律文化比较》(北京大学出版社2004年版),其中表述了"儒家法律思想是有哲学基础的,这种哲学基础就是其天道论和人性论"。"儒家认为道德法则与自然法则没有

---

[1] 譬如一部五千言的《道德经》,即使非常精通中西语言的人,翻译为英文五万字,恐怕也难以表达清楚真正的字面意思。即使通过数十倍的文字翻译转换,表达明白了其字面意思,但是由于中西文化、思维的差异,恐怕也难有几人能够真正理解。如英国学者凯伦·阿姆斯特朗所著《轴心时代》一书中,关于中国传统文化含义的理解,即存在重大错误认知。因此,很多论者认为德国学者雅斯贝尔斯所著的《历史的起源与目标》以知识性错误百出而著称就不足为奇了。一个特定文化背景下的人,想对世界上各种主要文化的精髓进行颇有见地的理解,着实困难。因此,在中国传统文化下关于德政、法治的相关理论,着实很难被西方人理解,即使现代中国人也很难完全理解甚至完全不能理解。

[2] 该书前八章的主要研究结论笔者基本不赞同,譬如中国古代法以刑法为中心、中华法系的封闭性、中国传统的律学与西方法学作为对等概念进行比较得出中国传统有律学无法学的结论、将西方"个人本位"绝对理解为权利彰显(笔者认为这就是分清楚你的、我的之"私"而已,与社会整体"仁爱"相比较,相差甚远)进而提出公法文化与私法文化作为中西核心特征差异、将中国的"无讼"理解为不重视法律并作为与西方"正义"相对比的核心概念、人治与法治精神之划分等诸多重大结论问题;该书第九章中,张中秋先生对该书前八章研究方法与研究结论的形成做了一个分析回顾,阐明了前八章结论形成的时代背景,笔者方明了以张中秋先生为代表的很多学界前辈的心路历程及用心良苦,深表敬意。在第九章中提出的"从人的文化原理比较中西法律文化",笔者非常赞同这样的思路,并认为张中秋先生在该书第九章中提出了很多真知灼见。

区别。换言之,道德法则只不过是对自然法则的一种模仿而已。"[1]这样的理解笔者并不赞同。

通过在中国知网进行搜索,题名包含"中西法治文化"字样的文章[2]有5篇[3],排除其中学术价值不大的文章,其余的文章也都与本书所定位的法治文化存在重大差异,思考维度亦完全不同,其具体观点不再赘述。通过在中国知网搜索,主题为"法治文化"或题名、篇名包括"法治文化"或相近意思的文章达上千篇,其中博士论文和CSSCI文章达数百篇。排除其中如"乡村法治文化""校园法治文化"等与本书论题相关度不高或者学术价值不大的文章,共有约30篇文章[4]与本书论题高度相关。在这些文章中,很多

---

[1] 该书绪论第5页。前一句表述是切中要害的;但是后一句的表述,笔者认为完全是对儒家的误解。似乎作者将"自然"理解为了物理性质的自然界,将儒家的"德"理解为了现代道德。这样的理解,与笔者的理解大相径庭。因此,以这样的基础概念理解为前提所做的研究结论,自然与笔者所做的研究不是一回事。

[2] 文章范围主要限定于期刊、博士论文等学术类且学术价值较高的文章。

[3] 唐国育:"中西法治文化差异——从《家庭、私有制和国家的起源》谈起",载《法制与社会》2018年第31期;李萍:"论法治文化与法律信仰之构建——以中西法治文化渊源对比为视角",载《福建法学》2015年第4期;张帅:"中西法治文化比较——以宗教信仰为视角",载《商品与质量》2011年第S7期;陈阁、李春华、李文颖:"中西法治文化差异探源——以恩格斯的'两种生产理论'为视角",载《唯实》2011年第3期;石春金:"宗教信仰对中西法治文化的影响",载《学习月刊》2010年第20期。

[4] 刘建宁:"中国特色社会主义法治文化建设研究",兰州大学2018年博士学位论文;汪洋:"论中国式国家治理体系现代化的法治维度",湖南大学2016年博士学位论文;汪火良:"党领导法治中国建设的逻辑进路研究",武汉大学2016年博士学位论文;杨方圆:"中国特色社会主义法治政府建设研究",东北师范大学2016年博士学位论文;陈福胜:"法治的人性基础",黑龙江大学2004年博士学位论文;于语和:"中国礼治与西方法治之比较研究",天津师范大学2001年博士学位论文;李刚:"道治主义政治文化及实践",西北大学2001年博士学位论文;钟佩霖、曾波:"从邓小平法治思想论法治中国的构建",载《四川师范大学学报(社会科学版)》2014年第6期;段凡:"中国特色社会主义法治文化研究",载《科学社会主义》2014年第4期;龚廷泰:"法治文化的认同:概念、意义、机理与路径",载《法制与社会发展》2014年第4期;孙育玮:"中国特色社会主义法治文化的理论与实践",载《学习与探索》2014年第4期;杨昌宇:"对抗、继承与生成:对中国法治文化根基的现代性反省",载《学习与探索》2012年第7期;魏建国:"法治文化:特质、功能及培育机理分析",载《社会科学战线》2012年第6期;蔡玉霞、杨永波:"试论中国特色社会主义法治建设对世界法治文化的贡献",载《河北法学》2012年第7期;李林:"中国语境下的文化与法治文化概念",载《新视野》2012年第3期;闫弘宇、吉丽努尔·麦麦提江:"作为文化的法治",载《社会科学战线》2010年第11期;李林:"社会主义法治文化建设的六大基本问题",载《学术界》2012年第10期;蒋先福:"法治的文化伦理基础及其构建",载《法律科学(西北政法学院学报)》1997年第6期;蒋淑波:"论德治与法治的良性互动及其实现条件",载《理论探讨》2001年第4期;黄东东:"论德治-法治文化中国化",载《河北学刊》2003年第1期;黄东东:"论法治的文化基础",载《河北学

对于中国"道统"或者西方"法统"未能完全从文化精神这一根本性质上去认识，因此大多属于中西杂糅式的论述。其中亦有笔者高度赞同的观点：譬如卓泽渊先生在《世界视野中的中华法文化》一文中对中华法文化之人本、民本、人伦精神进行了精辟论述，指出避免文化自傲和文化自卑的极端认知等。李林先生在《社会主义法治文化建设的六大基本问题》一文中也切中要害地指出了法治文化在现实建设中的关键要点。但从整体上说，学界目前的研究成果与本书的立论前提、整体逻辑架构和研究思路并不一致。因此具体观点不再赘述。

如果根据本书视角——中西法治文化比较——的落脚点：中国现代法治理据的重思，则国内的研究成果更是远远超过西方的成果。因为在西方中心主义思维之下，西方学界认为自己关于法治理据的研究已经堪称典范，这个典范不仅是他们引以为豪的，而且应该成为中国及很多他们眼中的"非法治"国家效仿的榜样。虽然国外本身就其法治理论、法治实践亦存在诸多争论和反思，甚至存在根本性分歧，如保守主义和自由主义、激进主义之争，如对民主的反思等，但这还是在西方自我设定的框架之内进行的，根本谈不上从现代中国寻找借鉴，勿论从中国传统寻求借鉴。相反，现代中国人对于中国传统文化的理解之所以误解颇深，其中主要原因之一是因为我们实际上是接受了西方式的文化和教育体系甚至理念[1]，虽然具有明显的中国式外衣。因此，现代中国人对自己的传统文化的误解，其源头在西方，如果希望西方对中国的研究是客观公允的，显然不切实际。因此，本书通过中国视角讨论

（接上页）刊》2004年第1期；李春明："当代中国的法治社会化：缺失与建构"，载《齐鲁学刊》2004年第6期；庄伟光、曾龙霞："法治文化与和谐社会"，载《广东社会科学》2005年第3期；付春杨："和谐与法治——传统与现代的视角"，载《求索》2007年第11期；卓泽渊："世界视野中的中华法文化"，载《学习与探索》2008年第3期；杨震："法治秩序的私法文化基础"，载《法制与社会发展》2008年第4期；周叶中、祝捷："论中国特色社会主义法治文化"，载《武汉大学学报（哲学社会科学版）》2008年第4期；王渊、康建辉："和谐社会建设中法治文化基本问题研究"，载《西北大学学报（哲学社会科学版）》2009年第4期；陈士福、李文："法治视野下的中华民族精神培育"，载《开发研究》2009年第S1期；王晓广："法治文化大众化制约因素分析——以中国传统法律文化为视角"，载《理论前沿》2009年第14期；缪蒂生："论中国特色社会主义法治文化"，载《中共中央党校学报》2009年第4期；李春明："'和而不同'思想与法治的文化认同"，载《太平洋学报》2009年第9期；李春明："市民社会视角下当代中国法治文化认同"，载《山东大学学报（哲学社会科学版）》2009年第6期。

〔1〕这是一个非常大的问题，在本书的行文过程中予以部分说明和体现。而目前一些恢复、弘扬传统文化教育的形式，也是鱼龙混杂或者甚不得法，反而更加加剧了人们对传统文化的误解。

西方法治文化，实际上是在笔者自己对西方法治文化进行解读的基础上，更多地针对国内学者对西方法治文化的理解进行比较评析。用中国的"道理"（天道之理）[1]解读、评判西方传来的"法理"（宇宙法则之理），这是一个恰当的维度。

中国国内学者以本书落脚点——中国现代法治理据——为研究对象的成果颇为丰硕，而且，即使题目中没有表明"中西比较"，但是在行文中实际上几乎都是涵盖了"中西法治"。譬如张文显先生主编的《良法善治：民主 法治与国家治理》（法律出版社2014年版）、谷德春先生著的《中国特色社会主义法治理论与实践研究》（中国人民大学出版社2017年版）、郭星华先生等著的《现代法治建设与传统文化变迁》（中国人民大学出版社2018年版）、李龙先生著的《中国特色社会主义法治理论体系纲要》（武汉大学出版社2012年版）、段秋关先生著的《中国现代法治及其历史根基》[2]（商务印书馆2018年版）、范忠信先生主编的《法治中国化研究》（中国政法大学出版社第1辑，2013年版；第2辑，2014年版）、范忠信先生主编的系列丛书《中西法律传统》、范忠信先生著的《中西法文化的暗合与差异》（中国政法大学出版社2001年版）、李林先生主编的[3]《中国特色社会主义法治发展道路》（中国法制出版社2017年版）等。上述这些研究成果，与笔者所研究的论题有很多相似、相同之处，也有特别多给予笔者极大启发的真知灼见。但是从总体上看，与笔者通过中国儒家德政与西方法治比较，上升为中西文化精神比较，进而再主张确立中国现代文化精神——人本文化——之下的人本法治的思路，侧重点与逻辑思路不甚相同。此外还有很多相关专著，笔者会在本书参考文献部分集中列举。

根据本书的研究，相关专著和论文中包含法治、文化、法治文化、法治

---

[1] 中国现代的语言，甚多传承着古代至高的学问，比如"道理"一词：心中无道，理从何来？在中国人的骨子里，道统基因是没有消失的，所以中国人喜欢"讲道理"。因此，研究法理学的一些学者提出了"法理之上有天理"的观点，这才是中国文化精神的特质。同时我们看西方人，为什么会有判例法的存在，而不必须是预先规定好具体的法律条文可供明确遵循？没有事前规定好的具体条文，事后对行为进行的法律评判之合理性、正当性何在？因为判例和律法也都是基于一种人人应有之精神，这种精神在西方就是"法理"。

[2] 该书很多观点对笔者启发甚多，在本书行文中亦多次引用、借鉴。

[3] 该书作者包括胡水君、王耀海、刘洪岩、聂鑫、强世功、冯玉军、李红勃、凌斌、蒋立山等九位老师。每一位老师的文章，都给笔者以极大启发。

理据关键词的也是本书相关文献。其中每一章节和每一具体论述问题又包含了诸多相关文献，如"法治与德治"为与本书"治理类型"部分相关的一项内容，其文献亦多。但是目前所有的论文和专著，大多都认为中国不存在除法家外的法治而只存在儒家的德治，而且将德治等同于道德治国。几乎所有文献都赞同法治、人治、德治等实际上并不存在的治理类型划分，并且赞同人治与法治的对立等。类似此种的差别使得每一个研究者的研究结论都与笔者迥异，此处不再赘述。

2. 国内研究现状评析

对国内研究现状需要依据一定逻辑结构分类进行评价。由于法治与文化的论题在国内外早已经形成了众多成熟的观点和理论体系，每一种理论体系都有各自的核心观点和自治的逻辑结构。而这些理论体系的核心观点和逻辑结构是以一定的前提概念到既成结论的逻辑展开的。立论前提的不同设定，往往决定了研究思路和研究结论的根本性差异。本书是在否定了目前国内外主流研究的立论前提和既成结论的基础上，建立了自己的立论基础。因此，以梳理每种理论的立论逻辑起点为思路，可以有效进行观点划分。对于其中关键的立论逻辑起点，梳理并评析如下：

（1）主流观点认为：法治社会是"法律主治"。笔者认为：任何社会都是"文化主治"；"法律主治"的社会是丛林社会，是文化衰败的表现；法律无法取代文化。其他论者的具体观点不再详细列举，因为很多论者所言之"法律主治"是指西方的"上帝法则"主宰宇宙；转化到中国语境后，误传为"法律主治"，并且此观念在法治/德治二元论中被扭曲后得到了强化。

（2）主流观点认为：法治社会中"法律至上"。笔者认为："法律至上"的社会注定是失败的社会，一个社会永远是信仰至上，法律不应该成为"信仰"，因为法律是社会成员的行为底线，不能取代文化精神之至上性；因为法律是底线，所以才应该拥有权威，而不是因为法律具有至上性才应该拥有权威；相关论者具体观点不再列举，因为，如果不局限于法学研究领域，整体综合观察就可得知，信仰——如天道、上帝、神、良知等在各个时代和各个国家都可能是"至上"的，唯独法律从来未能"至上"；很多论者所说的"至上"实质是指法律不容违反之意[1]。

---

[1] 法律不容违反是法律的基本属性要求，无须用"至上"来替代其基本属性要求之表达和强化。

(3) 主流观点认为：西方具有"法治传统"。笔者认为：西方的"法治传统"实质是上帝信仰传统，因为西方古典的法治之"法"不是法律，是上帝信仰之自然延伸，此"法治传统"实际上是文化传统。相关论者具体观点不再赘述，因为在中国"法治"的语境下，由于西方"法"的真实含义并非法律，因此在以西方"法治传统"来"启蒙"中国法治的意义上，本身就是一个伪命题。

(4) 主流观点认为：中国传统社会是以儒家为代表的"德治"模式。笔者认为：中国传统社会没有现代人所理解的"德治"理论及实践。基于对"德"的不同理解，很多论者虚构出了一个儒家"德治"作为"法治"理论的靶子。段秋关先生、俞荣根先生认为道德不能治国，道德只能育人〔1〕，儒家没有主张道德治国；俞荣根先生认为"德政"才能表达"为政以德"的本意；梁治平先生对"为政以德"做出了公允的解读〔2〕。

(5) 主流观点认为：法治是（现代）西方社会的专利。笔者认为：任何社会都存在法治，至少是法律意义上的法治。造成观点差异的原因在于："西方中心主义"导致的错误认知，或者是对法治所作的内涵界定完全不同。相关论者具体观点不再赘述，法治定义千差万别，法治定义的明确是法治问题研究的起点，定义不同，则结论必定迥异。打破西方中心主义和法治乌托邦的幻想，构建中国自己的法治话语体系、找回中国自己的法治话语权、针对中国现实问题找准法治方案，都有赖于确立现代法治的中国理据。

(6) 主流观点认为：中国传统社会是以儒家为代表的"人治"社会。笔者认为：儒家反对而非推崇今天通常意义上的"人治"。造成观点差异的原因在于：大多数论者将人的无道之治与人在国家治理中的关键地位混同，其中采取了偷换概念、混淆标准、逻辑错位的论证手法；歪曲儒家之后将"假儒家"树立为"法治"的靶子；其根源在于传统文化的衰落。李骥、龙倩提出：

---

〔1〕段秋关：《中国现代法治及其历史根基》，商务印书馆2018年版。"对于国家治理和国家体制来说，德治即道德治国是一个伪命题。"（第22页）；"不宜将古代的'德治'论等同于现代的道德论，而相当于现在的政治论、法治论。"（第389页）；俞荣根先生在为该书所作序中认为"道德建设乃法治固有的内涵之义，而非外在之方"，"'以德治国'绝不是用道德来统治、管理国家"。（序一第7页）。

〔2〕"有人，有德，有制，方成治道。而德之一项，不仅涉及治道，亦关乎政道。"梁治平：《为政：古代中国的致治理念》，生活·读书·新知三联书店2020年版，第2页。

人治与法治之间并不是二元对立关系、仁治是法治和人治的最终归宿[1]。此观点具有很高的借鉴价值。

（7）主流观点认为：中国没有法治传统。笔者认为：中国儒家法治就是中国的法治传统。造成观点差异的原因在于：中国传统社会的"德治"是现代人所虚构，中国传统的"德政"等同于西方古典的"法治"；这其中反映了文化自卑心理和西方中心主义思维。相关论者具体观点不再赘述，因为，在以西方法治为"标准答案"的意义上谈中国的法治传统之有无，本身就是一个伪命题[2]。

（8）主流观点认为：中国传统社会只有"法家"是"法治"。笔者认为：法家法治是中国传统法治的旁支和末流。法家法治代表了有术无道的"法治"，与现代西方自由主义法治在性质上无异——无道。伯尔曼对西方自由主义主导的法治的评价一语中的[3]。

（9）主流观点认为：事实上存在互相对立的治理类型：法治/德治/礼治/人治/神治等。笔者认为：任何治理都是人对人的统治，只有有道、无道之分别。仅仅存在于现代人臆想中的治理类型源于混乱的逻辑分类标准和虚构的历史事实；被杜撰出来的治理类型几乎成为所有法治理论研究的基础概念，势必导致学术偏离正道。於兴中先生曾言：法治同德治、神治也可能并行不悖[4]，并且反

---

[1] 李骥、龙倩："人治、法治和仁治的关系——基于孔子的政治思想"，载《延边党校学报》2013年第5期。此外，段秋关先生在《中国现代法治及其历史根基》（第43页）一书中写到"近年来学界时有'不存在人治与法治对立'的观点提出，影响甚众"。其中"不存在人治与法治对立"之前提还是界定了人治与法治的存在，因此本书不再赘述。当然，这样的观点受到的反对声音亦是甚多，如李步云先生《法治和人治的根本对立》（载《现代法学》1981年第2期，具体期号笔者未能查询到）。究其原因，大家所定义的"人治""法治"并不是同一个概念，因此很多争论实际上是没有交集的平行线，但是李骥、龙倩的观点却是笔者非常认同的，是明确了目的与手段的深刻见解，因此作为与笔者观点类同的代表性观点予以列举。

[2] 鄢晓实："中西法文化比较视野下中国法治传统考"，载《河南司法警官职业学院学报》2019年第1期。

[3] "当代社会科学用'世俗'和'理性'一类词语来概括现代法律的特征。所谓法律的世俗主义，是与对神法或为神圣信念所唤起的自然法之信仰的衰落联系在一起的。人们认为，现代国家的法律并不反映有关终极意义和生活目的的任何一种观念；相反，它的任务是有限的、物质化的、非人格的——去发挥某种功能，让人们依某种方式行事，如此而已。"[美]伯尔曼：《法律与宗教》，梁治平译，商务印书馆2012年版，第18页。

[4] 於兴中：《法治东西》，法律出版社2015年版，第70页。

对法治/德治二元结构[1]；胡水君老师公允解读了儒家对礼、德、法、人的综合考量，提出了"儒家并未反对法治"[2]的观点。

（10）主流观点认为：法治是社会终极理想。笔者认为：法治是最低限度的社会要求。观点差异的形成源于中西文化认知错位、现代中国法治"向西求法"导致的法治定位错误；根源于大多数论者对西方自由主义法治理念的高度认同。於兴中先生认为：法治虽然具有其不可否认的优点，但也绝不是最佳的善，也绝不是唯一的选择[3]。

（11）关于什么是法治文化。是自由、平等、正义、权利、契约、民主、市场经济？文化与法治的关系是什么？笔者认为：文化决定法治——法治文化是以法律之治守护人类良知秩序。超越法治本身才能探讨法治文化——回归到人本才是法治文化，脱离了人的玄虚之说皆非文化；否定人本文化根基的法治文化学说，只能走向西方自由主义或者西方神本法治、古希腊哲学法治，但是却无法取得西方文化精髓；进而最终走向唯制度论、社会达尔文主义、西方激进主义等。这个问题由于众说纷纭，此处不再具体列举。

---

[1] "法治的概念到了中国，发生了很大的变化。事实上，没有一个国家会说我们只实行人治而不实行法治，或者说我们只实行法治而不实行人治，那是不可能的事情。'徒法不能以自行'那不是虚说的。美国可以说是一个法治的典范国家，但是法治的最终决定权还是在那九个大法官手里，最高法院说了算。法治也好，人治也好，总是有一个相同的东西，那就是'人'是离不开的。每一个人都必须遵守法律，而法治的实现最终还是要由人来决定。"於兴中：《法治东西》，法律出版社2015年版，第20页。

[2] "良好的社会和谐是儒家所追求的目的。一个社会不能没有秩序，为达到一种良好的治理状态，儒家在治理方案上既强调'礼'的作用，也强调'德'的作用，还强调'法'的价值，当然更强调'人'的作用。在通常的理解中，儒家是反对法治的，这实际上是对儒家的一种错误的理解。""人治与法治的对立完全是被现代人主观构造的对立，法治在根本上内在地要求贤人之治。"胡水君："法治建设的中国话语体系"，载李林主编：《中国特色社会主义法治发展道路》，中国法制出版社2017年版，第385、389页。

[3] "由于法治社会重视人的智性的开发而忽视了人的秉性中的其他重要的方面，包括人的心性和灵性的培养，它充其量只能给人的智性提供一片乐土，但却无法滋润人的灵性和心性。建立在纯功利理性和实用主义思想之上的现代法律文明秩序可以培养出个人利益至上的现代人。他们永远以大写的'我'来对待通常小写的'你'，一切以是否侵犯了自己的权利为最高衡量标准。他们没有历史感、没有道德责任感。人生不是处在各种关系和情感之中，而是处在利害冲突和斤斤计较之中。归根结底，一个完全建立在智性和法律之上的法治社会只能造就出一大堆现世主义的个人主义者，却孕育不出秉性健全的人来。"於兴中：《法治东西》，法律出版社2015年版，第7页。其实道理很简单，这样的法治社会，已经让人彻底失去了人引以为自豪的人生意义追求，人只不过成为"理性的满足个人欲望的两足动物"而已，这并不比四足动物优越（笔者注）。

（12）很多论者明示或默认中国现代法治应该以西方法治为蓝本。笔者认为：中国现代法治应该以中国传统"德政"为蓝本。造成观点差异是因为未能确立现代中国文化之本出现的错误导向；中国应该确立属于中国自己的法治理据。范忠信先生认为：要建设体现民族性格和文化传统的法制体系和法治模式[1]。

（13）很多论者认为法治是现代中国国家治理之根本。笔者认为：文化才是中国国家治理之根本[2]。这就涉及法治与文化关系之再定位问题——文化战略与法治方略之一体共进关系。研究文化问题的学者持此观点者甚多，但是很少触及法治问题研究。

（14）很多论者认为中国现代法治模式应该效仿西方。笔者认为：中国现代法治模式应该独具中国特色。西方法治模式源于其背后的历史进程、权力争夺、利益争夺等综合因素。关于这个问题，由于法治模式被学界完全与法治模型融为一体，因此单独论述者少，或者只从政治体制改革角度着眼。

（15）很多论者认为中国现代法治道路应该效仿西方。笔者认为：中国现代法治道路应该独具特色，这主要是基于法治道路背后的历史和现实因素考量。张晋藩先生的观点集中反映了中国走自己的法治道路的学界心声[3]。

---

[1] 范忠信先生在作出近代中国变法是被动加入国际秩序之"投名状"、移植法制与中国国情并不相容两个判断的基础上，提出一种"历史法学"路径的"法治/法制中国化研究"思路：①从现实争议案例发现法律困境或漏洞；②阐明中国传统处理模式或观念；③阐明国外传统处理模式或观念；④阐明中外传统处理模式或理念赖以存在的社会基础；⑤反省中国百年变法利弊得失及根由；⑥提出基于历史法学的法制改良方案。[范忠信主编：《法治中国化研究》（第1辑），中国政法大学出版社2013年版，第1~6页。]范忠信先生的"历史法学"主张与美国学者伯尔曼先生的"历史法学"主张相映成趣，非常值得认真思考。

[2] 在学术研究中盛行各种"决定论"，如地理环境决定论、经济决定论、精神决定论、文化决定论等。但是笔者所说的文化是"根本"并不等同于所谓的"文化决定论"。所谓决定论，都是在西方的"有对思维"之下产生的说法，而在中国传统的整体观中，无须去制造二元或者多元对立，更无须找出一个终极的"决定"因素。在一个整体中，每一部分都发挥作用，无所谓"决定"。如果非要说"决定"，那么"决定"这个认知是"人"的认知，因此所有的因素作用于人，人就是综合各种要素"决定"什么是"决定"的"决定者"。笔者说文化是根本，因为文化是对人之根本的探求，其实终归落实到人是根本这一终极问题。

[3] "既然要走中国特色的社会主义法治道路，就不能忽视具有四千多年发展历程而又从未中断的中华法制历史。""在四千多年的中国法制历史中，形成了特有的法律传统，其中虽然不免有封建落后和保守的成分，但更多的是体现了中华民族的智慧和理性。""阐述历史发展的真实进程，用以教育民众，建立起正确的历史观、国家观、法律观。""科学地总结中国法制历史在治世中的经验，为现实的法制建设提供镜鉴。""从来没有不讲法制的盛世，也从来没有盛世而法令不行的现象""礼、乐、政、刑综合治国""治法与治吏的结合""观今宜鉴古，无古不成今"。张晋藩：《依法治国与法史镜鉴》，中国法制出版社2015年版，序，第3~5页。

（16）关于什么是中国特色社会主义法治[1]的问题，目前强调中国特色社会主义法治的理论，也大多是没有确立文化根基的杂糅式"法治理论大杂烩"，理论的内在矛盾处于无解状态。在很多论者否定了中国传统文化的同时，又面临西方神本文化根本不可能被中国接受、也绝不适合的局面——中国特色社会主义法治需要正视人文根基的确立，否则法治理论必然是矛盾丛生的大杂烩——无根基导致无方向、无定力、无动力、无突破、无战略。由于定义众说纷纭，此处不再具体列举。

（17）关于法治是否应该成为信仰的问题。笔者认为：应该用文化塑造人本信仰，法治本身不能成为信仰。法治只能是基本治国方略；推进法治是必须全力以赴的，但是必须抛弃偏执的心态和盲目的狂热，否则即是将"法治"推入一个绝境——"德不配位"。在众多论者中，熊秉元先生明确反对法律可以成为信仰[2]。

在上述十余项重大核心观念有根本分歧的前提下展开的逻辑论证势必存在重大差异。譬如将"德治"理解为道德治国，则与笔者所探讨的儒家"德政"就完全不同了，因此就不存在笔者对其观点的借鉴问题；譬如将儒家理解为"人治"，也就与笔者的观点完全相反了；譬如划分出德治/人治/法治/神治这些类似的治理模型并以此为前提展开研究，则势必也与笔者的研究思路完全分道扬镳。因此，虽然学界在本书论题上学术成果颇为丰富，但是却基本归入了笔者所"反思"的观点来源，笔者的"重思"就是在对这些被反思的观点的基础上进行的重构。换言之，与本书论题近似的国内研究成果，从字面上看，似乎所研究的问题与笔者相同或者相近，但是由于基础概念和基本观念前提的定义与笔者完全不同，因此这些研究成果实质上与笔者研究

---

[1] 问题的实质是：应该首先确立自己的文化根基而后构建法治理论，称之为中国特色；还是将西方法治作为标准，再从其中剥离出适合中国的部分，称之为中国特色。如果确立自己的文化根基再构建法治理论，那么我们自己的文化根基又涉及传统、现代、西方传统、西方现代四个类型的错综复杂关系，这就可能又出现循环论证。因此，现代中国的文化之根是什么，这应该是中国特色法治理论的逻辑起点。

[2] "现代社会里，法律是由政治过程所决定，法律的内容，也就是公共政策的一部分。经过论对辩难，通过政治过程，形成法律。相形之下，法律一旦成为信仰，就没有讨论的空间。因此，在现代法治社会里，法律和信仰之间，相隔十万八千里，或更远。至于在极权体制下（如纳粹德国），在法律和信仰这两者之间能否做出联结，倒是一个好问题。"熊秉元：《法的经济解释：法律人的倚天屠龙》，东方出版社2017年版，第120~121页。

的并非同一问题。因此,笔者对国内外的研究成果更多的是进行一种概括性的总结描述,而无须过于具体地依据论者的具体文章、专著等逻辑关系展开。

四、国内外研究的不足及本书主要解决的问题

(一)国内外研究的不足

1. 国内对中国现代法治理据研究结论之缺陷

国外研究以西方中心主义为起点,本身就是一种重大缺陷。因此,西方以救世主的姿态"拯救世界"、推行民主法治(实为霸权主义)已经广受诟病。受到西方法治理据之深刻影响,中国现代法治理据找寻过程中,从法律自身寻找法律的终极正义标准成为主流,所谓"法即正义";由于对"人治"的排斥和传统文化精神的失落,人这一主体以及人心、人性往往被排斥在法治的探讨范围之外。我们研究法治的时候,对法律的权威性、法治的必要性进行论证,往往借助于西方古典法治的理据进行追根溯源,但是这种舶来的理据虽然表面上解决了法治的正当性问题,却根本无法解决法治的实现路径问题,最终沦为镜花水月。因为西方的法治理据根基于其宗教文化,法即正义是指上帝确立的宇宙法则以及自然延伸的人间法律,上帝信仰是西方法治的前提,因此西方法治理据完全不适合中国,此法非彼法。我们在中国现代法治理据找寻中,缺失的是应当确立的文化之本,因此借来了西方法治理据的同时,并未构建起中国现代法治的实现路径。中国现代法治理据亟须确立自己的文化根基。西方国家大多以宗教立国,但是中国的一般观念却认为宗教是迷信,因而在理论研究中往往忽视宗教在西方社会的真实作用,例如,忽略西方自由主义法治背后实际存在的社会宗教背景,将宗教之功归于自由主义法治。忽略了宗教作用的研究结论往往偏颇,未能触及西方社会和法治的根本规律。因此,对于法治是什么、法治的定位、法治的文化根基、法治的模式、法治实现道路、法治与文化的关系、法治与人的关系、法治与道德的关系、法治与政治的关系、法治精神的确立、中国现代法治的中国特色、中国现代法治与中国传统的关系、中国现代法治与西方法治的关系等诸多基础和重大问题上,更多的呈现出的是一本糊涂账。这样的一本糊涂账,在中国国内呈现出了一种让人深深担忧的状态,且不仅仅是心中之隐忧,也是社会现实之病痛。无论哪个年龄阶段的人,甚至年轻一代,即使从未读过《论语》,也惯于理直气壮地在学术研究中批判中国的传统文化,然后告诉世人,

要接受西方的启蒙。虽然我们也常常说要弘扬中华"优秀"传统文化,但是,我们能否冷静下来想一想,"不优秀"的东西可以被称为"文化"吗?因为很多人甚至连什么是文化都没能想明白,勿论文化之实际传承。因此,为了防止用"文化"中掺入"非文化"的东西来污蔑、诋毁文化,只能用"优秀"作为"文化"的限定语,以防混淆视听。[1]而"文明"如今已经逐渐沦落为一个无须以礼义廉耻为价值判断的、正在逐步蚕食"文化"本真的概念。法治理据的正本清源,其直接意义在于中国现代法治建设的推进,其更深远的意义在于从法治理据研究中寻求到一种还原历史真相和文化本真的突破口,真正让中华民族"文化自信"。这应该是学术研究者的历史使命。

2. 国内对中国现代法治理据研究方法之缺陷

如果将西方法治确立为唯一标准,则我们在研究中国现代法治的时候就缺失了以中国传统法治作为镜鉴,或者干脆将中国传统法治作为批判对象;尤其是当很多论者将西方古典法治和西方近现代法治混同在一起的时候,我们更会误解西方法治,譬如将中西方从古至今一贯的"文化主治"误读为"法律主治"。如此一来,研究成果就不可能体现真正的法治规律,也就失去了参照价值。模仿西方法治是行不通的,因为这涉及一个数千年形成的文化传统问题,更涉及中华民族的文化延续和文化精神问题,独特的文化是一个民族独立存在的实质标准,中华民族的民族精神是我们必须明确并坚守的信仰,法治和法律不应该成为信仰。即使在西方,法律也从来没有能够成为信仰,西方的信仰是上帝。西方的"法即正义",之所以将正义作为最高准则,是因为"法"是整个宇宙自然和人类社会共同遵守的法则的抽象概括,而"正义"是"正其所宜",也就是按照"法"的要求和必然规律来遵守正道、符合法度。这在中国的语言中,就表达为"道"是最高准则,而"中庸"就是符合"道"的要求,即"法"等同于"道","正义"等同于"中庸"。事实上,人类社会从古至今从来没有一个叫"法律"的主体代替了"人"成为治理的主体,治理从来都是人对人的治理,法律只不过是一个工具,至于是被统治者用来作为单纯治民的工具,还是被统治者用来反抗统治者的工具,

---

[1] 因此,本书也继续沿用"优秀文化"的表述,在于避免文化被混淆视听而出现鱼龙混杂之局面。因为依据笔者的观点,文化在于让一个人回归自有的天性,找到回归天性的方法,明了人生的至理,发现人生的终极意义,而天性就是本自具足的自心之性。

抑或是统治者和被统治者共同遵守的工具型法则,这是问题的根本。因此,文化主治也好,法律主治也好,实际上永远是人对人的治理。目前的通病在于:学者在研究西方法治理据的时候,忽视或者掩盖其背后的文化实质;再将通过"去文化"手法扭曲之后的西方法治作为成功的典范树立为标杆;再将被扭曲过的"西方法治"搬到中国语境中,在中国语境中用现实的法律替代文化,或者表面的"去文化"实质上是全面服膺西方文化;最后经过几次扭曲和偷梁换柱构建出了"中国法治理据"。试图用法律代替更为根本的文化、将人这一主体虚无化,是永远行不通的。将人的根本地位、人心和人性的关键作用排斥在法治研究之外,或者作为法治的对立一方;不正视法治背后应有的对人生意义的终极关怀、不志于宇宙万有之规律、世间万象背后的终极法则的追求之于法治的意义。这些都是法治理据研究方法的致命缺陷。

(二) 本书解决的主要问题

问题意识是学术研究的重要指向。我们应该如何界定"中国现代法治"?"中国现代法治"涉及三个关键词:中国、现代、法治。与中国相对的概念是西方,与现代相对的概念是传统,与法治相对的概念是"非法治"。因此,本书就是在与西方、传统以及"非法治"相对比的基础上探寻中国现代法治的理据。比较研究是发现问题的过程,也是明理的过程。学问,无非就是明理以及依理而行而已。

1. 法治所追求的从来都是一个"理想国"

在数百年来西方中心主义思潮的影响下,当下的学界普遍认为法治是西方文化的产物和专属,因此是舶来品。但是从古至今,任何国家形态的国家治理实践都存在法治,并非单纯以西方法治为标准才是法治研究的必然前提。中国古人喜欢"托古言志",面对现实的困惑而感慨"人心不古";现代有些学者喜欢"托西言志",因而"美化西方"来表达自己的理想追求;其实我们向来都是在向世人描绘一幅理想的人间国度图景,但是人类却从来没有在现实中真正构筑出这幅人生与社会理想愿景。儒家向世人描绘了大同世界"理想国",然而对应到现实中发现,"乡愿,德之贼也"(《论语·阳货》)何其普遍。虽然乡愿是儒家所痛斥的,却被很多论者认为是儒家本身或者儒家造成的结果,究其原因,最为典型的就是历朝历代"外儒内法"(或称为"阳儒阴法")的存在,以儒家仁德之名感召天下,以法家残暴之实统治臣民,其结果是儒家的仁义留于口号而法家的权谋成了实际行动,看似儒家文化一统的中国传统社会，法家从未真正缺席，这是最大的历史"乡愿"。而历史上如范仲淹、王阳明、曾国藩等数不尽的真正大儒为官治国才能代表儒家的实际政治表现。柏拉图也向世人描绘了一个哲学王治国的"理想国"，但是在现实中却没能找到一个原型来表明其理想国的实现；亚里士多德并未真正反对柏拉图，而是自己描绘了一个"法治理想国"，但是这个法治理想国也从未能完美实现，包括在现代西方。总的来说，西方法治更多是指上帝制定法则统治宇宙和人间之意，只是被我们普遍理解为国家制定的法律在西方成为人们的最高指引；但是人类违背上帝之法的互相厮杀、人类违背世俗之法比比皆是，都向我们昭示了：无论是上帝法治还是世俗法治，都不过是未能实现的"理想国"。在中西历史上，我们寻找心中的"理想国"的原型，是心向往之而实不可得的。认清中西真实的历史，才能让我们清醒地认识到构建现代中国的"法治理想国"的注定艰辛与道路选择。在现代中国，法治理想国的实现，必然是一个与破除人们心中"德之贼"同步的过程。

2. 中国现代法治是理想国的设计照进具体现实

法治是一个无法进行统一定义的学术概念，目前关于法治的学术研究中，太多关于法治的概念几乎等同于研究者主观上的模型设计或者理想状态描述，因此见仁见智。这些法治模型或者法治理想都是让法治理想国照进现实的努力。从大体而言，西方古典法治、西方近现代法治、中国儒家法治、中国法家法治是真实的历史存在，是理想照进现实的既成结果。相较而言，西方古典法治与中国儒家法治类同，西方近现代法治与中国法家法治类同。中国现代法治理想国的描述，与上述四种法治必然有共同性，也有差异性。在秉承所有法治类型共性的基础上，因为时代因素、文化因素、地域因素等产生的差异性，是中国现代法治的独特标志，因此也就有了"中国现代法治"的称谓，又可以被称为中国特色社会主义法治。因此，中国现代法治，所需要研究的内容包含了与其他法治的共性与自身特殊性。因此，中国现代法治确实需要通过对古今中西法治的扬弃来描绘出一个自己的理想国并全力推进。

3. 中国现代法治理据重思之必要性

仁心感通天地，良法出自良知。仁心与良知是人世间一切美好的源头，也是带来现代语言表述的正义、自由、平等、秩序等法的价值并使这些高尚价值能够同步实现的根源和理据。因此，法治的理据应该在于，法律是良知的延伸和载体并维护良知本体，良知是法律正当性的依据和终极来源，人人在良知处共通，因此也就在秉承良知而真正成为人之处建立平等，在共同良知中实现共同自由，这种共同自由状态就是正义。因此，良知应该是中国现代法治的最高准则，而良知是人的良知，因此人心、人性应该成为中国现代法治理据的终极源头，这是将法律这种外在行为规范与心内求法这一人心内在实有统一的最佳路径。离开了良知这一源头，法律只会徒留利益分配、定分止争的工具价值。回归人本文化，才能确立中国现代法治的应然理据。

4. 重思中国现代法治理据的主要研究内容

目前关于法治研究的具体内容非常多，总的来说涉及的是法治理据和法治的具体构想。法治理据是所有法治理论所应当解决的问题的共同概括，也是来源于法治实践并指导法治具体构想的正当依据。法治理据包含的内容主要涉及主导法治的文化精神、法治的具体政治模式和法治的现实道路三大方面。其中文化精神意义上的法治理据是统摄政治模式理据和道路理据的根本问题，文化是人的根本问题之探求，因此也是为了人这一主体而构建的法治模式、设计的法治道路的根基问题。本书就是以中国现代法治理据的文化精神为核心而展开的针对中国现代国家治理中法治规律的探索。

五、本书的研究方法与逻辑结构

(一) 本书的主要研究方法

在中西法治文化比较研究视角下，本书采用了多种具体的研究方法。其中主要包括：

(1) 文献研究法。在中西法治文化比较这样一个视角下，必然涉及对经典文献、名家专著的深入研究，以求正确解读其要义。因此，对于"四书五经"等儒家经典、对于西方文化先驱的经典著作、对古今中外的法学家的经典著作、对西方宗教的典籍、对马克思主义经典作家的著作、对党的文件和宪法等法律文本等，都必须作忠实于原意的严谨研究。尤其是在目前对很多经典文献曲解误读、以讹传讹相对严重的背景下，文献研究法就显得更加重要，否则一定会出现人云亦云的盲从，影响研究成果的价值。

(2) 比较研究法。本书最为重要的视角就是法治文化领域之中西比较，在这样一个大的比较研究的视角下，又涉及西方古典、西方近现代、中国传统、中国现代之互相比较；而比较的领域从文化、宗教、哲学之间，到历史、政治、法律之间，从理论到实践之间，均不可或缺。更为具体处，还涉及具体的人物之间、学派之间、概念之间等多重比较。因此，比较研究方法贯穿了本书始终。

（3）多学科综合研究法。单一视角下的研究，其结论不免有所偏颇，尤其是在分科治学的现代社会，隔行如隔山成为常态。如果不能够采用多学科综合研究方法，则研究结论恐有自说自话之嫌，而且会与本书的"整体观"思路严重悖离。笔者认为，无论是文化、历史、哲学，还是法律、政治、宗教，其实都是在人文社科这样一个大的领域里面，以不同的视角深入研究问题，而各个学科之间应该是"万法归一""殊途同归"。这也是笔者努力推崇的由"分科治学"再次回归"学不分科"的一种努力和尝试。

（4）分类研究法。分门别类是为了更好地认识整体，在认识整体的过程中，分门别类至关重要。在本书的研究过程中，对中西文化的分类、中西法治的分类、中西各种主义的分类、中西各种学派的分类，是在对原有学界通行分类的基础之上，根据本书的论点和论证需要进行沿用或者重新界定，分类研究法能够让研究成果更加明晰易懂。

（5）考据学研究法。在本书很多关键的立论前提下，如果不进行类似古人"考据学"的研究方法，就难免对先贤的思想望文生义或者断章取义。因此，对于很多至为关键的概念和观点，笔者进行了反复的考据式研究，譬如对中国传统的"道""德"、对西方文化的"法""正义"等概念多方查阅典籍、综合判断各种义理之解释，最终得出笔者深信不疑的"正解"理解，为全书立论前提之确立打下坚实的基础。

此外，本书还有其他一些具体的研究方法，如社会调查、实证案例研究、心理访谈等，由于这些方法并非贯穿全书，不再赘述。

（二）本书的逻辑结构

全书包括引言、正文五章、结语共七部分内容。本书总体的逻辑思路是：第一步是在中国现代社会的现实中发现文化与法治关系之现实样态；第二步是以文化决定法治、法治隶属于文化之关系来界定"法治文化"，以回应现代中国之现实样态；第三步是指出中国现代法治理据的现有研究成果中，文化主导法治这一理据的缺失；第四步是通过中国传统社会与西方社会的文化与法治关系的研究进一步论证出中西皆是文化主导法治的规律；第五步是通过比较研究，总结出不同文化主导下的法治之共性和差异性；第六步是通过中西法治文化比较研究的启示，对照中国现代社会的现实，明确提出应该重塑人本文化来主导中国现代法治；第七步是总结出未来中国法治应该以至善追求为政道的结论。

具体来说，在引言"中国传统法治文化再认识之动因"部分进行选题依据、选题目的的概述，并重点阐明针对现有学界研究成果触发了本书的研究动因。第一章"中国现代法治理据须立根于文化"具体描述并总结分析出了中国现代法治理据之根源在于文化之意。第二章"中国传统法治文化的再认识"主要阐明了儒家德政作为中国传统法治的代表，是如何体现了文化主导法治之规律。第三章"西方法治文化的再认识"主要阐明了西方法治如何体现了文化主导法治之规律。第四章"法治文化的中西比较"主要阐明了不同的文化必然产生不同的法治这一实践规律。第五章"中国传统法治文化的当代价值"主要阐明了中国未来的文化重塑以及由此带来的中国特色社会主义法治的前景。结语部分"法治之道止于至善"作为全书的总结，集中概括表达了中国特色社会主义法治文化的要旨。

六、本书研究工作的实用价值

总的来说，本书的实用价值在于通过对中国现代法治理据的重思，为中国现代法治提供理论支撑、找准实践方向之目标尽绵薄之力。本书首先否定了中国现代法治应该是法律主治、法律至上的观点；通过中西法治理论与实践的比较分析，在厘清法治与文化关系的基础上，提出了文化决定法治、文化实质主治的观点；通过比较中西法治文化，证明文化主治是中西国家治理成功的经验，法律主治是中西国家治理失败的教训；通过儒家德政与西方法治的具体比较，证明了中国传统文化应该是中国现代法治最主要的智慧来源；基于法治的不同选择实质上是文化的不同选择，进而提出中国如何实现文化主治以及如何实现法治问题；最后为主导中国现代法治的文化精神、法治所涉及的具体政治模式、法治的实践道路提供理论依据。虽然目前国内学者很多已经充分意识到并且切实努力着为推进中国特色社会主义法治寻找理据，但是主流观点仍然无法走出西方中心主义思维之下、以西方文化作为法治理据的怪圈。因此，提出源自中国传统文化和中国现实状况的中国现代法治理据成为本书的最终落脚点，这样的法治理据才能真正有助于打造中国特色社会主义法治，而不是中国外衣下的西方式法治。这是本书之研究成果所期待的实用价值。

七、本书研究工作的理论意义

总的来说，本书的理论意义在于：①否定西方中心主义文化观，提出中国文化自信的理据；②否定西方中心主义法治观，提出中国现代法治的中国理据；③否定文化与法治分立观，提出文化主治之下的人本主义法治观；④否定人/道德/法律/文化/制度对立的治理观，提出了各种要素和谐共进的国家治理观；⑤否定了法治信仰观，提出了人本信仰观；⑥提出了国家总体文化战略和依法治国基本方略之间体、用关系；⑦对中国现代法治的文化精神、政治模式和实践道路进行了具体构想，提出了具体构想背后的理据支持。这些理论问题的解决，有助于中国现代法治实践的推进和飞跃。

具体来说，本书可能的具体创新点以及笔者呼吁强化的观点在于：①提出文化主治的观点，文化塑造民族精神和人文信仰，推翻了法律主治之合理性，亦倡导法律和法治不应成为独立的信仰；②提出国家文化总体战略和依法治国基本方略相结合的国家治理观点，文化主心、法治主行，文化与法治是体、用关系；③提出中国传统文化是"道统"，是天道与人道的合一，西方文化是"法统"，是上帝信仰与宗教之治的合一，西方的"法"与中国的"道"是对等概念，西方"法治"与中国"德政"是对等概念；④提出中国传统儒家德政对应西方古典法治，中国法家法治对应西方近现代世俗法律主治；⑤否定中国历史上存在"人治""法治""德治"等类型区分的观点，提出人、道德、法律都是国家治理的要素，不分高下主次而应一体共进，中西国家治理的区别不在于法律与道德之主导地位，在于人本文化和神本文化的差异；⑥提出中国现代法治必须在中国自身寻找法治理据，从中国传统国家治理中寻找智慧，西方基于上帝信仰的法治和基于自由主义的法治不适合中国；⑦提出西方近现代法治的开启是以否定上帝之法为由展开的权力和利益之争；⑧提出中国现代法治理想是最低社会理想，也是最高社会理想实现的标志和一个方面；⑨提出中国现代的文化方向需要在反思和抛弃科学主义的基础上，将中国传统文化现代化、马克思主义进一步中国化、对西方文化审慎借鉴，在多元文化格局下构建中国特色社会主义时代文化；⑩提出良知——人格的文化观，文化是实现自由、民主、平等、正义等诸多法律价值的基础和归宿；⑪提出中西文化互通的人本联结是良知，提出构建人本法治的观点；⑫提出法理学研究必须融合文化、历史、哲学、宗教等多视角而走向"大法理学"的学科理念;⑬提出中国复兴的关键之一在于儒家文化的弘扬;⑭提出警惕"科学主义"对中国传统文化复兴之弊害;⑮提出法治与贤良政治一体化问题,贤良政治是法治的内在要求和实现法治的必要条件;⑯提出"民主法治"模型中民主和法治概念的分立问题。

本书的核心结论在于:中国特色社会主义法治的文化精神、政治模式和实践道路的理据应该在中国自身;中国特色社会主义法治应该是中国共产党领导下的、以马克思主义为引领方向的、以中国传统人文精神为历史底蕴的中国现代人本法治。

八、本书研究工作的不足之处

笔者清醒地认识到了本书存在的诸多不足之处。由于本书论题过于宏大,涉及学科领域众多,从而引证材料论述观点难免出现疏漏甚至可能产生根本性错误。依据现代学科门类划分,本书所涉及的内容涵盖文化学、历史学、哲学、政治学、宗教学、法学等众多领域,但是在涵盖中西这一整体地域范围、古今这一整体时间跨度的宏大背景下,完美抽象出本书论旨所需要的内容、发掘相关的规律,实在是笔者力不能及的。比如,在法治这一话题上,尤其是缺少法治的国别分析,将西方法治进行了笼统概括而未能过多涉及西方社会内部法治的差异性。还比如在西方社会的宗教信仰对人的实际影响方面,也缺少直接的感受,都是根据已有的学术研究成果进行阐发的。因此,虽秉承回归"学不分科"的理念进行研究,最终却发现,在现实中确实会遇到隔行如隔山这样的"分科治学"的无奈,这的确是个人能力问题,心有余而力不足。这是笔者在今后的学习、研究工作中需要努力加强的重点。

第一章　中国现代法治理据须立根于文化

第一节　依法治国定位与中国现代法治释义

一、问题的提出——"中国现代法治理据"是什么？

本书探讨的主题是表现为"中国现代法治理据"的"法治文化"，而"中国现代法治"这样的提法在学界并不流行，只有如段秋关先生[1]等为数不多的学者以此提法阐述问题。其主要原因在于一般不承认中国传统法治的普遍存在，因此一般不会采用与"中国传统法治"具有对应性的"中国现代法治"这样的提法。大多数论者一般是以"法治""中国特色社会主义法治"或者"依法治国"等概念进行表述。那么为什么要用"中国现代法治"这样的概念？而当"中国现代法治"与"理据"一词连结起来，意义又是什么？这是必须首先阐明的。

与"中国"相对应的概念是"西方"；与"现代"相对应的概念是"传统"；与"法治"相对应的概念是"非法治"。本书以"中西比较"字样进行表述的时候，"中"是指中国传统社会，一般不包括现代中国；"西"是指西方传统社会和西方近现代社会。因此，"中国现代法治"的概念在比较研究的意义上就明确了比较的对象——西方社会、中国传统社会、非法治的国家治理形态，而这三者就是学界在法治研究时最主要的比较对象。而"理据"则指"理论依据"，也就是说中国现代法治的理论依据是什么。当前，西方法治理据是学界重点研究借鉴的对象，可以形容为"向西求法、以西为师"；中国

---

[1] 段秋关先生的《中国现代法治及其历史根基》一书即是以"中国现代法治"提法为落脚点而展开的学术研究。

传统文化包括传统国家治理理论与现代中国国家治理理论之间的关系可以形容为"剪不断、理还乱"。对中国传统和西方的不同认知，导致了我们最终定义、区分"法治"和"非法治"出现了诸多矛盾和理论纠葛。在这种状态下，虽然大家最终的目的都是为"中国特色社会主义法治"寻找"理据"，但是最后的"理据"与"中国特色社会主义"之间到底是什么关系，却往往呈现出含混不清的状态。因此，本书的研究路径是，先预设"中国现代法治"这样一个不包含价值判断、不设定理论倾向的概念，进而通过中西的比较研究，发现中西法治的规律，进而再看中国现代法治应该确立什么样的"理据"，最终得出结论——中国现代法治就是中国特色社会主义法治。这个最终结论，是对中西法治理据甄别比较、去伪存真的过程，也是为中国现代法治理据找到文化根基的过程——不同的法治理据下，"法治"只有共同的名字，而实际上可能存在本质差异。譬如笔者认为法治是法律之治，很多论者认为法治是法律主治，西方古典法治又是上帝法则主治，这些法治所表达的含义根本不是一回事，甚至是对立相反的。基于太多的重大分歧存在，中国现代法治理据才具有了"重新思考"的必要性。"重思"是为了在思辨中达成最大限度的共识。这样的思路得出的研究结论，才能更加让人明白——法治的"中国特色"和"社会主义特色"何以可能存在、何以应该存在、何以如是存在。这样的研究，应当具有推动中国特色社会主义法治进程、与学界一起努力来提高中国在国际社会中的法治理论话语权的双重意义。[1]

二、依法治国历程的简要描述

中国现代法治是与中国共产党领导全国人民进行的"依法治国"实践紧密联系在一起的，依法治国实践是中国现代法治理据主要的实践指向。依法治国与法治、中国现代法治、中国特色社会主义法治等概念之间是一种错综复杂的关系，在某些意义上可以等同使用，而在另外一些意义上却不甚相同。对于本书来说，笔者需要申明一个研究者的立场和角度，基于不同的立场和角度所采用的研究思路必然不同。譬如，在西方法治理论中，很多研究者习惯于站在一个纯粹的政府批评者和监督者角度看问题，因此可以"要求"政

---

[1] 笔者深知"人微言轻"的道理，但是也谨记"位卑未敢忘忧国"的古训。相信笔者在本书中的诸多思考并非杞人忧天，而是一个法律学人理应肩负的责任。

府厉行什么样的法治，至于政府如何实现法治则是自己之外的事情，无须过多思虑。但是笔者认为，这样的研究是不全面的，譬如理论家可以提出法治政府应该消除腐败现象，应该树立宪法的最高权威。但是如何消除腐败现象？如何树立宪法的最高权威？这并不是依靠"喊喊口号"或者"下定决心"就可以简单实现的，这是需要具体的人来做出切实的努力才能完成的，而不是将一个非人格化的"政府"概念作为指责的对象就可以完成的。因此，笔者的角度兼顾了对法治应然状态的理论设想和实现路径的现实考量。法治的理论畅想者、法治的监督批评者角色很重要，法治的现实推进者、法治的亲身参与者角色同样重要。因此，本书最为主要的角度之一，是让中国现代法治理据与依法治国实践之间建立起一种一体化的关系[1]。

（一）依法治国的开启

1997年，党的十五大提出了依法治国方略，中国共产党引领中国现代法治建设开启了新的征程。1999年同样是中华民族法治历程上一个特殊的年份，《中华人民共和国宪法》通过修正案，将"中华人民共和国实行依法治国，建设社会主义法治国家"写入宪法。从此，"依法治国"作为基本治国方略，"建设社会主义法治国家"作为理想目标，中国现代法治事业的历史序幕由此隆重、全面开启[2]。

对依法治国的直观理解就是依据法律治理国家，在现代中国，对此并没有什么特别难以理解的观念障碍。法律一般是指国家制定法[3]，是具备强制性、普遍适用性、体系化的行为规范准则体系。执政主体依据法律进行国家治理是天经地义并且十分必要的，因为中国作为一个人口众多、幅员辽阔的大国，如果不依据法律这种明确、稳定的规则进行治理，而是采取一事一议、随机应对的方式治理国家，国家和社会极易陷入混乱的失序状态。尤其是在传统的伦理秩序、家国同构、熟人社会已经逐渐成为历史，商品社会和市场

---

[1] 一位以批判风格为主的学者曾经自嘲说：批评家貌似潇洒，但当今中国更需要的是建设性的意见、富于智慧和远见的思考。

[2] 中华人民共和国成立之前的革命根据地时期、中华人民共和国成立之后至党的十五大召开，中国共产党引领法治/法制建设一直在进行，而且取得了骄人的成绩，也为今天的依法治国探索出了一条中国道路。学界的相关研究成果颇丰，本书不再详细展开。笔者本书以"依法治国"这一提法作为中国现代法治的开启，并且以依法治国作为中国现代法治理据主要的指向。

[3] 对于党内法规体系等广义的法律载体，限于本书研究主题、篇幅和笔者的研究能力，不做过多展开。

经济、陌生人社会、流动性社会成为趋势的情况下,在社会道德滑坡、各种利益关系复杂、社会矛盾激增的社会转型的大背景下,法治更加具有了必要性和突出意义。法律规则作为国家治理成熟经验的总结,对法律主体的行为起到了事前指引和事后纠偏的作用,保障社会在法律预设的秩序内平稳运行,这几乎是古今中外任何一个政治国家的通常做法。因此,依法治国在1999年被上升为宪法原则当然存在着一定原因、一定背景和一定目的。依法治国的直接目的就是健全法律并且让国家实现法律预设的秩序,也就是"有法可依、有法必依、执法必严、违法必究"。依法治国取得的主要成就之一就是"中国特色社会主义法律体系已经形成"[1]。对于这一法律体系,其内容则是以宪法为统帅,以宪法相关法、民商法、行政法、经济法、社会法、刑法、诉讼与非诉讼程序法等七个法律部门的法律为主干,由法律、行政法规、地方法规与自治条例、单行条例等三个层次的法律规范构成[2]。这基本解决了有法可依的问题,而法律的严格执行和普遍遵守将是依法治国进程中始终伴随的问题,也是实现依法治国目标的主要难题。随着依法治国进程的迅速推进,法治理论研究成绩斐然,法治观念逐步深入人心,大众对法治的参与度和执政主体厉行法治的自觉性逐步提高,这都为依法治国奠定了良好的理论和实践基础。

(二) 依法治国的演进

中国共产党十八届四中全会通过《中共中央关于全面推进依法治国若干重大问题的决定》(以下简称《决定》),其中进一步明确:"全面推进依法

---

[1] 参见2014年《中共中央关于全面推进依法治国若干重大问题的决定》。

[2] 2011年十一届全国人大四次会议宣布:中国特色社会主义法律体系已经形成,此后之立法工作继续推进,法律体系进一步趋向完善。笔者本书全部行文,有着一个前提条件,就是中国目前已经具有了非常优质的社会主义法律体系;如若并非如此,则本书的侧重点和结论一定会有很大变化。任何学术研究都存在将很多既成事实作为隐含前提,而这个前提却往往未能在研究中予以充分表述,甚至在表述中被"忽略"。但是离开这些隐含前提,则所有的论述和结论可能都将不再成立。当我们对于一个既成事实习以为常,并且认为理应如此,则会基于这样的认识来挑毛病、找短板;此时我们可能忘记了,这个被挑毛病的既成事实也是经过了无数人异常艰辛的努力才成就的。譬如中国的法治,笔者在行文中可能也是在找短板,但是现有的成就不是自然而然出现的,其中包含了太多太多令人感动的仁人志士的努力,而这些付出过巨大艰辛的人,可能在本书中是作为被挑毛病甚或被批判的对象而存在的;但是一切的否定最终是为了达成当下应有的共识,而不是为了否定而否定,更不是忘却了现有成就的来处归途。李龙先生在《中国特色社会主义法治理论体系纲要》一书中提出"共同探讨、形成共识;研究中国问题,写中国文章;从我做起,从现在做起"——构建当代中国法学学术话语体系。这也是笔者所表达的一切赞同或者批判的初衷。

治国，总目标是建设中国特色社会主义法治体系，建设社会主义法治国家。这就是，在中国共产党领导下，坚持中国特色社会主义制度，贯彻中国特色社会主义法治理论，形成完备的法律规范体系、高效的法治实施体系、严密的法治监督体系、有力的法治保障体系，形成完善的党内法规体系，坚持依法治国、依法执政、依法行政共同推进，坚持法治国家、法治政府、法治社会一体建设，实现科学立法、严格执法、公正司法、全民守法、促进国家治理体系和治理能力现代化。"《决定》是对依法治国要求和目标的进一步提升，这样的历史演进，是党和国家让法治向更高层次迈进的决心表达，也为下一步的法治实践指明了方向。依法治国是一个动态的过程，法治国家、法治政府、法治社会是依法治国的最终目标，是法治实现后的理想状态。从"依法治国"到"全面推进依法治国"的演进，表明我们选择了一条正确的国家治理路径，这是必须坚持的正确方向。同时，很多论者认为，全面推进依法治国意味着西方式的"法律至上""法律主治"意义上的法治应当成为我们追求的目标，对这样似乎毋庸置疑的观念必须冷静分析。这就关乎依法治国的准确定位问题。

三、依法治国的准确定位

（一）现代中国的法律是社会成员[1]的行为底线而不应"至高无上"

1. 法律是社会成员的行为底线并且首先是义务要求

对法律难以作出一个放之四海而皆准的定义，本书此处的法律意指现代中国意义上的国家制定的法律。在任何时代、任何国家，包括现代中国，遵守法律都是对社会成员的基本要求，因为法律针对的是人的行为，而且是对行为的底线要求。法律是最低限度的道德[2]，因此作为人的行为底线必须被遵守，一旦违反法律就需要受到惩罚。如果认为法律是人的至上追求，那么我们显然不应该对违法行为予以当然的惩罚，因为至上要求意味着并不是人人都可以做到。对于执政主体而言，遵守法律要求亦不过是一个行为底线，

---

[1] 本书所言的社会成员，虽然有个体的意味，但是并不限于普通公民，而是指全体社会成员；无论这些社会成员是以普通公民、公职人员、党政官员的身份出现，还是因为法律对个体的要求、对单位组织的要求、对职责的要求而最终落实到个体的法律要求。

[2] 法律与道德之关系，存在不同观点，后文详述。

而绝非最高标准[1]。

同时，法律是一种对行为的约束和指引，而不是直接对内心的指引或者要求，虽然遵守法律的最佳状态是内心对法律的认同进而自觉遵守。一个遵守法律的人，可能是一个普通人甚至是一个人格低下的人、屡屡突破道德底线的人，但是由于畏惧法律制裁而遵守法律，这是一个常识性的结论。同时，无论我们倡导权利本位还是义务本位，法律"首先"是一个对人的义务要求，无论是从法律的起源还是现代中国语境。义务是法律的第一属性，权利虽然可以是法律的目标指向，但是权利本位学说亦不能改变法律是人的行为底线这一事实，权利本位只是为法律义务的设定寻求到了正当依据和确立了目标指向。对一个人的义务设定，是为了他人权利的实现；一个人权利的实现，有赖于他人义务的遵守和履行。权利、义务二者之间是如此般的共存关系，我们没有任何理由否定义务是法律的第一属性或者基础属性。

2. "法律至上"只有在人人极度自私自利的立论前提下才具有正当性

当下学界主流观点推崇"法律至上"，其目的虽然是树立法律的权威，但是"法律至上"如果被广泛接受，结果一定会造成法律毫无权威。因为一个将本来是底线要求的"法律"作为至高准则的人群，已经完全堕落了，堕落的人群会千方百计寻找突破法律约束的机会，法律最终在事实上一定屡屡被突破而最终失去权威性。无论作为集合概念的国家、社会还是民族，都是由每个个体组成的。无论我们观念中认同集体主义还是个人主义以及认为二者有多少差别，对于个人的人生意义、人和人之间的关系、人和宇宙的关系的认知而言，法律绝对不是至上的，即使对于生存这样的基础要求，法律亦不是至上的。对于人而言，处于至上地位的应该是内心的最高尊崇，最高尊崇的目标指向是人生的意义，是人内心深处的信仰。而这个信仰，我们应该称之为文化。集体的信仰是由个体的信仰集合而成的，个体的信仰是依附在集体信仰之中的，个体的信仰与集体的信仰本来就不应该是矛盾的，而应该是一致的。关于集体本位和个人本位之争，其实源于大家扭曲了集体和个

---

[1] 我们现在流行用"法治思维"和"法治能力"来培训各级干部和公职人员。但是，遵守法律是底线，至于遵守法律基础上的法治能力和法治思维，是一个素养和能力的问题。显然，笔者将法律严格定位为底线，是确立了一种更高的标准。"法治思维和法治能力不完备"绝不能成为"突破法律底线"的理由和借口。

人之间的良性关系[1]。每个个体信仰的一致性必然达成集体信仰的一致性，如果每个个体之间或者多数个体与集体之间的信仰都存在着冲突，那么一定是这个所谓"信仰"本身出现了问题，因为只有具备共通性才能够称为信仰。比如人人都奉行极致的利己主义，结果必然是每个个体之间以及个体和集体之间时时处处会出现突破边界、发生冲突的可能，假设法律在这样的氛围中能够起到划定每个人的权利和义务边界的实际效果，这时法律就可以成为大家的信仰和每个人利益的终极保障屏障。但是在这种情况下就出现了两个问题：一是太多的事实证明，在每个个体奉行极致的利己主义的时候，法律必然实际失范而不被遵守，这是一个常识；二是这时法律所维护的每个个体，不过是与动物无异甚至低于动物的本能情感的特殊动物而已，在这个意义上人已经成为纯粹的生物学意义上的人，而人的智识也会成为人类逐步堕落的工具而不是走向高尚的资本。作为人与人之间边界和底线要求的法律，只有在人人秉承功利主义的状态下才能获得至上地位、才可能成为所谓"信仰"。

这种将法律确立为信仰的理论学说，有着一套完整的学说基础。这样的学说基础总体而言是基于人性本恶、社会达尔文主义、社会契约论等西方近现代出现的抛弃人的良知空谈自由和正义的思潮。如果说这样的思潮能够成立，法律作为"人的行为底线"却摇身一变成为"至高信仰"，那么这样的学说就将人和依据自然本能形成食物链的动物混为一谈了。这样的理论不承认人之本自具足的良知，却将法律作为了"善"的标准。如果人性本恶，那么善从何来？如果人性本恶，那么法律之善是违背人的本性的，违背人的本性的东西具有道义基础和合理性吗？我们通过法律对一切"恶"的惩罚本身就会成为一种恶，或者世界上就没有善恶了，而只有规则。规则本身没有善恶之别，那么就只剩下弱肉强食的丛林法则了。正如我们不能因为大鱼吃小鱼而判定大鱼有罪，也不能因为小鱼吃虾米而痛恨小鱼一样，我们同样永远不会对人类社会的恃强凌弱视而不见、习以为常。人不能把自己降低为动物，也不能抛弃良知基础来臆造理论以"开启民智"——这是我们研究问题的基本出发点。

---

[1] 这是一个非常大的问题，以集体之名行侵害个体之实；以个人权利之名，行危害共同体中其他个体之实；这才是我们要反对的。譬如一个相亲相爱的大家族中，哪里会存在个人和集体的对立？每个个体的强大才能带来集体的强大，集体的共同强大才能带来个体的幸福安全。扩展到国家层面也是一样的。

3. 现代中国应该确立的不是"法律至上"而是"法律权威"的观念

《决定》指出:"法律的权威源自人民的内心拥护和真诚信仰。"此处就出现一个需要解决的问题,法律与信仰是什么关系?很多论者对此解读为这表明中国应该确立"法律信仰"。在西方国家,法律信仰或者法治信仰经常被提及,如美国学者伯尔曼有一句著名的话,"法律必须被信仰,否则它将形同虚设"。[1]如果法律成为信仰,就意味着法律在社会中具有至高无上的地位,这当然有利于推进依法治国的进程。但是,我们必须冷静下来思考,在中国的语境下,法律或者法治应否或能否单独成为信仰?根据上文分析,当然不应也不能。西方的法,其含义之一是上帝赐予人类的律法,人类的法律信仰是其上帝信仰的一部分和必然要求,法律信仰的本质是上帝信仰。而这种西方意义上的法律信仰,在中国是根本不能成立的。因此,在中国语境中,法律在人生信仰意义上获得至上性绝对不是一件值得称颂的事情,而是社会的悲哀。因此,法律的至上性,应该是在所有规范性体系中,由于法律在所有规则体系中被确立为人的行为底线,因此法律是不能被违反的而是必须遵守的,一旦法律失去了被遵守的应有权威,则社会将失序。因此,法律在中国语境里是其在规则化体系中的至上,这种至上性是指其权威性、必为性和有效性,因为法律是一个底线。一旦将法律定位为"至高无上",亦即在法律之上没有更高的内心尊崇,那么作为人与人之间利益边界的法律必将随时处于被破坏的威胁中,也就失去了其权威性。

(二) 依法治国只能是"基本"治国方略

1. 中国现代语境中的法律不可担负"主治"之责

西方社会由于"法律至上"而推崇"法律主治",这在中国现代语境中是不成立的。当我们客观考察西方法治整体的时候会发现,西方社会的法是上帝之法则,而不是我们认为的"法律",西方"法律主治"(确切的翻译应该是上帝法则的不可违背性,亦即中国传统文化中的"天行有常")亦即尊崇上帝信仰。与中国现代语境中"法律"相对应的是西方纯粹的世俗法律,世俗法律在西方社会并不具有至高无上的地位,在实践中亦未能担负起"主

---

[1] 后文也将专门提及,如果将伯尔曼的这句"名言"的真实含义转换到中国语境中,倒是足以论证:应该反对中国汉语意义上的"法律"成为信仰。很多论者对这句话曲解了其本意,并且以讹传讹至今。

治"之责。以卢梭的社会契约论和洛克的分权制衡理论等为基础构建起来的西方近现代法治，并不是西方法治的成功之处，而是西方社会最大的文化败笔，这种法治理论抛弃了西方的神本文化基础，也未能建立起东方式的人本文化根基，因此完全是以抽象口号著称的空中楼阁和水中浮萍，或者说是没有任何深刻的文化基础的"空洞"理论，是引发西方社会危机并必须被深刻反思的反面典型。笔者并非在说西方近现代法治理论一无是处，只是表明其实际的历史功绩不过是在于为一个历史潮流提供了顺手的工具，这是一个必须深思的大问题。这种将人性极致自私自利作为立论基础，进而将世俗法律推上神坛的法治，和中国古代的法家法治并无二致，只是其平等、自由、正义之类的口号听起来更悦耳和更加充满想象空间，而不像法家的经典书籍作为给帝王使用的"内部资料"在后世公之于众后，少了必要的文辞遮掩。那种认为法家法治因不限制皇权而不同于现代推崇世俗法律至上的"法治"的说法是不成立的。因此，秦朝的迅速覆灭和西方世俗法律至上的法治导致的严重恶果，是留给中国现代法治的反面参照，西方世俗法律主治之构想绝对不应该成为中国现代法治的理想目标。目前，在推动法治的努力中，有一种看似有利于推动法治进程但是却一定会造成严重恶果的高论，就是认为法律应该成为信仰，应该让社会所有成员都将法治作为第一位、最高的思维方式和生活方式，这是一个极其严重的方向性错误。真正能够担负起"主治"之责的，一定是文化而不是法律，这是中西方几千年国家治理的根本规律，现代中国亦不能例外。西方社会法治的正当性源于法律是上帝之法，主治之"法"并不是中国现代语境下的"法律"，其实质是宗教文化主治。现在几乎所有提倡现代中国应该认同、确立法律至上和法律主治的论调，都只能从西方古典法治理论中寻找论证依据，正是因为在中国语境中法律"主"治是根本不成立的，而中国的文化根基和西方的宗教文化根基完全不同，因此将法律这一社会成员行为底线推上神坛，必将贻害无穷。这是在降低社会和人的价值标准，其结果一定是造成"法律形同虚设"。

2. 抛弃法治、人治、德治、神治等本不存在的国家治理类型的划分

目前，在学界流行的观念中，认为法治是一种独立的或者现代化的国家治理类型，其要义在于一个社会以什么为至上准则和主治依托。按照这种划分方式，认为儒家"为政以德"表示以道德作为国家治理最高准则的"德治"理论的存在，同时认为中国传统社会除了法家法治以外，基本都是"德

治"类型；认为儒家所言"为政在人"表明了"人治"理论的存在，认为中国传统社会因为将人作为最高依托，因而还是人治类型；认为西方社会因为存在上帝和神作为最高权威，因而存在神治类型。这样的划分，纯粹是现代人主观臆想出来的。所谓法治、人治的理论，是曲解古人之意后，将现代人的主观臆想强加于古人而虚构出了所谓古人的"德治""人治"理论；史学研究也表明，现代人臆想出来的所谓德治、人治的国家治理类型并无历史事实与之对应。人、道德、法律等本应是和谐共存的因素，在这种所谓的治理类型之虚构中却产生了相互对立的正当性和必要性。在考察西方法治的时候，将宗教文化主治这一事实曲解为中国语境下的法律的主治，进而臆想出了一种与人治、德治相对立的法治类型。中国传统社会根本不存在现代人所定义的德治、人治，反而是存在现代人所追求的法治[1]。这种国家治理类型划分，如果从方法论上研究人、道德、法律等各要素的作用无可厚非，但是曲解古今的理论和国家治理实际情况，臆造出了各种可以归入某种治理类型的事实存在，最终打破了本应和谐一体的国家治理各要素之和谐共进关系，是对中国现代法治的最大误导。我们现在应该勇于抛弃这种只存在于主观臆想中的现代理论虚构，否则我们将在这种人为制造的逻辑陷阱中无法自拔，也会误导对国家治理真正规律的发掘和掌握。

3. 依法治国应当准确定位为"基本"治国方略

中国现代语境的"法律"和西方的"法"并不是同一概念，西方的"法"指代的是宗教文化，西方社会从来都是文化主治，而不是我们错解和偷换概念之后认为的世俗法律主治。比如，我们现在认为"法治"成功典范的美国，其立国基础是基督教文化，基督教文化是美国社会的最高精神纽带，所有的法治、社会秩序和人格教育都依附于基督教文化，如果失去基督教文化，美国的世俗法律是根本无法担负主治之责的。美国现在依然是基督教的"文化主治"，其社会秩序的和谐也主要是基督教秩序[2]。脱离上帝的世俗法律举步维艰，因此美国学者伯尔曼才发出"法律必须被信仰"这样的呼唤，

---

[1] 法家法治具备了现代人所追求的"法律主治"的一切特征。其失败于文化根基中将现实的人性之"恶"作为法治的资本，进而一步激发人性更多的"恶"作为统治的手段，而没有引领人性"善"的弘扬。法治彻底沦为治术而远离政道。

[2] 不从基督教秩序方面观察和研究美国，我们无法真正的认知美国。我们不能自我欺骗或者想当然认为：美国的强大之处是世俗法治造就的。

其意在世俗法律要回归到上帝之神性，而绝非让世俗法律成为信仰。所以，中国的依法治国之必要性和正当性只能从中国社会自身寻找理据，而不是将西方的"文化意义"上的"法"偷换成中国语境下的"法律"，然后无限拔高中国语境中法律的地位，说法律"至高无上"然后让法律担负主治之责，这是对中国现代法治极为严重的误导。譬如中国的"法"字也并非单纯的"法律"之意，西方的"法"与中国汉语"佛法"之"法"[1]相近，其内容涵盖范围也类同，我们却从来不会有人认为佛法是法律。而西方的律法在最初主要是宗教戒律。如果不认清这样的关系，将使中国失去"文化主治"这样的国家治理最为核心的根基，中国社会也将失去文化精神家园和立国之本、强国之道。因此，依法治国只能是"基本"治国方略，而绝不应该成为"最高"治国方略，这才是中国现代法治在理念上首先必须明确的，这一点是决定中国未来国家治理成败的极为关键和最为核心的问题。

四、法治定义辨析

（一）中外法治定义例举

如何定义法治是一个大问题。根据"法治"的字面含义，法治就是法律之治，或者说如何利用法律进行国家治理。但是在工具书中的法治定义，深深镶嵌了目前学界倾向的法治烙印。如："法治"，与"人治"相对，依照法律治理国家的政治主张。[2]法治，依据法律治理国家，与人治相对。[3]因此，字面含义之外的法治定义需要重点考察。

1. 普适性的经典法治定义

在学界，一旦谈到法治的定义，定当首推亚里士多德的经典定义，法治应包含两重意义：已成立的法律获得普遍的服从，而大家所服从的法律又应该本身是制订得良好的法律[4]。亚里士多德的法治定义之所以被认为颠扑不破甚至无法超越，是因为其采取了最为简单的两个要素：一是"法为良法"

---

[1] 法，佛教术语。佛教意义有二：持自体或持自相，其次是轨生物解。前一意义谓其具有使自己能够存在的性质，也就是存在、事物、现象的意思；后一意义是从认识论角度来说的，谓其能够成为认识对象，能够通过它传达或唤起认识。参见《中国大百科全书》（简明版），中国大百科全书出版社1996年版，第435页。

[2] 夏征农、陈至立主编：《辞海》（第6版缩印本），上海辞书出版社2010年版，第461页。

[3] 《中国大百科全书》（简明版），中国大百科全书出版社1996年版，第2~460页。

[4] [古希腊]亚里士多德：《政治学》，吴寿彭译，商务印书馆1965年版，第202页。

作为前提,二是"良法被普遍服从"作为结果。但是这样的法治定义并没有穷尽法治定义的要素,如什么是良法的判断标准?谁来制定良法?在良法之外是否有更为重要的价值准则?为什么应该普遍服从?如何做到普遍服从?如亚里士多德认同奴隶不应该具有"公民"的地位,奴隶不被当作人而是当作财产,这是其认同的良法的一部分。这显然和我们今天已经毋庸置疑的人人平等之类的理念相悖。类似的问题太多,亚里士多德显然没有完成法治定义的"历史终结"。当然,在与亚里士多德同时期的中国,人是不会被当作奴隶和财产的,这在中国现代法治的研究中就是一个很少被提及进行比较的问题,类似的问题也太多,因为这样的比较似乎就冲淡了西方法治传统这一神圣而美丽的神话,但是一旦深入这样的研究就会发现,法治神话从来都不存在,文化才是根源。将来的中国法治,也一定是在文化层面上完成"历史的终结"。当然,除了亚里士多德的普适性法治定义,国内学者也有类似的定义,如:法治是依照法律进行治理的社会状态,是人类社会所追求的良好稳定的社会秩序。[1]如果将此概念理解为"法治是最优秩序"之意,则比亚里士多德的法治定义实际上多了一个价值判断,而实际上法治与最优之间是没有必然关系的,即使在现代西方自由主义法治理想、理念在完全实现的状态下,也很难说法治就是最优选择。在此不再过多例举。

2. 指向明确的模型化法治定义

在亚里士多德法治定义的基础上,为"良法"提供判断标准以及为"普遍服从"提供现实路径就成了法治研究的重要课题,这相当于为亚里士多德的"法治骨架"注入"灵魂和血液",因此法治灵魂和血液成了又一个无休止的理论战场,大家在努力寻找结束法治理论之争的标准答案。这个过程就出现了在"经典法治定义"基础之上产生的各种"模型法治定义",也就是在经典定义中加入了价值追求、法治生成的社会条件、法治依托的政治模式、法治的实现道路等具体标准或者设想。如果说经典法治定义具有普遍适用性,那么模型化法治定义在力求普遍适用性时,更多地体现了一种具体应用性和实用性,是否真的实用,则见仁见智,有待时间和实践检验。每一个对法治的定义都是每个法治理论的灵魂,因此法治定义的成败往往是其整套法治理论成败的关键和主要体现。

---

[1] 王利明:《法治具有目的性》,北京大学出版社2017年版,第3页。

3. 模型化法治定义难免带有片面性[1]

例举一个法治定义：法治是现代社会的运行方式或国家体制，指现代国家依照体现公民权利的法律运行。[2]这个法治定义体现了明确的目标——保障公民权利，定义者将这一点视为法治的焦点和价值指向，但是这类法治定义显然具有片面性。所以，正如我们无法给法律下一个放之四海而皆准的定义一样，法治更难有一个普适的定义。每一个法治的定义，都是在描述法治的一个侧面或者一个法治理想，而不可能是法治的全貌。特别是每一种法治的定义都是以定义者对所处的社会整体条件及其认知为基础的，而定义者对法治的社会条件认知往往不可避免地带有片面性[3]。目前国内外对法治的定义颇多，仅例举比较有代表性的几个定义进行直观感受。比如，将法治简单定义为"法律的统治"，这是一个非常流行的观点。此观点实际上是无法成立的，任何政治统治都是人对人的统治，法律也只能通过人来进行统治，法律是人所遵循的规则，并不能代替人而成为主体，"徒法不能以自行"是一个常识，因此"法律的统治"至多只是表明了统治者不能超越法律来统治他人之诉求而已，但是这样的诉求只是任何一种"法治"的最低要求和当然要求，并不能表达法治的真正内涵，是一种最为典型的"法治乌托邦"式之幻想，"法律的统治"这样的观点是西方法治鼻祖亚里士多德明确反对的。

4. 限权型法治定义的盛行

限权型的模型法治定义在国内十分受推崇。譬如哈耶克认为，法治的意思就是指政府在一切行动中都受到事前规定并宣布的规则的约束——这种规则使得一个人有可能十分肯定地预见到当局在某一情况中会怎样使用它的强制权力——和根据对此的了解计划它自己的个人事务。[4]哈耶克的法治定义，代表了典型的近现代以来居于主流地位的权力/权利二分法逻辑中，限制政府权力的限权法治的视角。这样的法治定义，一是视角过于单一，二是将复杂

---

[1] 片面性并非贬义。
[2] 段秋关：《中国现代法治及其历史根基》，商务印书馆2018年版，第14页。
[3] 如定义者处在一个"仓廪实而知礼节、衣食足则知荣辱"的社会条件下进行的法治模型设计，应用于生活极度贫困、崇尚暴力和巧取豪夺的社会条件下，此法治模型设计的价值可能归零。换言之，有一万种影响法治的因素，设计者可能只发现了一百种。
[4] [英] 弗里德里希·奥古斯特·冯·哈耶克：《通往奴役之路》，王明毅等译，中国社会科学出版社1997年版，第94页。

鲜活的现实社会予以了简单化处置，仿佛政府如机器般行事就可以履行政府职责，仿佛如此限制政府权力就可以实现法治。这一过于片面的法治定义，对于反抗政府的专制具有现实意义，尤其深受受专制之害国家的大众欢迎，但是对于提高执政能力就显得毫无用处了，或者说这只是从一个国家治理主体外部视角来防范政府的意思表达，而并未涉及参与到政府本身的改进。这也是西方近现代法治理论的最大"特色"。如果我们认为这就是法治的真谛，那么我们效仿来的法治理论就会变得幼稚而"天真有邪"。

5. 限权型模型法治定义应予破局

在提高政府的法治能力过程中，对权力的监督和限制是题中应有之义。单纯地以对立视角提倡限权，对法治能力的提高不进行深入研究，是本末倒置的。而中国现代法治理论围绕着这一逻辑展开了很多年，似乎根本走不出来，这很值得深思。近现代西方法治理论的限权法治和民主法治主线，源于隐藏在理论背后的一大批人——拥有了足够的金钱和财富却没有获得相应政治地位的有产阶级，无论是西方贵族还是西方资本家——在利益足够大、力量足够强的时候进行的向王权、教权发起挑战、争取政治权力以保障财富安全的政治斗争，这样的事实往往被刻意忽略。当这些人实现了政治诉求之后，却非常希望政府和国家能够强大——当财富和权力结合之后——在全世界以政府的军事力量为后盾甚至用军事直接开路、通过资本扩张和殖民掠夺获取更大的经济利益，构成了近几百年来西方主导的世界政治格局和经济格局。通过军事行动进行政治扩张、经济殖民，这其中限制了政府的什么权力？这样明显的事实摆在眼前，我们真的有必要继续迷信这样的"限权法治"模型吗？当人类终于从疯狂的资本侵略和扩张时代走出来，进入了一个相对稳定的世界政治格局之后，难道就丧失了基本的是非判断和思考能力吗？还要为那段疯狂的历史继续予以美化吗？我们是时候需要重新冷静地思考问题了。

6. 法治目的与法治手段之关系的困惑

英国法学家洛克认为，法治即是政府应该以正式公布的既定的法律来进行统治，这些法律不论贫富、不论贵贱都一视同仁，并不因特殊情况而有所差异。[1]这样的法治定义，与哈耶克的法治定义的主线相同，只是在其中加入和强调了"平等"这样的价值准则，也可以说是为"良法"提供了评判标

---

[1] 卓泽渊：《法治国家论》（第4版），法律出版社2018年版，第1页。

准。但这样的法治定义，只能停留于语言层面，其现实针对性非常单一，不能直指和涵盖法治的本质。再如国内有论者认为：法治，在英文中相当于"Rule of Law"，应是以民主为前提和目标，以严格依法办事为核心，以制约权力为关键的社会管理机制、社会活动方式和社会秩序状态，是包括形式法治和实质法治、法治国家与法治社会在内的统一整体。[1]这样的法治定义也很具有代表性，以法治的特征和属性来定义法治，其中说出了法治的难点和关键领域。但是其中提到的"民主"本身是否是价值判断的标准，民主本身应该是目的还是手段，这在理论上还有很多争议。至于在法治定义中加入市场经济、权力制衡等要素的，更是一种典型的模型化法治定义，不再赘述。

7. 抛开对立思维以寻求统一的法治定义

"对于法治有两种根本不同的理解。一种把法治看作实现国家秩序或社会治安的手段，另一种认为法治的核心内容是基于保障个人自由和权利的需要而对国家权力施加必要的限制。"[2]这可能是目前国内对法治的理解中占据主要比例的分歧所在。笔者认为，为什么我们一定要将这两种理解对立起来呢？难道这二者不是一个目标的两个方面吗？二者难道是一种彼此不容的关系吗？视角不同、时代不同、国别不同、目的不同，对法治的理解自然就有不同。譬如在执政者眼中，法治当然是维护秩序的手段，把这个基础功能抛弃了，当然就是舍本逐末。当然，这并不代表执政者当然地不遵守法律的约束，譬如没有哪个执政主体希望贪官遍地导致天怒人怨而动摇自己的执政基础。普通百姓当然不希望法治将自己束缚到失去基本生存空间和精神活动空间的地步，当然希望法律保护自己的权利和自由。但这并不代表普通百姓不希望国家足够强大以拥有保护自己的能力，譬如一个普通百姓在面对暴恐分子滥杀无辜的时候当然希望作为国家机器的警察能够强大到足以瞬间制服暴徒，也希望自己钱包被偷之后能够快速破案而不是希望国家赋予小偷"沉默权"。国家的强大、国家通过法治维护社会秩序的能力增强，其受益者应该是老百姓，这个基本常识不应该在法治研究中被扭曲。在人类历史上，我们从不缺少人类互相厮杀和大规模战争的例证，也从不缺乏对个体在乱世中无奈且无助的感性认识。个体为了寻求安全和互助，一定是以各种形式主动或被动结成组

---

[1] 卓泽渊：《法治国家论》（第4版），法律出版社2018年版，第2页。
[2] 季卫东：《法治构图》，法律出版社2012年版，第3页。

织性的群体,譬如家庭、家族、种族、民族、部落、城邦、宗教群体、职业联合体、地缘联合体乃至政党和国家,形成各种形式的共同体,各种共同体会因为共同的利益或者精神纽带形成内心认同和行动的一致性,这其中当然就包含了对个人安全的保障和利益的维护。各种有组织的群体与国家这一最高层级的组织达到利益的一致性的时候,是一个接近完美的社会组织形态,在中国古代体现为家国同构、家国一体以及由此形成的家国情怀。当一个"组织"意义上的"共同体"内部不能给个体带来安全和利益保障的时候,这个共同体就失去了凝聚力,也就成了"想象的共同体",实际上变成了"各自为政",各种群体必然在斗争中求得生存、维护自身利益。当然,共同体的形成并非都是主动行为,也有太多的通过暴力、欺骗、煽动手段强行形成的有组织性"共同体",这样的共同体实质上是"想象的共同体"内部之统治者对被统治者的"奴役",而这种奴役往往需要通过精神层面的欺骗来掩盖奴役与被奴役的本质。因此,国家的强大具有两重可能性:一是增强了少数人奴役大多数人的能力,二是增强了少数人领导共同体保障大多数人安全和利益的能力。而近现代西方所倡导的法治,其理念就在于防止大众被政府所奴役,因此需要政府和大众遵循一个共同认可的规则,而这个规则是大众推动制定的,不是少数统治者的自说自话。当西方大众对被奴役的历史心有余悸的时候,理所当然地要将防范政府作为主要的矛盾焦点,尤其是大量历史事实表明,掌握了权力就相当于一座可以充分展示其人性之恶的平台已经搭建起来了,因此西方社会一直在防范政府的氛围中前行。在中国传统社会中,自古就是贤能之人被推举为执掌权力者,贤能之人首先需要做的就是自我约束而不辜负天下人,这是中华文化形成的实际存在的"文化契约",而不是西方社会虚构出来的"社会契约"。因此,中国传统社会一直在培养贤人和选贤任能上下功夫,而约束政府是排在选贤任能之后的第二位的措施。但是中国古代从来都不乏主动限权的历史,"明君治国先治吏"就是在限制权力,因此那种认为中国古代只"寄希望于"贤人政治而缺少法治限权的说法是错误的,中国古代不仅有限权法治,而且更是一种执政者主动的限权法治,这也与西方执政者以外的主体倡导限权法治的被动式限权法治有别。中国古代社会能够通过科举等制度实现社会阶层流动,而不似西方那般阶层固化,贵族是依据血统而定。因此中国古代选贤任能具备可能性和现实性,君王作为最高统治者,当然希望建立一个由贤能组成的官僚体系,百姓当然也希望贤能从政,这是一种一致的利益,也是对国家治理规律的深刻把握[1]。在西方,在无力改变从政主体的情况下,唯有把限权当作第一位;在中国,在可以选贤任能的情况下,当然要首先将选贤任能作为根本,限权作为必然的配套措施[2]。如果在可以选贤任能的情况下,将限权视为第一位而不关心贤能本身的价值和作用,那与愚蠢无异。所以,一种理论,包括法治理论,视角不同、社会历史条件不同、文化氛围不同,自然就会出现不同的理论样态,如果今天我们还必须奉西方思维下的法治理论为"真经",则显然有失客观公允。总之,到了现代中国,在法治理论中制造对立还是寻求统一?历史告诉我们,智慧说了算。

8. 法治定义者的视角和深层次发掘能力很重要

我们现在提倡预防腐败犯罪的思路是:个体之修为与信仰使官员不想腐败;严密有效的制度使官员不能腐败,即使想也不能;如果想腐败、又能实施腐败,也就是思想和制度防线落空了,则以严厉的法律惩处使其不敢腐败;最后是相适应的薪酬待遇使其不易腐败。这就是一套本末、次序定位十分合理的思路。这与中国古代的思路相吻合,与西方式法治思维不相吻合,其原因在于什么?中国的反腐败是一种执政的主动行为。这也导致了中西法治思维的差别。再如中国古代是农业社会,人们自给自足、安土重迁,不会提倡以侵犯他人的方式扩大自己的利益;西方自古就是商业发达,商业的本质在于扩张和谋取利益;因此在商业社会中,内部倚重法律规则确定人和人之间的利益界限、对外形成扩张甚至侵略、殖民就成了一种自然而然的结果。这就是海洋环境的商工文明和内陆环境的农业文明的重大差别,导致了中国传统社会以伦理作为主要的秩序维护方式,而西方则更加倚重法律和武力。这似乎就又与地理环境决定论等学说联系了起来。因此,我们绝不能以单一视角来论述中西之优劣,更不能因为现在提倡"法治"而盲目地将西方法治作为一种治理模式而视为最优。中国自古就明确了"天下是天下人之天下"之理念,因此才有"天下兴亡、匹夫有责"之呼喊,一旦天下不再是天下人的天下,百姓面对奴役会提出"王侯将相宁有种乎",此时无论是内部的起义还

---

[1] 帝王世袭的中国古代社会,良相一直是至为关键的角色,肩负着突破血统而职司治理国家的角色。

[2] 如果忽视中国古代社会通过监察制度等制度设计进行有效的内部权力监督之类的大量史实,认为中国古代社会没有限权,这是不负责任的说法。

是外敌的侵略，都会让一个政权不堪一击，因此中国的有道之治从来都是倡导一种"天下观"。西方直至近代才提出与此相映成趣的"天赋人权"，才塑造了西方近现代以来普遍的人权观。这是我们今天讨论的西方法治和中国传统"为政以德"之分歧与一致性的理念根源。因此，法治定义者不仅要有学贯中西的见识，还要有深层次的发掘能力，如此才能对法治作出一个可以服众的定义。

9. 中国现代法治应该在分清"敌我"的基础上寻求和谐法治

当然，历史也充分证明，被统治的大多数人，无论中西，都是在被统治者奴役、保护的双重体验中度过一生的。时间进入现代，目光落在中国的时候，我们已经具备了良好的社会主义制度基础，人民当家作主已不再是幻想而是现实，因此我们应该具备这样的大智慧，也就是改变那种国家的强大是对大众的现实威胁的西方思维，将国家的强大与相应对人民的保护能力和造福百姓的能力统一起来，形成一个和谐的国家治理局面，这样的努力方向才是最佳的选择。将国家强大与百姓幸福对立起来的看法，在现代中国也有其现实指向，这是毋庸讳言的。但是，我们必须理性地看到，当国家的"强大"体现在"权力坏法""欺压百姓"时，其展现的不是国家能力的真正强大，而是国家治理能力的严重不足，这也需要厉行法治来改变。但是我们也必须清醒地认识到，权力坏法常常被认为是"国家"对"民众"的侵害，很少有人考虑，坏法的权力是否代表国家？从法律评判上我们可以认为这是"国家"必须承担责任的职务行为，但是在本质上，坏法的权力是国家和人民共同的"敌人"，而不能认为其代表国家。因此，通过反腐败等方式处置以权力乱法者，应该是国家的职责，也是民众的诉求，而不是因为部分人以权力坏法而将国家与民众对立起来。权力坏法，不是权力本身出了问题，而是执掌权力的"具体的人"出了问题，此时这样"具体的人"已经不能代表国家公权，而是国家公权应予处置的对象。不要认为以权坏法者只是人民的敌人，其更是执政主体最大的敌人。中国古人之所以强调"治国先治吏"的道理，就是一种分清执政的潜在威胁究竟是谁的大智慧。让官吏成为执政的中坚力量而不是演变为执政的敌人，是国家治理能力的重要标志。而在盛行"分赃制"治理的历史上的西方社会，奴役人民一度天经地义，因此盛行的理论就缺少了对致力于分赃的官僚的人格诉求，而只有对抗。因此，卢梭们才成了西方人精神的灯塔，尽管他们的理论在今天看来十分蹩脚。所以，不要人为地认为法治作为维护社会秩序的手段与保障公民自由的目的是分离的，二者一定是一体的。如果法治无法保护公民应有的自由，社会也不会真正出现执政者希望的"安定"，至多是社会处于一种高度压抑状态；如果法治无法维护社会的秩序，公民也不可能获得真正的自由，只有喜欢"作乱"的公民才会认为法治无法保障秩序的社会带来了一种"自由"。法治认知的对极思维，是在作茧自缚，并不可取。执政者天下为公，天下是天下人的天下，家国利益一致性的家国情怀不仅不过时，而且应该是我们现在需要强化和遵循的，而这其中的关键在于执政者的主动行为，这是中国现代法治的一大关键点。

10. 当前法治定义普遍存在无解矛盾之根源

总之，模型化法治定义，普遍存在一个问题，那就是用于界定法治的诸如民主、正义等概念，本身就是一个无法明确的概念，因此用这些概念论证法治，再用法治论证这些概念，就会陷入一种无休止的循环论证。问题的症结在于，不回归到人本身来定义问题，我们永远无法得到答案。在法治定义和法治理论严重依赖和盲从西方法治理论成果的今天，回归到人本法治，才是中国现代法治理据突破难题的关键。

（二）笔者的法治定义推演

1. 法治定义的逻辑推演

"法"与"治"是两个词，"法"有不同含义，如国家制定的法律、宇宙法则、上帝赐予人类的律法（无须国家政权介入）；此处的法治之法，取中国现代法治之法的含义，也就是国家制定法[1]。"治"也有不同含义，如治理的行为过程和政治修明、局势安定的结果状态。回到亚里士多德的法治经典定义，可以理解为一个纯粹法律意义上的法治定义，因为这里无法体现什么是良法；对于任何一个国家而言，无论法律实质状态是什么，都会宣称自己的法律是良法，因此单纯的"良法"二字表面上表达了对法律的要求，实质上却留下了什么是良法这个与什么是法治同样宏大的话题。当然，法律被普遍遵守却是任何一种法治共同要求的结果状态。将这个经典定义进行扩充，加上"良法"的价值判断，就已经超出了法律的层面，而进入了文化的层面。无论将良法定义为体现平等还是体现公平、正义，这都是一个文化的标准，

---

[1] 中国现代法治的"法"是指法律，或者进一步明确为国家制定法，这是没有疑义的。虽然我们熟知"法律"一词，其实也实难下一个普适的学理定义。

需要放到一定的文化背景下来理解。单纯的公平、正义等概念,根本无法表达其本身的内涵。如市场经济下每个人的财富必然不平等的事实,是否有违公平正义?我们在经商者守法的范围内进行探讨,有人经商发达了,腰缠万贯,有人经商亏本了,债务缠身,其中的原因主要在于个人经商的能力水平有天壤之别。假使这时候法律介入进来并扮演"劫富济贫"的角色进行财富二次分配,这必然符合正义要求吗?还是法律通过维护成功者与失败者财富现状以激励、肯定商业精英的商业才能而带动更多的人效仿商业精英才体现公平正义呢?不同的人一定会给出不同的答案,也就是公平正义在这个时候是没有绝对标准的。如果说富者应该给予成为贫穷者的"弱势群体"以救济,以履行企业家的社会责任,这种社会责任的根据是什么?显然是以人的同情心、爱心或者说恻隐之心为根源和道义基础的责任;如果说成功者不必为失败者买单,其背后一定是弱肉强食、物竞天择的丛林法则占据了"文化"的主导。

以上的简单例证在于说明,失去文化意义上的判断,我们就根本无法找到法治所倡导的各种价值的应然性来源。社会生活远远不止这个简单例证般单一,而是一个剪不断、理还乱的复杂整体,因此更加需要文化作为法治的根基才能判明法治的价值追求,这就是文化意义上的法治。同时,法治除了法律和文化层面,还必须依托现实的政治制度设计予以承载和实现,也就是设计一种什么样的政治制度来保障法律之治的文化价值之实现,这也不是法律层面的问题,而是政治意义上的法治。政治就是一个整体人群中,一部分人统治另一部分人,或者说一部分人"代表"所有人治理所有人。我们虽然提倡民主之类的概念,仿佛所有人都是在自己统治、治理自己,但是这样的理论模型无法取代一部分人统治、治理大部分人的事实。如果不是一部分人治理其余的大部分人,则政府治理的存在就失去了意义。中西历史上仅存的古希腊民主,似乎突破了小部分人统治大部分人的藩篱,但事实上作为被统治的奴隶占据了其人口的绝大部分,因此也是少部分人统治大部分人。其他如无政府主义思潮等,已经被实践证明是一种乌托邦式幻想,这里不再赘述。很多人推崇的西方的三权分立、司法独立、民主选举等"法治"模式,其实质是完全超出法律意义的、政治意义上的法治,其本质是各种政治力量角逐之后形成的相对固定的政治模式,法治只是其外在表现和习惯称谓而已。法治是政治的结果,而不是政治的开端,这是一个至为关键的问题。

2. 笔者的法治定义

一个完整、全面的法治定义,实质上必然涉及文化、政治和法律三个层面,而对其中的文化精神、政治模式、法律内容进行了具体界定的,都成了难以具有普适性的模型化法治定义。如果在其中再加入法治的具体实现路径的内容,实质上就又对这三者背后共同的主导因素——人——进行了界定,也就是模型化法治的推动力量是什么人群,其阻力和对象是什么人群。如西方法治理论被认为其推动力量在于人民大众,法治阻力和法治对象在于政府。当然,这样的认知是存在重大偏差的。因此,中国现代法治的定义应该是:以文化为指引和归宿、以政治模式为制度框架、以法律运行为视角的国家治理的行为过程及理想结果之设想乃至实现。如果对此进行一个模型化定义,则笔者需要对文化、政治模式、推动力量进行界定,将这些要素从法律视角予以表述。笔者赞同的是:中国现代法治是以人本文化为指引和归宿,以与人民利益一致的执政党为引领,以人民代表大会制度为基础,选举具有强大行政能力的廉洁政府的政治模式,以贤良政治带动广大人民为推动力量,形成以法律秩序维护社会良知的国家治理模式,进而实现人与人之人格平等与利益和谐。中国自古确立的就是人的良知主导的社会秩序,在现代社会,人心之良知形成的"良知秩序"依然是社会秩序的最根本的基础,法律秩序旨在维护良知秩序,法律秩序也只有在良知秩序存在的前提下才能形成,一个良知普遍缺失的社会,一定无法形成法律秩序,如果存在,那么这个社会一定是精神、思想高度压抑、奴役大众、严刑峻法,表面秩序井然而实则暗流涌动,而后一定石破天惊、无法长久,如法家法治和希特勒的法治。因此,中国现代法治可以被表述为人本法治,也可以被简单表述为——中国现代法治是通过法律秩序守护、指引基于人类良知所形成的良知主导的秩序状态。良知秩序本身的实现,就当然代表着、包含着我们所追求和描述的正义、自由、公平、秩序等诸多法律价值或者法治精神的实现。法治在此的作用,一是守护良知底线,二是通过明确的规则来指引人们如何具体地守护良知底线。在西方的社会达尔文主义、丛林法则、神本文化、社会契约论、物质主义(世俗物欲主义)等诸多价值观下,良知不在于人本身,或者它们干脆否定、抛弃了人类的良知。因此,本书所定位的中国现代人本法治,是与中国传统文化一脉相承的——独具中国社会主义特色的中国现代法治。

(三) 法治的三重属性

1. 法律意义上的法治

这是抛开法律之文化标准与法律所依托的政治模式而言的法治，单纯讨论已有法律担负社会秩序维护和社会治理的过程和理想状态。在法律意义上的法治，是任何社会形态、任何国家都需要的，如果一个国家无法实现法律意义上的法治，譬如权力违法普遍性存在或者普通社会成员违法盛行，则可以定义为没有法治，或者法治失败、有法无治。法律意义上的法治，是任何一个国家的基本要求。当然也有特别多的论者认为，如果以此意义定义法治，认为任何社会都存在法治，则法治的定义就失去了意义，甚至会使法治的定义成为一个很危险的说法[1]。但笔者恰恰认为，不在法律意义上定位法治的基础内涵，才是一个极其危险的说法。法律意义上的法治，其精神实质千差万别，因此法律意义上的法治，决定了法治本身是一个中性概念，而决定这个中性的"法治"终极意义的，恰恰不是法治本身，而是法治之外的文化精神。如果我们抛弃了中性的、法律意义上的、基础的法治概念，任由各种法治模型设计取代法治的源初概念，则我们实质上就忽略，或者无法正视法治的灵魂——文化精神——在法治之外（也就是超出、高于法治本身）这一关键事实。如果不明确探讨法治的内在灵魂来源于法治之外的文化精神，即文化为法治注入灵魂，则想当然认为"法即正义"之类的谬误将永远无法得到更正。这就好比，一个想成为王者的人手中拥有一个土豆，他就号称土豆是世界上最美味的食物，当有人指着几个烂土豆发呆的时候，这个人马上说烂土豆根本不是土豆。从此，人们无须再去研究土豆如何保鲜，人们也将不具备鉴别土豆是否新鲜的能力，因此别人手中的土豆逐步都会腐烂。更为要命的是，从此谁不承认土豆是世界上最美味的食物，或者谁认为世界上还有其他食物可能更好吃甚至仅仅为了可以填饱肚子，这个人就成了另类。这就是"真正的危险"——以反对霸权为口号占领了道德制高点，之后自己就拥有了霸权。

2. 政治意义上的法治

这是一个扩大了法治基本内涵的"超法治"概念，或者说是一个政治概念而非法律概念。譬如西方国家三权分立的政治体制，虽然国内很多论者认

---

[1] "在某种程度上已经承认了那些对人权没有什么现实的保障而且没有实行民主制的地方和国家也在实行法治，这是一个很危险的说法。"於兴中：《法治东西》，法律出版社2015年版，第20页。

为这是西方法治的题中应有之义,但实际上这是一种先于"法治"的政治结构,以法律和制度、模式等为载体记载、维护这样的政治结构不是法治本身,而是法治的政治基础,而这样的政治基础是基于各种政治力量博弈的结果,是该种"法治"实际运行模式的原因,而不是与其融为一体的"法治"的结果。最初的、原始的因果关系明确之后,我们才可以对目前的既成事实进行笼统性概括,称为政治意义上的法治。明确政治意义上的法治,就可以避免将一种政治模式作为法治的"标配"而强加于人,避免了打着正义旗号的霸权行为恣意横行,更主要的是避免以法治手段取代法治目的的普遍误区。

3. 文化意义上的法治

文化意义上的法治也可以等同于法治文化。法治文化指的是文化在法治领域的体现,而不是就法律或者法治本身论述"仅仅属于法治的文化"或者"法治创造的文化"。文化意义上的法治是指法治体现了其背后的文化精神、推进和维护其背后的文化精神。文化精神在三种意义上的法治中具有决定性作用,文化决定了法律的形成,产生法律意义上的法治;文化决定了政治理念,基于政治理念产生了政治模式,因此文化决定了政治意义上的法治。法律意义上的法治、政治意义上的法治,其决定动因在于文化精神,对法治文化动因的理解就是文化意义上的法治。三种意义上的法治在实际运作中应该处于一种一致的状态,也就是为了达成三者中最为核心的文化目标。但是由于文化目标的确立不代表文化的实际状态,因此表面和谐的三重意义上的法治,在实践中往往呈现出分离的状态。譬如两党竞争中,两种不同的执政理念有着势均力敌的两群信众,无论谁输谁赢,我们都很难说两大人群、两个政党拥有并实现了共同的文化精神。

4. 三种意义法治的关系总结

法律意义上的法治,其实是政治的一部分,这和通常所说的神治、礼治、德治、人治一样,都是政治的一部分,所以法治是政治的一个下位概念;而文化意义上的法治,是政治的精神依归,是政治的灵魂,因此文化意义上的法治在实质上也是政治的一部分;而本书所言政治意义上的法治,是单纯指对政权中政治结构、政治运行模式的设计,因此此处政治意义上的法治,也是广义政治的一部分。所以,无论从哪种意义上看待法治,其终究是政治的一部分、政治的一个侧面。也正是因此,中国目前关于治理类型分类中常见的神治/礼治/德治/法治/人治之通说,是一个划分标准极其混乱、自相矛盾的文化错位的结果。如果将神、礼理解为政治的灵魂,将西方古典法治的法还原其本意,也是指政治的灵魂;汉语语义上的法律、道德作为政治的规则之一;人作为政治的主体和对象——这样就会避免出现自相矛盾的研究结论。因此,笔者在本书中所探讨的古今中外法治和国家治理,都是在研究政治的一个方面。那种认为法治不属于政治的观点,无非是意在表明,法治不是作为政治的附庸而只听命于"政权",表明法治不属于政治。因此,我们最后再次回到亚里士多德的另一个被法治研究忽略的经典表述:"世上一切学问(知识)和技术,其终极(目的)各有一善;政治学本来是一切学术中最重要的学术,其终极(目的)正是为大家所最重视的善德,也就是人间的至善。"[1]秉承西学思路,后人无法超越亚里士多德的法治定义,同样也无法超越其关于政治学目的的论述,而这个关于政治学目的的论述,当然表明了法治和政治的关系。[2]

(四) 法治的意义

法治是一个社会的底线,法治不举,则社会必然陷入混乱,法治的基础意义就在于维护一种法律预设的社会秩序。法治通过对社会秩序的维护,进而实现对社会的文化追求。法治事关人心向背,尤其是权力不守法成为社会突出矛盾的今天,法治的成效事关执政成败、事关国内政治安全,在国际竞争中更事关国家安全。终归,人民的幸福是需要每一个个体直接体悟的,法治是保证人民幸福的底线。法治在现代中国,已经成了一个事关全局的关键领域。"法治兴、则国兴、则民强",此语并非虚言。法治的意义,在学界已经有了太多的研究成果,在此不再赘述。一言以蔽之:法治期待,众望所归,不可辜负!

(五) 中国现代法治理据的主要内涵

法治理据就是为法治寻找[3]到的理论依据,其集中表现为系统化的法治理论学说。法治理据包含:法治本身是什么?为什么需要厉行法治?法治之法的标准?确立什么制度和政治模式来承载法治?以怎样具体路径来实现法

---

[1] [古希腊] 亚里士多德:《政治学》,吴寿彭译,商务印书馆1965年版,第151~152页。

[2] 当然,如果回归到中国传统的思路,更为经典的表述就是:"大学之道,在明明德,在亲民,在止于至善。"中西之道相同,义理自然相通。对于先贤,我们无须抱有中西之别的成见,而更多的是景仰——高山仰止、景行行止。

[3] "寻找"一词表明,法治理据既可以是"发现",也可以是"发明"。

治？法治的目的是什么？等一系列问题，这些问题也可以归结为法治的必要性、法治的正当性、法治的可行性、法治的有效性。这些问题还可以分为法治的价值支撑、法治的模式设计和法治的实现路径，这三者的法治理据分别被称为法治文化的理据、法治模式的理据、法治道路的理据。这在很多论者的观点中，被认为是文化意义上的法治、政治意义上的法治和法律制度意义上的法治。实际上，法治是一个理论和实践的综合体，而且其绝不仅仅是一个单一的问题，如政治问题、法律问题、社会问题，而应该是一个整体问题的综合体。因此，法治势必需要寻找文化理据解决价值追求和价值指引、模式理据解决政治制度和法律制度设计，以及道路理据解决法治实现的具体步骤和路径选择。文化理据是灵魂，模式理据是骨骼，道路理据是血肉，三者有机一体才构成一个完满的法治理据整体。

（六）中国现代法治理据重思之必要性

法治理据意义重大，其必须在实证研究的基础上才能真正有价值，如果仅仅是进行理论上的逻辑分析，则法治理据仅停留于表象，往往会掩盖一些本质性问题，导致法治理据发生错误。尤其是在面对中西历史上的法治理据的时候，我们必须看到的是，法治理据背后都有着现实的动因，法治理据背后的真实目的和现实指向才是最为关键的，但是这些真实目的往往不会直接被表达，不加分辨而推崇的法治理据，往往会误导、迷惑法治的现实发展。停留于法治理据层面的学说，背后一定有着至为深刻的文化根基，这才是理解法治理据的关键。目前国内的法治研究领域，谈到法治必首推西方，对中国自古有之的常态化的法治视而不见且乐此不疲地加以歪曲，这是一种完全失去自我的现实写照。同时对西方法治理据更多的是流于表层的解读，通过对西方各种法治理论学说进行一番人为的拼凑，塑造出一个"自洽"的法治理论作为中国现代法治的理据已经成了常态。如常见的法治论述逻辑：法治就应该是西方的"rule of law"，关于法治，亚里士多德说了什么，洛克说了什么，哈耶克说了什么，伯尔曼说了什么，再看英国大宪章如何约束了王权，美国三权分立确立了权力制衡的政治体制……"所以"——法治就"应该"是什么，中国现在还有哪些方面还达不到这样的要求，因此中国应该做什么以达到这样的要求，这样才能实现"真正的"法治……这样的法治理据拼凑，实质上是极度迷失自我的产物，也是某种程度上文化自卑的体现，但是却作为一种时尚和"标准"的法治论证逻辑正在中国流行着。其实，如果我们真的根据"信、达、雅"的语言翻译标准,"rule of law"最为贴切的汉语翻译不应该是"法治",而应该翻译成"天行有常(不为尧存,不为桀亡)"。这是我们大多数人没有意识到的问题。为了改变这种"早已失去自我"的现状,中国现代法治理据的重思甚至整合重构就显得十分必要了。

(七)澄清"法治文化"的定义

1. 深入理解文化是理解法治文化的前提

目前存在法文化[1]、法律文化[2]、法治文明[3]、法治思想[4]、法治文化等相关的学术概念。对于法治文化,或者对于法律文化、法文化这样的提法,有一点必须澄清,那就是法律、法治等只是文化统摄下的人的行为规则之一,是文化作用的一个领域。法治文化实际上就是最为根本的"法治理据"。如果不能对法律或者法治背后的文化有精准、深入的理解,则所探讨的法治文化只会停留于表象,势必不能了解每种法治文化真正的内涵。如果对法治文化真正的内涵不能了解,则所总结出的"法治文化"就失去了其适用的文化土壤,如果进行"学习"而后"借鉴",必然出现错误。如中国古代的法律文化中非常重要的概念是"德主刑辅",其原因在于统治者要"以德配天"。在此处,如果我们将古人所讲的"天"理解为物理意义上的天空,或者理解为古人由于科技不发达而产生的对"上天"的错误认知,那么这种"以德配天"则会因为被当作迷信或者愚弄人的说辞而被批判甚至被嘲笑,就不可能真正明白中国传统法治文化的"根"和"精髓"。如果我们能够深入理解中国古人对于"天道"的深刻认知,明白这是一个整体宇宙规律——包含有形世界的运行法则、无形世界(包括人心世界)的因果法则——并且我们

---

[1] 法文化在汉语语境中可以等同于法律文化,但是在西方语境中,法在法则意义上的法文化比在法律意义上的法文化宽泛得多,法文化统摄法律文化。

[2] 法律文化是一个比法治文化更为宽泛的概念,但是所有的法律最终都是归于法治这样一种集中呈现形式,因此,法治文化是法律文化在国家治理视角的集中反映,是以法治为框架对法律文化的统合。

[3] 文明是一个将文化、生产生活方式杂糅的概念;概念本身并无绝对是非之分,但是现代文明的概念,将生产生活方式——如游牧文明、农耕文明、商工文明等混同于文化,似乎生产生活方式的"进步"即等同于文化的进步,这是一个不正确的观念。"文明"的"进步"可能伴随着文化的极度堕落。因此,本书所探讨的文化概念,与文明的概念差异重大。因此,法治文明之类的概念与法治文化并不相同。

[4] 法治思想即是关于法治论题的所思所想,可能以体系化理论形式呈现,也可能以个别观点、意见等只言片语形式呈现,其中可能直接包含文化内容,也可能与文化并不直接相关。

也能够以某种方式体察这种法则的存在，我们才能够真正理解中国传统的法治文化。只有这样我们才能够深入理解人们——无论是统治者还是被统治者——为何能够在这样一种法治文化之下形成法治秩序。如果放在现代社会，当我们说要敬畏天道的时候，肯定会被很多科学主义者当成一个迂腐的笑话，而且显得不可救药。但是在体悟了天道的古人那里，科学主义者这种自大狂妄才是愚蠢得不可救药。同理，我们看待西方法治文化的时候，人们为什么具有这种"契约精神"作为法治的基石？因为西方人坚信上帝与人类订立的契约是必须遵守的，如果人类想得到救赎，就必须无条件地遵守上帝的契约及其为人类设定的律法。如果人类不遵守，不仅得不到救赎，而且一定会下地狱接受惩罚。是现世遵守律法以求得上帝的救赎——来世能够进入天堂，还是违背上帝的要求以接受地狱制裁？这显然是有明确答案的。这是西方法治的文化根基，也是西方法治能够进行下去的人心基础。倘若有人忽视这种上帝信仰对法治的影响，隐藏上帝而推出"契约精神"来说服无神论者，其结果一定是被无神论者无情地嘲笑。假设我们换一个时空，让"上帝与人类的契约"理论来到根本不相信上帝存在的中国古代社会，同时让"以德配天"理论来到不知天道为何物的西方社会，其结果是什么显而易见。因此，谈论法治文化，首先是真正理解文化——信仰在人心中的真正地位，无论我们是否相信这一信仰的真实可信，但是一定要从信仰者本身的角度考察这种信仰的真实影响。理解了信仰者的内心之后，我们才能够考察出此种法治是如何在其文化根基之上运行的，然后才能谈是否可以借鉴。中西法治文化，一个是坚定不移的天道信仰的表现，一个是不可置疑的上帝信仰的表现。对于既不信天道，又不信上帝的很多现代中国人来说，体悟式理解中国的传统和西方的法治文化确实是非常困难的。还比如法律是否是工具？现代人认为法律工具主义就是一个错误，但是实质上，法律在中西方都是工具，只不过法律在中国是人的工具[1]，法律作为工具也需要以文化灵魂作为支撑；法律在西方是上帝的工具，人没有资格评判或者为法律注入灵魂。因此，源于中西法律文化的差异，法治中的理念之正误评判，必须将其还原到各自的文化语境

---

[1] 法律在中国是人制定的、是规范人的行为的、是人实施的、是人遵守的，因此法律首先必然是工具，是依附于人的工具；只不过"人"这个主体是哪些人的问题。反对法律工具主义，只不过是在反对法律成为少数人的工具，但是并不能改变法律是工具的这一属性，即使法律是多数人的工具。现在流行的是"法律理念主义"，但是这一流行趋势如果不能融入文化根基，其前景必定不乐观。

中来理解。

2. 中西法治文化的正确解读方式

因此，中西法治文化比较，必然是需要将法治界定在文化之下的一个下位概念，否则所有的比较都将是只有皮毛、没有灵魂的。单纯囿于法治本身来理解法治文化，一定会理解错误，其理论成果也就失去了原本意义，变成了借题发挥甚至指鹿为马。由于文化必然是需要与人的内心直接相关的，法律与人的行为直接相关，因此法律与文化之间存在着一层"隔阂"，也就是我们需要透过法律这一行为规范来体察其中所反映的、发自人的内心的东西。因此，法律或者法治是不能单独成为文化的研究对象的，如果不理解法治背后的总体文化精神，则"法治文化"就会出现被严重误读的结果。如不理解中国的道统文化，就不可能真正理解中国传统社会的法治文化；不理解西方的以基督教为主的"法统"文化，就不可能真正理解西方社会的法治文化。那种认为法律文化或者法治文化可以取代文化的看法更是不可取的。譬如目前认为民主、自由、平等、正义等是一种可以统摄一切的"文化"的观点，是必须予以明辨的。民主、自由、平等、正义等观念，虽然目前似乎成了一种绝对正确的准则，但是其与文化之间存在着一个断层，更不能直接等同于文化，只有加入人心、人性这一范畴，这些观念才可能落地生根，才可能融入文化，进而才能够厘清中西的"法治文化。"

第二节 国家总体文化战略与依法治国基本方略的关系

一、构建国家总体文化战略之必要性

(一) "文化主治"之例说

西方的"rule of law"虽然被翻译为"法律主治"或者"法治"，但是西方"主治"的"法"由于是上帝之法，其代表上帝统治人间，这和英语翻译成汉字之后的"法律"的汉语内涵完全不是一回事，主治的"law"对应汉语的确切翻译应该是"天道"或者"义理"，因此西方法治其实质上是文化主治。西方和中国历史上的主流从来都不是主张以中国现代语境中的"法律"来主治，从来都是"文化主治"，这是我们必须清醒认识的。因此，依法治国作为基本治国方略，必须在国家总体文化战略之中，法治是文化主治的一个

方面,文化主治与法治的完美结合,就构成了政治的主要内容之一。[1]而不应形成法治代替文化造成以"人的行为底线"来"主治"的违反中西历史上国家治理基本规律的错误导向。构建国家总体文化战略是重中之重、当务之急是"政道";依法治国是"治道"。如果不能达成最大限度的社会共识,不能形成精神凝聚的力量,试图凭借法治来改变社会的撕裂,其结果只能是撕裂越来越严重,因为中国现代法治的作用并不是理论学说的宣扬就可以改变其社会底线这一本质属性的,在中国并不具备这样的文化条件、社会条件和历史机遇让中国的法治变成西方的法治,此法治和彼法治完全不是一回事。譬如全世界所"公认"的法治的典范——美国,其"强大"与"法治"之间是什么关系?——"事实上,使美国成为一个强盛的国家的或许并不在于它是否以法治为依归,而恰恰是那些被'法治、人权'的口号所淹没了的另一些更重要的因素如深厚的人文传统、坚固的宗教基础、高度的个人自觉、诚实的生活态度以及精明的社会政策(比如,保护国内资源、最大限度地利用国际资源及大规模吸引外来人才)。一个强盛的国家并不意味着一个公平的社会,也不等于一个理想社会。公正与法治是自由主义社会思想的核心价值。但以法治著称的美国难以摆脱的梦魇恰恰就是社会的不公正。"[2]这是一个极其重要的域外法治启示,如果这个关系不厘清,我们可能就在错误的"法治灯塔"示范下迷失方向。

(二) 当下中国之多源文化现状

对中国当下的文化现状,既不能不负责任地以偏概全地予以悲观否定,

---

[1] 法治、文化、政治三个概念之间,存在着不同的定义,因此在大多数人的理解中,应该是一种交叉关系。但是政治所研究的领域和政治需要的素能、智慧,应该立根于文化,同时有着很多特有的内容。如国防军事,当然是政治的主要内容;如知人察人、选贤任能,也是一种切实的功夫。政治涵盖的领域实在是太广泛了。因此,从国家治理的角度看,法治也只能是政治的一个切面。

[2] 於兴中:《法治东西》,法律出版社2015年版,第68页。於兴中先生对美国社会的深刻观察,值得认真思考,此类话题可以称之为:法治的背后。多年来,我们很看重"海归"的价值,因为只有对国外社会的深刻体悟才能正确认识国外社会,才能学习真正先进的东西。但是"海归"也有一个分化的问题,有的人从国外回来,就大肆宣扬国外的"先进",这本也无可厚非,我们只有见贤思齐才能有进步。但是另外的趋势却不容乐观,如从英国留学回来,就高调宣扬英国的某某法律制度是中国的典范,从美国回来就必然宣扬美国的某某法律制度是中国的典范,从意大利回来……这种现象背后,存在着一种"充分体现我的国外研究有价值"的"个体利益本位"的可能;如果说在留学期间研究了国外的某一制度,发现到了中国毫无用处,则其"学术价值"可能就会被无视。中国现在盛行的学术上的崇洋媚外,其中有一个很重要的原因是研究者以个人学术价值实现为利益驱动的,但是不代表这种学术真的有价值。笔者这番言论有大量的事实依据作为印证。

又不能掩耳盗铃式地自说自话、罔顾事实、盲目乐观。目前中国文化整体状况可谓多源文化导致的文化多元，这是一个基于事实得出的基本判断结论。中国目前的多源文化状况表现为中国传统文化、马克思主义文化、西方文化、世俗欲望主义共存的状况。以儒释道文化为代表的中华传统文化，承载着民族的精神，凝聚着民族的团结，是中华民族独立性的主要标志，也是中国传统社会国家治理的基石。西方文化整体上是宗教文化，以对神和上帝的信仰为基础来引领人的精神世界，将宗教信仰和政治统治结合在一起来进行国家治理。马克思主义文化，是中国共产党建立以来，秉承的一种立党的政治信念，是一种引领中国社会的政党文化。中国马克思主义政党文化则是中国人建立的中国政党，在秉承民族文化积淀的基础上，将马克思本人的学说予以中国化，也就是以中国文化之本吸收、融合外来学说的基础上形成的一种以政治为核心领域的文化，因而马克思主义政党文化是一个中西多源和时代演进综合的结果，并且马克思主义中国化在未来还应该是一个需要继续不断深入的过程。世俗欲望主义并不是哪个国家独有的，也并非一种文化，而是对文化的悖反和叛离。无论是在中国人本信仰还是在西方神本信仰据于统治地位的时候，还是在人本信仰和神本信仰逐步式微的时候，都存在着一种以欲望满足为人生最高目标和最高法则的人群，除满足一己私欲之外，没有任何内心的敬畏和戒律作为尊崇和信仰，没有任何高于欲望满足的价值准则，这是人文未能化育的结果，是文化失败的范例，是人类社会主流信仰努力去消除却始终无法根除的一种类型，也是在人类几千年的中西历史上从未缺席的，这个群体极少表现为自始至终的纯粹存在，在每一个人身上都可能部分出现，这是文化致力于消除的目标。

(三) 当下中国之文化危机不可轻视

中国目前的文化多元已经达到必须警醒的地步，我们可能正身处巨大的文化危机之中，这也和现阶段人类社会出现的整体性精神危机程度具有对应性。切实地对现代中国社会中的人进行观察，包括个体、群体、阶层、行业，我们会真正地感受到文化危机的严重性。德国哲学家雅斯贝尔斯以提出"轴心时代"而著称，孔子、孟子、佛陀、苏格拉底、柏拉图、以色列先知们作为轴心时代的圣贤，为人类创造了至今都无法逾越的精神巅峰，但是这些巅峰的文化精神却不断地被人类远离，世俗欲望主义占据人类的比例越来越高，文化呈现出一种大时代的衰败迹象。进一步说，苏格拉底在西方的精神偶像地位无可颠覆，佛陀在信众中也是人性光辉的永恒偶像，以色列先知们的上帝在西方人心中还是救赎灵魂的唯一希望，这些轴心人物是其后辈引以为豪和凝聚人心的文化源泉。而中国的孔孟之道却遭遇了别样的命运，甚至成了一些国人仇视和嘲讽的对象，这就是中华民族已经面临许久的文化危机。一个民族需要具备反思的能力，这是进步的动力。但是，当一个民族中很多人以无知和恶意来曲解自己民族的精神纽带，尤其是这种曲解被赋予了正当性并且流行起来成为时尚，我们就迫切地需要真正深入走进孔孟之道，真正明白孔孟之道是在告知世人什么道理，然后再行评判和取舍。今天我们提倡文化自信，提倡中华优秀传统文化的复兴，前提是我们需要界定什么是传统文化的优秀部分。在充满西学思维的今天，《易经》被当成了迷信，"为政以德"被解释成"道德主治"，中医被定位为"不科学"，儒家对心性的探讨被当成了笑话。这犹如西方以刀叉为餐具，刀叉的各种属性又被定位为餐具的标准，中国的筷子由于不具备刀叉的金属特性，因而不能被称为严格意义上的餐具，需要逐步向刀叉靠拢，首先改成金属筷子，当条件具备时将金属筷子打造成刀叉形状，这样才符合了餐具的标准，这样中国人才能以"文明"的方式吃饭，这样才算是与"国际"接轨。从始至终，我们都未将筷子作为定义餐具的标准，哪怕是标准之一。刀叉与筷子的比喻，正是中国当下文化危机产生的典型逻辑，也代表了文化领域的流行观点现状，包括法治研究领域，在阐述法治理论的时候，首先批判一下儒家和孔孟之道再推出"曼妙"的西方法治理论成了流行的学术逻辑。笔者认为这是最大的文化危机之一，至少是文化危机的突出表现。

（四）文化主治是国家总体文化战略的要旨

中国目前的文化危机，是需要通过国家治理来进行解决的，确立国家文化总体战略作为国家治理的最高战略势在必行。对中国传统文化的不恰当否定已经导致了传统文化在很大程度上只作为一种"文字记载"和单纯的"思想"在流传，而传统文化的精神却未能被正确理解，勿论传统文化精神对人的化育功能之实现。新儒家对弘扬儒家文化的努力并未造就社会大众对儒家的普遍认同；道家文化和道教因被混同而被定位为宗教；佛家文化亦被很多人误解深重，无论是流行的"佛系青年说"将佛家等同于不求上进得过且过，还是一些科学主义者宣称佛家是迷信、科学早已解释明白了佛家为何是迷信等。儒释道文化作为中国传统文化的代表，其在最高处是共同的，都是以人道为本，人道至极是天道，如道家对"道"的描述、佛家对宇宙实相的描述，都是体悟人道时对大千世界和宇宙法则的必然规律之认知，这种智慧认知和境界体悟是世俗欲望主义者根本无法理解的。马克思主义政党文化作为中国人的政党针对中国社会形成的文化，中国传统文化当然是其来源之一甚至是最重要的来源，传统文化的缺失也是马克思主义中国化的过程缺憾，只有正视中国传统文化才能更进一步完成马克思主义中国化的历史使命。因此，党中央提倡马克思主义不断中国化，同时提倡恢复中华优秀传统文化，这二者不仅不矛盾，而且是一种历史必然和大智慧。此外，以宗教文化为代表的西方文化并未能在中国形成强大的社会认同基础，但是依托宗教文化的各种"表象理论"却成了对现代中国影响最大的学说。以抽象口号著称的近现代资产阶级革命文化，比如，激进主义、自由主义、无政府主义、科学主义等，既缺乏西方神本文化对人格提升的文化根基，又没有中国传统文化以人本为根基的人格提升路径，在对不同人群做出各种所谓"理性"的假设前提下，确立了抽象且感人的目标，这些曼妙且抽象的目标却没有找到文化根基和实现的最佳路径，但是也成了对现代中国影响最大的学说。在我们所谓的意识形态领域，西方文化及其各种学说成为重点的关注对象，这就是我们所言的防范全盘西化。中西文化之间，面对各种学说和理论，如果不能实事求是进行分析研究，我们就不能发现本质规律和本质问题，所得出的结论就难以服众。必须本着马克思主义政党文化确立的实事求是的原则，不能为了肯定而肯定或者为了否定而否定，而是要静下心来全面深入研究，确立正确的文化根基，找到合适的文化借鉴，构建现代中国的总体文化战略。现代中国与传统中国有太多不同，与西方社会亦有太多不同，但是现代中国与二者有共同的地方，其中最主要就是人如何才能找到一种正确的做人准则成为人类社会的基础法则，所以我们应该基于人本开展共同性和差异性研究。中国传统文化秩序已经不复存在，西方文化秩序在中国并不合适，现代中国理想的文化秩序还没有稳固建立起来，甚至基本的法治秩序与法治理想还有很大差距；中国传统社会和西方社会都是"文化主治"，因此，我们必须在各种文化共存、竞争的现代中国确立国家总体文化战略，实现中国特色社会主义的"文化主治"，这才是国家治理的根本。有了"人文化育"出的"理想的人"，才能拥有理想中的一切；没有"人文化育"出的"理想的人"，一切理想都终将是梦幻泡影。

二、国家总体文化战略与依法治国基本方略之一体化

(一) 文化战略与基本方略之关系

国家总体文化战略与依法治国基本方略共同担负起现代中国国家治理的宏大使命,二者绝不应是一种分离关系,而应该是一种一体关系。文化一直是现代中国所重视的,但是目前还没能明确地被确立为国家治理的主治依据,我们现在提出的道路自信、理论自信、制度自信、文化自信作为一个整体方向性的目标,需要落实为具体的实施方案,文化用理论来表述,道路和制度用理论加以明确。文化与每一个人是一体的,理论、道路、制度都是人来实施的,因此文化是重中之重,国家总体文化战略是事关国家和民族发展的千年大计。依法治国基本方略已经施行二十余年,其成败经验教训也必须及时总结。国家总体文化战略的出台,必将加速法治的实现,依法治国也必将成为国家总体文化战略的重要支撑,二者一定是共同推进、共同实现的关系。

当然,文化战略作为对人的塑造,并不能代替诸多领域战略的构建,而是起到引领诸多领域战略中人的塑造的作用,如国家农业方略、工业方略、国防方略、经济方略、科技方略、环保方略、医疗健康方略、司法建设方略等方方面面。但是在所有的方略中,一定是以文化战略为灵魂实现精神引领,以法治方略为底线实现规则引领,文化战略作为最上层、法治方略作为最基础、其他各个领域的方略在文化和法治确定的框架之内互相协调、一体共进。在国家总体文化战略引领及法治基本方略保障下、各个领域协调一致的方略共同推进,才是现代中国振兴的纲领和关键。而所有这些,最核心和最关键的是要依靠人才的培养、以文化塑造人格,否则就会呈一盘散沙状且丧失战力。总之,脱离了文化对人格的塑造,社会不能在一种弘扬人性善的文化氛围中前进,社会达尔文主义和弱肉强食理论成为最高指针,则各个领域的社会乱象不仅不会停止并且会愈演愈烈,而不会出现秉承整体和谐而形成社会良性循环与人人分工互助的和谐局面。因此,相较而言,文化方面称之为战略,其他方面称之为方略。当然,法治方略与其他方略还有一个不同之处,那就是法治方略是贯穿所有方略的,为每一个方略树立一个规则指引和底线。法治相较其他方略而言,不是本体问题,而是针对其他方略作为本体的派生方略,法治作为派生方略是依附在本体方略上的。如农业方略解决的是农业基础地位以及粮食安全的问题,法治是保障农业发展中不要侵犯农民利益、

不能动摇农业基础地位以及具体的不要农药泛滥等问题；没有农业生产这一本体，就没有农业领域的法治这一派生问题。法治的意义不在于创造，而在于坚定的守护。

（二）文化战略与治国方略的镜鉴

在文化主治的前提下，确立国家总体文化战略必须参照历史和域外的经验，找到国家治理的总体规律；而依法而治是文化主治必要而且极为重要的一个方面。西方的文化主治和依法而治在文字表述上可以成为合一的概念，中国传统的文化主治和依法而治在文字表述上并不是一个合一的概念。包含文化主治和法律之治在内的西方法治是我们需要参照的一个重要方面，虽然其文化根基与现代中国并不相适应，但是其成败的经验教训却是极为重要的参照，而且在世界一体化越来越密切的今天，中西文化的会通是现代中国国家治理与国家发展必须研究的一个重要方面。中国传统的文化主治和依法而治当然是现代中国文化主治和依法治国最为重要的参照。一个民族、一个国家，其传统和现代无论如何也是无法决然割裂的，民族精神和国民性格必然深深烙上传统的印记，这绝不是一纸政令或者一个学说的出现就可以改变的。中国传统社会为我们留下了极为宝贵的国家治理经验教训，我们需要改变现在比较流行的以批判为目的而选择性抽取历史事实甚至曲解历史的方式，这样虽然达到了批判这一唯一目的，但却忽视了其中蕴含的民族智慧和历史规律，不利于现代中国的国家治理。目前中国对西方法治的理论学说研究颇多，但是对其文化精神的研究不够深入，或者说对西方文化精神的研究与从法律角度研究的法治理据和法治模式的研究严重分离；对中国传统文化的研究更是与依法而治的研究严重分离，文化主治中只抽取依法而治部分进行研究，在研究中又出现了片面地将法家法治定位为中国传统社会仅存的"法治"或者仅仅依据"法即刑也"将中国传统刑法这一个现代意义上的部门法作为中国传统法治的全部研究对象。在本书的后续论述中，笔者将全面考察中西的文化主治以及文化主治下的依法而治，以期得出更具价值的结论。这就是中国现代法治的中西镜鉴。

三、国家总体文化战略的意义

前文的论述表明，中国现代法治需要在文化中扎根。相应地，中国的依法治国基本方略应该以国家总体文化战略为依托。因此，此处就国家总体文化战略的意义进行简要论述。

(一) 文化战略事关国家安全

国家总体文化战略意义重大，事关国家安全以及政治安全、国家真正强大、人民的幸福安宁。这其中的道理无须赘述，仅简要予以说明。文化的强大，才能够造就人精神的强大，才能带来力量的强大，个人如此，国家更是如此。因为每一个个体组成国家，民不强则国必弱，这是万古不变的道理。文化是每个个体做人的理想指向，也是国家的最高指向。文化凝聚人心、文化表达着人生的意义、文化决定了人的行为方式、文化构建着人与人之间的关系。当一个国家、一个民族在文化的感召下团结一致的时候，国家就会无往而不利。中国当下多源文化形成的文化多元现状，导致所出现的种种撕裂，是危及国家安全和政治安全的重要根源。如果不能形成一个整体、长远的国家文化战略，则国家安全和政治安全将会失去文化支撑，这是当下中国面临的大问题。单就法治领域而言，很多人认为不实行三权分立以及两党轮流执政，就不是真正的法治，这就是在西方中心主义的大背景下，我们在文化上失去了很多话语权的结果。我们单纯在法治理论上进行论证，单纯讲出我们所认为的中国实际情况，是无法改变西方文化整体冲击的。除了法治领域，在各个领域我们都会发现西方文化主导的世界中，我们都缺少应有的话语权。

(二) 以文化战略消除文化自卑

当一个民族对自己的文化不再自信的时候，我们只能疲于应对国内和国际的各种指责和不满，这种指责毫无道理，根源在于缺少主动引领的机会和地位。我们现在比以往任何时刻都更需要提升文化自信，因为近现代以来我们已经在"文化自卑"的道路上走得太久了，这种文化自卑已经严重到对"基本是非观"[1]都要进行一番无休止的争辩，最终还是不能达成共识。譬如在拥抱西方文明甚至很多人推动全盘西化的那段历史时期，一方面我们面对着西方国家瓜分国土、掠夺财富、杀人越货，另一方面却盛赞这种西方

---

[1] 如近年来出现的多起为了报复社会、发泄私愤而导致多人无辜生命被剥夺的一系列重特大的危害公共安全案件，犯罪嫌疑人心理极度扭曲、残害无辜生命的行为令人发指、人神共愤。但是总有一种声音热衷于将此类犯罪归结为政府的错，进而得出同情、支持此类犯罪嫌疑人的结论，这样的人不在少数。这样的声音间接导致了更多的此类悲剧发生。这就是一个基本是非观的问题：残害无辜生命且罪大恶极者，最终却成为这些人眼中的"英雄"。基本是非观之扭曲，实乃社会之极大悲哀。在更高的层面上、更宏大的视野中，我们同样会发现更多根本性的基本是非观扭曲的现象，甚至达到了误国害民的程度，必须予以警醒。

"文明"的伟大，这种矛盾的心态实难不以"文化自卑"来理解。如果说最初"师夷长技以制夷"是在器物层面学习西方，这无可厚非；再后来是在制度层面学习西方而改良，这也情有可原；到了最后竟然发展成为"中国人的劣根性"需要被西方文明改造，而改造的方式却是烧杀抢掠，这就着实让人大跌眼镜。时至今日，那段屈辱的历史已经过去，但是我们却没能完全从文化自卑中走出来。我们当年经常批判中国古代是一种皇权奴化人民的文化，儒家成了皇权奴化人民的帮凶，这样的评价对儒家有失公允，因此也就更加需要还原儒家的真正面貌以正视听。如果我们不能在一个总体的国家文化战略中，真正明确文化观、历史观[1]，再来探讨我们说的人生观、世界观、价值观，那么中国未来之发展必将受到诸多阻滞，单纯的经济发展是无法解决人心问题的。因此，在很多人眼中，今天提倡文化自信仿佛难以理解其深远意义，在根源于利益之争的复杂国际环境下，各种政治势力的口诛笔伐中，状况更加堪忧。现代中国的文化自信是一种中华民族的道义担当。中华民族精神应该是自强不息，因此，主动构建国家总体文化战略，让文化能够首先在国内的各个领域起到引领作用，自我的强大和自信就会逐步建立起来。自强是硬道理，这是中华民族自古就知道的道理，自强的现代中国是不愁拥有四海宾朋的，伟大复兴的要义在于自强，自强的关键在于文化引领，文化引领的重中之重是国家总体文化战略。以文化治国，以文化强民，以文化兴国，这是真实不虚的。

(三) 文化战略事关民族复兴

文化是一个贯穿国内发展和国际关系的重大、核心领域，文化是人的灵魂，也是国家的灵魂。倘若一个国家及其国民信奉弱肉强食的功利主义，则一定是内在混乱的同时外在处处树敌。在当下中国，首先形成一个国内的文化认同和文化上的最大共识、文化包容，这是最为关键和最为基础的；在国内文化认同的基础上形成国际上的文化认同和文化互通、文化包容。如果国内的文化认同程度不佳，在国际上的文化认同就会举步维艰。实事求是还原历史真相，树立正确的历史观，是总体文化战略的一大关键。这就告诉我们，唯有首先加强国内自身的文化建设，使社会整体人德归厚，才会实现我们中

---

[1] 树立历史观不是为了仇恨，而是为了让我们从历史中看到现在和未来应该如何走。这就是"温故而知新"。

华民族伟大复兴的宏远目标。而所有这些都并不是仅依靠"文化宣传"就可以实现的。我们需要真正地依据文化来生活，因此钱穆先生曾经说过：文化就是生活，就是人生。这种状况的改变，或者说国家总体文化战略的构建与推进，恐怕只有经过至少数十年才能初见成效，而且时不我待。过去的已经无法改变，未来如何走下去才是关键，国家总体文化战略之构建与推进，是今日之中华民族共同的历史使命。

对中国现代之文化与法治的上述分析论证，还不足以说明问题。因此，接下来需要分别走进中国传统社会、走进西方社会，以儒家德政和西方法治作为历史镜鉴和域外镜鉴，通过比较研究，以求悟得更加深刻的见地。

第二章 中国传统法治文化的再认识

西方中心主义的历史观、文化观和法治观，加剧了对中国传统法治文化的误解、曲解，导致了中国传统法治文化被严重矮化、虚无化。因此迫切需要对中国传统法治文化进行再认识以对西方法治中心论进行纠偏。实际上，儒家"德政"理论是中国传统主流法治样态的理据；法家"事断于法"是中国传统旁支法治样态的理据。因此，本章以儒家德政为主要研究对象，兼带将法家法治作为对比样本。

第一节 走进儒家道统

中华民族数千年来信奉的最高权威是"天道"，符合天道必然要求的人生方式、意义、标准就是"人道"，也就是"德"。中华传统文化就是天道和人道合一的道统文化、人本文化、人文精神。儒家文化是中华民族道统文化的主要代表之一。

一、儒家的起源——人之所需

（一）孔子的人生境界——天人合一之天地境界

"吾十有五而志于学，三十而立，四十而不惑，五十而知天命，六十而耳顺，七十而从心所欲，不踰矩。"（语出《论语》[1]）自述者孔子，名丘，字仲尼，春秋时期鲁国人，儒家学派创始人。孔子是通过"学而时习之"修炼而成的中华民族的圣人，其创立的儒家代表了中华传统文化之正统。直至今天，也必须归功于儒家文化之代代传承，才形成了中华大地上两千多年来的

---

[1] 本书所引四书五经内容，皆参照《四书五经》，中华书局2009年版。

民族认同。即中华历史上虽屡屡朝代更迭、江山易主、各族之间征战不断、各种文化不断交互传播并力争主导地位,然而儒家文化却始终居于正统地位不可撼动。而孔子"祖述尧舜、宪章文武",因此我们也自豪"中华文明五千年未曾中断"的一脉相承。"志于道,据于德",在十五岁就开始学"道"并且时时事事修证、体悟"道"的孔子以及整个儒家看来,"道"是宇宙天地间的终极本体和最高准则,因此儒家文化应该被称为"道统"文化。

孔子何以被尊称为圣人?其儒家文化何以生生不息?要解答这两个问题,我们须多方论证,其中关键之一是必须还原历史上真实的孔子。而由于孔子"述而不作"加之年代久远,我们可能主要依靠《论语》《礼记》《孔子家语》等书籍中的文字记载和历代学者的研究著作来还原。但是这些书籍所记载的孔子的言行所表达的孔子"思想",亦不足以让我们认识真正的孔子。譬如在现代一些论者的视野中,儒家由于其系"空洞的道德说教"而已经过时、已经失去了价值,唯有确立新的思想、规则体系,如学习甚至全盘接受西方的法治,才能实现天下大治,中国才有希望。我们转而再看辜鸿铭在与日本的伊藤博文的论辩中曾经表达过这样的意思:"孔子的思想就好比数学家的加减乘除,几千年前是三三得九,几千年后依然是三三得九。你说,难道会三三得八不成?"[1]这种对孔子和儒家"思想"的对极认知,大抵是因为对"思想"所代表的是"知识"抑或"体悟"产生了混淆。而"体悟"就是指一种人生的"真实境界",而非单纯的"知识"积累。当下我们可以听闻很多"国学大师"谈论、传播传统文化,旋即因"大师"们的不端行为被公之于众而令人对传统文化更加丧失了信心,所谓:如此精通国学之"大师"尚且如此行事,传统文化何益?这就涉及"知识"至极是一种"见地",而"境界"需要亲身体悟以"修证"的问题。这个问题也是理解中国传统文化的核心和基础前提。因此,还原孔子其人,关键是明了孔子的"人生境界"而非单纯的"思想"。

何谓人生境界?宋代大文豪苏轼与其好友佛印禅师的很多故事家喻户晓。其中一个故事的大意是:苏轼写了一首赞佛的诗:"稽首天中天,毫光照大千,八风吹不动,端坐紫金莲。"并让书童送请佛印,佛印看后批示"放屁"二字,苏轼得知后当即愤而渡江找佛印理论。佛印说:"八风吹不动,一屁打

---

[1] 钟兆云:《辜鸿铭全传:改变崇洋媚外的中国》,中国青年出版社2016年版,第203页。

过江。"苏轼听闻之后顿觉惭愧。苏轼的诗本身是因为对佛学有很深的见地才能写得出来,其中"八风[1]吹不动"的见地并未能阻止别人讥、毁即"心被吹动"之愤怒——这就是见地到了,而切身修证未到。我们再看孔子"人不知而不愠",[2],身为久负盛名的圣人,即使邻人称其为"东家丘"也未曾动怒,亦即别人不知道、不认同我的高尚人格、无限荣耀,我不会因此感到愤怒,这才是君子。这是因为孔子"学而时习之",学习天地大道和人生至理并时时刻刻身体力行。思想也好,文化也好,道理也好,如果不通过内心亲修实证并且使其成为自己人格的一部分,那这些就始终是别人的道理或身外的思想,而不属于自己。以上例子可以管窥"人生境界"之真实含义。

孔子达到了何种人生境界?简而言之,天人合一,亦即天之道与人之德的一致。什么是天之道?"形而上者谓之道,形而下者谓之器"(语出《易·系传》),天之道是超越了有形有象之器物的本体存在、终极的宇宙法则。佛家将此意表述为"见诸相非相,即见如来"。此处不可避免地要先谈及宇宙观的问题,包括宇宙的形成及其运行法则。如果从有形角度论述,宇宙是如何形成的?现代科学提出了"宇宙大爆炸"[3]的科学假说,认为宇宙是"奇点"在137亿年前发生了一次大爆炸,逐步形成了今日之宇宙。即便此种假说为真,但却依然有诸多未能解开的谜题,如"奇点"为什么存在?宇宙大爆炸之前时间与空间是什么状态?"奇点"为什么会爆炸?爆炸之后为何形成了今日这般宇宙景象?而这一切与我又有什么关系?诸如此类。相对于人类个体短暂的生命而言,宇宙的历史确实太久远而且充满神秘并令人好奇,因此自古人类就试图解开宇宙形成之谜题,并产生了各种学说和理论,宇宙观与人生的终极意义之追寻始终密切相关。中国古代的老子所创立的道家,就曾对宇宙之产生与形成作出超越有形观念的论述:"道生一,一生二,二生三,三生万物。"(语出《道德经》)"道"就是老子所命名的化生宇宙万物的终极本体和宇宙运行法则。老子对"道"的描述是"道可道,非常道",意即可以通过语言描述的道一定不是宇宙中终极的那个"道";同时老子又说"人法地,地法天,天法道,道法自然"。也就是道最终效法的是"自然"。

---

[1] "八风"是指称、讥、毁、誉、利、衰、苦、乐。
[2] 别人不知道、不认同我的高尚、荣耀,我也不会感到愤怒。
[3] 比利时天文学家和宇宙学家勒梅特首次提出"宇宙大爆炸(The Big Bang Theory)"假说。

对于老子所称的"自然",很多论者理解为"自然界"之"自然",包括日月星辰、山川河流等。此乃一种错误理解,因为"道"作为本体化生万物,最后又要效法被其所化生的万物这一"自然",显然是曲解了老子的本意。因此,现代语言所借鉴的西方词汇之"自然",不可替代对"自然"作"自然而然、本应如此"之理解,也就是"第一因"之前一定是"无因性"。也正因此,我们可以理解为,宇宙形成的第一因是超越了人类思维理解能力和语言描述能力的。那么"道"能否被人类认知?答案是肯定的,宇宙[1]这一时空之整体,人介乎其中,人与此整体不可分离,无论我们如何作物质与意识之相对划分,也无论西方哲学如何将人与外界对立两分,宇宙与人始终存在于一体之中,人乃宇宙整体之一部分,有相对之独立而无绝对之分离,这就确立了人认识"道"的前提。而孔子说"中人以下,不可以语上也",意即中等资质以下的人,无法就"形而上之道"进行交流;老子说"道,百姓日用而不知"。因此,虽然"道"须臾不离,但是却并不是人人可知、能知。那么如何才能认识"道"?那就是通过"德"的修证来达到"无我"的境界,没有"小我"造成之"人我分别、人物分别","小我"之德与宇宙法则、本体合一,即是"天人合一"。而孔子的"德",亦非现代语言所谓之"道德",而是指人的内心和行为符合天之道的要求,孔子将"仁"确立为"人之德"的核心,即"里仁为美"(语出《论语·里仁》)。由于中国传统文化中"道"的观念已经深入人心,因此笔者此处通过老子的"道"的一点浅见来说明孔子天人合一境界的"天之道"的含义。古人[2]有言:"东方有圣人出,西方有圣人出,此心同,此理同。"[3]西方圣人即指老子[4]。孔子问道于老子之后更是感叹"老子犹龙"。"人能弘道,而非道能弘人",孔子在"无义战"的春秋时代,以"明知不可为而为之"的非凡勇气承担了弘道的重任,此乃孔子人生境界的真实明证,因而孔子被尊为"万世师表"。

(二)孔子的历史地位——传承中华民族信仰的轴心人物

"天不生仲尼,万古长如夜。"这是先贤对孔子恰如其分的历史评价。这

---

[1] "宇宙"一词系佛家用语,指代所有时间和所有空间之整体。
[2] 此古人指陆九渊。
[3] 南怀瑾:《南怀瑾选集》(第2卷),复旦大学出版社2003年版,第179页。
[4] "孔子动容有间,曰:'西方之有圣人者焉,不治而不乱,不言而自信,不化而自行,荡荡乎民无能名焉。丘疑其为圣。弗知真为圣欤?真不圣欤?'"(《列子·仲尼》)有一种说法,认为孔子所称西方圣人应该是释迦牟尼佛。笔者倾向于认为孔子眼中的西方圣人指老子。

样的评价，可以换言之，孔子是五千年中华文化之中民族信仰确立的轴心人物。在人类可考的历史上，能得到这样评价的人着实不多。当然，对人类上古时代的研究，是当今人类寻找来处归途的一个至为关键的课题，本书不做过多展开。德国哲学家雅斯贝尔斯将公元前800年至公元前200年称为人类文明的"轴心时代"。"在这个时代，苏格拉底、柏拉图、以色列先知、释迦牟尼、孔子、老子，创立各自的思想体系，共同构成人类文明的精神基础，直到今天，人类仍然附着这种基础之上。"[1]无论具体学说体系内容和方法、结论有何差异，轴心时代的贤哲们都是在追寻一种使人如何成为理想的或者完满的人所应知晓的人生至理，并以自己所悟得的人生至理来教化世人，希望世人也能够最终体悟到这种人生至理。苏格拉底、柏拉图开创了古希腊哲学的先河，影响着西方文明的整体历史走向，为西方文化在当今世界之"强势地位"打下了坚实的基础；佛陀释迦牟尼"睹明星而悟道"，成佛之后宣讲佛法49年，渡化世间众生通过何种方法了解宇宙实相、人生真谛以及如何了生脱死、离苦得乐等，佛法传承至今而信众遍及全球[2]以色列先知作为发端[3]开启了犹太教[4]、基督教[5]、伊斯兰教[6]这西方三大主要宗教，至今仍是西方世界的主要信仰。可以说，轴心时代所确立之不同"信仰"是当今世界文明格局的核心和基础。无论是苏格拉底被称为"西方孔子"，还是《论语》被比作为东方《圣经》，都是圣贤和先知崇高历史地位的反映。在西

---

[1] [英]凯伦·阿姆斯特朗：《轴心时代（公元前800年—公元前200年）——塑造人类精神与世界观的大转折时代》，孙艳燕、白彦兵译，海南出版社2010年版，封面文字部分。

[2] "据1982年牛津出版的《世界基督教百科全书》的统计，全世界现有佛教徒295570780人。"引自黄心川主编：《世界十大宗教》，社会科学文献出版社2007年版，第132页。当然，这样的精确数字统计只能作为参考，而不可当成绝对数字。

[3] "他们或许以种种不同的方式诠释了轴心时代的发现，却从未更胜一筹。例如，拉比犹太教、基督教和伊斯兰教均为轴心时代之后结出的硕果。……这三种宗教传统都重塑了轴心时代的见解，并且奇迹般地赋予其某种地方特色，使它直接适用于它们各自所处的社会环境。"引自[英]凯伦·阿姆斯特朗：《轴心时代（公元前800年—公元前200年）——塑造人类精神与世界观的大转折时代》，孙艳燕、白彦兵译，海南出版社2010年版，前言部分第3页。

[4] "希伯来人""以色列人""犹太人"三个名称都是指以色列民族，转引自黄心川主编：《世界十大宗教》，社会科学文献出版社2007年版，第182页注释部分。

[5] "基督教是当代世界三大宗教之一，目前，世界基督教徒人数约占全球总人口的1/3。比较保守一点的估计约为1/4。"转引自黄心川主编：《世界十大宗教》，社会科学文献出版社2007年版，第215页。

[6] "在全世界近百个国家和地区中，伊斯兰教徒（穆斯林）约有7.5亿，教徒人数仅次于基督教。"转引自黄心川主编：《世界十大宗教》，社会科学文献出版社2007年版，第276页。

方世界对孔子的认知中，评价也是普遍极高，如李约瑟认为孔子是无冕皇帝，爱默生认为孔子是哲学上的华盛顿、是全世界各民族的光荣，伏尔泰称孔子为东方智者；当然西方世界也有很多对孔子学说"失望"的名人，譬如完全没有读懂儒家真谛的德国哲学家黑格尔；当然，对孔子进行批判最为热衷的人多在现代中国，这些人似乎都天经地义地自认为已经实现了对孔子的超越——因为信奉生物进化论和社会达尔文主义赋予了其这份"满满的自信"。我们需要正视一个现实，那就是正是因为孔子作为中华文化信仰轴心人物地位的确立，才更使中华文明在世界文明史上作为中、印、西三大文明之一被传承、被认可，才使"西方中心主义"的历史观和文化观被逐步否定。这是中华民族之所以成其为自我的精神资本，这也是中华民族万万不可不正视、无人可以代表中华民族来"妄自菲薄"或自我否定的重要史实。

如何理解信仰一词？信仰是人的精神世界的最高处，是矢志不渝的人心指向。若不从信仰高度着眼，我们便无法完全理解人心、人性及其行为，包括个人、群体、民族。孔子成功地塑造了中华民族两千多年来的信仰。人们对于犹太教、基督教、伊斯兰教都明白无误地认为是宗教信仰。因此这种儒家的信仰，很多论者试图与宗教信仰进行比较，也更有儒家是否是宗教，即儒教的诸多争论。此处便需要对信仰与宗教的关系做一些讨论，一来可以加深对孔子儒家学说的认识，二来可以澄清很多理论误区。笔者认为，万万不可以宗教定位儒家，更不可以宗教教主论孔子。提到中国传统文化，人们通常说儒释道文化是代表，佛家文化有佛教这一宗教形式和组织，道家文化亦有道教之存在。先说本土的道教，"由汉末、魏、晋以来张道陵所创的教法，以及神仙道士的丹诀等，一到北魏寇谦之时代，遂加以变更，成为正式的道教"[1]。因此，道教虽然遵奉老子为始祖并传承老子之学说，然而老子之道家与道教这一宗教并非同一关系，换言之，认同老子之道家学说与皈依道教这一宗教信仰是两回事，道家学说并非道教的专属。再来看佛教，发源地位于今日之印度与尼泊尔交界处，并且在当时取代了婆罗门教在印度的统治地位，后来印度教又取代了佛教在印度的统治地位。汉末佛教开始正式传入中国[2]，后

---

[1] 南怀瑾：《南怀瑾选集》（第6卷），复旦大学出版社2003年版，第523页。

[2] "最足征信的记述，而且有史料可考的，当在汉末和三国时期。汉桓帝时，有安息国沙门安世高来华，月氏国沙门支谶到洛阳，各译佛经数十部，共一百二十卷。"转引自南怀瑾：《南怀瑾选集》（第6卷），复旦大学出版社2003年版，第399页。

几经兴衰传承至今。与道家和道教的关系同理，佛教作为宗教尊佛陀释迦牟尼为始祖，但佛陀本人在当时并未创立"佛教"这一宗教组织形式，因此并不意味着认同佛陀向世人宣讲之佛法即为皈依、信仰佛教。明确了作为公认的宗教之道教、佛教与道家、佛家的关系，我们也就不难明白，作为是否是宗教还存在广泛争论的"儒教"，无论作何学术"定论"，亦不能与孔子创立之儒家相混同。区分宗教组织与其学说源头，是因为宗教组织只是传承源头学说的方式之一，虽然很多时候可能是主要方式，但是宗教组织在传承源头学说之外，往往也会出现背离源头学说真意的情况，甚至宗教的形式、过程、结果与学说真谛之要求都背道而驰。如饱受批判的儒家"吃人的礼教"，若真正深入研究就会发现，这些是与孔子和儒家真正的精神相违背的。总而言之，"贤哲们当然不会试图将其自身关于终极实在的观点强加于人。与此相反，他们认为，人们永远都不应将任何宗教教条或道听途说的东西接受为信仰"。[1]因此可以说，无论是否被最终以或者主要以宗教形式示人，都不影响贤哲们作为信仰奠基人的历史地位，孔子当然位列其中。

（三）孔子的儒家学说核心——人之本立而天之道生

在现代人的观念中，人们往往将"儒"理解为儒雅、书生气，而孔子所创立的儒家、儒的真实面貌与现代人的理解大相径庭。儒者，乃人之所需也。孔子"志于道，据于德，依于仁，游于艺"（语出《论语·述而》），我们熟知的六艺即礼、乐、射、御、书、数，中国历代大儒也都是以文治武功而著称；儒者之理想为"内圣外王"，绝非有论者所理解的读读圣贤书、培养一下现代人所言的良好道德情操之简单。换言之，儒者并非知识分子之代称，而是经世治国之全才、贤能，是可以治国平天下的人中豪杰、社会精英，是弘扬大道的实践者，是为真儒。根据《史记》的记载，孔子有七十二门徒、弟子三千，在当时的历史时代发挥了举足轻重的作用即为明证。当然，孔子出名的弟子大概只有一二十人；若三千弟子皆为大儒，则历史可能早已被改写了。再者，孔子的儒家学说体系也绝非现代"分科治学"以来所讲求之"学科""专业"，而是一个综合性的体系。这与时代有关，西方柏拉图的"哲学王"和中国的"儒""圣贤"相映成趣，都代表了那个时代贤哲们的追求。

---

[1] [英]凯伦·阿姆斯特朗：《轴心时代（公元前800年—公元前200年）——塑造人类精神与世界观的大转折时代》，孙艳燕、白彦兵译，海南出版社2010年版，前言部分，第3页。

这种追求所体现的"成果表述"看似庞杂，但是都是以一个根本问题为基础，逐步扩充衍生成为一个学说体系，而这个学说体系的终极目的还是服务于这个被确立的根本。而孔子儒家学说的根本也是人成其为一个人的根本——仁。儒学是在追求天地大道、经世治国的智慧和人生的真谛，其中自然包含了家国情怀和历史担当；如果说当时的社会精英追随孔子仅仅是为了追求现代意义上的"道德情操"修养——能够做个"好人"，那么在战火纷飞的春秋时代，以及后来两千多年的漫长历史岁月中，儒家的成功是不可想象甚至"不可理喻"的。总之，仁是德的内在核心，德是道的自然要求，道是终极本体和必然规律，因此大儒的终极是悟得天地大道或者说内圣外王。

"自天子以至于庶人，壹是皆以修身为本。其本乱而未治者否矣，其所厚者薄，而其所薄者厚，未之有也。"（语出《大学》）这句话对现代中国更为具有指导意义，必须深思再深思。修身是任何人作为一个人的根本。如何修身？"格物、致知、诚意、正心"即是修身的次第，也是"内圣"的功夫，是"外王"的前提。修身修什么？就是修得"仁"。为什么能修得"仁"？因为人性本善但是却极易被遮蔽。因此，理解"仁"，要从人性谈起。贯穿人类几千年的历史，从人性角度说，可以被理解为一部人类善与恶相较的历史，我们不停地定义着善与恶，并将善恶作为一个标准而为行为、作评判。而人性本善、人性本恶、善恶交织、无善无恶成为各种理论学说争论的起点和焦点，并构筑成了各家学说的基础。在现实中，我们感受到的是人性的善恶并存，这毫无争议，所争议的是人的"本性"是善是恶。假使人性本恶，那么世界必定处于丛林法则之中，"物竞天择、适者生存"，"拔一毛利天下而不为"将是人类社会的常态，如此一来，人与动物将无分别。如果我们认同人性本恶，那么人类的一切向善追求和向善规则都成了违背人类本性的"虚伪和罪恶"，这简直是笑话。荀子的"性恶论"，是针对当时人性之恶的校正之法，而并不能成为荀子本人认为"人性本恶"的依据。孟子所言人有"四端之心"：恻隐之心，仁之端也；羞恶之心，义之端也；辞让之心，礼之端也；是非之心，智之端也。明代大儒王阳明秉承"恻隐之心人皆有之"。其"阳明心学"所言："无善无恶心之体，有善有恶意之动，知善知恶是良知，为善去恶是格物。"孟子和王阳明的说法有助于我们理解孔子的人性本善，是指人心这一本体存在，而非其他。所以说，谈论心性本体的时候，是无所谓善恶的，因为善恶是人的"分别心"之表现，而不是心性本体本身。另外，人性本善也是一种对于心性本体的描述,是为了"方便说法"——让人们在习惯了"善恶分别"的观念中坚守善的方向——这是对大众说的,不是悟道之人对终极体悟的尽力"描述",在这个意义上说,此处的"人性本善"就可以作心性本体之等同理解。而人性本恶之说,是在对人性所体现的恶的归纳总结或者描述,与心性本体相去甚远。因此说,"人性本善说"和"人性本恶说"从根本处说,并不是在争论同一个层面的同一个问题。因此我们才能够理解"人之初"之时,"性本善",虽然"性相近",但是由于"习相远",才导致了人世间所呈现的种种善恶交织。因此,通过"儒家心法"传承的"心性儒学"才成了儒学的核心和基础。正是因为对人心性本体的切实认知和体悟,儒家才说"人人皆可尧舜",因此才"有教无类"。

孔子七十岁时的"从心所欲"之"心",应该就是对心性本体之描述。如果忽略或者抛弃心性之学,可以说,儒学和整个中国传统文化便失去了根基,就会出现中国传统文化失其灵魂徒留皮毛的状态。譬如佛家认为人人皆具有佛性,人的"自性"本自"圆满具足";道家所言之"无为"在人身上亦是对于心性的表述。儒释道之所以能够共同构成中国传统文化之代表而彼此融合,不单是因为儒道同源等,而是其共同基础和最高指向都包含着对人之心性的共同理解,因此才有"三教合一"之说。至于后世出现的"老子化胡"等门户之见,实乃背离儒释道真意。同时,我们还需要谈谈孔子对于"神"的看法。"子不语,怪、力、乱、神",常常被认为是证明孔子是"无神论者"的证据,但是"不语"不代表否认。实际上,无论中国还是西方,无论有神论者还是无神论者,都既无法向世人明证神的存在,也无法向世人明证神不存在。譬如我们现代科学探讨外星文明这一话题,倘使真的存在比人类高级甚多的外星人,是否可以算作神?世界上有无不以肉体形式存在的生命形态,如灵魂?"四维"与"量子纠缠"等科学前沿问题说明了什么?可以说,我们在有神、无神这一问题上,并没有"人尽皆知"的已经获得"证据证明"的答案。西方宗教坚信神的存在,产生了"神本主义";将"上帝"进行"人格化"认知,亦是有神论。因此,西方世界普遍以神作为人的主宰。孔子对有神无神是什么态度呢?"不事人,焉事鬼。"对鬼神存而不论,而是要做好一个人的根本,人的根本在于"仁心",所以说"君子务本,本立而道生"。在孔子看来,仁心是人的主宰,无须向心外再去求一个神作为人的主宰。因此才成就了儒家的"人本主义"。至仁至善则感通天地,则天人合一,无有分别与执着，则已经悟道了。因此，仁之本立而天之道生。

二、儒家的传承载体——儒家文化

（一）儒家文化的当代命运——曲解误读者众

儒家文化在中华大地上传承了两千多年，也成了中华民族两千多年来的人文信仰。当我们面对诸如"中华民族是一个没有信仰的民族"之类的说法的时候，本可以理直气壮地予以反驳。但是儒家文化在当代却遭遇了太多的曲解和误读，导致回顾民族历史的时候似乎唯有不断反思和自我否定。以本民族的文化和历史为骄傲还是因本民族的历史和文化感到自卑，这是一个非常大的问题，可以说事关千年大计。对儒家文化肯定或者否定的不同观点，虽然其出发点都可能是为了国家和中华民族未来的向好发展，但是对未来中国的走向和实际效果之影响绝非单一维度的认知可以预测和把控的。无论理论倾向如何，作为论者，不可曲解或者误读儒家文化应该是一种基本的原则，在此基础上才能还原真实的儒家，才能形成能够以理服人的学说评判。欲灭一国，先灭其文化。对儒家文化正确解读的意义，上升到这样的思考高度，可能也绝非危言耸听。

试举几个简单的语句理解问题作一现象说明。"温故而知新，可以为师矣。"很多人认为应该理解为：温习已经学过的知识，从而得到新的理解与体会。这样的理解正确吗？现在我们一个小学生都应该掌握、具备这种"温故知新"的方法和能力。其实，这是《论语·为政》中出现的孔子之言，此句应该是说从政的问题，那么是否可以这样理解更为正确："温故"是熟知历史，从中可以总结政治兴衰的规律，"知新"是根据所获知的政治兴替规律，就可以预测未来政治的发展，如果具备这样的能力，就可以为师去传道、授业、解惑了。这个简单的例子就是误读儒家的一个典型。还比如"民可使由之，不可使知之"，被很多人理解为孔子在告诉统治者如何愚民：要让老百姓顺从，不能让他们有太多知识和思想。这样的解读实在于理无据。孔子周游列国，不为求官或发财，而是为了让政治统治者行仁政，仁政是为了天下的苍生。孔子本人愚民的动机何在？抑或孔子的弟子在整理孔子言论的时候会将明显与圣人之道相悖的言论编入《论语》中吗？我们只有综合分析才能够正确理解这句话：孔子和同时代的老子、佛陀都认为人生最深刻的道理和真相是需要自己体悟的，而这些道理是没有办法通过语言的表达来代替人的亲

第二章 中国传统法治文化的再认识

身感悟的。佛家说实相"不可思议",是指实相不是通过思维和语言能够表达的,孔子说"中人以下不可以语上"也是这个道理。普通百姓是没有办法达到认识天道境界的资质,因此圣人也没有办法让他们切实知晓天道的存在以及如何存在,但是可以让他们过上合于天道的生活方式。这和佛家所讲的"佛渡有缘人"是一个道理。因此,此话应该被理解为:假使没有办法让大众知晓天道的奥秘,也可以使大众遵道而生活。还比如"听讼,吾犹人也,必也使无讼乎"。很多论者将"无讼"解释为让老百姓厌诉,或者解释为儒家不重视法律而只注重道德,或者推出无讼表明儒家文化与西方法治文明相差甚远之类的结论。无讼乃没有纷争之意,没有纷争当然是人类社会的理想状态。相反,我们很难说一个法官年审判两三百件甚至更多民刑事案件这样一种社会矛盾纠纷突出的状态是一种理想状态。难不成就因为表明了大家都"重视法律"因此通过诉讼解决问题,就判定这种"重视法律"是理想状态?虽然我们从《论语》颜渊篇无法看出孔子此言的具体语境,但是此处之无讼至少是表明通过法律裁判,使矛盾彻底化解之意,化解之后双方就此问题再无纷争。这难道不是我们现代审判追求的最高境界和效果吗?因此,"无讼"和"不重视法律"之间扯不上一点关系,但是却被以讹传讹,成为很多现代论者的"重要研究成果"[1]和各种理论的"事实前提"。上述几个例证,只是儒家文化出于各种原因被误读和曲解的冰山一角。儒家文化为何遭遇如此这般的解读?今日与传统之"文化断裂"造成儒家文化没有被很好地传承,因此出现了对文言文"望文生义"的误读是其一;为了是我而非他,很多论者故意曲解古人之意以凸显自己推崇之理论,此为其二。当然,这与人类几百年

---

[1] 此处再举本书引言中所提到的张中秋先生《中西法律文化比较研究》一书的研究成果为例。该书中认为中国法律文化可以总结为"无讼",西方法律文化可以总结为"正义"。张中秋先生认为,无讼表明不重视法律,并且引用了中国古代的一些官员不重视法律的言论作为论据。而所引证的这些"不重视法律"的官员言论,出自一本叫作《庸官庸吏言》的书。很明显,我们只能在中国古代最为差劲的"庸官庸吏"那里才能找到不重视法律的古代官员的"原型"。中国古代的官员,譬如各级地方长官,既是行政长官、又是司法长官,有什么理由不重视法律?不重视法律,那么依靠什么断案?同时,作为"父母官",让民众重视厚德又有什么错误吗?重视厚德就与重视法律矛盾吗?为什么列举张中秋先生的观点佐证笔者的观点?因为张中秋先生作为知名论者、学术大家,对此问题的观点和结论在中国学术界非常具有代表性。这可能可以见微知著,让我们更加了解学术界对儒家的一些负面观点到底是否站得住脚。本书所否定的很多学界流行观点,都有具体的原型,而并非笔者的主观想象或者纯粹虚构。但是囿于篇幅,对于这些多数人意见,无法一一引证注明。其他研究者可以自行查证以供研究。

来的大时代背景紧密相关。文化需要自信，误读和曲解会严重影响我们的自信。古人已故，我们今天应该正确解读儒家文化，一是应该给古人一个公正的评价；二来最为主要，正确解读之后我们才能够知晓儒家文化会带给我们什么，这不仅是为了自己，更是为了子孙后代。

(二) 还原真实的儒家文化——知行合一准则

我们现在公认，汉武帝在董仲舒的提议下"罢黜百家、独尊儒术"，使儒家确立了官方的正统地位。我们也经常从政治视角进行考量，儒家的学说服务于封建统治者，而封建制度是一种落后的剥削制度，因此儒家被普遍认为是服务于封建政治统治的工具，亦因此遭到批判。当然，还有诸多批判视角，如儒家文化没有科学精神，其文化正统地位导致中国古代未能产生科学。种种观点，不一而足。但是这些涉及政治领域的观点普遍混淆了真正儒家文化和利用儒家学说进行政治统治的区别。儒家是要维护"溥天之下，莫非王土，率土之滨，莫非王臣"这样的天下定于一尊、天下属于君王一人之私的政治状态吗？答案是否定的。"大道之行，天下为公"才是儒家所真正追求的理想。而且儒家并不是嘴上说说而已，而是真正去践行这样的理想。只求"坐而论道"的不是儒家，而很可能是彻头彻尾的"伪君子"，包括佛家、道家也从来都不提倡坐而论道，而都是积极入世的，只是入世的方式有差别，加之后人的误解，才让儒释道统统带上了许多诸如消极避世、愚民之类的"大帽子"。我们熟知的"孟子见梁惠王"的典故，孟子敢于当面批评梁惠王非仁政之行为，劝诫君王得道多助、失道寡助，这才是儒家对政治的态度。真儒家"以道事君，不可则止"。"君为臣纲"这种无论昏君明君皆以死效忠的号称"儒家"者，是在政治领域异化过的假儒家。换言之，真儒家心中的最高准则是"道"而非"最高政治权力"。这是我们定位和判断真假儒家的标准。然而，历史是复杂多面的，要求每一个人都具备某种纯粹也是不现实的，如果每个人都实现了纯粹，那么历史上就是圣人遍天下了。我们在历朝历代政治领域所观察到的人和事，往往是一种受儒家文化影响和左右的现实结果，而并非等同于儒家文化本身。所以，经过政治异化的儒家，很大程度上是对儒家学说进行改造之后，实行"儒术"统治而非践行"儒道"，将儒家可资利用的部分加以利用以实现现实的功利主义政治目的。

"究天人之际，通古今之变"的大儒们的学说，除被政治异化之外，还存在对儒家义理的篡改而使儒家学说发生了较为根本的异化。其中最为关键的一个误解或者恶意曲解就是董仲舒的"三纲五常"——君为臣纲、父为子纲、夫为妻纲，这被认为是一种彻底的奴化，也就是此种观点代表了最终所有人都是皇权的奴隶这样的指向，因此说儒家是替封建统治者奴化人民的学说。但是当我们真正去找寻历史上的真相的时候会发现，这又是一种向儒家身上"泼脏水"的结果。这种断章取义的"三纲"，与董仲舒原来所表述之意完全悖离。简言之，董仲舒在《春秋繁露》中强调的是君王的仁政是其以德配天的必然要求，君王仁政是君为臣纲的前提，君王不仁政，则理应是后人所演绎的"君不正，臣投他国"。"王道之三纲，可求于天"，在《春秋繁露》中"基义"中的完整义理，论述的是一种君臣之间符合阴阳平衡的理想状态，如果是一个暴君还要成为臣之纲，这绝非董仲舒所言的理想状态或正当状态。如果一个以协助君王"奴役"他人为己任的人，会成为大家心目中的"大儒"，那才是不可思议的历史怪事。还比如朱熹所言的"存天理、灭人欲"，也是经过别有用心之人的断章取义、一番歪曲之后才成了批判的对象，大家所批判的内容，绝不是朱熹的本意，这是对朱熹之言说进行简单考证就可以得出的结论，却被视而不见。《礼记·乐记》即提出"人化物也者，灭天理而穷人欲者也"即是现代社会比比皆是的无所敬畏的为了个人欲望为所欲为者；《朱子语类》记载朱熹对此问题的看法是：饮食，天理也，山珍海味，人欲也，夫妻，天理也，三妻四妾，人欲也；《晦菴集》表述"古人为学，只是升高自下，步步踏实，渐次解剖，人欲自去，天理自明"；因此朱熹言：圣人千言万语只是教人存天理，灭人欲。（《朱子语类》）这是一个清清楚楚的感悟圣人教化世人如何超凡入圣的道理，与帮助封建统治者愚民毫无关系。

当然，还有另外的事实需要考证。譬如学术界对于宋代大儒朱熹之研究表明，朱熹虽然身为当时举足轻重的大儒，却曲解了儒家义理，导致当时之程朱理学虽居于正统然却违背儒家真谛的情况。朱熹对于《大学》中"大学之道，在明明德，在亲民，在止于至善"之三纲与"格物、致知、诚意、正心、修身、齐家、治国、平天下"之八条目之阐释出现了诸多问题，朱熹在晚年方才悟得真意。列举其对于"格物"之理解为格物乃格外物之理，而非向心内求法。大儒王阳明按照此法"阳明格竹"，多日之后至头晕眼花亦未能格出道理，然后才有"龙场悟道"。此后王阳明针对当时的功利盛行、"知识之多，适以行其恶也""闻见之博，适以肆其辩也""辞章之富，适以抒其伪也"之时弊,以"知行合一"理论为法,以"致良知"为要,成就了今天广为流传的"阳明心学"。[1]王阳明不仅被认为是中国儒家承前启后的重要历史人物,即使在今天,其提出的"知行合一"亦应当成为我们对真儒家的界定和判断的准则。

  知与行的关系问题已经发生过太多广为人知的探讨、争论,形成了诸如"知难行易"或者"知易行难"等诸多论点。这些不同论点源于对知和行的不同定义,或者虽然定义相同但是认知存异。此处只依据王阳明之理论加以描述。格物是正事之意,意即在行为中时时事事皆做到心正,因此格物并非探求外物之理,而是在行为中对自心做功夫;致知是致良知之意,即对自心做功夫、以良知为准则和目标。因此自心之良知和心正之行为具有一致性,所以说知行合一。这种一致性达到了"如好好色,如恶恶臭"这样一种自然而然的境地才算成功。有些人"明知"良知要求下应该如何做,但是却未能如此来行为,这也是知行合一——德国哲学家海德格尔称此意思为遮蔽、去蔽——只是这种"明知"不是发乎本心的良知,良知被物欲所遮蔽,因此不是真知,也就是心还没有修炼到纯粹秉承良知这样的程度,表现为言行不一或者欺世盗名,难破的"心中贼"是也。知和行本身并不是分离的,只是为了便于传授才提出知与行之分别,知就是行,行就是知,"知之真切笃实处即是行,行之明觉精察处即是知",良知与善行浑然一体,这才是儒家君子的修为。知行合一是超出了"意识与行动"这一范畴的关于心性本体的内求问题,对其本意之理解可以参照佛家所言"明心见性";如果不在心性本体这一层面探讨,则对知行合一的理解就偏离了真意。因此,衡量真假儒家,知行合一理论是一个可行的检验标准,是试金石。如果说将历史上打着儒家旗号的伪君子和冠以儒家之名的人间恶行笼统归于儒家,这着实不公允。即便对孔子本人,也应知晓其超凡入圣亦是有一个过程,我们不能以"造神"之姿态将其每个人生阶段的一切言行皆教条化地奉为真理,否则就对知行合一的过程性和不间断性产生了误解,也就不是儒家的本义了。

  对于知行合一,一般容易与后来所言的"理论与实践相结合"相混淆,实质二者所讲完全不是一个层面上的事情。王阳明所言的知行合一,由于

---

  [1] 本部分内容,各种版本的《传习录》中均有记载,可以参阅。笔者认为叶圣陶先生校译的版本,即是简单易懂的一本好资料。

"知"是"致良知",因此其所描述的是"心性本体"的问题,而所谓理论与实践相结合的"理论",是外在于心性本体的一种系统化的语言表述,理论可以描述心性本体,但是绝不等于心性本体本身,而且理论可能完全悖离人的心性本体"本自具足"的良知。因此,后来出现的各种所谓"知易行难"或者"知难行易"甚至"知行合一"与王阳明所讲的"知行合一"完全不是一回事。总之,如佛家所讲的心性本体一样[1],王阳明的知行合一也是在探讨同样的心性本体,这也如同古希腊苏格拉底和柏拉图探讨的灵魂本体问题。因此,没有对心性本体的承认、认知和体悟的学说,便与王阳明的知行合一学说完全不是一回事。

(三)儒家文化体系的解构——永恒之道与应世之法

儒家文化是一个综合的整体,对于儒家文化体系作出全面地解读,对研究者是一件非常困难的事情。困难到何种程度?历史上有"半部《论语》治天下"之说,因此研究者断不敢轻言读明白了《论语》《大学》《中庸》《孟子》所言之见地,遑论践行并体悟到了儒家真谛。正如我们可能说我们到了不惑之年,即四十岁,但是四十岁是圣人孔子的不惑之年,普通人可能终其一生也未能摆脱外物、外境之诱惑与内心之困惑、迷惑,甚至对"不惑"一词本身亦未能准确理解。所以说,对儒家文化体系的解构,只能是笔者的个人浅见,但是这种浅见也是让人生变得更加透彻的必经之路。参考前贤之学说,笔者认为儒家学说可以被划分为"不易之道"和"应世之法"。我们不能把儒家当成教条来看待,孔子提倡因人施教,就是因为每一个个体情况不同,因此达到目标的方法和路径必然存在差异,何况针对每个时代的巨大变化,必然要因时因地变换应世之法以求不易之道。那种认为儒家是否过时的探讨,很大程度上是源于不区分儒家的不易[2]之道和应世之法。

儒家文化首先是认同存在一个永恒不变的"天道",天道既可以是宇宙的本体,也可以解读为宇宙运行的终极法则。儒家所谓"人能弘道""大道之行"等都指此"天道",儒家也以弘道为使命。儒家的"道"是一种人无法改变的终极指代,但是人却是可以认知天道、与道合一的。如果不躬身力行

---

[1] 王阳明的《传习录》中多有排斥、鄙夷佛老之言辞,但实际上并非排斥原始佛家、原始道家的义理,而是排斥当时打着佛老旗号的一些人的具体实际行为和行为方式。

[2] "不易"是指不变、永恒之意。

去体悟认知道而是盲从，则是不知而信，即为迷信。大儒宣扬道的前提是自己已经体悟到了道，甚至达到"天人合一"的最高境界了。如果自己都没有真实体验这种道的境界而以道"教化"他人，要么是自己盲从、要么是自欺欺人，现代社会诸多所谓"有毒的心灵鸡汤"式之"传道"即属此类。正因为大儒们明白知晓悟道过程之艰辛，所以才不会强制要求别人来信仰，这也能够让我们明白轴心时代的贤哲们为何不在悟道后以创立宗教甚至发展到分宗别派、力争统治地位的形式弘道，而是因材施教、方便说法，意即根据每个人的不同情况来有针对性地授予方法，并且强调不要拘泥于"经"和"典"的文字本身而是强调"明理"并"亲修实证"。因此悟道的方法是变化多端的。与此同时，大儒无论是否论及或者相信鬼神的存在，都认为人自己应该成为自己的主宰，而不是成为神的附庸或者权力的奴仆。每个人都是性本善的，人在至善处即达到最高的平等，人即使未达到至善之境界，但是人人秉承良知，亦是一种确立平等之基础，通过入世的方式更有利于磨炼心性，儒家是让更多人在格物中追求至善。尤其是社会精英的存在，更应该肩负起"天下为公"的道义责任，抛弃一己之私而弘道，但却不是在义利之辩中要求所有人都"灭人欲"以"存天理"，不可将精英的自我要求普遍化为对大众的道德绑架。对于大众来说，"仓廪实而知礼节，衣食足则知荣辱"实属正常，精英的责任在于为大众创造适合民众的幸福，"一箪食一瓢饮，而不改其乐"之境界只能是颜回这样已经悟道的儒家精英的自我要求，正如"礼不下庶人"一样。总的来说，儒家是让每个人以合适的方式追求人生的至理、明了人生的意义，这是天道加之于人的不易之人道，谓之德，德的核心和根本是仁。而仁虽然本在人心，但是由于功名利禄的诱惑导致被蒙蔽，所谓"三千年读史，无非功名利禄"（南怀瑾语），因此人人必须以符合"道"的方式生活，这种合道的生活方式称之为"德"，通过"德"来去掉仁心的蒙蔽。因此，不同的人回归"仁"的方式不同，也就是"德"体现为不同的方式，"德"是以"仁"为核心的具有多种形式的实际样态之存在。

第二节　德政理论解析

一、中国当下学术中的德治概念——谬传久矣

（一）梁启超首创的"德治主义"

"为政以德，譬如北辰，居其所而众星共之。"这是《论语·为政》所记载的孔子的话。两千多年之后，清朝维新运动的代表人物梁启超将孔子所言的"为政以德"转换称为"德治"，这被认为是中国"德治说"的开启。[1]梁启超在《先秦政治思想史》中将儒家的治理理论称为"德治主义"或"人治主义"或"礼治主义"。同时将道家称为"无治主义"；将墨家称为"新天治主义"；将法家称为"法治主义"或"物治主义"。[2]梁启超在其《中国法理学发达史》中又对法治主义与放任主义、人治主义、礼治主义和势治主义进行了比较研究[3]。在梁启超的时代，中国风雨飘摇，正处于"三千年未有之大变局"之过程中，中西政治军事上的冲突以及随之而来的文化碰撞愈演愈烈。维新人士康有为打着"托古改制"的旗号，将儒家思想和西方政治学说相结合宣传变法，梁启超的学说将维新思想进一步扩大。德治说就是中西文化碰撞之后的理论产物。梁启超也是"学贯中西"，也将儒家和道家关于最高的法的观念冠以西方"自然法"之称谓。那么在中西文化的结合和取舍之中，梁启超先生对儒学的见地如何？大儒梁漱溟的评价是："情感浮动如任公者，亦是学问不能深入的人，其一生所为学问除文学方面（此方面特重感情）外都无大价值，不过于初学有启迪之用耳。"[4]笔者虽无资格对前人进行此番评价，但是亦有感于其德治学说系对孔子为政以德的误读，并未体会到为政以德的真正含义，其对"德"的理解大抵可以等同于现代道德的单一含义。

---

[1] "中国古代词语中并无'德治'一词。它是近代学人为回应西方法治文化的冲击，而将孔子'为政以德'的思想简缩而来。创始之人，便是大名鼎鼎的梁启超先生。他细嚼《论语》'为政以德'之旨，在告诫时君世主及各级官僚应当以民为本、体恤百姓，实行德教、施以德政仁政。"引自段秋关：《中国现代法治及其历史根基》，商务印书馆2018年版，序一，第6页。

[2] 梁启超：《先秦政治思想史》，商务印书馆2014年版，第78~79页。

[3] 梁启超：《梁启超论中国法制史》，商务印书馆2012年版，第19~63页。

[4] 梁漱溟：《人生至理的追寻——国学宗师读书心得》，当代中国出版社2008年版，第107页。梁漱溟此评价梁启超之文章，篇名为"率直无隐以报梁任公"，我们可以据此细细体味一代大儒的内心风范，去私存公。

梁启超之后，徐复观等人也对德治进行了阐释，并且还曾经与费正清展开过论战，徐复观所理解的"德"同样接近现代的"道德"一词。无论是推崇、维护德治，还是反对、批判德治，在当时不仅具有学术意义，更有着政治意义。儒学是修己的学问，对圣人之言的理解，最终取决于自己悟到了什么，因此结论有所不同在所难免。自梁启超始，法治、人治、德治、礼治之类的国家治理类型划分成为主流观点，直至今日之学术研究领域。但是必须明确指出，梁启超用"德治主义"（等同于"人治主义"或"礼治主义"）而非"德治"的概念，仍然是对儒家的治国理念进行了系统性的阐释和解读，并且其所理解的"德"和今人所说的道德亦不完全相同，这和当下的"德治"概念不可同日而语。

（二）当下中国学界的"德治"界说及谬误

在当下中国，由于"德"被普遍理解为现代道德[1]，因此当下的"德治"概念虽起源于梁启超，但是其含义在很多人观念中又发生了进一步的改变。"德"几乎完全成了现代道德的简称，德治被理解为"以道德治国"而成为一种单独的国家治理模式被予以讨论研究。在对"道德治国"的普遍界定[2]中，论者们普遍以孔子的"为政以德"作为起源，将道德治国的含义阐释为统治者以道德要求自己并且希望社会以普遍道德水准的提升来促进国家治理效果的提升。以此种界定为基础，将儒家的治国理念定位为道德治国。论者们进一步推演，将儒家的治国理念形容为"寄希望"或者"完全依托"于道德的力量而不是重视应用法律来治国；再进一步推演为，道德是不可靠的，因为道德是依靠人内心的自律才会起作用的，而相比之下，法律由于其国家强制性而具备天然优势，因此我们应该求法治而舍德治。在这样的论证和推演中，儒家的面孔简直可以用"迂腐不堪"甚至"愚蠢"来形容，儒者绝不是"人之所需"了，简直成了误国害民的历史存在。幸而很多学者对此问题及时纠偏，指出为政以德与道德治国实在是两个基于不同的"德"而产生的有天壤之别的概念。

对于为政以德容后文详加论证，在此涉及的法律与现代道德的关系，也

---

〔1〕现代道德所包含的内容尽管很难有统一定义，但是基本界定为包含了个人的基本道德、社会公德、职业道德、家庭美德等内容。

〔2〕将"德治"定义为"道德治国"是普遍性的说法，因此笔者不再出处一一引证。

有必要先稍加论述。法律与道德的关系在中西存在不同的理论学说，如道德是法律的基础或者法律是道德的底线，或者认为法律与道德应该相分离。实质上，无论是法律还是道德，其共同性在于都是人的行为规范，道德秩序和法律秩序本身就是浑然一体、不可分离的，没有人会在行为时先区分我是遵守了道德要求还是法律要求而如此般行为。如果做区分，去思考如此行为是不是会受到法律制裁，置道德于不顾，这样的人心状态不是良好的向善状态。普遍的道德观念是良法产生的基础，也是良法能够获得人的内心认同的基础，更是法律被普遍遵守的基础。道德和法律相比，道德更接近人心这一"本"，法律是针对行为的"末"或者"用"，强行以法律论证为第一位，是一种本末倒置。如果人人都无道德之是非观念，那么法律便只能依靠强制力的威慑来实施，且不说这样的社会状况难以产生好的法律，法律的实施也会步履维艰，因为立法者、执法者、司法者、监督者和大众无法形成一个人人遵守法律的心理基础，势必由于寡廉鲜耻成风而使法律被架空，法律最多会成为一个遮羞布和口号，甚至成为人人交互争利的斗争工具。所以道德与法律绝非对立关系。而将法治和德治确立为两种不同治理类型的做法，表面上看其比较分析似有一定道理，但是实为设置了一个偷换概念的逻辑陷阱。其一，虚构出德治这种治国理念或者历史上的治国模式。但是这种主观臆断不难反驳：且不说有些论者将"礼"依据"严格意义的法律"这一标准排斥在法律范畴之外，勿论认为中国古代只有刑法而没有民法以及诉讼法等诸多不合逻辑和史实之论。历史上哪个朝代没有法律？哪个朝代存在过为了道德而对法律弃之不用的情况？太平盛世中刑法运用甚少是国家治理之成效，其成效当然包括法律的作用，而不是不重视法律的表现和结果。即便是笃信佛法的梁武帝[1]也没有放弃法律。我们不可不正视中华法系的发达和有效。回溯到孔子，在担任鲁国大司寇的时候，"把扰乱鲁国政事的大夫少正卯给杀了。孔子参与国政才三个月，贩羊卖猪的商人就不敢哄抬价钱，行人男女都分开走路，各守礼法，路上见了别人掉落的东西也不敢捡回去"。[2]孔子没有不重视法律，更没有天真地认为应该以道德治国。其二，以治理模式之区分和对立，建立以法治和虚构的德治不相容这一前提，偷换概念将法律

---

[1] 当然，梁武帝对佛法的笃信不代表其深明佛法，对其治国亦有诸多不同看法。
[2] 林语堂：《孔子的智慧》，长江文艺出版社2015年版，第62页。

与道德对立起来，进而通过比较法律与道德在强制属性等方面之优劣，认为道德虽好但是却"无能"，转而论证法治这一模式的必要性和合理性。这样的论证陷阱设置，不仅不客观，反而会让人们对道德与法律的关系由本应相辅相成转变为二者水火不容。在1999年依法治国作为基本治国方略被上升为宪法原则之后，所提出的依法治国和以德治国相结合，应该理解为正确认知法律与道德的关系，这才具有积极意义。总而言之，"道德建设乃法治固有内涵之意，而非外在之方"。[1]因此，即便是现在的"德治"概念和学说，其本身也存在着严重甚至致命的问题，勿论把"为政以德"曲解为现在的"德治"。

（三）治理类型划分的反思与抛弃

针对将"德治说"强加于儒家的情况，在此对有些论者的思想主线稍作梳理：首先曲解儒家所讲之"德"的真实含义，将今人之道德观念强加于古人并等同于儒家之"德"；同时人为"想象"出在中国历史上根本不曾实际存在过的"德治"模式和儒家"德治理论"；继而通过对凭空臆想的儒家"德治"模式和学说进行批判，亦即同时否定了儒家的治国理念；加之对中国历史上曾经存在过的法家"以法治国"的残暴严苛以及不能限制最高权力予以定论；随之转向西方，西方"法"代表了正义和权利，谁又能反对正义和权利呢？西方的历史就是一部"法治史"，英美等国家的现实法治之成功亦"有目共睹"；中国当下需要依法治国，这种情况下，不向西方取经、以西方为师，还有其他选择吗？这恐怕是西方法治学说备受推崇的外部原因，而内部原因乃中国当下的法治进程确实需要寻找理论支撑，当下中国也确实需要厉行法治以便解决紧迫的现实问题并以此为基础谋划长远发展。基于理论研究需要，人治、礼治、法治、德治等治理类型分类也成为主流理论架构，其本身虽有助于对国家治理进行深入研究、探寻规律，并且取得了很多积极效果，但是其分类逻辑一旦定型，就无法在理论上自圆其说并给实践带来诸多弊害，这是当下法学研究应该警醒的，所谓"过犹不及"。因此，在此也有必要对德治之外的人治、礼治、法家法治、神治、自治等做一些分析。

儒家所说的"为政在人"以及古人认为的"有治人无治法"等被很多论

---

[1] 段秋关：《中国现代法治及其历史根基》，商务印书馆2018年版，序一，第7页。

第二章 中国传统法治文化的再认识

者认为是"人治"理念的起源或者思想反映。很多论者认为，人治作为一种治理类型，其要义在于选贤任能，将贤能作为国家治理的核心要素。至此，这种人治似乎并无不好。但是经过进一步的推演，人的因素是不稳定的，亚里士多德曾言"法治应当优于一人之治"以避免柏拉图"哲学王"治国导致的弊端，因此贤能虽好但不是随时可得，而且历史上"言出即法"的君王以及官僚的"权力任性"导致了无数政治反面典型出现。而良好的法律制度可以避免人的主观随意性和以权压法、权力滥用。因此，推论出了"舍人治而取法治"的结论。人治这一理论类型的出现，在于警醒我们，人的主观随意性非常大，是一个极其不确定的可变因素，因此要以成功的法律制度来约束权力，意即"将权力关进制度的笼子"，更是意在对现实中出现的以言代法等情况加以反对。这些积极意义必须正视。但是这种人治界说和上述德治界说存在同样的逻辑问题：以权压法的一定不是真正的贤能，不能因此而否认贤能之重要意义；人是法治的主体，也是法治的目的归属，法律是人的法律，将法与人分离并对立，本身就无法自圆其说；历史上也不存在一人之治，历史上每一种政治统治都是由官僚体系、教权体系或者贵族阶层等一个庞大的政治组织进行，而且这一政权体系必然需要依靠包括法律制度在内的综合手段进行政治统治。因此，将贤能和人在国家治理中的关键作用以人治理论进行弱化以突出法律制度或者法治的优势，同样是将"既有治人又有治法"的相容局面和理想状态人为地割裂开来，容易误导他人认为"鱼与熊掌不可兼得"。我们在儒家的历史上找不到一个将国家治理"只寄托于"贤能而不重视法律制度这样的原型。上至君王下至百姓都必须遵守法律才是常态要求，"王子犯法与庶民同罪"的要求并不鲜见，君王也不会以破坏自己制定的法律为正当。如果君王破坏了自己应该遵守的法律，那便是在自损威信并给人以口实，最终损害的肯定包括自己。很多论者认为中国仅存的法治是法家法治，但是法家法治由于不约束君王，因此与现代法治在此分道扬镳[1]，其实法家

---

[1] 当然，很多论者强调"中国古代不曾有西方近现代意义上的法治"，因此推论说"中国现代法治建设任重道远"。这其实是"正确的废话"。难道西方古代就有了西方近现代意义上的法治？现代之所以与古代称为不同的"时代"，当然是因为有时代差别的存在。但是我们最重要的是寻求法治背后的精神的变与不变，而不是浮于表面的所谓的市场经济、民主人权之类的现象和口号。一个市场经济下生成的弱肉强食的丛林法则，与在传统农业社会中生成的丛林法则没有本质区别；一个在民主人权口号下出现的政治欺骗，和一个在为百姓黎民、天下苍生口号下出现的政治欺骗也没有本质区别。因此，我们寻找的应该是"法治"背后的精神和灵魂，这才是决定法治不同类型的关键。

的法治理论当然包括君王守法的要求。慎到的"立公弃私"说将包括君王在内的个人利益称为"私",要服从于称为"公"的代表国家意志和整体利益的"法";齐法家也指出"令行于民"的前提是"禁胜于身",君主应该"置法以自治,立仪以自正"[1]。在政治局面异常复杂的中国历代王朝,为了王位大权可以父子相残、兄弟相杀。如此残酷的政治现实,并非我们主观简单判定的君王可以如此之任性,这忽视了古代君王的政治智慧、基本政治素养、政治的复杂性和残酷性,这并非为了赞扬,而是至少基于史实来研究问题,才能得出有价值的国家治理规律。法家法治,其成在"事断于法",败在严苛,而这种严苛虽有时势之因素,然而根本在于将人性认定为"皆狭自为心"之"好利恶害",因而并不以仁德为怀,使其法治停留于治术的层面而远离政道[2]。插言一句,有论者将法家与边沁等人的功利主义相类比,认为二者趋同,但是仍不忘加上一句法家亦不如功利主义深刻之类评判以推崇西学[3]。但是笔者认为,更应该从二者皆停留于术的层面来考察其是否"有道",才更有利于当今之法治建设。

再有,治理类型的划分存在着一个分类标准上的逻辑错误,这是偷换概念进行治理类型划分的前提原因。治理都是人对人的治理,治理中涉及的要素包括文化、法律、道德、制度等。也就是说,人是治理主体、人是治理对象、法律是治理手段、道德是治理手段、道德同时是人自身的内在品质、神和礼都代表了人的精神信仰、上帝和道被认为是世界的创造者和本体、制度包含了法律,等等。将一个治理中不同的要素相混淆,然后将主体、对象、手段、信仰等分别作为可以"并列"的标准将治理结构拆分,区分出了所谓的治理类型,这实在不可取。同时,最为重要的是,譬如说反对"人治",反对人治的理由是制度比人更可靠,制度可以防止最高统治者依据绝对权力胡作非为。正如有论者所指出的:中国封建社会政治的本质是一人政治,皇帝

---

[1] 段秋关:《中国现代法治及其历史根基》,商务印书馆2018年版,第358页。
[2] 当然,全面品读法家的理论,我们也不能简单地说法家"无道",法家理论和实际应用还存在着应然和实然的差别,其理论应用于实践还存在政体、社会环境、人等诸多变量作为中介。
[3] 本书反复提及西学,在此处先声明,西学并非不好,但是以有色眼镜看待中国传统并以西学来进一步否定传统文化的很多论者,已经同时在以有色眼镜来看待西学了,因此研究选取素材、研究方法、具体解读、研究结论实则倾向于偏离西学之本来面貌。这样不仅没能看清西学,而且理论最终要应用于实践,其应用效果必然大打折扣。学问无论中西,自有其道理,恢复其本来面目是学以致用之研究的前提。否则学术视角与意识形态斗争策略就混为一谈了。

说了算，大臣起辅助作用。国兴国衰都在皇帝一人和他身边的几个人身上。最高领导人的性格就是整体国民的性格。[1]这确实是一种对过往历史的总结，也是对"人治"最大的担忧。但是实际上，防止最高统治者胡作非为的真正主体还是人，而不是脱离了人的"制度"本身。一个最高统治者可以随时设定或者修改法律等"制度"，如果说"制度"约束了最高统治者，其实质仍是一群维护"制度"的"人"根据"制度"来约束"最高统治者"，而不是空有一个独立于人而发挥作用的"制度"本身约束了"最高统治者"。我们所反对的"人治"，其要义还是人对人的约束，制度只是一个依据和中介，而不是人的替代物。所以，只有将政治和国家治理回归到"人与人"的关系中来，我们才能够真正地找到治理规律。当我们对"人治"的弊端进行反思的时候，我们深入研究儒家的政治儒学就会发现，儒家就是在致力于避免这一种被黑格尔称为"家长制"的人治的弊端，而不是助长这种人治弊端的"为虎作伥"。任何一个社会，最高统治者的个人性格、智识、心胸、智慧等个体特征都不可避免地会对国家治理产生一定的影响，只是多寡和深浅有别；如果要完全排除这种影响的存在，那么就是亚里士多德所言的"唯有理性和神邸可以施行统治"，或者最高统治者与机器人无异了，这又显然不现实；实际上，任何人都是优缺点并存的不完美的人。因此，儒家能够深刻洞察"人治"出现的问题——这是古今任何统治都不可避免的——因此才致力于打造"治人"（完善的人）。求其上才能得其中，如若求其中只会得其下，现在以制度取代人的作用，显然是求其下的设想，以此种理念能够得到的结果不言自明。换言之，儒家是为统治者树立了一个合格或者优秀的标准，以此标准可以检验、预测、评判政治的成败得失。因此，儒家的要义、儒者的使命之一都是扼制今日所言意义上的"人治"（的弊端）。如果真正的不带有任何偏见地看待儒家，我们会发现，今人所能考虑到的问题，在儒家那里早就有了明确的答案，而且是极其深刻的洞见。因此，在今天所反对的"人治"这个意义上谈论"人治"，现代人是在反对"非贤人之治"，而儒家是在推动"贤人之治"，这二者本身是一致的，在"非贤人"之治的意义上，儒家是在反对人治

---

[1] 戴旭：《戴旭讲甲午战争：从晚清解体透视历代王朝的政治败因》，人民日报出版社 2018 年版，第 2 页。

而不是推崇人治[1]。如果是贤人之治,我们还有理由反对吗?当然,那种将人可为圣贤、可为禽兽的可能性混淆在一起,通过移花接木和障眼法将儒家推动的"贤人之治"定义为人治,进而定论儒家推崇人治,再将"非贤人"之治也定义为人治,悄悄将"非贤人之治"加入到儒家的阵营里面,然后说儒家的"人治"由于"非贤人之治"的可能存在而必须对儒家人治予以否定的毫无道理和逻辑可言的学术推演,实在不值一驳。笔者认为这里有一个更为致命的问题出现了,学界对此万万不可不省察:实际上,目前的法治理论,将"人"对"治"的负面影响之解决,完全寄托在了一个"法律主治可以防止人的不确定性"这样一个乌托邦式的幻想中,通过一个"幻想"的建立"掩盖和回避"了需要解决的真正问题。当我们笃定地以为我们是在坚守法治理论的底线和阵地时,实际上却丢失了法治理论最主要的阵地。法律和制度对人的随意性的防范自古有之,并非法治理论的独创;而如何真正让掌握权力的人从"人"本身的修为等处着手,以尽量减少"人"的"不完美"对"治"的负面影响,这着实是现代法治理论研究的一个重大缺失。因此,"法治与贤良政治一体化"问题的研究,在今后的法治理论研究中,应该成为一个重要的研究方向。

总之,无论将德治归入人治范畴,还是将道家的"无为而治"比作自治或者"放任主义",或者将西方中世纪定义为"神治",还是将中国周朝确立为"礼治",学界的分类众多,此处不再详加论述。但是,人、法律、制度、道德、神的文化等诸多要素都共存于一个现实的治理格局中,我们在回看这些治理格局的时候,不可将本为一体的各个要素人为割裂开来,并认为各种治理类型存在过实际的对立状态。我们虽然需要考察每一种要素的实际作用和可能之期待,但是我们更应该考虑如何将这些要素都进行理想状态的推进,并且使之相互协调,共同实现国家治理的目的。国家治理要综合考量人、道德、法律、文化等要素,就好比一人正常生活必须要有眼耳鼻舌,我们可以单独研究眼耳鼻舌如何更好地职司色香声味之官能,但是绝无眼耳鼻舌互相分离并一争高下之必要,如若分离,就不可能成其为一个完整的人了,眼耳

---

[1] 儒家正是在明察了"人"不可避免的对国家治理造成"因人而异"的影响的基础上,才对统治者提出要求,目的是尽量避免"人"对"治"造成负面影响,强化"人"对"治"的积极影响;而绝不是所谓"只寄希望于"贤人统治。现代人对儒家主张"人治"的解读,完全是一种曲解和杜撰。

鼻舌也就失去了其存在的意义。而孔子的"为政以德"的政治理念恰恰就如之于一个人关于灵魂和眼耳鼻舌等官能之相容共进关系的极好阐释。由于很多人对"德治"的理解已经根深蒂固，为避免歧义，下文将"为政以德"简缩为"德政"[1]以方便阐释。

二、儒家的德政理论还原——为政以德

(一) 儒家之"德"的本意

前文已经对儒家所言"德"的概念做了初步的描述，也明确指出其与现代道德之区别。但是若真正理解"德"的含义，却需要经过严密的论证，这其中虽不至于达到古人"考据"所要求之严格程度，但是却不能随意做自己的理解。因此需要将儒家经典中有关"德"的一些表述稍事罗列，进而再进行综合分析。古人之文言文语义高度浓缩，且一字一词之意义都变化无穷，又涉及儒家经典对语境的记载往往很少，这就需要做必要的扩展，加入前贤的义理阐释。

要理解"德"的含义，首先要理解"道"的含义。老子著有《道德经》，原本被分为《道经》和《德经》，儒家的道和德与老子所言的道和德同义，在先秦时代，道和儒同源且并无今日观念中之众多分别。老子与孔子遵循同一个道，同一种德，这是根本，而具体教化他人和救世的路径选择有所差别无关乎本质问题。老子的道与德本无可分离，如若在观念中区分，可以说，道是指整个宇宙的本体和终极法则，德是人遵道而生活的综合概括。孔子"吾十有五而志于学"，志于学什么？就是志于学圣人所悟之天地大道，因为孔子认为之前有周公等诸多圣人，也深信道的存在。"学而时习之，不亦说乎"，就是学得的道，自己要时时践行；王阳明的《传习录》就取意"传不习乎？"古人传授的道要践行，践行才能真正悟道。悟道与未悟道有何区别？悟道是人生境界的真实体验，悟道之人可以通晓天地和社会、人心的根本规律，因此可以做到道家所言"至虚极、守静笃""无为而无不为"，有能力"独与天地精神往来"；儒家表述为"大道之行、天下为公""天命之谓性，率性之谓道，修道之谓教"（语出《中庸》）。立宏愿"为天地立心、为生民

---

[1] "为政以德"的主张，不应简化为"德治"，应该简化为"德政"才是确切的、符合孔子原意的，转引自俞荣根：《礼法传统与中华法系》，中国民主法制出版社2016年版，第346页。

立命、为往圣继绝学、为万世开太平"（宋代大儒张载语）。总之，道与德的关系可以归结为："夫道者，所以明德也；德者，所以尊道也。是以非德，道不尊，非道，德不明。"（语出《孔子家语·王言解》）

然而，未能悟道之人就是以无"德"的状态活着吗？非也。德是遵道的生活方式，而悟道亦有深浅之分。譬如两三岁顽童，为争抢一玩具顿起嗔心，无妨；倘若成人后仍因蝇头小利而钩心斗角反目成仇，则是为无"德"。因此，判断每个人或者每个人生阶段是否有德的要求和标准是不同的。我们每个人在成长的过程中，心胸的宽广、包容心的增强、悲悯心的强化等，都是人生境界的一种真实写照。我们也能够因此理解人生境界的真实性和差异性，因为差异化的按需而遵道，所以"德者，得也"。圣人达到了天地境界，而孔子还认为自己虽然达到了某种纯粹，但是比先圣尧舜等人尚有分量之差距。因此儒家讲"明明德、亲民、止于至善"是"大学"，是做大人的学问而非对普通人的强制要求。这里也存在一个饱受争议的话题，即儒家明显推崇精英之道，是否是在将人分为三六九等而有违平等观念，容后文论述。但是可以看出，对社会精英的标准是社会精英的"德"，比普通人高出许多。"为政以德"包含了对从政之人的"德"之要求，因此"德政"的"德"是对掌握政治权力之人的要求，很高，高到什么程度？至少包括了从政之人的仁德、为公。同时也必然要注意，儒家非常明确"徒善不足以为政，徒法不能以自行"的道理，因此仁德并非只是善心善念，还必须具备与之匹配的政治智慧等。总而言之，"为政之德"是一个综合的体系，是一个政治家应该具备的符合其政治地位的一切特质，如果"德不配位"，就会出大问题。譬如很多手握重权者，经不起诱惑，被围猎而走向腐败，即为自心的修炼和智慧与职位不相匹配。而这一切政治家特质、品质的核心和根本是仁德。儒家的为政之德绝非教条和规则化可以描述。《论语·子路》所描述的子路问政与仲弓问政，得到的不同答案，就是孔子针对不同情况的需要给出的国家治理要点。这岂是告诉君王和官僚行仁政这一句不变的教条可解决的？因此，不可误认为笔者理解"德"有如此之多的含义系一种牵强美化。

（二）儒家之"政"的本意

理解为政以德，也需要澄清"政"的含义。论语中出现"政"字亦比较多，约有四十几处，但是含义却不甚相同。譬如，子曰："道之以政，齐之以刑，民免而无耻；道之以德，齐之以礼，有耻且格。"（语出《论语·为政》）

此处的"政"似乎可以被理解为强制性的政令；季康子问政，孔子对曰"政者，正也。子帅以正，孰敢不正？"（语出《论语·颜渊》）此处的政，似乎可以理解为从政（的政治家）；"不在其位，不谋其政"（语出《论语·泰伯》），似乎又可以理解为政治这个整体概念。我们现在一般将"政"理解为政治，《论语》中的"政"总体理解做政治之意应无差错，只是在不同语境下讨论政治的不同方面或者要素。而现代词汇"政治"的概念也是众说纷纭，鲜有统一意见。总的来说，政治是少数人对多数人进行统治或者治理的意思表达。这样解读政治的含义，与"主权在民""人民当家作主"等说法并不矛盾。纵观古今中外，任何一个国家政权组织（或者教权组织、军事政权组织等），总是在全体人员中产生的一小部分人来专门负责公共事物，对全体成员进行统治或者治理，政权组织这一小部分人在内部也会按照科层等级建立金字塔式的结构体系保证上令下行来完成政治行为。少部分人对全体人员进行统治或者治理本身并不含有褒贬之意。但是政权的来源、政权的产生方式、政权的目的、政权的统治效果、政权的统治方法和手段、全体人员参政议政的方式和程度等共同决定了对政权的评判标准。政权合法性、是否民主、是否有权力的有效制约、人权是否有保障等都是具体的评价指标。

其实，当下所言的人治、法治、自治、德治、礼治、神治等虽然分类依据和标准有所不同，但是其核心目标依然是判断政治是"有道之治"还是"无道之治"而已。这一方面是考量治理目的，一方面是考量治理效果。有道之治就是政治为公并且效果良好；无道之治就是政治为私、鱼肉百姓。可以这样逐一理解、分析：所谓人治类型，其中的贤人政治，当然是理想追求，臆想让恶人主政但是认为良好的制度或者法治可以阻止恶人作恶，这才是幻想，我们反对的不是贤人，强调法治或者制度是担心恶人主政我们却无能为力；我们强调市民社会的存在或者自治的优点，不是为了推崇无政府主义，也不是天真地认为存在一种可以完全不需要政治组织介入而运转良好的社会，而是担心政治权力无孔不入的极权主义，正如希特勒统治时期的德国；我们强调德治只能作为辅助手段，不是不认同道德或者意识不到道德的重要意义，而是防止出现胡适说过的"人人大谈道德而不讲规则"的伪君子盛行时代的出现；我们谈论神权统治，并不是否定诸如穆罕默德将穆斯林社会由一种极度无序变得尊崇信仰，而是反对欧洲中世纪这样以神之名实行的人对人的黑暗统治，在后者意义上，宗教和神权成了人民的精神鸦片、大行愚民害众之实；我们谈论礼治，也不是反对"礼不下庶人"这种对政治统治者的极高要求，而是反对被政治异化后施于民众的"吃人的礼教"；我们大谈法治，不是意识不到法律本身并不创造正义，不是不知道正义的根本发源在人心，而是希望以法律记载、法治畅行的方式固定这种正义而不使之被随意破坏。总之，每一种治理类型本身都无所谓好坏，我们意在通过类型的比较来推进心中的理想，而这份政治理想的标准是"有道之政治"。因此我们更应该抛开这种所谓治理类型之间的利弊比较和极端对立，而是寻求一种包容各种政治要素的"政道"。而儒家的"德政"真正的体系架构就是构筑了道、人、神、礼、制度、法律、道德各自的最佳状态及其相互和谐、相辅相成。

（三）"德政"的体系架构

儒家的德政首先是治国理念，同时也是一个治国方略、一套治国的综合体系。德政并非对普通大众的要求，而是对统治者提出的要求，包括统治者自身应该如何以及如何对待百姓；儒家并非意在教会统治者如何不择手段地维护其统治地位，而意在统治者如何正确审视自心、修炼自身并以此为基础造福天下百姓。孔子作为悟道之人，深知"大道之行，天下为公"，通过周游列国劝谏君主、言传身教培养贤能，以便为天下百姓造福，这是其矢志不渝追寻的人生意义。悟道并非一句空话，其中自然包括对人类社会规律、历史规律的明确洞察。子张问："十世可知也？"子曰："殷因于夏礼，所损益，可知也；周因于殷礼，所损益，可知也；其或继周者，虽百世可知也。"（语出《论语·为政》）这就是认清了历史发展的政治规律，所以说能够"温故而知新"。因此孔子和儒家能够以政治规律来判断时势，也能够劝谏君王不要违反规律而为政，否则就会"眼看他起高楼，眼看他宴宾客，眼看他楼塌了"。君王若以为坐天下应该为满足一己之私欲，包括物欲与野心，而心不正行不端，不知"民惟邦本，本固而邦宁"，最终必然是既让自己走向覆灭又让百姓受苦。尤其是当时的君主政治体制加之"大道既隐"，去私存公何其难？所以孔子当时确实是"明知不可为而为之"。同时，我们也可以看出，德政并非对君王的道德绑架，而是君王之位必须有与之相匹配的真正的政治智慧。

德政作为儒家的治国理念，是以政治兴替的规律为基础的，具体涉及了政治为公、贤人从政、法律制度等诸多要素的组合。转换为现代语言，德政是涵盖文化建设、队伍建设和制度建设的全方位的国家治理体系。在这三者中，文化是根本，队伍是关键，制度是保障，三者三位一体、相得益彰。儒家理论并不是革命的理论,而是政治改良的理论,因此并不以推翻统治政权为目的,而是力争统治者"道之以德,齐之以礼,有耻且格",而避免"道之以政,齐之以刑,民免而无耻"。也就是需要以德来引导,以礼来规范,这样民众既有羞耻之心又能够达到天下大治的效果。前文已述,德之根本在仁,而修仁需要知行合一,是内心和行为的浑然一体,因此内心和行为的一致性和适当性是德的内在要求。对最高统治者而言,匹配其位之德需要体现为内圣外王,"其身正,不令自行",因此也是以自身作为典范引导民众的"德"。对于统治者领导的整个官僚体系而言,当然是选拔贤能从政,因为"为政在人";当然统治者、官僚、民众也必须有符合"德"之要求的外在行为规范作为约束和指引,孔子推崇的行为规范就是"礼",刑是礼的必要补充和保障,所谓"出礼则入刑"。总之,由道而德是文化路径,贤能是从政主体标准,礼法是制度保障,三者不但互不排斥,而且是浑然一体、不可分离的,三者完美结合才是德政。

当然,此处需要进一步说明些许问题。一是贤能这样的精英观念是否与现代平等观念相违背。现代观念所说的平等,是必须赞同并积极追求的,但是追求不等同于替代现实。任何社会都存在精英和普通人的差别,这是一个必须承认的常识。譬如在当下的中国法治建设过程中,一个优秀的法官需要十数年的专业学习和司法实践方可求得,法官不是对照法条判案的机器,其职业道德和职业能力要求绝非任何人都可以胜任。换言之,一个法律精英不是谁都可以替代。政治、经济、军事、外交、文化、艺术……任何一个行业和领域都需要精英来引领。这里固然有专业性、职业化差异的问题,但是我们也绝对不能对精英阶层这一存在及其举足轻重的意义刻意忽略和淡化。这本应该是一个常识问题,但是却在狂热的"人治/法治"对立观中被扭曲得十分严重。各安其位才是德位相配,"法治"具有很多培养人的素能的作用,如领导干部的法治思维和法治能力就是极其重要的,但是"法治"不能反客为主或者在任何场合都喧宾夺主,在自己无力触及的地方也要成为"主角",就一定会出现理论的扭曲。我们需要注意的是在培养更多德才兼备的"真精英"的同时防范有才无德的"伪精英"。近现代的很多理论总是以类似"理性经济人""理性政治人""权利主体""权力主体""选民"这样整齐划一的"同质性"以人的能力和禀赋的假设作为前提来展开理论研究,这自有其积极意义,但是绝对不是唯一的划分标准。如我们说"为人民服务",人民就是一个积极的概念,是指明我国政治的权力来源和终极指向,也是反对了那种"贪天之功为己有"、漠视人民主体地位的英雄史观,正是因为为了人民,我们才需要更多的精英出现,承担起精英的历史责任,这样才能够更好地推动实现人人平等的历史进程。二是关于"礼"是不是法律,学界对此有不同观点。很多论者认为礼不是法,主要是从"礼"不符合"严格的法律"定义角度出发。而"法,刑也"(语出《说文解字》),所以很多论者同时认为中国古代法以刑法为中心。概念依据世界而产生,而不是世界依据概念而存在,法律的概念亦是如此。我们不能以今日之部门法划分思维来否定礼就是法,因为礼制是一个综合性的规范体系,涵盖了今日所言的法律、道德、宗教、纪律、习俗等多方面内容。如"礼典首先要解决的是一代王朝的正统性、合法性的问题"。[1]依照当今说法,"礼"相当于今日之宪法这一根本大法。因此"无论是律(实为刑律),还是令、科、比、格、式、例等,都唯'礼法'是从"。[2]总之,礼法才是中华法系法律的全貌,将中国古代法律简单认定为以刑法为中心是不客观的。"只有还原历史的真相,才能真正了解与把握国情。"[3]因此,在此我们可以说,如若对比研究中西法治,儒家的"法治"才是中国法治的正宗,"法家法治"只是中国传统法治的一个旁支而已,儒家的"法"比法家的"法"更为全面和深刻。如果认为"法律具有最高权威"是法治的标准,因为儒家以道和德作为最高指向而否认儒家"法治"的存在,那么西方的"法治"从古伊始,即使在近现代也并不是以我们所说的"法律"为最高,西方最高的"法"与我们所理解的"法律"完全是两个层级的概念。这是一个非常重要的大问题,容后文详述。同时,依据笔者的见解,西方所谓的"宪政",是让西方引以为自豪和先进的资本,但却是西方近现代以来权力斗争的产物;而中国的"礼法"传统,是比西方久远太多太多;或者更加确切[4]地说,西方的"宪政"只不过是西方近现代才出现的中华

---

[1] 俞荣根:《礼法传统与中华法系》,中国民主法制出版社2016年版,引言第6页。
[2] 俞荣根:《礼法传统与中华法系》,中国民主法制出版社2016年版,引言第4页。
[3] 段秋关:《中国现代法治及其历史根基》,商务印书馆2018年版,第393页。
[4] 我们不能说"爷爷长得像孙子",这是一个常识。因此本书表述出了"更加确切"。对西方近现代的各种理念,中国现代人喜欢说我们中国传统有与之等同的观念,因此稍微感到一丝自豪和安慰。殊不知,我们的理念早于他们数百年甚至上千年,应该说西方与我们类同。我们往往会忽略16~18世纪,西方向中国学习人本主义,但是最后没学到精髓,出现了不伦不类的近现代西方之诸多理论的历史事实。对于这段历史事实,楼宇烈先生的观点和张允熠先生的学术研究成果,笔者在本书中多有借鉴。

"礼法"理念的西方翻版而已。而且,西方的"宪政",只是对于西方教权统治时期之黑暗或王权之"无道"的纠偏具有进步意义,在中国传统文化和中华法系面前,西方的"宪政"理念是没有资格前来炫耀的。包括西方自由主义法治理念中所提到的公平、正义、自由、平等、秩序、人权、民主等这些理念,在成为中国现代法治亦高度认同的法治精神之背景中,只有在中国传统文化的高度进行解读才能赋予其真正的灵魂,后文再进一步解读。中国现代社会,需要有以扎实的学术研究为基础而产生的大智慧来看待大历史,这于现代中国之文化自信和文化底力[1]非常关键和紧迫。很庆幸,我们有着一大批的学术精英正在践行着这一光荣的历史使命。

第三节 德政实践考察

一、对儒家德政的评价——见仁见智

(一) 对极评价的例举和评判

你若欣赏一人,可以形容其"沉鱼落雁、闭月羞花";如若反感此人,大概无须否定其容颜之美,只需感慨"最是人间留不住,朱颜辞镜花辞树"。如此般对极评价之双方似乎都未错,亦似乎都有错,对历史的评价何尝不是如此。每个人都会有自己的立场,因感受和目的不同,结论自然有差异。每个人都无法复原历史的全貌,这是一个不争的事实,对历史进行选择性评判也就成了一种常态。每个人都在心中构筑着自己的思维逻辑,想"绝对客观"评价时,已经陷入一种主观。因此,对极双方不必一定视对方为仇寇,君子理应"和而不同"。对中国传统的评价,涉及儒家和德政话题,先举史学家钱穆先生和学术大家王亚南先生之学术观点为例。读两位学者的书,均受益匪浅,也是在这种观点交锋中,我们才有幸"兼听则明",才会有机会进行更多的思考。钱穆先生极度推崇中国传统文化,认为"中国文化之被误解,被忽视,必将成为期求当前世界文化新生的一个大损害"。"孔子教义,仍将为后起的世界文化新生运动中,求在人类历史本身内部觅取文化真理者,唯一最可宝贵的教义。"[2]钱穆对中国传统"士农工商"四民社会的研究,系站在

---

[1] 中华文化传统,是我们的文化"底力"。
[2] 钱穆:《文化学大义》,九州出版社2017年版,第125页。

中华民族传承一体的角度,认为"精神的一统"和"政治的一统"是常态,同时认为政治制度需要植根于自身的文化,否则政治是没有生命的。因此虽认为"中国的政治制度,相沿日久,一天天的繁密化。一个制度出了毛病,再订一个制度来防制它,于是有些变成了病上加病"。[1]但同时认为不能以一句"封建专制"[2]简单评判,并且得出"可以说中国历史上的传统政治,已造成了社会各阶层一天天的趋向于平等"。[3]这样盛赞的结论。我们再参看王亚南在《中国官僚政治研究》一书中引用夏曾佑之推论:汉武帝尊重儒术之动机,谓其"非有契于仁义恭俭,实视儒术为最便宜于专制之教耳",并指出天道观念、大一统观念、纲常教义这三者对于专制官僚统治的维护是缺一不可的[4]。该书还指出孔子是政治说教者,一车两马,历访各国,以冀学之见用,道之得行;而这点却为以后儒家政客官僚作了榜样。至其教人以"中庸",教人以"言不必信,行不必果",其私淑者孟轲虽以"圣之时者也"目之,但后儒为目的不择手段的实利主义精神,固因此渊源有自,而其学说之"应时"支离演变,亦不无由了。[5]两位学者之争虽然不能反映所有人对儒家认知之争的全貌,但是却具有典型性和代表性。二人的政治立场固然有别,但同为学术造诣深厚的大家,结论相异如此之大,恐怕还主要归因于是否应该将被政治异化的儒家作为真正的儒家、是否应该将异化的儒家之过归罪于孔子有着不同标准。如果历史上没有出现孔子和儒家,是更好还是更坏?但历史不能假设,需要静心思考。

中国传统文化乃指人文之化育,如若对实际人文未产生较大影响,则是有文无化;但是如果将实际的一切都归于文化,那么也显然是忽视了人文之化育不可能彻底穿透一切这一事实,化育对每个人定有深浅之别。文化本身代表心与行之一致性,因此我们需要区分清楚在历史上哪些是儒家文化贯彻的结果,哪些是儒家文化未能贯彻的结果,才可能正确评判文化的价值。譬如清朝末年以及五四运动之际,有论者认为是传统儒学导致了社会的逐步僵

---

[1] 钱穆:《中国历代政治得失》,九州出版社2012年版,第170页。
[2] 封建统治当然要反对,但是在封建制度中产生的文化和智慧,并不等同于这一终将成为历史过客的制度,为了反对封建而放弃对民族文化和智慧积淀的研究学习,是非常不明智的。
[3] 钱穆:《中国历代政治得失》,九州出版社2012年版,第168页。
[4] 王亚南:《中国官僚政治研究》,商务印书馆2010年版,第65页。
[5] 王亚南:《中国官僚政治研究》,商务印书馆2010年版,第71页。

化与腐败。但是笔者恰恰认为是传统儒学的衰落导致了现实政治的穷途末路，因为当时的政治局势虽然有外来原因，但是在内部已经完全背离了"德政"，无论从贤人政治、天下为公精神还是法律制度[1]，都离德政越来越远，因此人心思变，反抗外敌入侵的同时反抗封建才成为救亡图存的主流。[2]也因此出现了中西文化碰撞中"师夷长技以制夷""中学为体、西学为用"的思路，但是却未曾意识到，"中学之体"在实践中早已面目全非、几乎空有其名，因此"西学为用"实际上无奈地发展成了"西学为体"。当时，"在国势全面败落的状态下，西方殖民者宣扬种族主义，以战胜者和种族优越感的姿态恣意贬低中国民族、故意抹杀中国思想和文化对人类所做出的伟大贡献"。[3]当时中国的学人对此是什么态度？如曾以传播西学而名震学界的严复惊瞥第一次世界大战之人类厮杀的惨状，感慨万端地说：不柠垂老，亲见脂那七年之民国与欧罗巴四年亘古未有之血战，觉彼族三百年之进化，只做到"利己杀人，寡廉鲜耻"八个字。回观孔孟之道，真量同天地，泽被寰区。[4]因此，有学者经过研究得出结论说中国的五四运动从来就没有提出过"打倒孔家店"之类的口号，而是打倒朱熹的"朱家店"[5]，这样的结论也就不难理解了。反对利用儒家文化施行统治并将儒家政治异化的封建帝制不可简单等同于反对真儒家文化。所以，对于儒家文化与德政实践的关系如何理解，笔者深深赞同张之洞《劝学篇》所言：世运之明晦，人才之盛衰，其表在政，其里在学。再者，无论将政之过归于儒学，还是将政之过归于假儒学，历史的功过是非已经过去，确无必要沉迷于纠缠历史的是非，我们今天更应该做的可能是超越所谓评判是非的目的，是从历史中找到真正的政治兴替规律，所谓"温故而知新"。

---

[1] 以维护某种文化为目标的法律制度愈是完善严苛，愈可能代表着此种文化的实际衰落。如清朝维护孝道的法律，严苛到父亲因琐事对儿子不满，追打儿子过程中不小心跌倒受伤，儿子即可以被官方判至绞死。这样维护"孝道"的严刑峻法是否背离了儒家的"人道"？篇幅所限，仅举一例，以资说明。此类案例可参见瞿同祖：《中国法律与中国社会》，商务印书馆2010年版，第一章"家族"相关内容。

[2] 当然，在当时，晚清政府是否因与大众离心离德而也被大众视为"敌人"，是一个值得深思的话题。

[3] 张允熠：《中国文化与马克思主义》，人民出版社2015年版，第354页。

[4] 张允熠：《中国文化与马克思主义》，人民出版社2015年版，第174页。

[5] 当然，朱熹所讲的"存天理、灭人欲"也是被曲解了，其真正的本意绝不是今天所理解的让统治者荒淫无度而让百姓甘于贫苦之类的含义。对朱熹的批判很多是曲解后的"批判"。

（二）儒家政治化的历史脉络——存真与异化

上一部分对德政这一理念进行政治实践后受到的不同评价给予了一些分析。儒家是"入世"的学问，而在人世社会中，政治无疑是对人影响最大的一个领域，关乎所有人的切身利益和生存发展。德政作为一种理念，在政治实践中必然出现贯彻和变异的双重性。因此这里我们需要区分在德政理念的实践运用中，什么是符合德政精神的应世之法，什么是对德政精神的违背，然后再来探讨德政是否是一种可以收到实效的良好国家治理理念。

应该说，无论统治者内心是否真正认同并遵从儒学教义及其德政理念，儒家德政在其眼中都必然存在一定程度的工具主义价值。也就是说，统治者即便在将德政作为自我要求的同时，也必然关注其治国安邦的实际效果并将其作为统治的工具。如统治者宣称"以德配天"，可能真的是心存对天道的敬畏，也可能是一种欺世盗名的政治谎言，然而这种宣称对统治秩序的稳固可以起到的作用必然是其重点关切。儒学之所以被统治者确立为正统，不得不说首先是源于儒学对人心和人性的深刻把握，因而可以建立一种顺乎人心所向的秩序，如果是一种背反人性的秩序设计，其推行之难可想而知。列举儒家伦理秩序，我们常说家国一体、家国同构的伦理秩序，是顺乎人性规律的。儒家的伦理秩序观，本身就是基于对人性的"仁、义、礼、智、信"的基本认识，这是任何时代的人都应该推崇的最高品质。而且，"在儒家看来，仁与义不仅具有亲和人伦和调节社会关系的政治功能，且其本身也是政治要达到的目的"。[1]所以确立伦理秩序本身与儒家精神一致，因为这是一种人文化的秩序，有别于西方的神本秩序[2]。反之譬如墨子讲求兼爱，而孟子则反对兼爱这样一律"博爱"之主张。顺便提及一句，基督教的博爱和墨子的兼爱、

---

[1] 陈红太：《儒学与中国传统政治儒学》，现代出版社1997年版，第4页。
[2] 西方对上帝的信仰导致出现了不同于中国传统伦理秩序的另一种秩序样态。"中国自西周以来就确立了以人为本的文化精神，而西方在公元一世纪以后确立的是以神为本的文化，基督教是西方文化的核心精神之一。西方直至欧洲启蒙运动时期才高举起人本主义的旗帜，思想家们启发人们不要做神的奴隶，要做人自己。启蒙运动的思想来源之一是古希腊罗马文化，而更重要的来源是十六世纪以后通过西方传教士从中国带回去的以人为本的文化精神。他们以中国的人本思想去批判欧洲中世纪以来的神本文化，高扬人类理性的独立、自主，把中国看成是最理想的社会。从某种程度上讲，欧洲的人本主义是从中国传过去的，深受中国文化的影响。"（楼宇烈：《中国文化的根本精神》，中华书局2016年版，第47页。）我们今天大谈西方法治对中国的"启蒙"的时候，更应该向前一步探寻这段历史，这样才能更加明白法治到底是什么？其精神来源是什么？我们才能明白，我们今天所追求的法治和秩序，有哪些本来就铭刻在中华民族的历史记忆和历史基因里面。

非攻，其实与儒家的观点在终极目标上并不矛盾，只是路径选择有所差别。在当下，耶稣和墨子、基督教和墨家的比较研究，是一个非常具有意义的学术话题，值得进行深入思考。儒家认为，人首先是以发乎自然本心之爱来对待有血缘关系的亲族，进而升华到"老吾老以及人之老，幼吾幼以及人之幼"的境界，而不是开始就可以做到博爱，这是一个规律。因此，历代君王倡导孝道等伦理秩序，认定不孝者必不忠[1]，因而要举孝廉、丁忧等，这也就顺理成章了。列举儒家伦理观，意在说明，儒家被统治者立为正统，是因为儒家对规律的深刻把握。但随着"三纲五常"的提出及其被政治异化，将人际关系僵化了，实质上是对儒家礼序的悖反，葬送了儒家人文化的秩序。"大道不器，君子不器"，一切教条和僵化可能都是对源初精神的误读，但却达到了稳定社会的工具主义目的。这就好比，劝人学佛就一定要劝别人出家为僧的人，实在是误解了佛就是人自己觉悟了的本意，入世在真佛家看来是最好的修行方式[2]，出家的形式只是佛陀时期的印度风俗习惯，是不必拘泥的形式而已。除了被异化的"三纲五常"，被异化的"存天理、灭人欲"等亦是政治异化后的"儒学"，不可不察。儒家在历朝历代的存真与异化，是一个复杂交织的状态，绝非泾渭分明。这也是一个宏大的话题，笔者只能简单例举以达到表意目的则止。

二、德政的正向思考

（一）德政典型的例子

"以铜为鉴，可以正衣冠；以史为鉴，可以知兴替；以人为鉴，可以明得失。"历代封建帝王的故事，在史学研究中已经很丰富了，这一宏大的话题在本书无法展开详细叙述。但是在中国古代的最高统治者及其官僚集团中，确实不乏雄才大略、体恤百姓和爱民如子者，这是德政话题中值得认真研究的史实。历代政治的得失，虽已成为过往，但是却有太多的经验教训值得总结，大多朝代都会历经开国时的励精图治、发展中的盛世中兴，以及最后的败落。而这些政治得失都应该是以德政为中心的研究。德政的具体方面很多，涵盖

---

[1] 连自己的父母都不发乎本心孝顺，却能做到忠君爱国爱民，这是有悖常理的。"忠孝不能两全"绝不是一句不分语境就可以成立的话。

[2] 佛的本意是"觉"，是人生的大彻大悟。"穷则独善其身，达则兼济天下"的儒家入世准则就是一种大彻大悟。

整个国家治理或者说政治,如政治的关键是人心向背,政治的核心是利益分配,因此人事制度、税收制度都是德政的关键。对于德政的现实表现,本书择其要点举例。

统治者将天道观念作为政治统治的最高道义准则,是德政的观念前提。我们不能简单认定天道观念就是愚民之托词和政治欺诈,而忽略了中国的传统文化氛围。不能一律认为天道是"要求老百姓信仰的、普通官吏可能信仰的"、君王一定不信仰的。儒家为帝王师,儒家培养贤能,无不是以天道作为最高指引,而贤能选拔也就成为德政的重中之重,历朝历代皆有相关教育和官吏选拔制度,这样就确立了施政的主体要求。"以德配天""敬天保民",是政治统治者明确了权力不是天下第一,不可恣意妄为,虽然政权最初多是通过暴力取得,但不应以暴力作为对内对外的政治信条,"民不畏死、奈何以死惧之",穷兵黩武者"好战必亡"。天道观念落实到政治统治中必须做到"民惟邦本","民为贵,君为轻"确立了百姓和统治者的本末关系。这里的民惟邦本除了"水能载舟、亦能覆舟"这样的政治稳定考量之外,也是因为统治者相信人性本善,百姓的天性善良是政权稳定的主要根基;而不是认为人性本恶,并且因此以神和上帝自居来救赎。因此,百姓既不是权力的奴隶,也不是神的奴隶,而是政治权力造福的对象,造福百姓才是"王道"。这样就确立了民本主义和人本主义,同时确立了施政目标要求。因此也就在政治中践行"明德慎罚""德主刑辅""德礼为政教之本,刑罚为政教之用",这就正确确立了正向引导和暴力强制的本末关系,确立了施政方式。秉承这样的整体思路,在法律制度方面,礼法并举,礼作为根本大法、其他法律合乎礼的精神亦即合乎天道要求,"亲亲相隐"等诸多具体细节自不待说,体现在司法方面,判案依据天理、国法、人情之情理法的一致性,这样就确立了施政的良法体系及其运作原则。同时政治权力的界限也需要明确,这里涉及"无为而治"话题。"无为而无不为"常被用来理解无为,其境界首先是形而上层面之描述。如《金刚经》载:"一切有为法,如梦幻泡影,如露亦如电,应作如是观的。"所述之四句之有为法,可以更好地理解无为之所指,因此无为而治是指内心清净无为而智慧生,进而体悟天地大道、天人合一之境界,因此"无不为"。从形而下层面讲,无为并非什么都不做,而是"辅万物之自然而不敢为",万事万物包括人类社会自有其根本规律,顺应规律而不违反规律行事即是"无为"。"无为而治"本意为清静无为而达到理想的大智慧状态、大自在境界，被引申为无为之国家治理智慧，应理解为深刻把握并依据治国规律而达到国家治理之天下大治的理想状态，这种状态是每个人"由道而德"组成的整体。修养生息、减徭役轻赋税等只是无为而治必然要求中的一个小方面。这是政治统治者基于仁德的政治智慧，也是最为高明的国家治理方略，达到这种程度，是儒家德政的最高境界，这样就确立了施政能力的最高理想。因此，我们说政治权力的界限，其最高境界是无为而治而不是无孔不入，无为而治也不是梁启超认为的"放任主义"。历朝历代的统治者之德政只能做到接近无为而治，却无法完全实现。

总之，天道作为文化指引、无为而治作为努力方向、礼法结合作为良法体系、明君贤臣治吏作为施政主体、民众作为国家根本的主体地位，通过对国家治理深刻规律的遵循而使这些框架有机组合，构成了中国德政的实践主线。

（二）施行德政的政治动因分析

德政是极具智慧的治国理念，因此会被政治实践予以应用。因为统治者内心真正的天道观念指引，以及中国大一统社会结构导致的皇权君权无须如西方般与教权进行抗争等大的背景，导致德政的主要方向是对内统治以谋求政权稳定，德政就成了最佳选择。接下来分析德政为什么是深刻的、最佳的国家治理架构。先来看德政对人的要求。儒家学说通常呈现出明君、贤臣、治吏[1]的要求，这样的组合是作为国家中小部分人的官僚体系，统治着占比绝大多数的百姓。我们今天习惯于用统治集团和被统治者对封建王朝进行划分。但实际上，除了考量统治集团作为一个整体共同施行政治统治之外，更应该对表面呈现金字塔结构的统治集团内部进行一番考察，统治集团内部绝非是利益一致的。最高统治者应该希望所建立的官僚体系呈现什么状态？当然是有公心、有能力、有智慧、有担当的贤德之才进入官僚体系，这样才能够最有利于统治。如果官僚体系贪污腐化盛行，无度地盘剥民众、与民争利、公权私有以满足官员的一己之私，必然会激起民怨甚至引发起义，最终危及的是自己的最高统治地位。心知肚明"苛政猛于虎""官逼民反"这一道理的帝王将相毕竟远远多于发出"何不食肉糜"之问的昏君。因此我们也就不难

---

[1] 古语治吏、治法、治人等词语中的"治"，并非治理的意思，而是完美、完善的意思。如"有治人无治法""天下大治"中的"治"是指一种完美或者理想状态。

理解为什么朱元璋要对贪官剥皮以求威慑官吏了。在历代王朝败亡的进程中，整个官僚体系的腐败起到了极大的催化甚至决定作用，这是君王熟知的历史规律。但是为什么封建王朝中官僚集团的腐化却始终未能杜绝？这可能绝非君王的本意，而多少是一种无奈，我们不能误解为君王是以自家人的心态支持官僚腐败渔利。也就是说，官僚集团为什么要一心为国为民而不谋私？"天下熙熙皆为利来，天下攘攘皆为利往"，让官僚都只因权力体系的威慑和要求而秉公弃私几乎成为幻想，如果不能形成"君子爱财，取之有道"之风，就要着眼给予物质利益进行激励和拉拢，甚至只能默许或者容忍官僚一定程度的腐败。这实在是政治中的一个极严重的问题，因此"明君治国先治吏"。如果选拔官员的机制是让无德之人进入，那么在权力和利益面前，本来就心术不正的官僚人选会更加具有破坏力，因此选贤任能是符合最高统治者的利益的。那种认为制度第一的看法是偏颇的，认为只要建立一种好的制度，就可以防止权力作恶，这只能是幻想。但是作为社会精英的官僚一旦进入统治集团，也并非可以被政治欺骗和道德绑架的无能之辈，如果最高统治者"其身不正"，上行下效，必然"虽令不从"，所以君王本身必然要"其身正"，才能出现"不令自行"的局面。所以君、臣、吏之间始终存在着这样的一种张力，而要和谐，必须君王自正〔1〕、选贤任能同时并举。而且在封建社会中，君王和统治集团需要处理好和各种内外政治势力之间的关系，以求获得对政治统治的支持。贵族、宗族、门阀这样的存在，使政治呈现出了一种更为复杂的格局；同时为了防止阶层固化，以举孝廉或者科举等形式造就的"朝为田舍郎，夕登天子堂"的机制更为有利于获得广泛政治支持和选拔人才，防止出现官僚体系和被统治者之间的绝对分离和对立。总之，儒家德政对人的要求是非常深刻的，所以儒家德政不是单纯的义务要求，而是一种极高的政治智慧。但是如若统治者只注重儒家可以被利用来统治别人的部分，而抛弃对统治者自身的要求，不彻底贯彻儒家德政之整体要求，则其结局必然是政

---

〔1〕那种认为古代君王一言废法、法律不限制君王是常态的观点，只是一种单纯的历史想象。试想，即便在今天的社会，一个三五十人单位的领导，经常出尔反尔不遵守自己为大家制定的规则，别人必须遵守而自己可以随意破坏，宽于律己严于律人，那么他肯定无法在这样一个小群体中树立威望、顺畅开展领导，其人品和智慧都是低下的。那么，一个古代君王如果没有这样的基本修行，还能统治和号令天下吗？史学研究并不支持君王不受法律限制常态化这样的结论。我们只有实事求是地考察古代君王做了什么、没做什么，然后分析成败，才能找到国家治理的规律。以想象为基础、以批判为目的来寻找和总结历史上的治国规律，后果可想而知。

局逐步混乱而非天下大治。规律就是一种必然，必然就是天道的法则，在政治领域就顺乎天道地体现为德政，德政是造福百姓而且同时理应成为君王最优的治国选择。同时我们也要注意，人的重要性和制度并非矛盾，而是相互促进的，德政绝非不重视制度和法律，反而是非常甚至更加重视，只是在本末关系上，儒家德政理念亦秉承"徒法不能以自行"，因此"有治人无治法"，以这样的理念来确立人和法律制度的本末关系。如果说我们习惯于假设一种必然对立的场景来论述人和制度的本末关系，是因为亚里士多德"法治应当优于一人之治"开启了制度为本的先河，此观点是一种对亚里士多德的误解；那么认为儒家德政确立的是人和制度相得益彰并且以人为本的关系，便是明白无误的。继而就是，人和制度相得益彰，总要有共同的遵循，这个遵循就是儒家文化，儒家文化培养贤人，儒家文化指导法律制度生成。以利益为核心结合之群体，对外虽然可以表现出一定程度的一致性，但是却不能在内部形成真正的凝聚力；以信仰和道统结合，会转化成强大的向心力和凝聚力、执行力。儒家文化是形成这种封建王朝统治集团内部道统凝聚的最佳选择。因此，儒家文化也就顺理成章地被整体政治化了。道统文化、贤能理政、制度法律三位一体，体现在政治上的完整形态就是德政。以上也就是德政的政治动因。

三、非德政的反思

(一) 非德政的普遍存在

历代王朝不施行德政的明显后果就是"王朝周期律"的宿命。研读吕思勉先生所著的《中国史》，除了拓展历史知识，笔者更有感于平均两三百年就发生大的战争、王朝更替频繁。也似乎体味了"兴，百姓苦；亡，百姓苦"的深意。历史似乎在不断地循环，每一个封建[1]王朝似乎都不过是"一直在重复着昨天的故事"。

"大道废，有仁义。智慧出，有大伪。六亲不和，有孝慈。国家昏乱，有忠臣。"(语出《道德经》) 此语有多种不同解读，如唐代吕岩(吕祖)的解

---

[1] 在此也需要注意，中国的"封建社会"与欧洲的"封建社会"根本不是同一个概念，近现代借用欧洲封建社会一词对应中国秦朝以后的"封建社会"的认知是存在重大偏差的。按照欧洲封建社会所指称的欧洲封建领主时代，中国先秦时期与之有类似，但是中国秦朝以后的"封建社会"与欧洲的"封建社会"根本不一样。本书暂且沿用约定俗成的封建社会之概念。

读就完全超出了笔者可以理解的层面[1]。笔者从以下角度理解：如果六亲和睦，则孝慈是常态，不会在世间对此行为在观念中予以分别并特别强调，就像我们不会刻意强调张三的眼睛是视觉器官，因为所有人的眼睛都是视觉器官，除非很多人的眼睛已经失去了视觉功能。历史上对忠臣、清官、仁义的强调，都反衬出了当时的奸臣、贪官和伪善并不是个别存在。因此，中国古代的德政，就是针对非德政的普遍存在才被凸显出来的。儒家的德政，在政治实践中出现了太多的反例。政治统治者将儒家本来对统治者自身的自律要求转化为针对百姓的律人要求、将为君为官应该具备的内在仁德仅徒留其名以标榜示人、将本为造福对象的百姓视为盘剥压榨的对象、任人唯贤沦为任人唯亲，诸如此类不胜枚举。天下为公的旗帜掩盖不了黑暗的政治现实。因此，中国古代政治领域呈现的是一幅昼夜往复、周而复始的情景。"历史家昌言中国二十四史就是一部相斫史，但从另一个视野去看，则又实是一部贪污史。"[2]这样的评价，不得不发人深省，其中的无奈与悲凉跃然纸上。我们今天希望积极寻求一种良好的治国之道，不正是为了避免这样的局面吗？人类发展到今天，社会文明进步的目标之一也正是要突破这样的历史困局。前文已经阐释了德政的正面，现在在省察德政的反面时，也必须秉承严谨的态度，因此必须对非德政的局面进行原因剖析，这样才能对德政有一个恰当的评价。

（二）非德政的成因分析

一是智慧不足作为直接原因。如果修为不够，则无法体会儒家德政的大智慧，因此急功近利的短视思维必然占据上风。如秦始皇重视法家就是因"法、术、势"的现实功效立竿见影而采用，但是却失去了支撑长远恒久的道，是一种方向性错误。[3]这就如同个人和家庭，"积善之家必有余庆"可能未必被赞同和理解，或者干脆当作一种迷信对待，殊不知"富不过三代"是如此普遍，这其中有其值得思考发现的因果关系，深知因果规律才是智慧。对于一个国家的政治统治更是如此，必须深明深层次、终极因果的道理。儒学是大智慧，德政是大智慧，但是不是每个人都能够体悟，因此视为迂腐或者道德束缚，或同时终究因难克一己之私欲、物欲而骄奢淫逸，或因智慧不

---

[1] 有兴趣的读者可以参考（春秋）老子：《吕祖秘注道德经心传》，（唐）吕岩释义，韩起编校，广西师范大学出版社2014年版。

[2] 王亚南：《中国官僚政治研究》，商务印书馆2010年版，第116页。

[3] 当然，历史绝不是可以这样简单评判的，笔者只是就德政这一视角做简化分析。

足而失去对天道仁心的敬畏，终究远离了道和德。千里之堤溃于蚁穴，统治者如果不能时时刻刻"战战兢兢、如履薄冰"，不注意防微杜渐，不能见微知著、明察秋毫，则最终定会积重难返。这其中对政治统治者有着极高的智慧修为要求，选人用人的标准也极为重要，小人得志与奸人当道是危及统治的重要原因，因此统治者的政治智慧起着关键作用。智慧不是小聪明，法术势注定是在治术的层面，与政道不可同日而语。

二是文化衰落作为内在原因。儒家文化本身必须起到制约统治者的作用，制约看似一种反对和束缚，但是所谓"忠言逆耳"。统治者一旦压制儒家文化或者将其作为统治工具，则会最终因为失去制约和政治纠偏的功能，导致最后儒家文化不仅本身被异化，而在这种文化氛围下政治统治与"道"日行渐远，最终危及整个政权的根基。异化的儒家文化，是减少了培养出真正大儒的机会，少了弘道之人，看似统治者消灭了"异己"，实际上是消灭了"知己"。在没有儒家天道精神作为最高准则被普遍信奉情况下的封建社会，唯权、唯上、唯利者众，忧国、忧民、忧天下者寡。这种氛围下选拔出的官吏不过是在借助公权力分一杯羹，而不是"先天下之忧而忧，后天下之乐而乐"。因此官僚体系在既定的大一统政治框架下，如果道统文化不能深入人心，在利益面前，大家不是真心维护长久的政治稳定，而是权力私有并谋求私利。这种格局只能造成社会阶层之间越来越敌对、撕裂越来越严重，催化统治者与被统治者完全走向敌对关系，最后官逼民反。因此，失去了对天道的共同信仰，以天道之名愚民，最终造成的是统治者和被统治者两败俱伤，如果统治者真正信仰天道，那么则是国富民强、天下大治。

三是封建制度作为根本原因。封建社会私天下的本质是无法改变的。尧舜的禅让制传为千古美谈，就是因为不视天下为私有，而是奉行了天地的无私精神，这是道的境界，但是之后的封建统治者，真的能完全做到天下为公确实非常困难。无论如何努力修为、践行德政，确实难以跳出"家天下"这一封建制度本身带来的必然局限，因为这是一种内生的矛盾。而这种内生的矛盾，要求当时的统治者能够超越这种历史局限也是不现实的。我们说历代农民起义，也都不能够超越这种皇权和帝制思维。毛泽东在中华人民共和国成立前夕谈到，不可以学李自成，其起义成功之后失败的教训非常值得总结；也谈到了跳出"其兴也勃焉，其亡也忽焉"的历史周期律的解决办法，那就是民主。因此，在大历史的视野下，我们确实感到了儒家德政在封建社会必然的历史宿命。

但是为什么不能遗忘儒家德政？我们今天应如何看待儒家德政与封建政治统治的关系呢？笔者认为，儒家德政虽然产生于封建社会，但并不因为封建时代的结束而失去了其现实意义。同时，我们也不能以时代意见代替历史意见，也就是说，我们不能苛求儒家德政是能够改变封建制度这一大的历史发展进程的治国理念。在大一统为主的封建时代，德政确实缺乏持续强劲的政治动力。这种政治动力本应来自于统治者和民众。而民众总是在生存极端恶劣的情况下才会有推翻政治统治的意愿，因此不会形成一种持续存在的德政动力，而统治者由于前文已经分析的几种原因，也很难形成持续的德政动力。因此，中国传统儒家德政也注定作为一种社会改良的方案而历史地存在着。也有人会提出疑问，既然德政不能形成持续恒久的政治动力，说明德政不够强大、灵验。那德政是应该被推崇的吗？我们不妨进行一个类比，很多人求神拜佛，如贪官受贿后祈求神佛保佑其不被有司追责，强盗杀人后乞求神佛保佑其不被官府发现，后来贪官和强盗被绳之以法，他们抱怨神佛并非大慈大悲而是不再灵验，因为没有满足自己的愿望。假使神佛真的灵验，那么灵验的结果一定是他们被绳之以法，否则，纵容恶以示"灵验"的还是神佛吗？我们观念中的神佛法力，亦不过是对天道的一种异化理解，真正的因果在于自心，这才是中国传统文化所言的"心外无法、心外无理"。德政也一样，如果我们把德政当作外在于我们每一个人的存在，去评判其是否灵验、强大，也是不合天道的。当我们思考德政一旦不是外在，而是成为我们每个人所躬身力行推动的，其结果会如何？会"灵验"吗？

总之，道、德、人、制度和法律作为一个历史整体，在本章所论及的方面，以种种交错复杂的关系呈现在我们面前，这就是儒家文化中的德政。儒家德政是中国传统社会主流的法治样态，也是最为主要的国家治理样态，理应成为中国现代法治的历史镜鉴，而且，还更应该成为中国现代法治的智慧源泉。这是本章的一个初步结论，在后文的中西比较研究中，相关问题再进一步进行更为深入的分析。关注了中国的"道统"下的"德政"之后，我们就需要进入西方的"法统"来考察其"法治"的理据与实践了，以作为中国现代法治的域外镜鉴。

第三章 西方法治文化的再认识

西方法治文化当然对中国法治建设具有其积极的借鉴价值，但是与中国传统法治文化被严重矮化、被曲解丑化的局面相反，西方法治被严重神化、被过度美化了。目前对西方法治的崇拜，大多是基于人为臆想、拼凑出来的西方法治样态，而不是立足于西方法治文化的真面貌。此种现状之下，就有必要对西方法治文化进行全面梳理并再认识了。客观看待才能合理借鉴。

第一节 走进西方法统

一、西方法统的解析

（一）对西方法统的误读

我们现在谈论到西方，一般不会把西方当作是一个纯粹的地理概念，而是颇具政治、文化、意识形态色彩的概念。在法学或其他学科学术研究中，"所谓西方，即一般所指的西欧和北美的发达的资本主义国家"。[1] 西方之所以作为一个极大的时空整体而存在于我们的观念中，是因为"西方"具有政治、文化、宗教、制度、人种等诸多同质性；但是西方在其内部也必然存在着上述诸方面的差异性。因此西方"内部"的同和异都是必须予以关注的，这是一个极大的话题。但是西方的"法"可以成为一条贯通时空的主线，因此我们研究的对象可以定位为西方的"法统"。

西方的"法"是什么含义？英语中 Law，拉丁语中 Jus，德语的 Recht，都被我们翻译成法或者法律。但是我们所说的西方之"法即正义""法即权

---

[1] 严存生主编：《西方法律思想史》（第3版），法律出版社2015年版，第2页。

利"无不提示我们需要认真研究西方"法"的确切含义。对此,深通中西法学之异同的思想家、翻译学鼻祖严复早有卓见:"西文'法'字,于中文有理、礼、法、制四者之异译,学者审之。"〔1〕笔者认为这样的概括还不足以囊括西方"法"的全部含义,必须进一步仔细分辨。在法学研究中,我们对西方"法"的关注,是基于现代中国的法律概念进行的,所以很多论者认为西方法体现了诸如应然法、实然法之类的二元性。但是西方的"法"已经远远超出我们所指的法律含义。概言之,可以将西方"法"理解为宇宙法则和人间法律两部分。我们很多时候将"此法"与"彼法"当作"法律"的整体进行一并研究,语言翻译是其中一个原因,根本原因在于宇宙法则与人间法律之间系"体—用"关系。简单例举以资说明。西方的自然法思想源远流长,如格劳秀斯认为"广义上的自然法或一级自然法适用于一切事物,它使一切事物按照其本性运动,连创造了它们的上帝也不能改变这一点"。"狭义上的自然法或次级自然法是仅仅适用于理性动物——人类,并与之本性相一致的法则。"〔2〕此处我们可以看出,格劳秀斯所说的自然法是造物主"上帝"都不能改变的,是普遍适用于宇宙万物和人类的法则。那么自然法是指什么?当然不是中国现代语义上的法律。我们再看一下中国道家的说法:"有物混成,先天地生。寂兮!寥兮!独立而不改,周行而不殆,可以为天下母。吾不知其名,字之曰道,强为之名曰大。大曰逝,逝曰远,远曰返。故,道大,天大,地大,王亦大。域中有四大,而王处一焉。人法地,地法天,天法道,道法自然。"(语出《道德经》)老子关于"道"的这段阐述,和格劳秀斯的自然法相比较,我们可以得到什么启示?对包括人类社会在内的宇宙万有,创造他们的如格劳秀斯说的"上帝"和老子所说的"道"是等同的概念吗?上帝也必须遵守的"自然法"和"道"所遵从效法的"自然〔3〕"是等同的概念吗?再如《约翰福音》开篇写道"太初有道,道与上帝同在,道就是上帝"〔4〕。这又表明了什么?虽然西方人对上帝的理解有所不同,其认识上帝的方法也有所差异,因此上帝的精确概念暂且存而不论,中西文化互相影响也暂时搁置,但是此处我们至少可以初步得出结论:西方的上帝、"自然法"

---

〔1〕 段秋关:《中国现代法治及其历史根基》,商务印书馆2018年版,序一,第7页。
〔2〕 严存生主编:《西方法律思想史》(第3版),法律出版社2015年版,第102~103页。
〔3〕 前文已述,此处"自然"应作"本应如此""非人之智识可以解释的永恒的终极法则"理解。
〔4〕 《新约·约翰福音》,第一章第一节。

和中国的"道"是在同一个层级的概念,也就是宇宙终极本体或者宇宙终极法则这样的最高层面。纵观很多论者所认同的"西方的历史就是一部法治史"这样的结论,其所指"西方法治史"的"法"就是此种宇宙本源或者宇宙终极法则意义上的西方"法"。因此,虽然将西文翻译为"法",但其含义却是远超法律的。或者说,西方的法律是"法"的产物和表现之一,"法"是统摄宇宙万有的终极法则。所以说,中国传统文化是一部"志于道"的"求道史",西方文化的历史就是一部"志于法"的"求法史"。当下文将西方的"求法史"全面梳理之后,我们就会更加明确地得出这样的结论。

对西方法本就应该以"宇宙法则"这样的高度进行研究,因为在这种宇宙法则观念作为指导思想的情况下,如果单纯研究西方人间法律,不免会因为不知晓其背后的深层次理论依据和完整的理论体系,而无法真正理解人间法律为何如此般地存在。西方的人间法律在多数情况下都是作为"宇宙法则"的必然分支或者自然延伸,或者说宇宙法则作为法理基础或者法律渊源决定着、支撑着人间法律的正当性和必然性。但在中西法律比较研究领域,却因此出现了很多不当之论。一方面将西方的宇宙法则与人间法律都视为西方法学研究的对象;同时却将中国对等的"道"排斥在中国传统法的研究视域之外,甚至将"礼"排斥在外,将"德主刑辅"的"德"解释成现代道德并且排除在外,达到极端状态就是最后将中国传统的"刑法"这样一个"道"的最小分支与西方的"宇宙法则"这样一个文化整体进行比较。这样比较研究所得出的结论,其理论价值可想而知,其对中国当下法治建设的指导功能必然偏颇。西方的"法学"对应中国的应该是"道学"或者"理学"等,而不是对应中国的"律学",这应该成为未来中国法学研究中的基本常识。西方历史上不缺乏法学家,中国历史上也不缺乏与之对应的"理学家"。特别是当我们对中国人本文化西传欧洲的历史进行深入研究的时候,我们一定能够发现"自然神""自然法"之类的概念,甚至自由、人权之类的概念,与中国传统文化之间的真正联系,以及中国传统文化作为西方近现代之文化渊源的真实历史。这是一个法学研究领域的极好研究方向。总之,本书需要确立的是中西之间在文化、政治治理结构、法治模式、法律制度等方面,诸多具有高度对应性的对等概念之间的比较研究模式,这样才能总结出中西社会内在的历史动因和历史规律,并以此为基础作出公允的评价、合理的取舍。

(二) 西方"法统"的解读路径

西方对宇宙法则的研究，正如中国对"天道"的研究一样，贯穿各自的文化史，因此其外在文化成果浩如烟海，都是人类宝贵的精神财富。如若依据现代学术的领域划分，大概可以从宗教、哲学、科学这三方面着手对宇宙法则的研究成果进行分类，但是西方的宗教、哲学、科学本来也是断无可分的，到今天也体现着一种复杂的交错共融关系。有一种说法：西方历史只有两座城市——罗马和耶路撒冷，它们一座统治人间，一座通向天国。这句话意指西方是在宗教与世俗纠缠相伴下展开的历史和文化演进。对此，学者赵林对西方文化勾勒出了一条主线：作为西方文化摇篮的希腊文化体现着灵魂与肉体、理想与现实的和谐统一；罗马文化虽承继希腊文化，却在文化精神方面把希腊文化推向了英雄主义和物质主义两个的片面化极端，肉体完全摈弃了灵魂；而后基督教却发展到了另一个极端，为了天国理想唾弃肉体的禁欲主义；文艺复兴和宗教改革两场运动从不同方面努力重新实现灵与肉的和谐统一，最终导致人性的复苏和包括政治、经济、科学、理性、民主、宗教等内容在内的西方文化的现代化转型。[1]这样一条主线勾勒基本为我们展现了西方哲学、宗教、科学发展的进程框架。其包含的具体内容极其浩繁，本书择其中关于宇宙法则的认知截取论述。

1. 从宗教角度看宇宙法则

谈到宗教，我们不能简单以迷信对待而不究其义理，因为无论非宗教人士是否有兴趣关注宗教教义，宗教人士都对宗教教义深信不疑，包括作为整个宇宙和人类主宰的神和上帝的存在。譬如《圣经》，在信徒的心中，就是对人类的产生、发展的真实历史的客观记载，而不是一种人为的学说和理论创造。如果我们不能了解宗教信仰中最高主宰及其主宰下的宇宙运行法则，不了解宗教人士如何虔诚的依据这种法则而生活，那么我们就更不可能了解他们为什么会形成对人间法律的种种实际态度，就不可能真正了解他们心目中的人间法律的内在运行机理和规律，那么也就对法律统治的社会基础和人心基础失去了最根本的认知。特别是在绝大多数时候，在宗教权威下，人间法律是依据宇宙法则而制定的，因此遵守人间法律就是遵守宇宙法则的必然行为，遵守人间法律是践行对宇宙法则和最高主宰信仰的行为方式之一。何况，在很多时候，

---

[1] 赵林：《天国之门：西方文化精神》，湖南人民出版社2020年，第12~13页。

宗教教义本身就是对宗教人士直接适用的人间法律。这是探讨西方法治话题时最为关键的一个环节，否则我们谈论西方人信仰法律或者法治信仰，就是只看其表、不寻其本。西方宗教在西方文化发展过程中从未缺席，甚至一直在现实政治统治中地位举足轻重。西方人的"求法史"，也是一部宗教的发展演变相伴始终的历史，直至今日还在继续。犹太教、伊斯兰教、基督教是当今西方世界的三大主要宗教，其中后两者脱胎于前者。"《旧约》首篇《创世纪》用上帝六天创世、人类祖先亚当和夏娃的原罪、毁灭人类的洪水与挪亚方舟等传说为开端，树立了一个创造一切、统治一切、至高无上的上帝的形象，这就是希伯来人信仰的耶和华。"[1]"犹太教虽然承认上帝的人格，但使他的意志与情感超越人性，又使他避免人的形象。""基督教哲学中充满着关于上帝的证明与说明，不能不说与耶和华的超越形象有关。"[2]"伊斯兰教崇奉安拉为宇宙中唯一的神，它自生、永在、无形象、无所不在、全知全能，是宇宙万物的创造者、主宰者。"[3]综上，通过对上帝、真主的描述，我们可以知道在宗教人士的观念中，宇宙的最高主宰是最终极宇宙法则的创造者，人必须遵守这些宇宙法则。

2. 从哲学角度看宇宙法则

哲学又被译为"爱智慧"，与宗教一样，也是求索宇宙和人生的终极问题的方法。哲学一词来源于古希腊，贯穿整个西方的历史，也概因此，希腊被称为西方文明的摇篮。哲学影响力深远，近现代胡适、冯友兰等学者以"中国哲学"为题来研究和看待中国传统文化，是进行中西文化互通的尝试。但是，西方哲学的基本方法和中国传统文化存在着一些根本性差异，用一种话语体系来解读另一种话语体系，导致很多研究的结论可能误入歧途，如将"中国传统哲学"等同于"道德哲学"。至于那种认为中国从来就没有西方哲学这样顶级学问的怪论之盛行也就不足为奇了。因此，我们需要在西方话语体系中探求西方哲学的真谛，在中国话语体系中探求中国传统文化的真谛。而探求西方哲学的真谛，是对西方哲学、对宇宙终极之认知进行澄清，而哲学家心中的神和宗教是必须深入解读的。在当前，我们虽然可以在学科上将宗教归于哲学，从"哲学思想"的角度来研究宗教，但是宗教和哲学在历史

---

[1] 赵敦华：《基督教哲学 1500 年》，商务印书馆 1994 年版，第 44~45 页。
[2] 赵敦华：《基督教哲学 1500 年》，商务印书馆 1994 年版，第 48 页。
[3] 黄心川主编：《世界十大宗教》，社会科学文献出版社 2007 年版，第 283 页。

事实上呈现出的是一种更为复杂的关系。如罗素认为哲学是"某种介乎神学与科学之间的东西"[1]。古希腊是一个信奉多神的时代，因此当时的哲学家们的"哲学思想"和大众的观念必然是以神的居于人上为前提的。希腊众神如众神之王宙斯、冥王哈迪斯、海神波塞冬、智慧女神雅典娜等是我们耳熟能详的。当然，譬如在前苏格拉底时代，从巴比伦的神马尔督克居于其他诸神的核心地位到后来宙斯作为希腊众神的核心，经历着一个漫长的历史演变过程。总之，多神或者上帝的观念一直是哲学领域中客观的历史存在。因此我们在对西方哲学进行研究的时候，可以一方面得出神的法则支配人间法律这样的普遍认识结论，当然有神论者中很多观念认为在神之上存在着神也无法摆脱"命运"等法则，这种"命运"亦是宇宙的终极法则。当然，在另一方面，西方哲学也有很多无神论。如"斯宾诺莎的无神论在西方无神论史上占有突出的地位"[2]。但是斯宾诺莎否定的是人格神、超自然神，同时认为神是"产生自然的自然"，即自然律是宇宙的最高法则。因此，我们可以大体得出结论，西方哲学中，无论是有神还是无神，无论是认为自然律是神还是人格神是神，终归认为在人类社会之上存在着一种不以人的意志为转移的更高法则，即宇宙法则，并以此为基础构建各自的哲学思想体系，其中又延伸出对人间法律的各种主张。

3. 从科学角度看宇宙法则

科学，原本为分科治学之意，也同时指代以近现代西方自然科学为发源的、以观察实验等方法为手段的实证研究，进一步引申开来包括了涉及自然科学、社会科学乃至宇宙整体研究的一种人类追求认识真理的路径。当然，现代人对科学的崇拜，很大程度上是源于科学基础之上的技术，技术带来了各种有形的创造，为人类提供了各种现实的便利，因此，科学崇拜与技术崇拜是混合在一起的。在宗教、哲学作为主流的时代，现代科学所研究之内容并非不被包含，只是研究的深入程度和方法有别。但是科学的出现，被认为是人类一个划时代的标志。因为科学在某种程度上否定了上帝或者神是人类主宰这样的理念，进而对宗教和哲学、特别是社会大众的思想观念产生了非常大的冲击。如作为科学成果的日心说、地球是球体等结论，直接推翻了基

---

[1] [英]罗素：《西方哲学史》（上卷），何兆武、李约瑟译，商务印书馆1963年版，第10页。
[2] [美]罗纳德·M.德沃金：《没有上帝的宗教》，於兴中译，中国民主法制出版社2015年版，第7页。

督教的相关教义，导致宗教信仰格局在西方发生了很大的变化。尤其是科学与技术联系在一起，导致了人类生产生活方式的直接改变，因此也有人认为科学是从农耕文明转向工商文明、科技文明的第一推动力。作为一种人类探求真理的路径，科学是被人肯定的。但是"科学主义"的出现，让人类对科学产生了反思和批判。笔者认为，不是科学本身出现了问题，而是人们对科学的态度出现了问题。科学发展到今天，虽然突飞猛进、成绩斐然，但是在宇宙整体面前，所有科学成果的总和亦不过是人类对宇宙整体的极小一部分有限认知，这也是推动科学不断进步的动力。秉承科学主义理念的人，会出现一种以上帝自居的不良倾向，认为科学是判定真理的标准，甚至科学本身即是真理的代名词。一切皆以"是否有科学依据"论是非，凡是不能以"科学检验"的都排斥在真理大门之外。这种极端化的倾向，导致了一种悖论：科学是有限的人类认知成果，科学主义者亦不过是在"相信科学"的前提下掌握了已有科学成果中一小部分成果的人。而这种掌握了本身就是有限认知属性的已有科学成果中更为有限的一小部分科学知识的人，却自以为具有了评判一切是否为真理的"上帝"资格，这是一种堪比欧洲中世纪宗教裁判所对异端审判的极端心态。因此，在这部分人眼中，别人所说的宇宙法则即使存在，但是由于"不科学"，也登大雅之堂。这种科学主义实质上已经背离了真正的科学精神，那就是对自己未知领域的基本敬畏之心。同时一律否定采用异己方法探求宇宙和人生真理之路径，可谓夜郎自大。反观真正的科学家，从来都是怀着对宇宙的无限敬畏而开展科学研究和思考的。例如，爱因斯坦自述称其对明显存在的宇宙秩序的神秘性的渴求，其试图建立但未完成的统一场理论也是以对宇宙法则的承认为前提的。因此，科学否定宗教的一些教义具有一定的合理性，但是以科学之名否认宇宙法则的存在的确是一种"无知者无畏"。近现代西方的大科学家，如牛顿和爱因斯坦，就从来不敢如此狂妄，他们对待未知的态度或者对待"上帝"的态度，耐人寻味。

二、宇宙法则与人间法律之关系

（一）西方的法包括宇宙法则下的人间律法[1]

上述对宇宙法则从宗教、哲学、科学这三方面进行概略地描述，有助于

---

[1] 本部分所涉及的西方法学派别和具体的理论家非常多，限于篇幅，不再就每一个理论学说展开具体论述。

我们对当下法学研究中涉及的西方各个历史阶段的法学派别的法律观念进行更加有效的了解。否则单纯停留于人间法律来理解，是无法获知其背后的文化根基的。而这种文化根基，无论以宗教的形式、哲学的形式还是科学的形式出现，都极大影响了人间法律的观念来源、理论界说、法律内容和法律运行。接下来笔者依据西方古代、近代、现代这样的三阶段及其间的各个学派〔1〕划分来解析西方宇宙法则统摄下的人间法律。

1. 西方古代时期——古希腊、古罗马、欧洲中世纪

古希腊的前苏格拉底时代，前智者学派对"法律的基本观念是法律就是正义，而正义就是宇宙间的事物依照其本性或规律运动所形成的和谐统一的秩序"〔2〕；智者学派如普罗泰戈拉将正义和法律的产生归之于上帝。常说"是神明给予了我指引"的苏格拉底是一位虔敬神的圣人，苏格拉底被控"亵渎神灵"而死被归因于"多数人暴政"的"民主"之罪恶。苏格拉底说："违反了神制定的律法必然是要受责罚的，而违反了人制定的律法，有些人却可以躲避暴力责罚。"〔3〕表明神的法则是一种不可违抗的规律；苏格拉底"德性就是知识"与"认识你自己"的原则表明其因亲身体悟到了神的法则，因而敬畏神的法则。柏拉图承继苏格拉底，将"善"作为最高原则构建了与感性世界相对的理念世界，认为神为不同人的灵魂分别注入金、银、铜、铁，进而对灵魂世界和理想国进行了描述。亚里士多德的"形而上学"以神为最高的对象，即神学。亚里士多德认为宇宙万物都是向善的，善是事物的本性，人间也需要追求至善，"世上一切学问（知识）和技术，其终极（目的）各有一善；政治学本来是一切学术中最重要的学术，其终极（目的）正是为大家所最重视的善德，也就是人间的至善"。〔4〕此处需要提及很多论者所认为的亚里士多德支持"法治应当优于一人之治"是反对柏拉图的"哲学王治国之人治主张"，这需要略作分析。"法治应当优于一人之治"不是亚里士多德自己认同并主张的结论，而是他在分析那些反对君主政体的人的反对理由时，

---

〔1〕 西方法学流派的划分，是一件非常棘手的事情。目前主流学说中的学派划分，会存在一个学派内部实际上在根本观点上有分歧的情况，需要仔细审视。

〔2〕 严存生主编：《西方法律思想史》（第3版），法律出版社2015年版，第15页。

〔3〕 ［古希腊］色诺芬、柏拉图：《读懂古希腊哲学的第一本书：苏格拉底》，黄颖译，中国华侨出版社2017年版，第153页。

〔4〕 ［古希腊］亚里士多德：《政治学》，吴寿彭译，商务印书馆1965年版，第151~152页。

认为反对君主政体的人"主张以法律为治；建立［轮番］制度就是法律"会得出"法治优于一人之治"的结论。亚里士多德认为这样的法治主张无异于说"唯独神祇和理智可以行使统治"，同时亚里士多德也认为很难存在"一人"之治。[1]因此，亚里士多德在《政治学》中是反对、批判"法治应当优于一人之治"这个结论的。现在很多论者反而将其作为亚里士多德法治主张的重要支撑论据，这是断章取义导致的谬传。因此，亚里士多德和柏拉图在贤人政治这一点上并不存在我们所认为的分歧，也没有表述过我们今天所流行的"法治与人治对立"这种主张。总之，作为"希腊三贤"——苏格拉底、柏拉图和亚里士多德都将神作为高于人的最高存在，都执着于先于人之肉身存在的灵魂问题，也都将善作为人间的最高目标，最终都表达着神定的宇宙法则统摄着人间的法律的思想。

至古罗马时期，"西塞罗认为世界是神灵和人类共有的社会，神灵和人类共同拥有理性，因而在他们之间存在法的共同性"。同时，"理性是宇宙万物的统治力量，从而法与理性是不可分离的"。[2]据此西塞罗做了永恒的神灵法、人民通过的法之划分。再看罗马法学家，如乌尔比安，他做了自然法、万民法、市民法等划分，认为"法学是关于神事和人事的知识，是关于正义与非正义的科学"。[3]这都毫无异议地成了宇宙法则统摄人间法律思想之表达。再至欧洲中世纪，奥古斯丁、托马斯·阿奎那，都以上帝、神法或者自然律作为统摄人间法律的上位概念，即便其中存在神性与人性论述上的差异。如"奥古斯丁将正义看作是超越任何特定社会人群、与宇宙万物——由创造而形成的一个整体——相联系的一种标准"[4]。奥古斯丁的上帝之城与世俗之城的"两国论"更是将上帝作为了最高主宰。托马斯·阿奎那把法律划分为永恒法、自然法、人法和神法，他将永恒法定义为上帝的理性，是上帝统治整个宇宙的法则。让·博丹作为中世纪晚期的理论家，虽然强调国家主权可以不受人间法律约束的至高无上性，但是同样认为不可违背上帝或者自然

---

［1］［古希腊］亚里士多德：《政治学》，吴寿彭译，商务印书馆1965年版，第169~176页。
［2］严存生主编：《西方法律思想史》（第3版），法律出版社2015年版，第50页。
［3］［罗马］查士丁尼：《法学总论——法学阶梯》，张企泰译，商务印书馆1989年版，第5页，转引自严存生主编：《西方法律思想史》（第3版），法律出版社2015年版，第54页。
［4］［英］韦恩·莫里森：《法理学——从古希腊到后现代》，李佳林等译，武汉大学出版社2003年版，第65页，转引自严存生主编：《西方法律思想史》（第3版），法律出版社2015年版，第66页。

法的约束。欧洲中世纪的教权统治，导致在此期间的思想以上帝法则为统摄人间法律之终极依据已无异意，暂不再列举赘述。

2. 西方近代时期

先看古典自然法学派的代表人物。在格劳秀斯的广义自然法和狭义自然法中，广义自然法是超越上帝权威的宇宙法则，狭义自然法是适用人类的法则。霍布斯区分了自然法与民约法，他认为自然法在严格意义上不是法律，只是在作为万物的最高统治者上帝宣布的意义上才是法律；但同时认为"自然法自宇宙洪荒以来一直是法律"，同时"民约法和自然法并不是不同种类的法律"[1]。洛克在天赋人权观以及神法、民法、舆论法的划分中[2]，也阐明了神法是上帝给人类确立的法律的观点。斯宾诺莎认为实体即自然或上帝，是万物的本质及存在原因，人类需要达到"善"的境界才算是符合本性和规律的，才算是真知上帝和爱上帝，因此才能实现自由，因为"自由是被认识的必然"[3]，这是斯宾诺莎认为的人间法律之上的宇宙法则。普芬道夫做出了神法和人法的划分，同时认为"没有对上帝的信仰，人类就会无法无天"[4]，因此在他心中，上帝的神法是统摄人间法律的宇宙法则。孟德斯鸠认为："从广泛的意义上来说，法是源于事物本性的必然关系。就此而言，一切存在物都各有其法。上帝有其法，物质世界有其法，超人智灵有其法，兽类有其法，人类有其法。"因为"存在一个初元理性，法就是初元理性和各种存在物之间的关系，也是各种存在物之间的关系"[5]。在这样的宇宙法则下，孟德斯鸠展开了对包括人间法律在内的"法的精神"的探索。美国立国时期的三位重要人物托马斯·潘恩、托马斯·杰弗逊和亚历山大·汉密尔顿，都具有基督

---

[1] 严存生主编：《西方法律思想史》（第3版），法律出版社2015年版，第109~111页。

[2] 与其他古典自然法学派的理论家相比，洛克关于高于人间法律的宇宙法则之存在似乎有不同的表达。洛克关于先于人间法律存在的自然法——理性的表述需要仔细琢磨。洛克以自然法为基础建立的社会契约理论、天赋人权理论，实际上还是提出了高于人间法律的宇宙法则，只是由于反对君权神授、王位世袭以及倡导政教分离、信仰自由的目的，这种宇宙法则被表述为理性。而且洛克在其《基督教的合理性》一书中表达的因耶稣指引而使人们更加理解自然法的观点，无不证明洛克对上帝的信仰，以及因此存在的宇宙法则。另外，罗素在《西方哲学史》（下卷，马元德译，商务印书馆1976年版，第148页）总结洛克的理性所指："神对人类向来不那么吝啬：把人仅只造成两足动物，留待亚里士多德使他有理性。"这都有助于我们理解洛克心中的宇宙法则。

[3] 严存生主编：《西方法律思想史》（第3版），法律出版社2015年版，第120~123页。

[4] 严存生主编：《西方法律思想史》（第3版），法律出版社2015年版，第130页。

[5] [法]孟德斯鸠：《论法的精神》（上卷），许明龙译，商务印书馆2012年版，第9页。

教信仰，因此在他们关于"法"的观念中，作为造物主的上帝当然具有最高权威。如潘恩在《常识》一书中无不表达着对上帝的信仰，谴责将上帝的神圣威名冠予世俗君主这种对上帝"大不敬"的行为。再如杰弗逊在《独立宣言》中所写道："一切人生来平等；造物主赋予他们某些不可剥夺的权利，其中包括生命、自由和追求幸福。"表明了上帝的至高地位。此处需对美国宪法第一修正案关于不设立国教问题稍作提及，"为了增强基督教的力量，使真正的宗教和真诚的信仰不致被世俗化的洪流裹挟而堕落沦陷，才有人站出来强调古典的神学理据，支持政教分离"[1]。基督教文化才是美国人间法律的真正根基。再看哲理法学派，康德认为"神、自由和永生是三个理性的理念"，"理性的唯一正当行使就是用于道德目的"，"一切道德概念都完全先天地寓于理性，发源于理性"[2]。康德的这些观点，足以表明其心中存在统摄人间法律的宇宙法则。黑格尔认为"一种定在总而言之是自由意志的定在，这就是法。所以一般说来，法就是作为理念的自由"[3]，其名著《法哲学原理》中涉及的人间法律比例甚低，而是其在论述宇宙法则时的自然延伸。总之，康德和黑格尔的人间法律是基于其宇宙法则的延伸。

本章论述的主题是西方法治的话题，因此，对于西方宗教和哲学中与人间法律无涉的宇宙法则的相关人物之观点不必再以讨论。在此我们可以稍作总结：上帝、神、自然神是上述理论家心中的宇宙本源和创造者，是宇宙的最高主宰。宇宙的最高主宰设定了或者职司着宇宙的终极法则。包括"自然法"这一概念，也并非讲的是今人所理解之"物理性质的自然"，而是与中国的"道法自然"之"自然"几乎等同，此种渊源为中西文化在历史上的互通。而且，这些宇宙最高主宰及宇宙法则，并非理论家们所虚构出来的想象物，而是他们内心真正的信仰，且是神圣不可侵犯的信仰。因此，如果我们现在还不能从这个角度去理解西方的"法"是宇宙法则，而将其等同于中国现代意义上的法律，那么我们对西方"法统"和"法治"的一切认知和一切研究成果都是没有意义的。很难想象，如果当初严复等人将西方的"法"进行意译，直接分别翻译为"道""理"等汉字并延续至今，那么我们今天的

---

[1] [美]迈克尔·W. 麦康奈尔：《美国的宗教与法律——立国时期考察》，程朝阳译，法律出版社2015年版，序第2页。
[2] [英]罗素：《西方哲学史》（下卷），马元德译，商务印书馆1976年版，第276页。
[3] [德]黑格尔：《法哲学原理》，邓安庆译，人民出版社2016年版，译者序，第32页。

中西法律比较研究，会呈现出何种景象？[1]

（二）西方无须宇宙法则统摄的人间法律

对前述关于基于宇宙法则展开人间法律的相关研究简要归纳之后，现在需要将法律定性为不依赖宇宙法则而存在的单纯人间法律观点予以简要归纳。认为人间法律无须建立在宇宙法则基础上的观点也是自古有之，如智者学派中的秉承功利主义法律观的一部分人如斯拉西马库认为所谓的公正和法律"不外是强者的利益而已"[2]。中世纪晚期，西方教权正处于式微阶段，反对教权支持世俗王权的目的决定了对法律的观点。如马西利乌斯的法律观可以总结为："整体上讲，法律被认为是一种根源于世俗统治的存在物，是强制性律令的集合体。"[3]神的正义已经不再是其思考法律的基点。马基雅维利"可以算作将人性恶理论彻底地引入政治哲学领域的始作俑者"[4]。其政治学说"无须哲学、伦理学或神学的前提，它的核心即是权力"[5]。

到了近代时期，坚持人间法律无须受宇宙法则统摄的论者越来越多。卢梭认为人类的自由本性决定了人的平等，人的平等是其社会契约论的基础前提，卢梭在其理论中关于宇宙法则的论述不甚明显，虽然他本人是宗教人士。[6]再看历史法学派，萨维尼、梅因等人的研究指向的"民族精神"等问题，虽然势必包含了有关宗教信仰或者民族文化内容，但是却并未将宇宙法则作为理论前提。当然，也有论者认为历史法学派与自然法学说在本质上是一样的，只是增加了人文主义等内容，除了萨维尼坚决否认自然法，历史法学派中其他学者对自然法都采取了比较宽容的态度。[7]至功利主义法学，如边沁认为"被承认有权制定法律的个人或群体为法律而制定出来的任何东西，俱系法律"[8]。

---

[1] 至少，笔者本书的写作可以省去数万字的笔墨。推而广之，学术研究以及社会观念中，就不会有如此严重扭曲的中西文化之争了。

[2] 严存生主编：《西方法律思想史》（第3版），法律出版社2015年版，第17页。

[3] [意] 帕多瓦的·马西利乌斯：《和平的保卫者（小卷）》，殷冬水、曾水英、李安平译，吉林人民出版社2011年版，第187页，转引自严存生主编：《西方法律思想史》（第3版），法律出版社2015年版，第82页。

[4] 严存生主编：《西方法律思想史》（第3版），法律出版社2015年版，第85页。

[5] 严存生主编：《西方法律思想史》（第3版），法律出版社2015年版，第84页。

[6] 卢梭由开始的加尔文派信徒改为信奉新教等历程，以及卢梭对神的信仰等资料，参见[英]罗素：《西方哲学史》（下卷），马元德译，商务印书馆1976年版，第246~254页。

[7] 参见何勤华等编著：《西方法律思想史》，科学出版社2010年版，第103~104页。

[8] [英] 边沁：《道德与立法原理导论》，时殷弘译，商务印书馆2000年版，第369页。

约翰·密尔承继并修正发展了边沁的学说，强调道德对法律的支撑作用，但是对于法律的论述都基于功利主义哲学，批判自然法、强调实在法。分析法学派的奥斯丁是早期分析法学的创始人、实证主义法学家，也是边沁的信徒。虽然奥斯丁承认上帝之法的存在和意义，但是论述了上帝之法的不明确性之后，核心结论是"法律是由主权者发布的以制裁为后盾的命令"[1]才是其真正用意所在。

时间推移到西方现代时期，我们关注一下现代自然法学派及其代表人物，如富勒、罗尔斯和德沃金。现代自然法学又被称为新自然法学，其并不是以古典自然法学的"自然法"概念作为基础的，而是具体化为以正义、道德、权利等作为基础的。如富勒将道德划分为愿望的道德和义务的道德，法律相应也具有内在道德和外在道德且二者共同构成了法律的正义性，前者是追求"善"，后者是抑制"恶"，而善恶都是针对人性而言的。罗尔斯的《正义论》为代表著作的正义理论主要探讨的是社会正义问题，正义的两个原则包括了平等原则和差别原则，以此为立论基础展开对法律制度问题的探讨。德沃金在自由主义权利观的基础上展开法律问题的探讨，"和罗尔斯一样，他的理论也是从一种抽象的人类最高美德出发"。社会法学派关于法的概念几乎等同于中国现代语义上的法律[2]，如其代表人物庞德认为只有实在法才是真正意义上的法律，法律是实现社会控制的重要手段。现代分析法学派的代表人物包括凯尔森、哈特、拉兹等人物，他们关于法律的理论是以实在法为研究对象并主张法律与道德的分离。至于经济分析法学派，如其代表人物波斯纳的法律观中，以经济观念为核心，宇宙法则自然不是人间法律的前提。

三、西方法统的总结评析

（一）辨明信仰与功利

前文对西方"法"的两大类型划分中，虽以人间法律是否将宇宙法则作

---

[1] 何勤华等编著：《西方法律思想史》，科学出版社2010年版，第127页。

[2] 在英语中，"law"这个词有三种用法：一是自然科学家用它来指事物的规律或定律，如万有引力定律；二是法哲学家所说的"自然法"，它可以是指由哲学的伦理学的法律研究所发现之原理，或者指社会中"约束行为或调节人类相互关系的基本原则"，或者"指在国家里规定义务与权利的法律之基础"；三是通常所说的法律或者实在法。庞德认为，在"law"这个词的以上三种用法中，只有第三种才是真正意义上的法律，这就是实在法。转引自何勤华等编著：《西方法律思想史》，科学出版社2010年版，第143~144页。

为基础和前提为归类标准,然而这种分类绝无做到泾渭分明的可能。因为上述西方理论家在关于"法"的理论阐述中,根据上帝和神以及自然法作为宇宙法则指导人间法律的,未必是真正信仰上帝或者体悟了宇宙法则的奥秘;在理论阐述中忽略了宇宙法则的,未必不信仰上帝和神,或者其理论前提未必不是因为个人心中源于宗教信仰确立的原则。换言之,西方的"法"作为宇宙法则,其论者也可以区分为两类:一类是真正信仰"法";另一类是将"法"只作为其创立理论而达到现实目的的说辞或者纯粹的观念思辨,其中并无内心真正的宇宙法则信仰。因此,在上述理论家的理论中,有基于心中真理的求真部分,也有基于现实需要的现实主义成分。例如,苏格拉底,我们在其"德性就是知识"的原则中,可以推知其一如中国传统文化"知行合一"的道理,在其"认识你自己"的原则中,可以推知其一如中国传统文化"心性"的探求,因此苏格拉底应系根据真实体悟而向世人行教化,这是真信仰。再例如卢梭,其虽然是宗教人士,但是我们却不能简单认定他是宗教的"信徒",因为"他乐于自表为大罪人,往往在这方面渲染夸大了;不过,倒也有丰富的外在证据说明他欠缺一切平常道德"[1]。这应该间接表明了上帝在其心中的实际位置,他就是一个典型的功利的现实主义者。当然,卢梭也是一个悲情时代的悲情人物,现代人无须对其过于苛责,何况卢梭已经写了《忏悔录》供世人研读。至于国外一些著名学者为此争论:是后来之法国大革命的需要催生了当时卢梭的理论,还是卢梭的理论引领和催生了法国大革命。当我们仔细研读他们互相争锋的著作时,我们确实应该清醒地看到:这种"谁决定了谁"的"逻辑思维"确实不值得提倡。卢梭的社会契约论,虽然被很多论者盛赞为了追求理想而以某种"可贵的精神"来不惜编造一个本不存在的自然状态和社会契约作为立论基础,但我们绝不能盲目地说这种"可贵精神"或者其推崇的"社会契约精神"对其本人产生过灵魂指引,其基于编造立论前提的社会契约论更应该被理解为一种现实功利之工具学说而非信仰。因此,在西方"法统"研究中,我们应该注意对真理性探讨和现实主义工具两种不同的理论学说类型的区分,如果将现实主义工具理论误作真理来推崇,忽略现实主义工具理论的真实目的以及可以发生效用的社会历史条件等因素,那么势必走入理论误区而对现实产生无穷弊害。

---

[1] [英]罗素:《西方哲学史》(下卷),马元德译,商务印书馆1976年版,第245~246页。

(二) 信仰与功利的此消彼长

一种理论的流行，并不代表其正确，反而可能代表着一个时代性的迷茫。而我们需要做的就是总结出其中的规律，以史为鉴、避免迷惘、看清未来、找到方向。西方法统的演变可以大体分为四个阶段或者四种类型，古希腊的求真法统、古罗马开始到欧洲中世纪的由求真到逐步被政治异化的法统、近代时期反抗教权导致的信仰求真与追求人本的理论反抗并进的混合法统、现代的理论工具化倾向和目的逐步居于主位的现实功利主义法统。体现在法学理论研究中，是宇宙法则和人间法律研究的统一和分离以及宇宙法则的确立问题。法统并不是一个孤立的现象，其最为重要的意义在于反映了人间法律的文化根基，在文化根基之上看问题，政治、法律的存在才能够被正确解读。不同理论的产生，一方面集中总结、反映了社会的现实观念，另一方面也因为迎合了社会的现实需要才被广泛接受，从而流行起来。因此，我们不能简单说是卢梭的启蒙带动了法国大革命的爆发，还是法国大革命前夕的理论需求让卢梭提出了如此理论。即使没有卢梭，甚至出现了一种与卢梭的"自然状态"假设完全相反的"仁爱状态"假设为基础的理论，人们照样会拿起这个理论武器开展革命，只需要把理由变为"是政府破坏了仁爱契约"就行了。在这个大的历史进程中，法统理论与现实政治呈现出了紧密的互动关系，法治理论和法治实践就是理解西方法统的一体两面。总之，从功利逐步取代信仰，再到功利造成的社会难以承受之重让人们迫切希望重塑信仰，这是西方社会法统的阴阳交互、此消彼长。

第二节　西方法治理论评析

一、西方法治内涵的正本清源

(一) 当下对西方法治含义的误读

对法治理论的关注，可以基于不同视角，但中国当下对西方法治理论的关注更多的是从对中国现代法治之借鉴意义的目的出发，这样的关注意义重大而且取得了极大成效，对中国现代法治建设功不可没。"先天下之忧而忧"的诸多法学前辈汇聚成了中国不断进步的强大动力。但同时，我们也要清醒地认识到，在对西方法治理论的研究和认识中，同样存在很多误区，这些误区可能导致一些意想不到的后果，甚至是法治根本方向性的错误。从现在流行的一些提法谈起，比如，很多论者喜欢用"法治的启蒙"这样的字眼看待西方法治理论对中国的意义。启蒙乃启发蒙昧之意，西方法治对中国的启蒙似乎表达着一种西方法治"先进文明"的曙光在中国大地上终于得以开启民智之意。具体而言，其中的逻辑是：中国没有法治传统似乎已经成为定论，法治是西方文明的专属也并非一家之言，在当下中国积极推进依法治国这样的法治要求下，西方法治理论顺理成章地就具有了"启蒙"的荣耀地位。在这样一个时代中，对待这些问题，我们真的需要冷静思考问题的症结所在。在看到时代的巨大成就的同时，也确实感慨，我们正身处一个有些学者可以堂而皇之提出"某当红影视明星比孔子还伟大"之"高论"的时代；也是有些学者以"西方人的印象中，龙是邪恶的象征"为由而公开倡议中国需要把作为中华民族精神图腾的"龙"用"西方人眼中"性情温和的大熊猫取而代之以自正的时代。这类现象绝非个别存在，着实可悲可叹！笔者并非以偏概全式的唱衰中国传统文化处境，而是在多源文化交织的时代正视我们面临的一些社会文化心理，正视我们目前所出现的文化危机！文化的问题在某种意义上是一切问题的根本，文化的问题也需要以文化的路径予以解决，上述"某明星取代孔子"和"熊猫取代龙"之"国际化追求"的"自由言论"不应该带给我们"言论自由"问题的论争：一是每个人都有说话的权利；二是剥夺"言论自由"改变不了人内心的想法；三是数千年的中华文化之包容精神与强大生命力不至于脆弱到无法容忍甚至惧怕这些"自由言论"。但是在文化上正本清源却是当务之急、不容懈怠的。在这样的文化背景下，法治理论认识的误区，与整体文化上的走向密切相关，或者说是整体文化走向的表现之一。"西方文明中心论"是很多西方学者引以为豪的观念，这种观念在法治理论中体现为西方法治成了法治的定义标准，"西方中心主义"已经被潜移默化地接受了，因此中国没有法治传统就是按照"西方法治标准"所得出的结论。前文已经论证了中国传统德政是与西方法治是对应的概念，如果以"法治"作为论述对象，中国儒家传统德政就是中国传统的"法治"正宗代表，法家法治只是中国传统法治的末流和旁支。很多论者以西方法治与中国传统德政的诸多区别作为否定中国传统法治存在的理由，是经不起推敲的。且容后文详述，在此暂且简单例举以说明。很多论者认为：法即正义，因此法治是信仰，但是西方文化中的这种正义是源自神和上帝的；很多论者推崇西方的契约精神,但是西方的契约精神源于上帝耶和华与摩西订立的契约;很多论者推崇西方的理性,认为理性高于心性、智性,但是西方的理性是上帝的理性,发展到人的理性是由于中国传统文化在16世纪至18世纪输入西方之后启蒙了西方的结果;很多论者推崇西方的平等,但是从亚里士多德将奴隶归为财产到人人平等观念的产生,是基督教的作用。论者们推崇的西方法治之可贵方面,无不源于并且至今仍然依托于西方的上帝和宗教这样的文化基础。伯尔曼的名言"法律必须被信仰,否则它将形同虚设",被论者们反复引用以论证法律应该成为信仰,但是我们更应该看到,伯尔曼是认为法律与宗教的截然分离导致了人们不再信任法律,其目的在于告知读者:宗教与法律不可分离,信仰法律源自信仰宗教。从伯尔曼的论述中,我们可以管中窥豹地总结出西方法治信仰的终极原因,那就是宗教信仰。有论者指出了这一点,但却走向了对是否应该为了中国法治信仰的生成而引入基督教信仰问题的探讨。通过西方式法治信仰的推进而改变整个民族信仰的思考,岂止是削足适履啊?这是一个事关民族存亡的问题。中华民族的延续不是仅仅依靠血肉与生物基因,更是依靠民族文化和信仰。破解这一问题的路径之一,在于重新弘扬中国传统的人文精神。总之,对西方法治的误读,根源就在于对西方法治背后的文化根基的忽视、误读或者刻意掩盖。

(二) 找准定义西方法治的维度

1. 文化与政治视角的选取

总的来说,西方法治的解读应该从文化与政治两个视角进行。在当下中国的法治理论研究中,法治的定义繁多、视角各异,都为我们提供了认识法治的一个侧面。在学习借鉴西方法治经验的过程中,需要还原真实的西方法治,这种还原需要多层次、全方位,在时间和空间跨度中总结理解。笔者认为西方法治是人、文化、政治、制度、法律五位一体的综合体,而根本不是盛行的"(世俗)法律主治"和"(世俗)法律至上"。西方的"法"和中国现代语义上的"法律"根本不可同日而语。

2. 信仰与利益的考量

信仰是人心中坚信不疑的最高准则,是直指人心的;法律从其本质上来说是一种对人的外在行为的强制。当信仰和法律一体化之后,内心尊崇和外在行为合一,这是一种最为理想的方式。在信仰与法律合一的情况下,我们说法律的目的在于社会控制、利益调整、维护秩序、实现正义等,都是顺理成章实现的。例如伊斯兰教的《古兰经》，其本身既是宗教信仰的教义又是宗教信徒的法律，在这样的情况下，抛开外界对教义的真理性评判不论，对于宗教内部而言，其效果一目了然。我们所区分的宗教、政治、文化、法律，在穆罕默德的《古兰经》中被完美结合为一体。"凭借这部《古兰经》，穆罕默德在二十三年之中把一盘散沙似的阿拉伯人鼓铸成一个坚强的民族。"因此，赫什斐尔评价说："野蛮的阿拉伯人，由伊斯兰教迅速地跨进文明的境域，其开化之速，是同等级的任何民族所不及的。"[1]此例意在说明信仰的力量，而信仰就是文化的一种重要方式和集中表达，亦即抛开了文化根基思考法律之治意义上的法治之各种理论就是舍本逐末。同时，在西方整个"求法史"中，文化、宗教、政治权力之间的种种组合变化，构成了解读西方法治的一把钥匙。再例如，我们认为开启近代西方法治先河的英国，我们熟知的"王在法下"这一说法，被很多论者认为是国王的权力要受到法律的约束，法律成了国王，而这正是我们追求的可贵的"民主法治""限权法治"之典型。如果说"王在法下"是指国王不能超越法律，但是国王的地位却高于所有国民，那么无论法律代表民意还是代表国王之意，这里面必然存在无法解决的逻辑矛盾——法律若代表民意，那么国王高于所有的国民、代表民意的法律却反过来又高于国王是说不通的；法律若代表国王之意，代表自己意愿的法律又高于自己，这也说不通。事实上，"王在法下"的说法源自英国著名的王室大法官库克于1604年发表的《有关英国法律制度的第四报告》，原文翻译为"国王不在任何人之下，而只是在上帝和法律之下，因为法律造就了国王。由此，让国王将他从法律中获得的权力和统治归功于法律"[2]。这段翻译中的"法律"是指依上帝权威确立的法则，因此，"王在法下"之法，并不是指中国现代语义上的法律，也不存在其代表民意还是代表国王之意的区分，而是指代上帝的法则。英国是判例法国家，因此就更说明不存在我们想象中的事前法律规则限制王权的问题。同时更应该看到，这种"王在法下"背后更是王权、教权、贵族、资产阶级复杂的政治斗争和利益分配斗争的结果，与我们所想象的"民主"相差甚远，或者说是这群人在分蛋糕，其中根本没

---

[1]《古兰经》，马坚译，中国社会科学出版社2013年版，古兰简介（节录）部分，第13页。当然，现存的宗教激进主义是另外一个问题，而且是大问题，本书不予展开。

[2] 孟广林："'王在法下'的浪漫想象：中世纪英国'法治传统'再认识"，载《中国社会科学》2014年第4期，第183页。

有老百姓什么事〔1〕。"所以,当人们说英国从 17 世纪就确立了法治的统治的时候,这种法治只是有产阶级的、非民主的法治。这是一个普通的历史常识。"〔2〕此例意在说明,政治动因是我们考虑法律之治意义上的法治的关键因素,法治在观念、制度和现实中的反映都必须被全面考察,才能总结出法治规律。顺便提及,不可通过想象来"美化"西方法治的理论和现实,人为强加以高尚之标签,经过想象美化而总结出的法治规律,一旦应用于现实,就会原形毕露,不仅不能达到"托西言志"之功效,反而会让法治幻想如泡沫一般被戳破,最终影响法治的道路选择和大众对真正法治的信心。民主的概念,无论是应西方的激进主义的革命需求还是自由主义的自由市场需求之呼唤,始终是与裹挟大众伴随的,民主运动中始终伴随着形形色色的欺骗和利用,鲜有真正悲天悯人式的"真知"人与人应该平等以及如何平等,工具性、功利性、利用性甚至欺骗性的民主,这是一个不争的事实。西方之保守主义算是能够在理论上看清"人只能在道德处平等"这一要害,但是此种理论亦未能深入体悟人之心性问题,可谓缺憾。今日世界之民主,亦未能脱去其作为裹挟大众的政治手段色彩,这是我们构建中国式民主的时候需要避免的。近现代民主—法治的概念,由政治斗争的欺骗、裹挟需求所产生,我们的努力方向是让这一源初的欺骗转化为当下的真诚。

3. 还原历史才能看清真面目

总的来说,西方法治就是在西方文化作为根基的前提下的政治制度设计及其政治运行实践。法律只是对名为法治实为政治制度和政治模式的固定和细化,法律是法治的重要要素,而法治的主导要素不是法律。人、文化、政治、制度、法律这些在观念中分离出来的要素在实际上是一体的并且紧密结合的。人是主体,文化、政治、制度和法律都是属于人这一主体的,在这样的主体框架中实现的是一小部分人对绝大多数人进行政治统治的现实。我们之所以将西方定位为"法治传统",很多论者认为源于西方的"法律至上"这一关键因素,反观中国传统社会,法律却从未获得至上地位。这种观点也是一种误解。在西方,法律也从来没有获得一种至上——在社会中至高无上——

---

〔1〕 此时普通民众只是等待别人安排自己的命运,根本没有自己为自己做主、为国家做主的"民主权利",不被过分地宰割和盘剥就算幸福了。

〔2〕 李林主编:《中国特色社会主义法治发展道路》,中国法制出版社 2017 年版,第 428 页。

的地位。在政治现实中，所有的至上最终都转化为了一部分人的至上性，区别在于谁会成为至上的这部分人。古希腊或者罗马天主教会或者后来的基督教，神和上帝具有至上性的地位，我们所理解的至上的"法"是神和上帝之法则，在政治现实中，代表上帝施行统治的人就转化成了至高无上的人，比如教皇和国王，神治的实质还是人对人的统治；在"法是主权者命令"这种抛开上帝最高权威谈法律的人眼中，似乎法律至高无上，其实是通过暴力或者其他手段掌握政治权力的人至高无上；在推崇法律与道德和上帝分离的分析实证法学派眼中，法律似乎至高无上，在政治现实中转化为了把持法律创造与解释权的"专职法律人"对法律的垄断，老百姓无法染指，实质是法律人的至高无上；在大谈社会契约与功利主义的学者眼中，法律似乎至高无上了，其实质是将人与动物的差异缩小甚至是别无差异之后的人的经济利益至高无上，在政治现实中又转化为拥有财富支配地位的"资产阶级"的至高无上。笔者认为，如果一个社会的所有人都以"法律"作为人生的"最高"标准和准则了，那么这个社会绝对不是一个理想的社会，甚至还是一个"不及格"的社会，这才是一个大问题。[1]因此，在谈论西方法治的时候，也需要注意，如同对儒家德政的理解，不能以是否是"法律主治"进而做出人治、法治之类的对立模型来定位西方法治，文化、道德、人、制度等各个因素在西方也是一个一体关系。同时，虽然西方法治理论中民主、正义的旗号不绝于耳，但是以"正义之名"行杀人越货之实[2]、以"民主"之名在政治现实中上演"选主"[3]或者著名的"乌合之众"[4]并不是什么新鲜事。不能因为这些西方法治理论在语言表达上能够"自圆其说、逻辑自洽、充满高大上的想象空间"就自我麻痹或者狂热地认为他们找到了真理，勿论实现路径之

---

[1] 后文笔者将详细论述，在此只想表明，不要想当然认为很多看似不可颠覆的说法就是真理，它反而恰恰可能是经不起推敲的教条和错误。

[2] 如十字军东征的问题。"十字军产生的原因相当复杂。它不仅仅是一种宗教运动，而且是牵涉政治、经济等的一项重大历史事件。十字军运动从11世纪末起折腾了近两个世纪，而这段时间大部分正同教皇权势上升的时期吻合，因而前后8次史学界公认的十字军东侵，尽管冠冕堂皇地打着保护基督教圣地的幌子，实际上是要乘机扩大势力，攫取东方的物质财富。"转引自黄心川主编：《世界十大宗教》，社会科学文献出版社2007年版，第230页。

[3] 参见王绍光：《民主四讲》，生活·读书·新知三联书店2018年版。

[4] [法] 勒庞：《乌合之众——群体暴力与大革命》，李隽文译，江苏文艺出版社2017年版。此处乌合之众借用该书名以及主旨，该书理性客观地分析了盲从的多数人和领先的少数人的问题，非常具有价值。本书带有"乌合之众"字样的文字，皆指该书表达的"乌合之众"之意。

现实性。

4. 臆想的"伟大"与人性的"悲哀"

所以,考察西方法治的理论,并不能以当下中国通说认同之西方"法即正义""法律至上""程序正义""限制权力""民主""三权分立""司法独立""法律面前人人平等""法律必须公开"之类的要求标准来判断法治与否,因为这些标准本身就存在重大的理论缺陷和严重的实践弊害。第一是因为西方不仅没有一种现实法治已经实现了或者能够实现这种所谓的理想预期,假设我们在众多论者的理论中总结出法治共识的十大标准,且不论这十大标准是不是周延的真理,理论和现实中我们都无法找到同时满足的样本。刚才对"法律至上"的分析表明这一标准本身无法实现,再例举"程序正义"来理解这些标准的利弊共存。程序本来就是为实体而存在的,不依附于实体的程序是没有任何意义的,但是我们现在往往习惯于设置一种实体和程序必然矛盾的情境来争论实体优先还是程序优先以体现正义。如美国联邦最高法院强力推进沉默权所产生的"米兰达规则"被很多论者视为程序正义的典范,因为警察在讯问作案人米兰达[1]时,在审讯之初没有告知其享有沉默权,因此米兰达有罪供述不能作为证据,米兰达被无罪释放,"程序正义"得以实现。但是,暂且不论"沉默权"的正当性备受争议,我们更应该注意到,这一背后动因是权力之争,更不应该忽视该案被害人成为名副其实的牺牲品、无以得到公权力救济、罪犯得以逍遥法外这一本应是现代国家悲哀的事实[2]。在很多人为这一"程序正义"欢呼的时候,是否应该注意到,他们并非别无选择,只是实质上的权力之争被别无选择的错觉所掩盖。法律精英们在欢呼法律、法治的"伟大""正义"的时候,是否应该考虑一下普通人的常识

---

〔1〕 米兰达实际上实施了犯罪行为,但是最终没有被定罪,因为警察没有告知其享有沉默权,这被认为是警察办案的程序瑕疵。

〔2〕 美国经过米兰达规则后用了十年时间才将沉默权较为彻底地接受,但是该案的受害人并不是一个"牺牲我一个、幸福千万人"的历史角色,沉默权的实施进一步确立了司法的权威,实际上美国联邦最高法院就是采取了"有为才有位(有作为才会有地位)"这一官僚体系中最为普通、普遍的权力地位拓展和稳固之方式而已。沉默权作为反抗教会残暴统治产生的理论工具,本身在当时以及伴随着时代的变迁,亦在一定程度上成为司法的障碍。该话题的理论研究成果很多,笔者在此只是表达利弊参半、事无绝对之意。而本案受害人的权益似乎被所有人忽略,这种忽略和漠视却不仅不被解读为"冷血",反而是"伟大的程序正义"的胜利。笔者始终认为,这里面折射出了人性的扭曲和极大的悲哀。人类的基本是非判断,真的可以以正义之名被如此扭曲吗?而且扭曲得无可救药且理直气壮,似乎谁敢反驳这一点,无异于反驳真理。可悲可叹!

和基本良知？但愿中国不会出现这种"伟大的法治里程碑"——以牺牲无助的受害人利益、让受害人在受到犯罪侵害之后不仅得不到国家的保护反而再次受到司法伤害，却博得无数称赞与狂欢——因为这是违背天理和道义的。法律精英与民众不同之处应该在于对法律的精深理解，而不在于失去作为人的基本良知判断能力却认为"众人皆醉我独醒"。概言之，西方法治的这些标准在理论和实践中都是利弊并存的，绝不是放之四海而皆准的真理。第二还主要因为每一种理论构筑出来的"法治模型"或者"法治模式"都不能够也不应该成为法治的"标准模板"[1]。比如哈耶克的法治构想是"抛开所有术语，这意味着政府一切行动是由预先颁布的固定的规则所约束，规则使人们有可能以公平的确定性预见当局在特定情况下会如何使用它的强制权力，并且基于这一认识来规划个人事务"[2]。这一模式要义在于明确限制政府权力的随意性对公民权利的侵犯，公民不应成为被政府任意宰割的对象；但是政府的"一切行动"都被"固定"规则约束在现实复杂的政治中是不可能实现也不应该成为现实的[3]；事前规则成为政府行动的"底线"是可取的，但是将其极致化为法治的"目标"却是不可行的。又如联合国的法治概念为"法治是指一个治理原则，在这个原则下所有个人、机构和单位、公有和私有，包括国家本身都对法律负责，该法律公开颁布，平等实施和独立裁决，符合国际人权规范和标准。而且它要求采取措施确保坚持以下原则，即法律至上、法律面前人人平等、对法律负责、适用法律公平、权力分立、参与决策、法律的确定性、避免独断专行以及程序和司法透明等"[4]。这其中看似毫无挑剔的至上、平等、参与、公平等词汇，在现实中都会变成无法直接应

---

〔1〕"西方的思想家自亚里士多德以来，包括格劳秀斯、斯宾诺莎、霍布斯、洛克、卢梭和孟德斯鸠，都做出了贡献，促成了法治学说。但这一概念的最彻底最明确的解释是由一位英国宪法学者 A. V. 戴雪做出的……在戴雪的模式上，F. A. 哈耶克提供了更加明确的法治构想……杰出理论家如罗尔斯、塞兹尼克、哈特、富勒、拉兹和德沃金，每个人都试图对法治作出一个解释或给出一个模式，但还没有一个人能成功地取代戴雪-哈耶克模式。"引自於兴中：《法治东西》，法律出版社 2015 年版，第 12 页。此段话提供了西方法治学说的脉络。

〔2〕於兴中：《法治东西》，法律出版社 2015 年版，第 12 页。

〔3〕譬如一座城市应该发展旅游主导、发展农业主导或者发展工业主导才能最好的造福民生，这是决策者审时度势的智慧而不是约束规则成为关键因素，规则约束只能成为底线，比如，不能为了发展经济而违法暴力拆迁。如果法治的意义单纯在于约束权力，那么这样的法治是画地为牢。

〔4〕於兴中：《法治东西》，法律出版社 2015 年版，第 15 页。

用的抽象用语。[1]托克维尔在其名著《旧制度与大革命》中谈到了这样的观点：几个哲学家搞乱了法国，他们提出了诸如自由、平等等诸多令人向往的抽象词汇，但是在以之为目标的革命中，却让人们对这些抽象价值无所适从，大革命最终也没有带来这些理念中新世界的诞生，反而在带来了数百年的暴力与混乱之后，又走回了大革命前的老路。[2]这足以让我们警醒，换言之，笔者认为这些价值是不可能囿于我们的法律或者法律之治来探讨明白的，必须放在社会整体文化中才能有答案。或者说，这些抽象的价值，如果未能建立在深厚的文化根基上，就只能带来冲动的迷惘。[3]这是在西方法治颇具魅力的同时，必须理性审视、思辨的大问题。

5. 明确法治的定义维度

总之，西方统称为法治，是从文化意义上说的宇宙法则之治、人间法律之治，或二者之混合体，各自背后代表的是不同的文化基础，只是由于同时代表法则与法律的"law"等西方词汇都被翻译成了汉语"法"字，所以我们才说统一称为西方"法治"，如果从汉语字面对应角度，可以翻译为上帝之治、神治、自然法则统治、政治权力统治、法律统治等多种细化概念。因此，我们也只能从文化作为起点和主线来探讨西方的"法治"，而并不需要以是否出现"法治"字眼来界定西方法治。出现"法治"字眼的理论，至多是一种具体的法治模型设想，而不能代表西方法治的全部。因此，西方法治的出现并不以亚里士多德的经典法治定义为开始，也不以后来所谓戴雪、哈耶克等众多论者为必然主线。这就是研究西方法治的应然维度。

二、西方法治理论类型划分

西方法治理论林林总总，需要仔细辨析。但是就法治定义这一基础而言，

---

[1] 例如平等：一个权贵杀人可以逍遥法外，我们当然可以直接判定不平等、不公平；但是同样情节的案件中，对一个亿万富翁和一个贫民施以罚金刑的时候，富翁罚款一千万才会产生心理震慑，贫民判罚数百元就可以产生同等强度心理震慑，如何判罚才能体现平等？法律解决不了这样的公平问题。无论如何判罚，都可以同时被解读为公平或不公平。

[2] 参见［法］托克维尔：《旧制度与大革命》，冯棠译，商务印书馆2012年版。

[3] 如果说谁反对人的自由，会被群起而攻之，自由理想已经深入人心。但是什么是自由？达成自由的前提是家财万贯的财务自由、无拘无束的行动自由、还是心无挂碍的灵魂自由？自由是可以任意支配一切还是可以不受一切支配？人类追求了数千年的自由，历史上和今天又有几人真正实现自由了？又有几人真正明白什么是自由？大多数人所谓的自由认知充其量是反抗逆来顺受而已。认识了必然规律并且依照必然规律而存在才是自由。必然规律是什么？这是一个需要在文化终极层面来解决的问题。

我们需要考察各种理论的立论基础和现实目的指向，进而区分求真型的法治理论和工具型的法治理论，法治的定义需要区分理想状态的描述和具体法治模式的构想两类。总的来说，西方的法治理论是由求真型法治理论向工具型法治理论逐步演变的过程，一直处于二者混合状态，只是前者比例逐渐下降而后者比例逐渐上升。这个过程同时也是西方文化演变和断裂的过程，也是西方社会政治和经济利益格局演变的过程，三者几乎处于同步状态。

（一）法治理论的求真主义类型

求真型法治理论就是真的认识到一个宇宙法则的存在，或者没有体悟到但是坚信有这样的宇宙法则存在，进而展开对人间法律之治的理论阐释。这里的求真主义，就是指基于心中真正的信仰进而对法治所做的理论阐述，至于该理论所得到的结果是否为真则是另外一个问题。如某法治理论的论者基于其内心坚定的上帝信仰而展开法治论述是求真，至于他人眼中或者"客观上"[1]是否存在上帝以及如何认识上帝是另外的问题。

首先我们来回顾一下西方宗教文化及在此基础上的西方法治理论的大致脉络[2]。在中、印、西三种类型的文明中，自古都有宗教典籍或者"神话传说"叙述着人类的起源和历史[3]。古埃及宗教、古巴比伦宗教对后来的犹太教和希腊对上帝和神的信仰的影响；犹太教上帝观念的确立；源于犹太教的基督教和后来的伊斯兰教；柏拉图、亚里士多德思想对基督教的影响；基督教的分化以及马丁路德、加尔文的宗教改革——在这个漫长的历史中和广阔的空间中，西方宗教为我们留下了诸多学术研究的史实。本部分的西方宗教信仰简化为以对上帝信仰为主线。基于对上帝的信仰，西方的求真主义法治理论论述了上帝的宇宙法则与人间法律的一致性，这种一致性构筑了法治理论的立论前提——上帝，立论基础——上帝法则，理论体系——法则与法律一致性。在西方哲学中对上帝和神的信仰基础上，同样构建了上帝法则和人间法律的一致性。因此，苏格拉底、柏拉图、亚里士多德、西塞罗、托马斯·阿奎那等人所谈及的法治，可以划入求真主义法治的范畴。至格劳秀斯等古

---

[1] 别人眼中的所谓"客观"，其实也是一种"主观"。
[2] 西方宗教的起源和发展脉络是一个极其复杂的问题，世代相传、文献记载、考古发现等都不足以完全客观还原，本书只能依据大概的脉络简要叙述。
[3] 在中、印、西的历史中，我们不难发现类似盘古开天地和圣经创世纪之类的关于人类历史的相似描述，这其中包括的古代文化交流和传播的历史信息，值得研究。

典自然法学派，康德、黑格尔等哲理法学派，其法治学说很难被简单断定为求真主义或者工具主义。如格劳秀斯，其关于自然法的定义，虽然与中国老子关于"道"的表述非常相似，但是其本人是否悟道绝非能以这一个定义或者其学说判定。在格劳秀斯的时代，中国传统文化作为欧洲的样板，经过欧洲学者自己的理解和转化，充分发挥了反对教权的作用、展示了走向人本主义的倾向，但是这些学者为了维护和凸显自己的"原创性"地位，未能公开阐明思想来源并且以批判等方式"此地无银"式地否定其中国来源，这些都给其是否真正明了"自然法则"的评判带来了困难。如包括休谟在内的自然上帝理论，笔者认为其只是停留在对"道法自然"这一语言的思辨理解层面而进行的论证，并未切实体悟何为"自然"。再比如康德的论证体系，被人认为故作高深、故弄玄虚，自己确立了一套话语的逻辑体系，你只有成为他这套语言的"戏中人"才能理解，而理解必定只能置身在这场戏中，因此未能达到"传道"的理想效果，而真正的传道从来都是简便易行的[1]，这就是一个简单的道理——去伪存真。

（二）法治理论的工具主义类型

1. 工具主义法治理论不是真理

任何工具都有特定的应用对象，时代和国别的具体情况成为工具主义法治理论的特定对象。如果不能区分法治理论的工具属性而将其奉为永恒不变的真理，则无异于刻舟求剑。工具主义法治理论就是不相信有一个宇宙法则的存在，或者虽然立论基础是某种宇宙法则，但论者自己却根本不相信或者不依赖这样的宇宙法则而展开法治理论论说。任何规律都是被发现的，任何

---

[1] 有人说，中国现代学界很少有世界级的哲学家，更多的是研究西方哲学家的"哲学家研究家"。这其中就存在一个问题，在别人的概念、文字游戏中入戏太深了，因此只能在别人设置的概念框架内打转。跳出来了，就一切都明了了。走进去，一定还要走出来。"见山是山见水是水，见山不是山见水不是水，再到见山还是山见水还是水。"这就好比你面对一个世界顶级的拳击手，在他所熟悉的拳击规则下你一直被KO，所以你一直甘拜下风；但是有一天，你发现这个拳击手与一个MMA选手进行擂台竞技，在MMA规则下瞬间被降服。你就知道了，在别人的规则下，他很难成为王者，那个王者的强大也是因为他熟悉规则，甚至就是他本人制定的规则。当那个MMA王者遇到手持冷兵器的武者，当这个武者遇到手持枪支的特工，当这个特工遇到一支部队，当这个部队遇到创建它们的指挥官，当这个指挥官遇见了上帝……一句话，不同的规则有不同的王者，臣服于他人的规则，你就永远不会成为王者，当你有能力制定规则的时候，你就会成为王者。个人如此，学术如此，政治如此，国家如此，世界如此，宇宙还是如此。因此，谁掌握了终极法则，谁就是王者。自己为自己设定规则，即是心内求法。

规律都不是被"发明创造"出来的,但是工具主义法治学说恰恰就是在"发明规律"。卢梭的社会契约论假说、边沁的功利主义学说,都是在设想和设计规律,这种虚构和简化带来的实践结果必须被认真分析,不能简单以所谓当时带来的理论冲击和时代进步等理由而盲从。菜刀在厨房中用来切菜无可厚非,但是吃饭的时候还死守工具做教条,用菜刀来吃菜,最终一定会伤及自己。罗素评价说:卢梭理论的结果就是希特勒的产生。[1]虽然不应把错盲目地归结于卢梭,卢梭的理论只是迎合了某种需要而被某些人利用而已,但是这也足以让我们警醒。工具主义法治理论目的指向是非常明显的,是反抗与煽动的说辞,但却不是真理。以死刑废除来说明:贝卡里亚是西方提出废除死刑的第一人,其关于生命权不可剥夺的论述,意在反抗当时对异端任意施以刑杀的教权统治;之所以这样的学说得到认同并且导致了在很多国家死刑被废除,就是因为大家共同的目标是反抗教权,而并非在内心中真的达到了悲天悯人的人生境界;在对于犯了严重罪行的普通刑事犯罪废除死刑以体现"尊重生命权"的同时,同样不影响这些国家通过发动侵略战争杀人无数、掠夺财产,对罪犯生命权的尊重不影响其不经法律审判剥夺无数无辜人生命的"实践";或者说通过杀人无数的殖民侵略,向被殖民国家推行包含"尊重生命权"的法律制度——这难道还不足以表明这种理论更多的并非基于信仰而是实现斗争目的的工具吗?或者说,比照当下现实,对那些为了一句口角或者十元钱就可以杀人灭门的这些失去人性的罪犯,难道我们真的达到了发自内心尊重其生命权之不可剥夺的境界吗?我们需要的是一个整体视角,现代人不能从单一视角阐释学问,如:在社会上出现了泯灭人性的严重暴力犯罪的时候,出面呼吁废除死刑、尊重生命权,体现了宗教家般的境界和情怀;但是在如何防范这类的严重暴力犯罪剥夺了很多无辜之人的生命的问题上,毫无建树甚至事不关己。这就是这样的学问不能广泛被人接受的主要内在原因,首先不要说老百姓境界不高、文明程度落后,首先要反思自己的学术逻辑是不是存在大问题。另外,要有深度,不从人性和文化视角、高度看问题,也就解释不清楚为什么暴力恶性犯罪的罪犯之生命权同样高贵不可剥夺,单纯的"生命权天赋而不可剥夺"无力改变罪犯肆意剥夺他人生命的事实,不

---

[1] "在现时,希特勒是卢梭的一个结果;罗斯福和丘吉尔是洛克的结果。"转引自[英]罗素:《西方哲学史》(上卷),何兆武、李约瑟译,商务印书馆1963年版,第245页。

足以服众。如果不从文化整体意义上探讨保护所有人生命权的理念,在罪犯死刑这一层面是探讨不出令人信服的结果的,这也是为什么死刑存废依然被争论不休的原因。所以,以死刑废除为例,我们应该能够明白为什么工具理论永远无法成为真理——因为没"文化",也就是"人文化育"的缺失。

2. 西方文化传统断裂下的法治理论

失去了宇宙法则统摄的西方近现代法治学说,不仅是西方文化的断裂之结果,更是西方文化进入大迷茫时代的开始。这样的判断,在西方社会的有识之士眼中是清楚的,但是在成王败寇的逻辑下,西方文化的断裂却成了"文明进步"的起点。虽然我们可以从促进社会发展形态进步等角度加以赞扬,但是必须认识到,这样的理论都不是真理,只是工具理论而已。这样的工具理论,其所带来的弊害在西方已经凸显,如果不能在这一点上认真考察,则会带来错误的理论引领。即使在西方,如果没有深深根植于社会和人心的宗教文化的制约,这些工具理论造成的危害会更大。如边沁等人的功利主义学说,卢梭等人关于"自然状态"的假设,完全是降低了人的本性的假想,由此种学说引领社会,最终造成的就是社会失序。如果人人都是功利的,就无法解释这个社会中维系和谐团结的人间大爱、人类道德,就无法解释耶稣宁愿被钉在十字架上而救苦救难是体现了什么功利主义。"法是主权者的命令""法律与道德分离"等工具主义理论,无不体现一种极致的"利己文化",最终将人的自私一面夸大渲染作为主流文化,人与动物已经差别不大,甚至人还不如动物了。在这样的情况下,任何法律都注定是要被践踏的。伯尔曼所言法律必须被信仰,就是看到了人们失去上帝信仰之后功利主义盛行的恶果已经非常严重,因此才有此感慨,伯尔曼是让大家信上帝,是让法律回归为上帝之法。我们考察现在的西方,如在美国法庭上,证人把手放在《圣经》上宣誓如实作证,是因为对上帝的敬畏导致其不敢说谎,而不是那份从不存在的"社会契约"让其找到了必须诚实的理由,更不是"民主""自由"这些抽象原则的感召力让其尊重法律,勿论法律职业者也需要钻研十数年才能掌握的浩如烟海的判例让其根本不知道法律说了什么。西方法治理论中,宗教与法律的关系问题才是决定其今后大方向的关键问题。因此,国内从西方寻求中国现代法治理据的时候,往往呈现出以西方近现代法治为政治模式蓝本、选择性阐述西方自由主义法治理论、从西方古典法治理论上寻找文化理据等,以这种将西方断裂的文化传统进行"中国化"的人为拼凑的方式，构建起了一种"完美统一"的西方法治理据框架。

3. 认清西方工具主义法治理论的本质

让我们回到法治的定义，还是例举亚里士多德的经典定义，法治应包含两重意义：已成立的法律获得普遍的服从，而大家所服从的法律又应该本身是制订得良好的法律。这之所以被普遍认为是颠扑不破得法治定义，是因为我们抛开了亚里士多德做出这个定义的语境和目的，而只取用了我们今天主流观念中法治期待的两个简单要素：良法作为前提，普遍服从作为效果状态，也可以说成是"良法善治"。但是我们必须注意到，亚里士多德的法治定义，是以贵族这样有才德的群体施行统治——即贤良政治为前提，亚里士多德认为作为贤良的贵族守法没有任何障碍，但是作为平民的穷人不守法是大问题，因此其强调"普遍服从"是针对平民不守法这一棘手问题的。这与后来西方近代"民主、限权法治"所假定的——权力容易腐败，因此必须受到制约；"人民"是纯粹正义的集合体，是推动法治的正向力量——是完全相反的理念。因此，望文生义来理解西方的法治，实质上也是在曲解西方的法治，因而不可能找到西方法治的规律。发展到近现代，我们所看到的西方法治，表面上看是脱离了对人的论述的法律与制度性的法治，其中主权在民、社会契约、代议制、司法独立、权力分立与制衡、自由市场经济等一系列制度安排引领着"民主、自由"的时代步伐。在实质上，这其中之所以缺少了对法治中人的论述，甚至干脆将"人民"假定为完美人格的集合体，是因为基督教在西方社会中在完成着育人的文化使命，脱离了基督教文化的西方将是一个丛林社会。脱离了人这一根本和主体的任何制度、理论、模型，其本身也必然包含对人的一个前提假设或者现实考量，否则，即便理论再完美，也都是脱离根本的空中楼阁、镜花水月。西方近现代法治实现着"宗教的人"和"自由主义政治模式"的结合。那种认为只是所谓"完美的"制度决定了社会的进步，只能是幻想和片面认知。马克斯·韦伯在《新教伦理与资本主义精神》一书中给我们提供了一个客观的视角来评判宗教的作用，也就是资本主义精神的宗教根源，如新教中的苦行、职业劳动观念等，制度背后的精神力量起着方向性的作用。如果没有这种宗教精神支撑，那么我们可能会看到资本主义社会的全部都表现为卡尔·马克思引用托·约·邓宁的话，一针见血地指出的——"为了百分之一百的利润，他就敢践踏一切人间法律；有百分之三百的利润他就敢犯任何罪行,甚至冒着绞首的危险"[1]。马克思直言问题本质,使得其本人在当时的资本主导的社会中并不受资本家欢迎;尤其是在后来,当资本成了政治权力的实际主导者和背后的控制者,进而成了国际秩序和规则、国内规则的制定者和主导者,资本成了文化与思想的控制者的时候,一切就显得更加扑朔迷离了。

三、法统文化是西方法治的灵魂

总之,西方法治首先是一种文化,在西方表现为宗教法则或自然法则统治;其次是政治模式的确立,其中包括人间法律的内容;最终在法则统治和政治模式互动中实现着政治统治。现在主流推崇的政治或者法治模式是以西方自由主义为主,在法治实践中需要被认真考察,这种既无对天道的真实体悟、又不出自对上帝的虔敬信仰而心有敬畏、同时更谈不上对人自身人性的深刻体察的思辨理论,到底能否说出"真理",非常值得注意。法治模式设计和法治的说辞被近代资产阶级革命的理论家牵着走,高喊公平、正义、民主、自由的理论家们并没有让人们更加信仰法律,反而降低了法律的信仰——这些抽象的口号由于缺乏深厚的文化根基和群众的观念基础,乌合之众现象比比皆是即为明证,同时其又是反对宗教的理论——西方宗教文明两千多年来的文化积淀所塑造的人和坚实的文化根基成了现实社会秩序的根基,宗教起到了维系"法律信仰"的作用——这就是当前西方法治文化内部断裂的现状[2]。缺少终

---

[1] "资本来到世间,从头到脚,每个毛孔都滴着血和肮脏的东西。"《评论家季刊》说:"资本逃避动乱和纷争,它的本性是胆怯的。这是真的,但还不是全部真理。资本家害怕没有利润或利润太少,就像自然界害怕真空一样。一旦有适当的利润,资本就胆大起来。如果有10%的利润,它就保证到处被使用;有20%的利润,它就活跃起来;有50%的利润,它就铤而走险;为了100%的利润,它就敢践踏一切人间法律;有300%的利润,它就敢犯任何罪行,甚至冒绞首的危险。如果动乱和纷争能带来利润,他就会鼓动动乱和纷争。走私和贩卖奴隶就是证明。"(托·约·邓宁:《工联和罢工》1860年伦敦版,第35、36页。)《资本论》(第1卷),人民出版社2004年版,第871页。

[2] 西方近现代资产阶级革命理论留给当下西方社会的本来就是一堆无法食用的残羹冷炙,在当下中国却被一些学者奉为神圣真理般被反复引用作为中国现代法治理论基础和立论前提,用以论证中国当下法治的必要性、必然性、正当性;同时又将与西方近现代资产阶级革命产生的法治理论严重矛盾的西方古典法治理论加以反复引用,用以论证西方法治传统的一贯性,进而造成法治是西方的专属之错觉;而实质上西方古典法治的文化基础是对西方近现代法治理论天然营养不良的一种挽救。分裂的西方法治传统与日益衰落的西方文化,譬如西方的保守主义和自由主义之争的不可调和性,在当下中国被严重扭曲式地美化并合二为一了。目前很多论者甘愿以此种方式俯首称臣去接受这种所谓的启蒙,而不相信自己拥有超越这种局面的智慧和能力,言不称亚里士多德、康德、洛克、潘恩等则无法谈法治,这其实是一种极大的悲哀。

极人文关怀、缺失人生终极意义思考的近现代西方文化思潮，恐怕最需要的是"自我反思"，而不是唯我独尊地去"傲视一切"。[1]尤其是中国人必须注意到一个事实，西方自由主义的思想来源之一是中国传统文化，中国传统文化在16~18世纪启蒙了欧洲，欧洲在中国传统文化和古希腊文化的双重影响下开始了人本主义，自由主义是人本主义的产物。但是此时西方的人本主义以及自由主义，并未学到中国传统文化的精髓而只是学习了其被曲解的含义，譬如将"道和德"理解成了"道德哲学"，此处的道德哲学和现代道德在一个等量级上。因此，西方自由主义理论只是有选择、有目的地"借用了"中国传统文化的一些概念，因此其自由、民主、平等、正义等观念中的中国基因是一种"转基因"的变异产品。这种"转基因"产品在1840年之后再陆续回到中国，原本是应该没有任何市场的。但是，当那个时代的中国传统文化被污名化和完全否定之后，我们已经无法分辨这种"转基因"产品的本质了，而认为这个新品种的"原产地"在西方。时至今日，当我们大多数人在观念中已经认定了中国传统毫无民主、自由、平等、正义的时候，不少学者对这种西方"转基因"产品更是毫无抵抗力，因此西方自由主义成为西方政客的工具，也成为中国意识形态领域谨慎对待、高度警惕的思潮。但是当我们真正在学术上了解了这些来龙去脉之后，当我们再次发掘中国传统文化中更加高级的自由、平等、民主、正义基因之后，我们就应该有足够的底气来面对这个问题：自古追求人本、自由、平等、民本、中庸、道义、天理的中国传统文化，还需要被它们启蒙吗？这恐怕就是历史的轮回，耐人寻味！

第三节 西方法治实践考察

一、西方法治实践的考量因素

西方的法治实践，根据前述求真主义和工具主义的划分，在理论上可被划分为两个大的类型。但是与之相对应的法治实践，由于法治理论被政治异

---

[1] "生活的意义何在？我们正去向何方？这是真正的哲学问题，宗教问题。西方人所面临的危机正源自在这一根本问题上的困惑。在伯尔曼看来，这预示了西方文化行将崩溃的暗淡前景。"[美]伯尔曼：《法律与宗教》，梁治平译，商务印书馆2012年版，代译序部分xiv。这段话有助于我们理解西方文化的现状及危机。如果将西方的危机根源当作我们的救赎法宝，则着实可悲可叹，但是国内仍然有一大批"知识精英"在如此般的"努力奋斗"着。结局可能是"本想度众生，亦被众生度"。

化的存在，形态更为复杂，其中所需要考量的因素纷繁复杂。笔者将宗教信仰的作用、王权与教权的权力之争、各方主体经济利益的争夺作为主要因素予以考量。

(一) 王权与教权的千年之争

西方的王权与教权存在两种关系形态：一是王权就是教权的合一状态；二是王权与教权的分离状态。在分离状态中，又可以分为王权明确高于教权、教权明确高于王权、王权教权互争高下等情况。王权与教权的和谐或者对立，对西方法治实践影响重大，是西方法治的一条主线。在西方近代资产阶级革命发生以前，神/上帝是西方人心中的绝对权威，是无人可以反抗的，因此我们将近现代以前西方的法治定位为宇宙法则之治，或者称为神治。即便是到了近现代，西方的宗教信仰虽然发生了较大变化，主要体现为达尔文的进化论动摇了一部分西方人对"上帝造人"的信任，哥白尼的日心说、地球是球体的发现，对《圣经》的真实性产生了一定冲击，但我们必须认识到，基督教等宗教信仰仍然是西方社会的主流信仰。伯尔曼认为过去两千年间历尽艰辛建设起来的西方法学的伟大原则都与西方历史上基督教的发展有密切的关联，有些甚至是由基督教的历史经验和教义中直接引申出来的，比如为美国宪法中一系列权利条款奠定基础的主要不是启蒙学者们美妙的理论，而是早期基督教殉道者们反抗罗马法律的勇敢实践，是17世纪清教徒保卫其信仰和良心不受侵略的无畏抗争。[1]因此，笔者在前文也得出结论，人间法律在西方社会从来都没有获得过至高无上的地位，神/上帝才是西方社会的至高无上的主宰。再看近现代西方的"强大"，原因是什么？当然不是法律至上和法律主治。"三四百年来，欧洲经历了长期的变化，在基督教信仰的庇护之下，发展了资本主义和现代科学，终于成为世界上最强大的一支文化力量。西方文明，逐步席卷世界。基督教文明压制了伊斯兰世界，也击败了东方文明的中国和印度。现代文明的支柱，是资本主义和民主政治，加上对现代科学的追求。在西方力量主宰全世界时，现代的世界文明，无条件地接受了西方文明带来的文明基因。成也萧何，败也萧何，西方文明带来了现代人类生活的一切，可是也带来了独断精神和个人主义。现代文明的困境，也是因于这些文

---

[1] [美]伯尔曼：《法律与宗教》，梁治平译，商务印书馆2012年版，代译序部分xvii。

化基因。"[1]许倬云先生的上述观点,足以告诉我们,西方是通过基督教文化凝聚人心来"征服"世界的,而西方现代法治精神之类的存在,只是埋下了西方文化败落的种子。当然,实际上西方自由主义法治也在"后来居上"地试图再次"征服"世界,只是其在全世界的二十几处"国家级实验"都以失败告终,因此而蒙羞。当然,也不难明白一个简单的道理——民主法治的"国际化实验",是在一个国家扶持一个"信奉"自己的政治势力主政该国的国内政权,进而实现对该国政治和经济的控制;而该国被扶持的政治力量也有足够的动力,通过"民主法治"之名实现由在野到主政的身份转换,互利共赢、皆大欢喜。当然,这里面一定是充分利用了该国原有政权的种种弊病或者与大众的离心离德的"无道"之政治现状。只是最后的失败苦了该国的老百姓而已。可是在有话语权的人中,谁又在乎这一点呢?哪个有话语权的人不具备制造"正义之名"的能力和谋略呢?因此,笔者开篇就明确提出,法治理据的话语权很重要,甚至重要到决定一国之前途命运。[2]因此,法治理据与国家安全及政治安全之关系,是一个非常值得研究的话题,具有重大的理论意义和现实意义。从文化和历史的角度分析问题,从学理角度将义理明确了,采取综合考量方法研究问题,才能既有效推进法治进程又免去被别有用心的人利用而危及国家安全的隐忧,这并非不可解决的难题,而是更能推动中国现代法治理想的实现。

在通过以上论述明确了西方基督教的根本地位之后,我们还需要回到政治统治来看问题。基督教信仰落实到人的现实或者世俗生活中,终归还是需要人对人来进行统治,即便统治者和被统治者内心都虔诚信仰共同的宇宙法则。问题在于,是否有人可以代表神/上帝统治世人以及谁具有这种资格,却成了一切冲突的根源和焦点。在此,我们应深刻地认识到,教权统治与对教权的反抗在西方历史上的关键作用,也要深刻认识到反抗教权与信仰上帝不

---

[1] 许倬云:《中国文化的精神》,九州出版社2018年版,第269页。
[2] 当然,在这个高度上看问题,是各国政治学家所关注的,各国的法学家很少将此作为关注视角。这就是不在其位不谋其政。因此,各国优秀的政治学家和优秀的法学家,应该形成一个合力,才能更好地为本国做出贡献。这也是提倡学术自由前提下开展广泛学术交流的必要性之原因。国内学者卓泽渊先生积极推动的"法政治学"是一个极为重要的学科方向。一个国家,有了更多真正的思想者,才会为国家提供更多的智慧。如何创造产生更多思想者的氛围和机制,如何凝聚思想者们,显得非常重要。

仅不冲突，而且是一致的。反抗教权可能是因为践行心中的上帝信仰，因为教权无法代表上帝。比如，美国宪法不设立基督教作为国教，是基于对教权的警惕而不是对上帝信仰的失落。犹太教的摩西在西奈山上与上帝耶和华直接对话时，耶和华以"我是我所是"（《出埃及记》第3章第14节）来自我描述，也就是说，他不需要人的形象，也没有露出任何具体形象。自摩西之后，再也没有人能与耶和华直接对话。[1]如果依照这样的记载，我们就不难理解为什么很多人认为教权代表上帝是对上帝的贬低。后来摩西十诫作为上帝与世俗法律的一体化被顺利贯彻执行，遵守上帝直接赐予的法律就是践行信仰，虽然此时没有后来的"权利"概念，也不需要出现权利的学说，而只是义务的履行，但是并不会有人因此认为被剥夺了什么，而遵守法律就是收获——就是符合上帝要求的生活——这也就是人生的意义。在此我们也可以看到，西方的法律最初应该就是义务，是戒律、是秩序、是底线、是实现信仰的必须方式，因为这个法律是上帝对人的要求而非单纯人对人的要求。

但在欧洲中世纪却出现了另外的景象：当基督教在中世纪成为西欧人唯一的宗教信仰时，处于尘世之中的罗马天主教会就面临一个尴尬的局面：为了实现崇高的宗教理想，它不得不动用各种世俗的手段，从而使自身不可救药地深陷于现实利益的泥淖之中。于是，基督教的唯灵主义理想就与罗马教会的物质主义诉求，奋力超越的灵魂就与不断下坠的肉体处于直接的冲突之中，从而导致了中世纪基督教文化最深刻、最痛苦的二元分裂的矛盾，并且酿成了惊心动魄的社会罪恶和令人作呕的普遍虚伪。[2]这也是我们将欧洲中世纪称为黑暗时代的主要原因之一。

在西方宗教发展过程中，其内部改革也是不可忽视的。耶稣基督其实可以视为对犹太教的改革而非创立了新的教派，因此被称为新教；马丁路德和加尔文的宗教改革更是宗教内部的一种革新。这些宗教改革人物，都出身于社会底层，如耶稣是拿撒勒这个小村庄的木匠出身、马丁路德出生于务农人家而后曾是一名小矿主、加尔文是日内瓦的一个外来难民，他们之所以能够成功，一方面说明了改革之前的宗教教权的确已经接近溃败，另一方面也说明教权与人们心中的上帝代表形象时常严重悖离。因此，对于拥有强大政治

---

[1] 赵敦华：《基督教哲学1500年》，商务印书馆1994年版，第47页。
[2] 赵林：《天国之门：西方文化精神》，湖南人民出版社2020年版，前言第13页。

力量的王权等世俗政权而言,"让上帝的归上帝,让恺撒的归恺撒"更加不可避免地出现了,王权与教权的千年之战也就顺理成章地存在于历史上了。因此,王权与教权的斗争中,以上帝之法的名义施行政治统治,这个统治权如何分配,就成了西方法治实践的一个核心问题。

(二) 权力与经济利益作为政治动因

除了上述以王权与教权之争为代表的权力掌控问题,还有一个更为重要的经济利益问题贯穿于西方法治实践中。特别是权力与经济利益结合在一起的时候,法治实践又会呈现出全新的一番局面。王权与教权勿论最终高下,其共同的上帝信仰是不变的,至少在名义上都臣服于上帝。同时,权力和现实经济利益的关系,往往是一体的,掌握权力就等于掌控了财富。近代以来,资产阶级这样本来不掌握权力的群体的出现超出了王权与教权二者的范围,成了近现代西方权力之争中的新力量,也就是财富分配和权力争夺的一支主体力量。信仰、权力、财富在西方就是这样呈现出一种错综复杂的关系,但是对于绝大多数的普通大众而言,他们永远是局外人和结果的被动接受者,而不是获得权力、财富的主要主体,至多是参与者和被利用者。因此,西方保守主义可以简单理解为保持贵族利益和精神的派别,西方自由主义可以简单理解为保持拥有巨大财富的资本家利益的派别,只有当激进主义出现的时候,西方的贫民才拥有了为其"量身定做"的理论武器。但是,最终这个理论武器是造就了新的少数人成为权力与财富金字塔的顶层人物,还是实现了"普惠"的局面,则需要进行另一番细致的考察。

考察晚些时间的二战时期,希特勒之所以要灭绝犹太种族,种族仇恨宣传背后针对的是犹太人的财富自不待言,这其中是否还针对始于犹太人确立的宗教信仰?这些都应该成为思考分析的考量因素。对信仰、权力、财富三者的同时掌控,成为西方有史以来政治发展的综合的现实动因。当我们发现,一种信仰宗教的权力,在面对财富的时候毅然做出背弃宗教教义的行为,实则就是因为财富的诱惑而放弃了应有的美德。因此,西方历史上贯穿的同样是一个"义利之辩"的主题,这个义利主题在西方被称为"灵与肉"的问题。近现代资产阶级革命,之所以让人们放弃了信仰的要求,一方面是教权的黑暗,另一方面就是利益驱动的问题;人们与王权联合对抗教权、与教权联合对抗王权,其中都是利益作为主要动因。同样,近现代的各种理论,包括法治理论与法治构想,也绝非因为这些理论曼妙到让人"顿悟"而信奉,更是因为这些理论所反对的对象正是在财富和权力斗争中的敌人,因此这些理论是最合时宜的工具。在马克斯·韦伯的《新教伦理与资本主义精神》之后,英国的理查德·H.托尼在《宗教与资本主义的兴起》一书中的观点,看似是反对韦伯的结论,实质上是从另一个侧面说出了资本主义政治发展的经济动因,与韦伯的观点结合起来,才是一个完整的资本主义与宗教关系的全貌——信仰、权力与利益的历史纠葛。

当然,西方政治的历史,也绝非这样单纯的几个角度可以概括,这些主线也不过是历史全貌的一个切面,但是却又是一个必须考虑的主要方面。例如,许倬云先生在《中国古代文化的特质》[1]一书中提出了一些容易被忽略的因素:中国是一个大一统社会,以农业生产为主,精耕细作保障了农业产量,因此不需要侵略;欧洲的奴隶社会,奴隶的身份导致其不可能精耕细作,必须侵略扩张才能保障财富和生存发展。这些都是非常值得深入研究的思路,是一种真知灼见。同样例如菲利普·霍夫曼在《欧洲何以征服世界?》一书中通过模型参数研究,最终得出的结论认为,欧洲征服世界的秘密在于两个字——火药[2]。两种不同的研究方法和思维方式,得出结论的正误一目了然。但是此处也看得出,研究方法和思维的差异会导致不同的结论产生,甚至天壤之别。历史的形成和未来的发展,其遵循的规律有些可见,有些却深深隐藏,而有些隐藏的规律往往起决定性作用。因此,多视角研究有助于深刻把握规律,但是那种习惯于二元对立思维的方式,却难以得出真正的规律,这是必须值得警惕的。因此,发展到近现代的资产阶级法治理论,如权力/权利二分法之限权法治、民主/专制二分法之自由追求等,都是非常狭隘的作茧自缚式的理论模型,在一种对极二分法中掩饰着、扭曲着、掩盖了问题的实质——信仰、权力和利益之争,这对于希望"旁观者清"的人来说是不可取的。

二、西方法治的正向思考

(一)信仰本身的力量

前文所谈到的西方对神、上帝、自然法则的探讨,是一种宗教信仰,由

---

[1] 参见许倬云:《中国古代文化的特质》,鹭江出版社2016年版。
[2] 这样的模型研究,其价值在于读者可以看到有很多可以借鉴的资料,但是如果认为这样的研究结论站得住脚,那就真是对"学术研究"一词的莫大讽刺了。

于西方这种信仰统称为法,所以依据这种法的统治,称之为法治,因而西方的法治就是一种宗教文明中的法治。至于近现代资产阶级革命以来的理论,很难说是一种信仰,但是宗教信仰作为文化背景,和革命理论共存于一个社会,就是属于真正信仰衰退下的法律之治。单纯的法律之治不能被称为信仰,至多是信奉,西方社会的宗教背景决定了不存在单纯的法律之治。宗教以及宗教之法就是维系西方社会秩序的文化根基,而法律脱离宗教反而越来越成为西方社会混乱的根源。"虽然还不能说今天西方的法律已变作一纸空文,但是诸如犯罪一类严重社会问题的存在,不也反映出法律的无能吗?""在最近两百年里,西方的法律正在不断丧失其神圣性,日益变为纯功利的东西。"[1]大部分人大部分时候都是善的,小部分人大部分时间都是恶的;唯有极善者不以其善为善,极恶者不以其恶为恶,绝大部分人都是知善知恶的,这是常态也是常识;因为一小部分人的恶,就将主流的善忽视,极致到将所有人都假定为人性恶,一是常识性错误,二是此种"文化"若成为引领,必将使人人皆以防范之心扭曲对人,其结果是善人怀疑善的价值,恶人心理平衡后加剧作恶,社会最终失去互信;只有善文化正向引导以抑制恶并共同惩处恶,才不至于形成人性恶假设下的恶性循环。将人性定位为纯功利来设计法律,就是一种善恶观念的错位,就会出现信仰的失落,这就是西方自由主义法治理论的最大败笔。而西方真正的法治——法则之治却是宗教信仰的产物和表现,因为真正的宗教是教人审视、防范恶的念头而导人向善的。将人性本恶引入宗教并不是主流,基督教的原罪说也并非表达人性本恶之意。

西方的信仰与东方国家存在不同,如印度的佛家和中国的儒家都是人本文化,其核心理念都是人通过向心内求法来实现圆满,这个过程需要自己的修行和体悟来实现,一切取决于自己而不是外在的一个遥不可及的上帝权威的恩赐。而西方的神和上帝的观念却是神本文化,上帝是外在于人、高于人的,只有虔敬上帝、遵守上帝律法才能实现圆满,因此信仰中确实有因畏而敬的意味。但是西方的神本文化也并非单纯的因畏而敬,也有很多心内求法和自身修行体悟之说,如苏格拉底就表述了东方知行合一和心内求法的教导,虽然苏格拉底信仰高于人的神。又如休谟所言的自然宗教,其理解上帝的方式不同于他眼中的非真正宗教,但是却确信上帝的存在,只是有别于很多人

---

[1] [美]伯尔曼:《法律与宗教》,梁治平译,商务印书馆2012年版,代译序部分 xvi。

心中的人格化上帝。甚至近现代以来的自由主义者,如德沃金,也并非无所敬畏地认为没有一个终极权威能约束自己,他在其生前所著最后一本书《没有上帝的宗教》中也做出了死后灵魂与量子存在之关系的猜想。但是在西方如此不同的对上帝的理解中,却共同表达着人类需要有所敬畏的真诚信仰。这是推动西方法则之治的核心力量。如若没有内心的信仰,那么吞并希腊的那批罗马人就可能成为西方社会的历史常态,西方的法治历史就可能被物欲横流的丛林法则所取代。也就是海涅在谈唯灵主义的基督教取代物质主义的罗马文化的必然性中所表达的意思:"物质主义在罗马帝国发展到惊人可怕的地步,大有摧毁人类精神一切辉煌成果之势,基督天主教的世界观作为克制这种物质主义的一剂灵药是必不可少的。"[1]信仰也是肉体肆无忌惮的社会的内生必要需求,是避免其物欲狂热至极后走向灭亡的救命良方,而并非是单纯的外来传播所致。总之,宗教信仰是西方社会法治的第一正向动力。

在无神论者眼中,认为深信世间存在上帝或者神的人是一种迷信;在具有上帝信仰的人眼中,觉得无神论者没有信仰是一件非常悲哀的事情。上帝是否存在以及上帝如何存在是没有统一答案的,但是信仰上帝的宗教家们确实是值得敬佩的,无神论者也不能单纯以"麻痹人民精神、为统治阶级服务"这样的视角来评判宗教家,如耶稣为了救苦救难而甘愿被钉死在十字架上的殉道精神,是令世人感动的情怀,这与世俗中为了自己的权力欲和物欲而对大众进行精神麻痹的一些君王、政客不可同日而语。宗教家不仅是让民德归厚,同时更是对统治者和政客形成了良心的约束和行为的制约,如加尔文《致法王法兰西斯一世书》就是宗教家对君王的劝谏,正如孟子劝谏梁惠王。教皇和君王在本质上都是政治权力,当西方宗教家本身游离于政治权力之外时,他们是防止"法统"被政治异化的中坚力量。在西方的历史上,我们虽然不能量化信仰对统治者和被统治者遵从法治的作用,但是宗教信仰作为法治的灵魂是毋庸置疑的。

(二)政治统治者需要利用信仰

除了信仰原因外,利用信仰来满足政治统治的需求也是西方法治实践的又一主要动力。在社会大众普遍尊崇上帝之法的情况下,无论政治统治者本身是否真的虔敬上帝,一般都不会针对大众信仰进行反对,而是会切实利用

---

[1] 赵林:《天国之门:西方文化精神》,湖南人民出版社2020年版,第136页。

大众的普遍信仰,这被普遍认为是一种政治权术或者政治智慧。提出对业已存在的普遍信仰进行反对的,其真正的目标指向往往是旧政权,其理论往往出于革命的目的。如近现代资产阶级革命,其目标是通过对原有宗教信仰的反对而推翻原有的教权组织,新的政权建立,旧的宗教信仰却并未因此失去领地。包括美国在立国之初,除了开国元勋是基督信徒之外,更是因为美国革命前夜的13个英属殖民地中,已经有9个殖民地确立了公立宗教[1],因此美国革命成功之后,从政治策略上讲,不可能将如此多的宗教信徒所信仰的上帝予以否定而以无神论的自由民主取而代之,但是同时又不能将作为革命理论的近现代资产阶级革命理论否定掉,这关乎革命的道义性和正当性问题。这也是目前西方社会存在的法则之治和法律之治之根本分裂但又必须共存的原因之一。宗教信仰的形成与消亡都是一个长期的过程,宗教信仰一旦形成就是难以改变的。因此,西方的政治统治者当然会充分利用宗教信仰来维护自己的政治统治,而这种宗教信仰就是上帝的法则之治。以罗马人对待基督教信仰为例:"犹如数百年前对待希腊宗教的态度一样,罗马人在对待新兴的基督教时也采取了同样的实用主义态度。对于唯利是图的罗马人来说,神坛上供奉的到底是朱庇特还是基督,这本身是无足轻重的,重要的是遮蔽在神坛帷幕背后的实际利益。"[2]到了后来的资产阶级法律之治的法治理论,却是失去了信仰层面的意义,而体现出了一种狂热,狂热背后是利益争夺和对旧权力的革命。但是法律之治的狂热却借助了理性之名,特别是突出了一些在理论上可以自洽的制度设计,这种制度设计所体现的理念是吸引人的,但由于缺乏深厚的文化根基,导致其理论本身经不起推敲,实践的弊害也逐步凸显,西方现代对自由主义、对民主等诸多问题的反思,足以明证。美国通过推行"普世价值"在很多国家进行了民主法治的实验,都以失败告终,不仅没有在这些国家带来人们所狂热期盼的民主自由的共和国,反而使这些国家在"民主"之后陷入了前所未有的经济和政治危机,民不聊生。这其中除了我们进行普世的政治考量之外,更应该看到这是由于这些作为试验田的国家,并不是美国这样一个以基督教立国的国家,没有基督教这样的普遍文

---

[1] [美]迈克尔·W.麦康奈尔:《美国的宗教与法律——立国时期考察》,程朝阳译,法律出版社2015年版,第2页。

[2] 赵林:《天国之门:西方文化精神》,湖南人民出版社2020年版,第177页。

化作为社会基础,所谓民主法治这样的制度设计、政治模式以及理念追求,都是无源之水、无本之木,最终必然失败。就是在以民主著称的美国,我们也应该关注其民主到底是如何运作的:四年一次的总统大选,实质上是将"民主"演变为狂热的"选主",参选者进行着以金钱和政治宣传为筹码和盾牌的政治游戏,各种利益集团成了这场角逐的主角,而真正占据绝大多数的"民"只是顺从着这样的潮流来宣示自己的"权利"而已,但却永远不是政治的主角,政治永远是少数人的游戏。[1]这也警示我们,如果不能透过现象看到西方近现代法治成功的真正本质原因,必然带来混乱。所以,如果在法治比较研究领域,不注重研究西方国家的政治统治者是如何利用宗教信仰这种法则之治来进行国家治理,而只是想当然根据中国当下所理解的法治就是法律主治来学习借鉴,就会出现严重的问题和方向性的失误。

三、西方法治实践的反思

(一)被政治异化的宗教信仰

前文已经表明,西方数千年来的法治,究其本质就是一种宗教文化下的法则之治,到近现代发展为法则之治和法律之治的混合体,法则之治起到了基础作用,法律之治游走于利弊参半的角色之中。但是西方的宗教文化却不完全是带来社会稳定的法则之治,同时也是西方社会内部流血冲突的主要根源。除了中国之外,整个世界的历史几乎就是一部被宗教在时间和空间上完全覆盖的历史——从公元前3000年开始的婆罗门教、佛教、印度教、锡克教;公元前6000年开始的古埃及宗教;公元前4000年开始的古巴比伦宗教;公元前1900年开始的犹太教、公元前6世纪开始的琐罗亚斯德教、公元1世纪开始的基督教、公元7世纪开始的伊斯兰教——从古希腊到古罗马到欧洲中世纪到文艺复兴到宗教改革到启蒙运动——从欧亚非大陆到南北美洲到大洋洲。特别要提到,英国在殖民扩张为"日不落帝国"的时代所传播的宗教信仰使基督教等宗教更为广泛地被信奉,在国际政治秩序主导权争夺战中,以武力之外的宗教作为文化或者信仰进行精神上的控制或认同手段,是那段殖民历史的一个"成功学秘籍"。在这样漫长的历史过程和广阔的地域范围内,在政治权力和宗教错综复杂的关系中,为了政治统治而异化宗教教义已

---

[1] 此处关于西方民主相关问题的研究,可以参考王绍光所著《民主四讲》。

属于常态现象。在理念上导人向善的宗教教义，在实践中被政治异化为人对人实施残暴统治的工具和遮羞布，并不是个别现象，而是贯穿了西方的整部历史。政治统治者据于对权力和财富的掌控地位，在任何时代、任何社会，权力与财富都具有双重性，出于公心和出于私心把持权力和财富带来的必然是天壤之别的景象。由于西方宗教的特点是有神论，或者说人格神的神本文化，因此上帝或者诸神在大多数信众心目中都具备人格特征，有喜怒哀乐，具备让人进入天堂或者下到地狱的能力和权威。教权或者世俗政权统治者都会充分利用上帝和神的这一特点，一方面自称是上帝和神的代表，因而使宗教具备了令人恐惧的特点以巩固事实上的政治统治；另一方面，在权力和财富的占有欲望中，由于自身人格境界无法达到脱离巨大的权力和财富诱惑的修为，因而实质上悖离宗教教义的要求，通过政治统治来满足一己之私和贪婪欲望，这其中必然包含对大众的政治欺骗和无度盘剥，但是大众由于对"天国理想"的虔诚向往，往往会忍受政治统治的种种残暴。因此，在理解西方的宗教教义和政治统治的时候，一定要注意区分被政治异化的教义和原始教义的区别。马克思曾经表达过"宗教是人民的精神鸦片"的意思，就是指宗教的天国理想会缓解大众对于现实苦痛的感知。总之，西方宗教文明包含的题中应有之义就是法则之治，但是在现实政治中被不断异化，宗教的冲突、改革都是对这种异化的反抗。

（二）官僚体系与等级秩序

在西方的历史上，我们看到更多的是充满公民与奴隶、贵族与平民的等级森严的场景，而鲜有民主、平等。直到现在，英国的王室作为国家象征、日本的天皇作为日本的精神纽带，让我们还能感受着历史的连续性。这绝不是现有理论中所谓的平等之类的口号所能解释的现实，因为历史是不会被轻易割断的，试图凭借一个理念、一套理论、一纸法律割断历史是不可能的，民族心理的形成和延续是一个自发规律。如美国学者鲁思·本尼迪克特的名著《菊与刀》，就是为美国在战后如何统治日本提供决策而分析日本国民心理的著作，其中分析日本国民对天皇的服从是难以改变的，因而保留了日本天皇。同理，在西方的历史上，等级秩序下的国民心理也并不是轻易可以被改变的。中国历史上我们看到更多的是君权一统下的人本主义，民惟邦本；西方历史上却更多的是割据政权、神本主义下的等级秩序。我们以近现代的民主主张为例来进行分析。民主首先应该被理解为，每个人都是自己的主人，大家共同成为天下的主人，大家共同成为天下的主人必然要求大家具备同质性，具备同质性才能够产生平等，这种同质性根源于人本身和人性，而人和人必然有差异、有纷争，因此这种同质性必然基于大家消除利益的多元性和冲突性，如何做到不冲突？儒家表述为"己所不欲勿施于人"，基督教表述为平等博爱，佛家表述为去除分别执着之人我分别，道家表述为物我两忘，这些表述都是人生境界问题，都是需要高度文化智慧予以实现的。抛弃了文化高度的人，是永远不可能实现平等的，也永远不可能避免冲突，在功利主义中，物欲和仇恨成了每个人的灵魂主宰，良知不是人的主宰，何谈自己成为自己的主人？又何来民主？我们知道，民主在西方的历史上从来都不被认为是好事，而"多数人暴政"却是西方人眼中民主的常态，西方的历史就是反对和防止民主的历史。民主在口号中变成好东西是近现代以来的事情，而近现代两三百年以来的西方民主也并非在现实中人人平等基础上的民主，是一种错觉下的民主[1]。我们所谈论的古希腊民主，如雅典城邦，其实是占据人口一小部分的公民的"民主"[2]，而不具备公民权的奴隶是人口的绝大多数，即使在这样的情况下，其民主也并未实践成功，苏格拉底之死就是一个最著名的例证。[3]欧洲中世纪时期的官僚体系和等级秩序更是众所周知的，教权与王权在权力与财富的争夺中尽享荣华富贵，僧侣、教士、贵族、官僚作为一个社会权贵阶层巩固着自身的财富和地位，以异端审判等诸多手段执掌生杀予夺大权，未有民主可言。而在高举民主旗帜的近现代资产阶级革命时期，理论上的民主在现实中上演着王权、教权、资本阶层争权夺利的游戏，亦未曾有今日所言民主可言，此种等级秩序与官僚体系被称为"分赃制"而已。至于通过民主选举而掌握最高权力的希特勒，作为发展到人性恶之极端

---

[1] 西方近现代以来的民主、自由等理念，本身的指向是好的，但是由于缺乏深刻的（神本或人本）文化根基，因而在理论上是不能自洽的，在现实中也是无法完全、真正实现的，是西方的"有对思维""二元对立"的根本性方法错误导致的。后文将论述如何真正实现民主、自由，即在无对思维的文化中实现。

[2] 根据相关研究，雅典城邦当时公民总数约4万人，奴隶约35万人，因此民主只是人口大约1/10的公民的民主。参见王绍光：《民主四讲》，生活·读书·新知三联书店2018年版，第4页。

[3] 很多论者认为苏格拉底是为了捍卫自己信仰的律法而慷慨赴死。其实，在笔者看来，以苏格拉底的修行境界，"生者寄也，死者归也"才是其内心的真实境界，体悟了天地大道是其看破生死的原因。如果未能看破生死，却捍卫冤枉了自己的律法，岂不是纵容恶？冤枉自己至剥夺其生命的律法值得捍卫吗？圣贤不是迂腐的同义语。

的例子，大家再熟悉不过了，"这种统治的执行者，法西斯党徒、国社党徒，就比之专制时代的官僚集团，还要采取更横暴、更无顾忌的姿态。贪污、欺骗、敲诈、结党营私、舞弊，那是太寻常了。公开的劫掠、对于人身自由的任意蹂躏、集中营、集体屠杀，已成为这种统治的必要手段了"[1]。在上帝带给人良心的安宁、真正信仰上帝的政治统治者和权贵阶层践行博爱之外，更多的不过是关于人类无法摆脱的权力和财富争夺与分配的游戏，一小部分人主宰着这个游戏，在这种游戏中将良知隐藏并将游戏的成功视为人生的全部意义，上演着人性的丑恶、贪婪与迷惘。大众在这种事实的等级秩序下，被不断地灌输并认同自己身上被贴上的选民、人民等各种标签，并且在狂热中和物质利益的诱惑下盲从躁动、别无选择，对现实的敌人和想象的敌人高举"正义的屠刀"，在后人看来多么不值得的人类相互厮杀，在当时人们心中却具有了神一般的正义性。发展至今日，我们在为民主带来的进步欢欣鼓舞的同时，亦应该清醒地认识到，民主在被赋予着各种美妙的解释，被刻画为各种理想的目标，但是也一直作为"皇帝的新装"用来装点门面。被裹挟的大众、被神化的民主，最终也未能带来苏格拉底教导世人的"认识你自己"，亦未能带来孔子教导世人的"君子和而不同"，人类相互的仇恨与争夺不断地在延续，善与恶的斗争将继续作为人类的主题，似乎人类早已忽略了本应作为人本的良知与智慧。直至今日，我们还在无限崇拜孟德斯鸠的至理名言"绝对权力导致绝对腐败"，因而将限权思维作为一个不可颠覆的最高法治真理，而从未冷静思考：世界上是否有绝对的权力？是否权力和权利就天生应该是对立关系？我们能否摆脱这种对立思维而寻求一种和谐？这种对立的存在的原因是什么？我们真的没有智慧走出这样的"囚徒困境"吗？人类不是只有在"天国理想"中才能实现平等，在世俗中亦能实现平等，这个过程虽然注定艰难，但是如果没有这种努力，更无可能实现。光有努力不够，而是需要用智慧去努力，这种智慧就是文化。

至此，笔者通过理论评判和实践考察，对西方法治进行了虽不全面但是相对准确的刻画。这些刻画意在通过真相还原和动因分析，呈现出西方法治的真实面貌，这样才能作为中国现代法治理据的域外镜鉴。

---

[1] 王亚南：《中国官僚政治研究》，商务印书馆2010年版，第26页。

第四章 法治文化之中西比较

西方近现代以前的法治文化是附着于其神本文化之上的；西方近现代以来人本主义之下的法治文化，又是基本借鉴了中国传统文化之人本文化的产物。中国传统文化与西方法治文化比较的要义在于：明确西方神本文化之下的法治文化是完全不适于中国现代法治文化的，而西方人本主义下的法治文化又是中国传统法治文化的一个"黑白复印件"，并未抓住中国传统人文这一色彩斑斓的灵魂作为真正底蕴。因此，法治文化的中西对等比较，足以让现代中国人找回法治文化的话语权。

第一节 德政与法治比较的观念基础和逻辑架构

中西比较是中国近现代盛行的学术研究思路，为什么学者们热衷于进行中西比较呢？这并不是为论证"西方正在没落"拼凑素材而反衬中国的强大，也并非为了论证"西方代表文明趋势"拼凑材料转而对中国妄加指责。中西比较之盛行，更主要是源于中西分野的四大原因：一是历史原因。西方在近代又被称为"泰西"，在16~18世纪曾将中华作为其样板，深受中华文化之启蒙[1]。然而在1840年鸦片战争出现的"三千年未有之大变局"（李鸿章语）中，西方列强侵犯中华，造成了中华民族不可忘却之历史伤痛，这促使国人更加重视对西方的研究一直至今，因此在观念中强化了中西分野。二是政治原因。中华人民共和国成立后，作为世界社会主义阵营的主要一员，在意识

---

[1] 国内的专门研究可以参见张允熠、陶武、张弛编著：《中国：欧洲的样板——启蒙时期儒学西传欧洲》，黄山书社2010年版；张允熠：《中国文化与马克思主义》，人民出版社2015年版；张西平：《儒学西传欧洲研究导论——16-18世纪中学西传的轨迹与影响》，北京大学出版社2016年版。

形态方面与西方资本主义阵营出现了对立。这一背景更加促进了对西方社会制度的探讨和研究、比较和评判,因此也强化了中西分野。三是文化原因。"一切问题都从文化问题产生,也都该从文化问题来求解决。"[1]中西文化的根本性差异极大,这也是导致中西分野被强化的主要原因之一。或者说,对中西文化进行深入研究,是正确看待中西分野、有效解决中西矛盾的基础和关键。四是现实原因。我们正处在一个信息高度互通的时代,也是一个竞争激烈并高速运行的时代,中西社会在合作竞争中,需要互通有无,也希望"他山之石,可以攻玉"式的互相借鉴。尤其是在对现实问题迫切希望寻找到解决方案的时候,彼此会更将视角深入对方。这些现实原因在增强互通的基础上也在强化着中西分野。在上述四大原因之下,我们再来以依法治国为主线发掘德政与西方法治比较的具体背景及相关问题。

一、德政与西方法治比较研究的时代背景

(一)依法治国的时代背景——法治理据的迫切需求

从 1997 年依法治国被提出至今,我国法治取得了长足发展,这一点是有目共睹、不容否认的。但是依法治理的努力一直在进行,但我们还未能够完全实现法治,这也是必须作出冷静客观判断的事实。完善的法律体系既是法治的任务和目标之一,又是诸如法治政府、法治社会、公正司法等其他诸多具体法治目标的直接依据,目前我国法律体系相对完备但是依法而治的效果相对而言并不乐观,以上是对中国法治实践层面的一般化描述。在中国提出依法治国基本方略之后,应该说,立法上的长足进步,基本解决了"有法可依、有法必依、执法必严、违法必究"这十六字方针中的核心和前提——法律依据的问题。中国的法治建设突飞猛进、成绩斐然,虽然目前的法治状态照比期许之目标仍有较大差距,但法治所取得之成绩必须予以正视,尤其在理论研究中。对负面和不足的反思可以使人清醒地看到问题所在而不是粉饰太平、文过饰非;但是如果没有对正面成绩的总结,就无法看出哪些走过的路是正确的并需要坚持下去。因此,单纯挑刺、泄愤式的悲观情绪和纯粹歌颂、无原则式的盲目乐观都是不可取的,都无益于真正服务于促进法治建设的目的。但目前距离法治成功还有很多的路要走,实现法治理想的路更加漫

---

[1] 钱穆:《文化学大义》,九州出版社 2017 年版,第 4 页。

长，这是一个不争的事实，中国法治也因此更迫切地需要完备的理论提供指导。西方法治理论能够给我们提供什么指引？中国传统国家治理必然需要被否定吗？法律作为人们的行为底线，如何获得权威性、能否获得至上性？推崇法治成为信仰合适吗？法治成为信仰更有利于实现法治还是将法治作为国家治理底线要求更有利于实现法治？诸如此类之问题必须予以理论阐述。因此为依法治国寻找理论依据的法治理论构建就一直作为学术热点问题，并且还将继续作为热点问题需要被更多的人关注和研究。

(二) 当下主流的法治理据倾向——再次向西方寻找"真理"

1. 学界对中国传统的否定造成了极大困惑

中国的法治理论必然需要解决两大方面的问题：一是法治的必要性和正当性，二是法治理论如何指导法治实践，而这两方面又是一体的两面、不可分离。前文已经详细论述过，在当下中国法治理据研究中，学界主流观点认为，中国传统社会是没有法治的，理由主要是认为中国传统社会注重的是"德"而不重视"法"，"法"在中国传统社会从来都没有获得至上的地位，而"为政以德""为政在人"等儒家经典话语成了推论出中国传统社会"法无至上性"这一观点的直接证据，并且很多论者主观构建出了人治、礼治、德治、法治、神治等互相对立的治理模式，将这些主观构想出来的治理模式当作历史事实进一步否定中国传统社会法治的存在。更为甚者，将儒家的"为政在人"思想视为中国自古倡导"人治"的典型反映，而"人治"由于其偏重依靠人的智慧和才能进行治理而可能伴随的"人亡政息"和君王"言出即法"的"权力任性"，因此儒家的"人治"作为法治的对立面被否定；或者将孔子所言的"为政以德"作为中国自古崇尚道德治国，即"德治"的典型反映，而德治由于依赖"道德"在治国中发挥作用，但道德在现实中常常表现为有心无力，因此儒家"德治"也作为法治的对立面被否定。而最为接近现代法治的法家，被认为不限制君权因而法律亦无至上性，而且法家之法残暴严苛，因而亦不同于现代法治期待，法家法治至多是重视法律的政治作用的政治治术，因而法家"法治"也被否定了。此外，在其他中华传统文化思想中，也有学者尽力找到了现代法治思想的"雏形"或者"痕迹"，并以此些许存在的"现代性"来彰显中国传统文化的"先进性"，但是秉承预设的现代法治要求，中国传统文化在法治视野中整体上无疑都体现着"落后性"。综上，我们似乎只能在本民族的历史上找到法治作为治术的历史图景，因而继续在其中寻找法治理论渊源似乎趋于徒劳。这是中国现代法治理据研究的一个大问题。

2. 学界对西方的盲目推崇造成了更大的困扰

当我们转而将视角移向西方的历史去找寻法治思想渊源的时候，似乎大有"柳暗花明"之势。前文已述，学界甚至认为西方的历史就是一部"法治史"，与中国的历史形成了鲜明的对比。从古希腊哲人亚里士多德"法治应包含两重意义：已成立的法律获得普遍的服从，而大家所服从的法律又应该本身是制订得良好的法律"这一经典法治定义以及"法治应当优于一人之治"这一著名论断开始，"在专制政府中国王便是法律，同样的，在自由国家中法律便应该成为国王"，[1]"法律必须被信仰，否则它将形同虚设"等类似的"醒世恒言"向人们发出了"法律主治"和"王在法下"的法治宣言；卢梭的社会契约论、洛克的政府论、戴雪-哈耶克法治模式，向人们提供了法治的理论依据和模式设计；英国的现代法治、美国的现代法治、法国的现代法治等在践行上述法治理念和制度设计上展示了法治的优越性和可行性。从主流观点中择取的对西方法治几个片段式的描述足以让我们感受到，法治在西方已经脱离了政治治术的层面，而是被上升到信仰这一"政道"的层面来进行法治理论研究和实践。因此，师从西方寻找法治理论渊源似乎就理应成为当下中国法治研究的重要甚至主体内容。

3. 中西比较才能真正柳暗花明

对中国传统法治的"失望"加之对西方法治的"厚望"，导致了当下中国学界盛行向西求法的现状。正如百年前五四运动向西求法、求道，今日再次向西求法之状况让人深感我们还未走出这段历史。这是今天我们为中国现代法治寻找、构建理论依据的背景，在这样的背景下，对儒家德政和西方法治进行深入的剖析、比较的意义就更加凸显出来了。

(三) 学界向西求法的误区甚为严重

前文的中西比较已经充分表明：虽然"依法治国"和"法治"在汉语语境中可以作为同义语使用，但是当我们超出现代汉语的语境，从西方和中国传统语境中寻找法治智慧的时候，却发现学界主流所期待的中国现代法治和中国传统、西方语境中的法治不同，甚至存在天壤之别。如果不能够仔细分

---

[1] 语出美国法学家潘恩，转引自卓泽渊：《法治国家论》（第4版），法律出版社2018年版，第1页。

清楚中西法治的真实内涵，那么依据中国现代法治应该是"法律主治"的逻辑，我们最终可能得到的是一个不折不扣的"法家法治"，这绝不是危言耸听。为了避免中国现代法治在理据上沦落为法家法治，就必须再次详细分析论证。

如果我们望文生义，笼统地认为西方的法与法律都是我们观念中的法律，则上述主流观点中对中国传统法治和西方法治所做的对比结论似乎没有问题。但是，根据前文的分析，西方的法并不单纯是法律，而是包括了宇宙法则和人间法律两部分内容，西方法治也就可以相应理解为上帝之治和法律治理两个部分。中国现代法治所讨论的是法律——中华人民共和国国家制定法——治理国家的问题，主流观点期待的法律至上、法律具有最高和终极权威、法治成为信仰等最终指向是"国家制定法"成为社会最高权威，在此之上没有其他更高的权威和信仰。此处就会出现一个无法解释的矛盾——在讨论法律属性的时候，我们熟知法律本应该就是一个社会成员行为的底线要求，而且法律针对人的行为而不针对内心，有时候表述为法律是道德的底线，而法律作为针对行为的底线要求如何能够在社会中具有"最高"权威？法律是否应该具有"最高"权威？从一方面来看，要求法律具有最高权威似乎具有合理性，因为当下法律没有足够权威。针对"权大于法""以权乱法"等行为，让法律对乱法者形成内心敬畏和行为制约无可厚非且天经地义。但是另一方面，我们也应该清醒地认识到，任何理由都不应该成为破坏法律的正当依据，因为依法、守法本身就是一个最低要求；如果非要从法律至上角度来论证，似乎把官员依法、群众守法这个最低要求变成了最高要求和最高尚的目标了，这岂不是严重降低了国家治理的要求和境界吗？而且我们看"事断于法"的法家和近现代抛弃上帝而主张人间法律主治的"西方法治"，其真正的社会效果是人们在"民交相利""权利本位"和"功利主义""趋利避害"的法律作为最高权威状态下，导致了信仰失落、道德滑坡、普遍功利和人役于物，导致了社会的严重失序[1]。其最终结局是，法律不仅没能如期待般确立至高无

---

[1] 伯尔曼的《法律与宗教》一书，就是针对世俗法律被吹捧为社会至上的存在而导致美国社会种种乱象而寻求解决之道——让宗教和法律重新一体化起来。宗教才能赋予法律以神圣性，拥有宗教赋予的神圣性的法律才能成为信仰的一部分。这是伯尔曼对西方自由主义的深刻反思，在中国学界却被以讹传讹，将伯尔曼反对的说成了伯尔曼推崇的。正如将亚里士多德反对的"法治应当优于一人之治"扭曲为亚里士多德赞同"如此般的法治"一样。这样的以讹传讹和误解扭曲，确实并不鲜见。"断章取义、移花接木、以讹传讹"式的所谓学术研究，其危害甚大，我们必须要有足够的勇气予以纠正。

上的权威地位，反而是成了不折不扣的暴力工具或者可用可弃的玩物，法律的权威丧失殆尽。法律成为"最高"权威，在中国和西方历史上都是沉痛的历史教训和现实弊害，而并非我们应该狂热追求的目标。究其原因，推崇法律成为社会最高权威和最高指引的结果，不仅法律未能获得至上性，反而会因为夸大法律这一行为准则的作用导致定位错误，让我们失去了对本应作为社会最高权威的内心信仰之高度重视，遵信法律的人心基础逐渐式微，法律不被遵守就会越来越严重，法律最终变得越来越没有权威。

学界主流观点也认识到了，必须破解法律作为行为底线却试图获得至上性的内生矛盾，因此必须寻找法律本身具有至上性的内在理据，因此主流观点只能向更远的西方历史去求法——法即正义。如果按照中国人的观念，法即正义的话，其道理不在法律本身，因为法律是由人制定的、由人执行的、由人遵守的，因此法律本身不是创造了原本不存在的正义，而是以法律的形式记载和固定了原本存在于人心中的正义，因此人心作为正义的创造者，当然是高于法律的，人心的正义——道义才是社会中最高的，道义具有至上性，这样就无法完成法律应该具有至上性的理论论证，但是在西方话语中，情况就不一样了。西方的法，是上帝为宇宙和人类设定、制定的法则，信仰法律就是信仰上帝，法律的至上性是因为它是上帝作为最高的宇宙主宰赐予人类的，因此才说法即正义。法可以独立于人心之外，其自身具有正义性和至上性，只有在西方信仰上帝的语境中才能成立，而在中国当下的语境中是无法成立的。在当下中国主流观点进行的治理类型划分中，之所以主观设定人、道德、法律的对立状态，然后可以抛弃人和道德的作用而单独推崇法律主治，就是根据西方这样的逻辑来找到理据的。但是，这样的理据在不具备上帝信仰这一前提条件的中国是无法成立的。关键是，西方的"法"根本不是我们说的"法律"，而是我们说的"天道和因果法则"。因此，我们绝不能想当然地移花接木、混淆视听、强行嫁接。正所谓："橘生淮南则为橘，生于淮北则为枳。"

为了进一步明确上述结论，此处再例举一些中西理念具体的差异进行分析。以自由观念为例，很多论者认为中国传统文化中少有自由的追求，其实中国传统文化终极目标就是自由的实现，其实现标志就是获得自由的境界——"得大自在"，或者称为"明心见性"，而且这是真实体悟，不是在空喊口号。如自由一样，中国传统文化的很多概念，如"道义""中庸"等同于西方的"正义"。这就是中西文化的共同使命，追求人类之所应追求。但是，在现代语言中中国传统文化的很多概念已经被屏蔽，用来表达西方语言的现代汉语，是在用汉字和汉语发音表达西方概念。因此，在向西求法的过程中，我们往往是完全割裂了自己的文化传统，只是在用现代汉语搭建西方的话语体系。这是一个整体文化的大问题，当我们的文字只能表达西方思想的时候，我们陷入误区就在所难免了。

总之，向西求法来确立中国法治的理据是行不通的，因此我们研究西方法治问题，需要的是寻找西方法治的规律，进而为中国现代法治提供借鉴和参考，因此当前"向西求法"与玄奘法师的"西天取经"不可同日而语，万万不可将西法当"真经"。如果说美化西方是为了"托西言志"，实则是一种天真的幻想；如果主张全盘西化，那么已经演变为一种期待一位西方的救世主出现的春秋大梦了。回顾中国近代史，我们可以总结出："列强入侵的方式可以是平和的商品，也可以是惨烈的战争，但最终的目的无一例外都是要用自己的文化取代其他民族的文化，因为，对一个民族的消灭不是简单的消灭它的肉体，而是要消灭其固有的或者传统的文化。对此，发动第二次世界大战的希特勒曾讲，要消灭一个民族首先是消灭它的文化，要消灭它的文化就要消灭它的语言，要消灭它的语言就要从它的学校做起。"〔1〕因此，笔者认为，网络上很多人不理解美国当时退还"庚款"为什么用来建学校，其实真的不难明白〔2〕。文化是一个国家和民族的根本。现在一些人向西求法，已经远远超出了法律本身的范畴，而是一种整体文化上的屈从与"崇拜"。因此，我们及时指出向西求法的误区，显得意义更加重大。

当然，还是需要提及一句，本书谈论向西求法的时候，没有将苏联或者俄罗斯法治作为主要的比较对象。在这里我们完全可以看出，法治在西方普通人和知识分子那里可能是一种充满高尚意味的理想，而在资本和政治那里，本质上就是工具，因此笔者才不赞同将某些"法治"定义为"非法治"的观点，因为这样我们就无法看清西方法治的本质了。也正因此，当很多人说中国社会没有西方法治，笔者认为这样的评判很客观，我们确实没有，而且也

---

〔1〕 姜小川：《司法的理论、改革及史鉴》，法律出版社2018年版，第108页。
〔2〕 笔者是从一个单一视角进行的评判，不是全面的评判，这是必须明确的。全面评判是一个综合性的大问题，可以单独写一本专著了，因此此处不具体展开。

不应该有。当我们具备了"拨云见日"的能力和"去伪存真"的智慧的时候，当我们用文化战略固本强基、重塑中华民族的人本信仰的时候，我们就不会再恐惧所谓的各种西方思潮的"冲击"，尽可以"是骡子是马，拉出来遛遛"。因此，我们真的不必也不应该先开"美颜"再去拍摄法治，只有文化才无须被"美颜"，因其"出淤泥而不染、濯清涟而不妖"。我们在谈论法治话题的时候，为什么要去分析这样的政治格局和政治驱动力呢？就是要表明，法治绝不是一个单纯的理论推动问题，没有背后那些更为根本的因素出现，没有背后更为关键的力量主导和支撑，法治又有什么动力驱使？因此，中国的法治，需要中国人自己来设计，而不是模仿他国。避免中国现代法治再次出现"国际投名状"现象，需要靠的是中国自身自强不息，自己强大了，才有底气成为自己、走自己的路。这才是我们之所以强调中国特色的重要原因，也让中国现代法治必须具备中国特色社会主义属性有了必要性和紧迫性。

二、德政与法治比较研究的方法

（一）确立对等比较原则

如果抱着一种向西方皈依的心态以求法，注定是要失败的，但是如果想要在中西比较中洞悉法治规律，那就必须首先确立对等比较原则。这是中国现代法治理据研究中普遍存在的学术缺憾。就犹如当下中国非常博人眼球的传统武术和现代搏击进行擂台竞技一样，竞技双方各有明确目的：一方要为传统武术"正名"；另一方要证明传统武术没有实战价值，而竞技的结果往往以传统武术失败而收场。从此，虽然打掉了很多以"传武大师"之名行骗的伪大师，但也让人们对传统武术甚至传统文化大失所望。这里面有什么值得深思的问题？所谓传统武术，是古人在传统社会为了防身保命、杀敌报国而发明的"杀人技术"，需要智谋、兵器、力量、技术、战术之综合运用以实现快速杀敌目标。我们很难想象在古代战争和敌我搏杀中出现现代的以武术套路为实战形式的场景，那简直是自取灭亡。然而中华人民共和国建国之后，公权力主导的社会秩序势必禁止"杀人技"之盛行，因此传统武术徒留套路与强身健体、表演功能而已。此时，传统武术已经失去了应用场景和目的、灵魂；将这样完全变异的传统武术带到现代擂台竞技这样的全新规则之下，当然无法与现代搏击抗衡。失去了灵魂的躯壳、变换了的应用场景、完全为竞技对手而生的全新规则，让这些对抗式比较完全失去了意义。我们对中医和现代西医的比较，对中国儒家德政和西方法治的比较，以致对中国传统文化和西方文化的比较，哪一个不是让一具早已失去灵魂的躯壳与一个灵肉一体的对手在对手方设定的规则里面竞技？这样的对比或者竞技就是不对等。我们需要让双方的灵魂都回归灵肉一体状态，然后才可以比较，有了灵魂的比较，才能谈得上取长补短、见贤思齐，而不是以将一方订上耻辱柱为目的。如果说擂台上的竞技会明显的以 KO 呈现给观众，那么擂台之外却往往可以达到"不战而屈人之兵"的效果。

因此，回归历史真实的场景，找回灵魂，才能进行对等比较。在中西的历史上和现今时代，我们从来就找不出一个不重视法律的国家治理原型，因此法律是否至上、法律是否限制最高权力、法律是否是国家治理的主要手段等学理标准都不是判定法治与否的最终标准。换言之，中西国家治理从来都不是以上述标准而产生本质差别的。如果事先预设立场再寻找论据支撑，分别择取中西国家治理的历史片段或者理论家们的理论，我们可以轻松得出西方一片光明、中国传统一片黑暗的结论，或者中国传统一片光明、西方一片黑暗的结论，只需要采用中西一方的应然理论比较对方负面现实状况的方法，或者在理论或历史现实中择取对自己预设的结论有利的材料即可，在中西这样大的时空背景下，阴阳交错都是常态，不愁找不到论据——这也是观点迥异者之间在观点交锋时可以无限回合攻守的原因，成了一场永远也分不出胜负的擂台竞技比赛，最终双方选手无法支撑，对观众说："我们不玩了。"如果确立了对等比较原则，则这种论证会变得更加现实和更加有意义。

笔者确立的对等概念如下表：

比较对象	最高主宰	最高法则	人间法律	治理模式	治理目标
中国传统社会	道	天道/因果法则	礼、法	德政	人归仁德之人文秩序
西方社会	上帝、神、自然神	上帝法则、宇宙法则	法律、律法	法治	尊崇上帝之神文秩序

西方社会所认同的神、上帝被理解为人格化的最高存在也好，被理解为非人格化的最高主宰也好，对应中国传统的概念就是"道"。16 世纪至 18 世

纪，在儒学、道学通过西方传教士西传后，西方因此形成的自然神或者自然宗教的概念，抛弃了人格化上帝的概念，其理解的最高主宰也对应的是中国的"道"。而中国的道包含两层含义：一是宇宙的本体；二是宇宙本体自身包含的宇宙终极法则——宇宙运行法则与因果法则。但是中国古人对"道"的认知是一种自身的真实体悟，而17世纪德国的莱布尼茨、18世纪英国的休谟、德国的康德、黑格尔等人在参悟了中国的"哲学"之后，虽然提出了自然神、终极至善、绝对精神等学说[1]，但笔者认为他们至多是达到了"明理"的程度，而非"明心见性"的切身体悟。因此，这个时期的自然神撼动了人格化上帝的地位，却未能形成如中国般的求道方式，没有领悟并形成体悟心性的方法，并未真正构建起中国式的天道信仰和人本信仰。这也导致了西方社会后来既在一定程度上抛弃了上帝信仰，又未能构建起真正的天道信仰与人本信仰，最终只为走向（世俗）法律主治做了铺垫，但是这些学说中的最高主宰依然可以对应中国的"道"。进一步看，西方的上帝等最高主宰加之于宇宙的法则对应的是道的第二层含义，因此西方的"法"和中国的"道"也是对应概念。再进一步看，西方的法延伸的人间法律称为法或法律，这就对应着中国传统中道的延伸——礼和法。最后再看，信仰上帝的方式就是接受上帝法则及延伸的人间法律的统治，称为"法治"；信仰天道就是人的行为方式符合道的要求，就是人的"德"。因此，落实于政治统治中，西方的"法治"就对应了中国的"德政"。也就是说，西方的"法"是对人的心与行的方式如何符合最高主宰上帝指引的总括，中国传统的"德"是对人的心与行的方式如何符合最高主宰"道"的指引的总括，因此西方的"法"和中国传统的"德"是同义语。确立了这样的对等原则，中国德政与西方法治的相关比较才具有合理性。如果按照主流观点，将中国传统的"德"曲解为现代道德，将西方之"法"笼统当作现代法律，进而比较中国的"德治"与西方的"法治"，是风马牛不相及的。在此也要提及一个结论，那种将西方现代法治或者将西方的法治之法笼统解释为法律后所概括的西方法治作为"标准模板"，进而以此"西方中心论"来推论"中国没有法治传统"这样的说法，是一个彻头彻尾的伪命题，是对法治研究的方法错误和理据错误的体现，是

---

[1] 参见张允熠：《中国文化与马克思主义》，人民出版社2015年版，第122～139页。

必须予以抛弃的错误思维方式[1]。

(二) 确立中西比较的逻辑体系

在确立了中西比较的对等概念之后,就需要构建一个合理的比较逻辑。严复当年翻译西学的时候,就已经明确提出了西方之"法"对应着中国的不同词汇,在今天却被刻意忽视了,这是不利于中西比较研究的。尤其是在很多人可以随意贬低儒家[2]等中国传统文化而崇尚西方文化的当下,人为地去"拼凑"出一部"完美的西方法治史"最终会达到什么效果,是必须要跳出自己的理论逻辑体系而放眼社会和历史整体来综合研究才能知道效果的。这里就涉及一个关键的问题,笔者称之为文化与治理的本末关系问题。文化是覆盖社会所有人的,政治是社会中一小部分人对绝大多数人的治理或者统治,德政或者法治作为治理方式又是政治的一部分,因此治理就是在整体文化中政治统治的方式。文化是整个社会的根基并且笼罩着社会所有人的内心和行为,是滋养所有人灵魂的营养,政治治理是社会的一个切面,这个切面可以强大到成为中枢驱动、左右着整个社会,但绝不代表社会的全部,政治和政治下的治理是整体文化统摄的一部分内容。因此,任何社会,文化都是根本,政治治理都是文化的产物,同时文化和政治治理通过人这一主体实现着一体统一。由于政治是一小部分人掌控着对大部分人的控制权和主导权,因此政治治理如果与文化相合,则文化成为政治稳定的后盾;如果政治治理和文化相悖反,则文化成为政治治理的遏制因素。所以,文化是根本、治理是文化之用,本末不可倒置。当然,在这样一个简化模型背后,我们更应该看到文化本身并不是一个绝对统一的模式,而更多呈现出一种混合状态,我们可以称之为多源文化或文化多元。

确立了文化作为根本的概念后,我们回过头来考察就会发现,西方法治

---

[1] 说中国没有西方式法治(传统),这样表述没有问题,但是却毫无意义;如果以西方法治作为标准来论证法治,就是预设前提出现了方法性错误——以西方为标准、为终极,找出中西差异,共同性被认为体现了中国的些许先进性,差异被认为是中国不如西方的体现,因为西方是预设的最高标准。这样的思维方式在目前的法学研究中是普遍现象。

[2] 当下对中国传统文化的贬低可谓花样百出,如"大学之道,在明明德,在亲民,在止于至善"是"大人之学",因此修成大人之学的"格物、致知、诚意、正心、修身、齐家、治国、平天下"就可以被一些知名论者解释为:儒家的修身是做给别人看的,儒家在剥夺"大人"之外的大众作为普通人而生活的权利。这种论证的逻辑实在是让人看不明白。恶意曲解儒家究竟是能达到让大家鄙视传统的目的,还是达到了让公众(误)以为其无知的效果,需要明辨。

和中国传统德政都是各自文化的产物，总体而言，西方的宗教文化产生了法治，中国的道统文化产生了德政。因此，在德政与法治的中西比较中，首先是总体文化比较，其次是德政与法治这两种治理理念、精神的比较，再次是具体的制度或者治理模式的比较，最后才是法律的比较。而每一部分，都包括理论、制度和实践三部分，比如，观念中的文化/制度中的文化/现实中的文化，观念中的法/制度中的法/现实中的法等主观分类。如果不依照这样的逻辑顺序，比如，很多论者认为西方的法治精髓在于三权分立等权力制衡制度、民主自由等法治体系设置，就会忽视了文化根本，忽视了文化滋养人心的关键作用，最终可能只是看到了外在皮毛而忽略了内在灵魂。这样就可能出现历史上多次出现的局面，如未能建立自身深厚文化根基的功利主义导致的社会失序、未能学得"道法自然"真谛的自然神理论而部分导致西方人失去上帝信仰。例如，我们理解的民主和自由这两个高尚目标的实现途径：民主自由目标的确立是值得推崇的，虽然确立此目标的论者也未必能透彻阐明什么是民主、自由，正如西方的"正义"这个"大帽子"如同"一千个观众心中有一千个哈姆雷特"般变化多端，原因就在于未能确立坚实的文化根基。文化在此处暂且理解为人文化育，是指发端于人并且止乎于人的人之根本，如生活中两个人，一个心胸狭隘、唯利是图、损人利己，另一个心胸广阔、重义轻利、乐善好施，这两个人平等吗？可以在平等的基础上一起去争取民主吗？可以在共同民主行动中实现共同自由吗？稍用常识做判断，我们就可以断定这两个人不平等，更不可能基于平等而共同追求民主自由，他们不仅不能成为理论模型中的伙伴关系，而且很可能是彼此实现目标的障碍。但是在二元对立思维的研究视野中，这两个人都是普通公民的身份，他们因此在对抗或者限制权力的单一场景中就具备了同质性和共同的标签，因此他们是一伙的，可以完成共同的追求民主自由的使命，在追求成功后，他们自然就成为具备民主条件和自由权利的共同体。这种推演当然不成立，在现实中一定是损人利己者借用民主自由行动继续损人利己，甚至在掌握了"民主权利"后更加道德败坏。譬如洪秀全的农民起义，在掌握政权之后并没有因为"天国理想"而阻挡其无度的骄奢淫逸，就是一个明显的例证，而这样的例证在古今中外数不胜数。这种民主理论的同质化、标签化的谬误在于，将"人人具备最理想人格"这样一个民主的最终理想追求当成了立论的事实前提，并且以此前提进行理论推演，因而不可行。孙中山在革命理论的论证中，为了解决这一理论难题，曾经提出了主权与治权的"权能区分"论，但是依然无法彻底解决，原因就在于此。在近现代以来所流行的政治理性人、经济理性人等同质化标签化的研究方法，其无差别假设之立论前提就是错误的，而且其立论的假设根本没有真正触及人的心灵世界或者带来灵魂层面的真正提升。因此，民主自由之类的理念目标、权力制衡之类的制度设计，本身并不具有基础性的文化功能，我们在论证这些理论和制度的合理性和正当性的时候，必然要从文化根基处寻找依据，但是在文化根基处寻找到依据并不意味着其可以替代文化根基形成新的文化，文化是一个非常漫长的过程，并不是基于一套新的理论构建就可以随便替代的，西方的宗教和中国的道统、伦理，都不是轻易可以被替代的。总之，从文化处作为根本进行比较是必然要求，也是必要方法，亦即从文化根基到政治模式到制度设计到法律运行。这就是中西法治比较研究的总体逻辑。

（三）拓宽法理学的研究范畴以求回归大法理学

从学科角度看，政治学和法理学是研究法治问题的主要学科，但就法理学而言，其研究的具体方法很多，但总体的研究视角需要进行重构。法律是社会的一部分，其效力所及可以涵盖社会诸多领域，但是当我们从纷繁复杂的社会中将法律剥离出来并对法律规律和道理进行研究的时候，也就是进行法理学或者法哲学研究的时候，纯粹的法理学必然是将复杂的社会简单化了，是无法真正指导法律实践的。当我们在生活中看到一幕幕其乐融融的人间生活场景的时候，我们当然不会产生对其乐融融的"法盲群众"进行"普法"的冲动，更不会为这群"法盲"感到悲哀，而是切实感受到这才是真正的正常生活、有意义的生活。相反，如果我们真的如很多论者所提倡的，将"法治"作为人的最高行为准则和人们的第一位的思考方式和生活方式，而将其提倡的理念总结如下并教育下一代：政府是恶的，人性是恶的，必须以限权对待政府，以权利彰显自身的价值；法律是人的最高准则；人性是靠不住的，必须用制度防范。这种教育的结果是什么？如果这个时候，你再告诉下一代，你要做个好人，则孩子会反问，人性是恶的，我为什么要做一个好人？扪心自问，我们能回答这个问题吗？如果不想自相矛盾，你可以告诉孩子，因为我们比别人高尚，孩子出门后指着其他人说：你这个坏人，我比你高尚。笔者大概只能这样将此假设收尾了。相反，如果我们将仁爱、良知作为人生的最高准则教育下一代，让孩子们学会感恩、宽容、向善，其结果又是什么？

我们做一个极端的假设，一种情况是整整一代人从小接受人性恶假设之下的法治教育，另一种情况是整整一代人接受仁爱善德的教育，哪种情况会出现好的结果？这个道理应该很简单。[1]这时候我们反思，为什么文化和法治很多时候融不到一起去？譬如"文化大家"不去谈论法治，法治理论也无法从"文化大家"那里汲取营养？是因为这套性恶论、个人主义理论之下的法治理论本身就是违背文化视野中之人性规律的。目前主流的法治话题无法培养贤能，却要代替贤能甚至否定贤能；无法代替文化却要取代文化；这样的法治研究，除了在面对社会不公平的时候，法律尽了其基本职责，让人们看到法治的力量之外，还有其他吸引人共同倡导、推进的亮点吗？能够形成精神凝聚力吗？何况，法律基本职责的完成，不是因为这套法治理论之功，而是任何国家任何社会的一个基本职责和底线要求而已。我们应该知道，人心才是正义的源泉，法律只不过是对人心的正义要求之记载和维护而已，这才是真实的历史和现实。法治作为法理学研究的重中之重，也必须抛开门户之分别，在今日研究深度已经达到一定程度的情况下，也需要适时的抛弃"分科治学"的束缚，而是将法理学与文化学、政治学、历史学、哲学、宗教学等诸多学科的视角和方法整合起来，形成研究领域而不是"专业"；构筑一个大法理学的视野和平台，而不是人为剥离出一个独立的法哲学王国。譬如法理学不能成为政治的附庸，而是要保持独立的价值追求和品格，但是却不应该对现实的政治视而不见、排斥在研究范围之外。虽然现在可能不会像轴心时代一样出现"圣贤"和"哲学王"，但是将学科综合起来回归整体研究却是出现"大师"的必要条件。从专业、到领域，再到全面，这可能是当下的必由之路。譬如单纯以法律法规为研究对象的解释法学、单纯以经济为主线的经济法学等，不应该再成为一个偶像般的存在，因为这样的研究本身就是悖离真正的规律的。同样，抛开对中国传统的成见及对西方的盲目崇拜或者刻意排斥，中立地开展研究，也是中国法理学走向更高辉煌的必要条件。在法理学研究中，为自己确立一个根本的根基——文化根基，尤为重要。以人本文化为出发点和最终归宿构建现代中国自己的"大法理学"，是现代中国法理学的

---

〔1〕 笔者看过一个网帖，是一个旅居海外的华人盛赞国外法治的帖子，大意是：他和几个邻居都打了官司，法院判决之后，矛盾在法律上予以解决，但是从此他和这几个邻居形同陌路、永不往来。这个华人盛赞这种法治状态，在网上博得一片喝彩。笔者特别好奇：这就是我们追求的法治精神传播之后的正面典型吗？这样的心态如果成了普遍的法治心态，他们所追求的这种法治很美好吗？

使命和方向，也是现代中国法理学发生质的飞跃的最佳路径。在现有条件下，法治这一国家治理的话题，法学和政治学参与较多，而文化、哲学却很少参与到这样的话题研究中，这也是非常大的缺憾。法治从来都不是单纯的法学问题，也不是单纯的政治学话题或者社会学话题，应该是多学科参与的话题，法治绝不应该是法学的专属领地。多学科研究的参与，一定会为法治建设带来更多的智慧。在目前有关法治的理据研究和相关决策文件中，法学之外的声音太少了。因此，笔者认为应该构筑一个"大法理学"领域，实现由古典的学不分科，到今日的分科治学，再到未来的综合治学的飞跃。目前以西方法哲学研究范畴为基础来构建中国的法理学，将与西方法哲学对等的中国传统文化排斥在中国法理学的研究范畴之外，这种现状是迫切需要改变的。

三、德政与法治比较研究的意义

（一）镜鉴不可忽视

中国德政与西方法治比较研究的主要意义恰恰在于为中国现代法治寻找到理据镜鉴。也就是通过找到中西法治规律，确立中国现代法治理据——由西方法治理据提供？由中国传统德政提供？还是能够形成独特、自有的中国特色社会主义法治理据？

国内外关于德政与法治的比较研究，成果丰硕，但是目前的视角较为僵化，会出现很多看似当然正确实则偏颇之观点。如很多论者说儒家不讲民主，因为儒家在于培养"大人"而不是号召所有人一起来参与国家治理；说只有西方的法治是讲民主的（也只有西方近现代法治讲民主，前文已述）；民主在现在是一个不可撼动的"真理"，成了一种中西通用的"意识形态"，因此儒家被不断诟病、西方法治被无限推崇。随后，倡导民主论者会在民主如何实现上下功夫，在避免"多数人暴政"和避免"乌合之众"方面进行理论论述，在如何避免民主被操控上下功夫，在如何提高民主意识和制度构建上下功夫。因此，与民主相"悖离"的儒家不是作为智慧而是作为落后代表被抛弃和否定。如果换一个角度看，儒家的"大人之学"虽然没有号召大众一起来直接治理国家，但却是培养更多的贤良来治理国家，或者是促进现有的治国人物来秉承德政要求来治理国家，其目的在于为民造福，实现民惟邦本。而且儒家并不是盲目地假设所有人都一样的具备治国的才能，也不是盲目地鼓噪大众以反对者和监督者的身份来"限制权力"，而是直接"以道事君、不可则止"，促使治国的帝王将相和官僚系统这些"关键少数"主动以民为本，起到正向督导作用而不是负向纠偏，并且儒家自身不顾个人荣辱为民请命、充当帝王将相的直接监督角色，儒者更是进入官僚体系直接造福百姓。儒家做官的动力，绝非现代人所理解的"官本位"和"权力崇拜"意义上的做官，而是具有家国情怀、天下为公精神的社会精英实现远大理想的平台。如果认为儒家文化未能造就中国历史的纯粹海晏河清，那是一种任性的苛求和道德绑架；如果将民主与儒家对立起来，"宽容"民主的天然不足和现实中举步维艰而只鼓吹民主的成绩，以民主否定儒家，显然也不客观。进一步想，通过科举在民间选贤任能与西方贵族阶层固化相比，孟子可以直面梁惠王提出批评意见和西方只能虚构出社会契约来鼓舞大众反抗政府相比，我们还能得出中国传统没有民主、民主是西方的专属的结论吗？儒家引导官僚和大众共同回归仁德和民主理论引导大众以充分认识主权在民是冲突的还是互补的？这其中是否是道和术的差别？儒家是将自己的所能作为自己的本分，并且亲力亲为言传身教，而不是"发明"出一套虚无缥缈的理论让大众去盲从。

（二）通过镜鉴找回自我

通过上述例子的总结，笔者认为，唯有充分汲取儒家的智慧和历史经验、教训，全面正视西方法治理据的成绩和不足，将二者的智慧和方法结合起来，才能真正为中国现代法治找到合适的理据。因此，德政与法治的比较研究，不是为了单纯的肯定或者否定，也不是将儒家德政或者西方法治作为一个不可突破的标准模板来亦步亦趋，而是为了得出真实的国家治理历史规律，这样才能为中国现代法治提供全方位镜鉴。在客观全面总结出中西国家治理中的法治规律之后，我们才能有所为有所不为，才能作出正确的法治方案设计和路径选择。

接下来，就需要对作为法治/德政根基的中西文化的精神内核进行整体比较，再对中西文化精神之下相应形成的德政/法治依托或者内含的政治模式进行比较，以进一步探求、总结中西法治规律，最终获得对中国现代法治的启示。

第二节 德政与法治的文化根基比较

德政与法治作为中西两种国家治理观，都需要在各自的文化精神引领下展开各自的法律之治,各自的法律之治都是以其背后的文化根基作为引领的。因此,如果统一到"中西法治文化"比较这样的概念表述和视角上来,则此处被比较的中西"法治"就是中西的"法律之治",而各自背后是道统下的德政以及法统下的法治。也就是中西比较应该建立起如下对应关系:中国传统:道统——德政——法律之治(法治);西方:法统——"法"治——法律之治(法治)。中西法律之治的文化根基之比较,能够让我们看清楚中西"政道"是如何生成的,这与后文从政治模式角度所看待的"治道"是两个层级的概念。政道决定治道,治道辅佐政道,治道之中包含治术。

一、文化的界定

(一)界定文化概念之观念考量

当下,文化是一个非常普遍而且泛滥的词汇,"普遍"是对文化被使用情况的客观描述,譬如有人称文化的概念达上万条之多[1];"泛滥"是指文化一词已经远远脱离了其源初的含义,什么都可能被冠以文化之名,譬如在饭桌上如何把别人喝醉而自己保持清醒的"本领"都被冠名为"酒桌文化"。如果在如此泛化的意义上使用文化一词,那么文化就在学术研究上失去了意义。同时,文化的概念不可与相近概念混淆。譬如目前,包括本书对于文明和文化的概念未做词源考据角度的精确区分,但是文明在本质上和文化是不同的概念。譬如我们经常说农耕文明、商工文明、游牧文明等,这里面的文明就和文化不是一个层次的含义,文明是一个中性词。很多时候,文明是指一种生产生活方式脱离了野蛮状态,比如,西方认为文字、城邦和青铜器的出现是文明出现的标志,当然这不是唯一的标准,中国文明的标志要素就与此不同。但是文明不代表文化,如以掠夺和杀戮为特征的文明中就没有本书意义上的文化。另外,诸如亚文化、文化糟粕等用法,也是对文化的误用。笔者前文已经表述过,不优秀的东西实际上不应该称其为文化。至此,在本书所指的意义上,笔者对文化做一个明确的定义标准以便阐明文化为何是国家治理的根基。文化是指人文化育,文化是直指人心的,是做人的理想标准。

---

[1] "仅美国人类学家克鲁伯和克莱德·克拉克洪写于1952年的《文化——关于概念和定义的述评》一书中便列举了自1871年以来西方学者关于文化的164种定义。而从那以后,各种新的定义有增无已,竟有人称已达万条之多。"转引自徐行言主编:《中西文化比较》,北京大学出版社2004年版,第8页。

文化是人生至理的追寻过程，也与人一生的实践时时结合在一起，因此可以说文化就是人生。"文"是人文，即人的根本特质，是文化的根基和起点，"化"是行为和过程，"文化"是人文化育的整体过程或者结果状态。文化是实证之学，是需要每个人的亲自体悟和修行证得的人生真谛，而不是文字游戏和嘴皮子功夫。优美的文字所表达的激动人心的道理，只是文化的载体，不是文化本身。

（二）文化概念例举分析

古今中外的文化概念非常多，在此例举一些具有代表性的概念，以便形成感官印象并作为比较研究之样本。

我们先考察西方的文化概念。文化的英文对应词汇是"Culture"或者"Civilization"，其中"Culture"原意为耕种，而"Civilization"在很多时候被翻译为文明。英国学者泰勒认为："文化或文明，就其广泛的民族学意义来说，乃是包括知识、信仰、艺术、道德、法律习惯和任何人作为一名社会成员而获得的能力和习惯在内的复杂整体。"[1]美国学者哈维兰认为："文化不是可见的行为，而是人们用以解释经验和导致行为并为行为所反映的价值观和信仰。"[2]学者奇森认为："文化是由学习得到的，由社会传递而来的行为或风俗。"[3]学者克鲁伯认为："一堆学得的和传承的自动反应、习惯、技术和价值以及由此而导出的行为，乃构成文化的东西。"[4]不用过多列举，此处我们可以发现，在西方的"有对"思维下，文化定义所呈现出的普遍状态是"由观念到观念"的鲜明特点，而未能抓住根本与体用之要旨。笔者认为，西方文化在西方范畴内是无法超越苏格拉底的，所谓文化与哲学的区分，实在是让文化走偏了方向。

再看中国人的文化定义。工具书所做的定义是：文化在广义上指人类在社会实践过程中所获得的物质、精神的生产能力和创造的物质、精神财富的总和。狭义指精神生产能力和精神产品，包括一切社会意识形态：自然科学、

---

〔1〕 徐行言主编：《中西文化比较》，北京大学出版社2004年版，第13页。
〔2〕 徐行言主编：《中西文化比较》，北京大学出版社2004年版，第13页。
〔3〕 徐行言主编：《中西文化比较》，北京大学出版社2004年版，第13页。
〔4〕 徐行言主编：《中西文化比较》，北京大学出版社2004年版，第13页。

技术科学、社会意识形态。[1]"中国古代封建王朝所施的文治和教化的总称。"[2]这样的定义实际上是一种解释,看似大而全或者简而精,但是实质上却没能说出什么是文化。钱穆认为:文化只是"人生",是人类的"生活",文化指的是"时空凝合的某一大群的生活之各部门、各方面的整一全体"[3]。梁漱溟认为:"文化,就是吾人生活所依靠之一切。"[4]梁漱溟在《东西文化及其哲学》一书中又表述称:"文化的根本是思想,即精神方面。"辜鸿铭在《春秋大义》中认为:"文化不是房子,不是道路,不是器具,不是制度,不是科学,不是艺术,而是人格。"[5]梁启超认为:"文化者,人类心灵所能开释出来之有价值的共业也。"[6]还有论者对文化和文化精神进行了区分:文化有复杂的内容,包括哲学、宗教、科学、技术、文学、艺术、教育、风俗等,并认为文化分为三个层次:思想、意识、观念等为第一层次;表现文化的实物为第二个层次;制度、风俗是第三个层次。其中文化按照其所面对的问题可以分为三个方面,即人与自然的关系、人和人的关系以及人和自身的关系。[7]器物、制度、精神作为文化的三个层次是钱穆先生所赞同的;将文化区分为文化和文化精神是楼宇烈先生、许倬云先生等学术大家经常使用的。其根本在于表明:文化之无形本体与有形之显现。

其实,中西所有这些文化(精神)的定义可以用一句话进行总括理解:"形而上者谓之道,形而下者谓之器。"我们看日月星辰、山川大地、动物植物,似乎都有自己固定的规律和轨迹,按照一种非创造性的"道"在周而复始、循环往复。在我们所思所见的范畴内,似乎只有人类存在着一种变量。如白天黑夜交替出现、动物植物界自然形成循环的食物链和生长链,这些自在的规律并不是人类可以改变并且无须接受人类之善恶评判的,但是人类却呈现出极大的可变性,所谓"一念成佛、一念成魔"。这种仅存于人类身上的"变量"如何生成、发展、控制?从生而有之的本能、到生存生活的技能、到

---

[1] 夏征农、陈至立主编:《辞海》(缩印本第6版),上海辞书出版社2010年版,第1975页。
[2] 夏征农、陈至立主编:《辞海》(缩印本第6版),上海辞书出版社2010年版,第1975页。
[3] 钱穆:《文化学大义》,九州出版社2017年版,第4页。
[4] 徐行言主编:《中西文化比较》,北京大学出版社2004年版,第12页。
[5] 陈序经:《文化学概观》,岳麓书社2010年版,第20页。
[6] 徐行言主编:《中西文化比较》,北京大学出版社2004年版,第14页。
[7] 张岱年、程宜山:《中国文化精神》,北京大学出版社2015年版,第4页。

逐步累积的知识、到体现人生之升华的思想、到修炼而成的人生境界，这其中都有一个主线在起作用，这个主线就是文化。因此，人类的文化出发点和最终归宿都是人类这个主体，因此文化的内容就是指人生的根本问题，文化当然涉及器物、制度和精神观念的有形/无形划分，如果说从关系角度划分，文化则可以分为人与自身的关系——人性之善恶、人的生死问题、人生的价值和意义；人和社会的关系——人对社会的意义、人与他人应当确立之关系、社会需要塑造什么样的人；人和宇宙的关系——宇宙观，包含宇宙的本质以及人和宇宙的关系。但是所有这些文化的范畴和形式，归结到每个个体自身，就体现为所有的关系在个体处的实际感悟，此感悟体现为人格作为表现和集中。因此，笔者很赞同辜鸿铭先生切中要害、简洁明了的表述："文化即人格。"

同时，我们如何形成人格？也就是文化的路径是什么？人在社会中面对他人，人在宇宙中面对自然界，人在自我中面对自心，这都是以"分别心"为前提的设定，没有人随便就会认为人我无别、人物无别。但是当我们不再执着于"小我"的时候，也就是放弃了"执着心"之后的"无（小）我"，则其自心已经量同天地之"无私而无不私、无有而无不有"，在原来自心设定的各种"分别"维度中走出来，因此在本无可分的一个宇宙整体中（这是脱离了一己之私的维度，西方人称之为"上帝视角"）不再有分别，则达到了中国传统文化的"天人合一"[1]，也就是在终极视角体悟了宇宙的终极实相和本真，这个时候就是人的最高境界，其人格境界可称之为"圣贤"。这就是一个整体的"文化路径"的表述，这个实现过程就是贯穿人生的"文化过程"。因此，中国人说文化就是人生、文化就是人格，此并非虚言。如此，本书采用文化即是人格或者文化即是人生根本问题（人生至理）的定义。因此，文化可以无所不包，所谓"其大无外"，文化也可以至精至微、无形无相、存乎一心，所谓"其小无内"。

（三）笔者的文化观

文化就是人类"求道"的一门"实证之学"，由于其本体乃形而上之存在，因此与形而下之存在相比，增添了很多扑朔迷离的玄虚之感。

---

[1] 这样的路径，佛家表述为"戒定慧"而达到"得大自在"之"涅槃"境界；道家表述为至虚极守静笃"之清静无为"的"道"的境界；儒家表述为"三纲八条目"之"内圣外王"的"天人合一"境界。笔者只能从义理解读的"文字功夫"上做出这样的判断，由于无有真实体悟，故而唯恐贻笑大方。

首先对文化本体[1]进行理解：第一，文化本身是一种实有的本体存在。从词源上看，中国古代较早关于文化二字的表述见于《周易·贲卦》所言："刚柔交错，天文也。文明以止，人文也。观乎天文，以察时变；观乎人文，以化成天下。"将文和化分别进行理解，可以将"文"看作一个原点或起点，"文"是人之所以为人而与动物的根本区别、是人之所以为人的根本和特质，此原点必不在肉体而在精神，是一种终极的永恒的存在；"化"看作一个"教化"的过程；"文化"是一个结果状态。无论原点、过程或者结果状态，都是一种实有的存在。第二，文化之本体无形无相。实有的存在不代表有形有相，形与相系文化的载体和表现形式，但是并非文化本身。文化作为一种结果状态而言，要具备认同人数众多、内化于心、外化于行的基本特征，亦即知行合一。认同者寡、内心不认同、行为与之不一致，皆不能称之为文化。将文化分为器物、制度和精神三个层面的观点，其所言为文化之用，而非文化之体[2]。如果将器物、制度、精神都归于文化本体，则容易出现认知混淆。第三，文化之定义都不能代表文化本身。"道可道，非常道"，世间万有，经过人的思想提炼和语言加工，已经不是万有的本身，亦无法涵盖万有之一切，此理对文化亦是适用。我们通过语言、文字对文化的解释、定义、描述，只是能有助于我们更好地理解和接近文化本身。第四，文化需要被每个人亲身感悟。文化是实有的存在，却又无形无相，而且语言文字不能完全传递文化的本体存在。那么文化何在？文化存在于每一个人的内心和行为中，亲身证悟的才是文化。外界对文化之阐释解说，只是有助于主体理解文化本体，文化本体最终需要被主体自身感知证悟，才是主体自己的文化。

其次对文化的内涵范畴进行理解：上述对文化本体的描述，系对文化解读的思维方式之一。依据不同的思维方式和概括方法，文化的内涵千差万别。本书认为文化主要包含三个大的方面：第一，对人自身的认知。文化的本体，有赖于每个个体自身的感悟，而其首要问题便是自我认知。人生是一个不断丰富、成长的过程，由生而有之的本能，到生存发展的技能，到日积月累的知识，到不断完善的思想，达到不断提升的境界。[3]而在人生的过程中，除

---

[1] 根据体用之理，万事万物都可划分为本体和应用（表现形式）。
[2] 体用无二，是更高一个层面的问题。
[3] 冯友兰先生言人生有四重境界：自然境界、功利境界、道德境界、天地境界。

了出于本能的活下去、被欲望驱动的"活得好",更有什么是"活明白"的问题萦绕在人的心头挥之不去。活明白,亦即通透人生,需要解答的问题如人生从何来死往何去、灵魂与肉体的本质是什么、为什么我是世界上独一无二的存在、人生的终极意义是什么等。这些都是人类自古以来就面临的并且每个人都可能终其一生思考的问题。我对"我"的认知,千古以来就是文化的主要范畴之一。第二,对人与社会关系的认知。我们都熟知人同时具备自然属性和社会属性。人作为社会动物,生存于社会组织中,需要思考自我与他人关系的问题[1]。如果说"食色,性也"作为本能凡人皆相同,那么如何对待他人却有天壤之别。有"拔一毛利天下而不为"之极端自私自利者,有以"无我"之境界胸怀利天下者。人世间呈现的是善恶并存的现实,于善恶如何分辨和选择以待他人?是"己所不欲勿施于人"还是信奉弱肉强食的丛林法则?这些都是人与社会关系的重要问题,更是自古以来文化的主要范畴之一。第三,对人与宇宙关系的认知。宇宙,本为一个时空概念,"宇"代表所有空间,"宙"代表所有时间,因此宇宙代表所有时间空间之整体以及时空之中的存在和过程。人存在于宇宙之中,自然要形成对宇宙的认知,我们称之为宇宙观。时间是否有起点和终点、空间是否有尽头、浩瀚星空如何形成、宇宙运行遵循何种规律、人类在宇宙中是否独一无二、人是宇宙偶然的产物还是有一种主宰的力量使然等。这些都涉及人和宇宙的关系,也是人类千百年来不断思索的问题,是人类文化的主要范畴之一。如果对于宇宙规律进行的探求——如天文学——不关乎人的内心世界,那么这只是知识而非文化,如果通过宇宙秩序的了解进而更加明了人的自心,这就具有了文化意义。

  再次对文化的分野原因进行分析:对文化范畴的探讨,观点甚多,但是无碍乎人和自身、人和社会、人和宇宙的问题。以对上述范畴的不同认知结论和认知方法为标准,形成了历史上和现存的不同文化分野。第一,天行有常的宇宙秩序。天地万物,本自一体,也就是事物是普遍联系的。"天行有常,不为尧存,不为桀亡。"宇宙和天地万物的有序运行,自有其不以人的意志为转移的内在规律。那么,宇宙的本体是物质还是精神?宇宙的出现以及运行的主宰力量是什么?宇宙运行的规律是什么?宇宙运行的规律能否被认

---

[1] 人与社会的关系,本质上还是人与人的关系。

识？宇宙运行的规律通过什么方法才能被认识？虽然这些问题自古以来就没有统一答案，人类也在积极寻找和证实这些答案，但是宇宙的规律的恒常性却基本是共识，这种共识是不同人类文化群体形成的前提。第二，自主选择的人类秩序。人类之所以自认为具有特殊性，就是因为人类社会的秩序具有非常大的自主选择空间，也可以称之为创造性。即使同为生灵的动植物界，食物链中的循环不可避免地厮杀不会被加以任何道德评价，人类接受了人类以外动植物界这种状态的"自然[1]性"。而人类社会秩序却可以因为人的一念之间发生重大差异，选择战争还是和平、稳定还是混乱、平等还是奴役、为善还是从恶，无论每个个体还是每个人类群体，都可以进行选择而不是"绝对的"不得不为之。这是人类社会的特殊性，也是文化产生和存在的必要性条件。第三，对"第一因"的不同认知导致文化分野。所谓"第一因"，是指最为根本和最初始的动因。譬如宇宙的生成问题，有观点认为宇宙最初是一个"奇点"，发生了大爆炸，逐步膨胀扩张形成了现今的由星体和空间构成的宇宙存在[2]。这种理论假说被很多人接受，但依然无法解决这个"奇点"为什么会存在？这个"奇点"为什么会爆炸？爆炸以前时间和空间是否存在？如果存在，时间起始在哪里和空间边界在哪里？这些问题就是宇宙形成的"第一因"也就是原始动因的问题。很显然，属于自然科学领域的"宇宙大爆炸理论"未能回答这些问题，因此从宗教、哲学、科学等多领域角度探寻和解释第一因仍然是当下人类社会同时共存的现象。信奉上帝/神创造了宇宙的宗教，进行思辨探求终极真理的西方哲学，笃信"实证研究、眼见为实"的科学，阐释"道法自然[3]"的道家，追求"天人合一"的儒家，等等学说和阐释，因为第一因问题将文化分成了不同的"阵营"和"派别"，文化因此而分野。在人类产生原因的不同学说中，同样因为人类产生的第一因问题[4]，导致文化分野。第一因的最终极问题，是宇宙和人类是由什么力量或者"谁"来主宰的问题。第四，文化的使命是社会秩序与宇宙秩序的协

---

〔1〕 "自然"一词，一可以理解为"大自然、自然界"之自然，二可以理解为本该如此之意，此处取其第二种理解。

〔2〕 这是现代自然科学的"宇宙大爆炸"理论假说。

〔3〕 对老子《道德经》所言"人法地，地法天，天法道，道法自然"进行解读，"道法自然"也在阐释第一因问题，意为道本来如此。

〔4〕 如认为"上帝"造人者，信仰上帝，成就了基督教等宗教文化；如认为人是进化而来者，成就了无神论文化。

同。宇宙自然和人类之外的生物界各自依据其不可选择的秩序规则循环往复，而人类社会的秩序却面临着多种选择和可能性[1]。人类需要一种什么样的共存秩序？文化的使命就是通过人类的内心认同形成人的内心秩序，通过对人类外在行为进行规范形成行为秩序，内心秩序和行为秩序共同构成良好的社会秩序。文化的理想目标和不变使命是围绕着人的最根本特质，形成文化理想下的人与自身、人与他人和社会、人与自然和宇宙的和谐共生的秩序。因此，文化的使命是让人类社会的秩序和"宇宙的秩序[2]"相协同。

文化是一种主体内心的认同，在不同主体和不同文化群体的内心认同不一致的时候，要么秉承求同存异的态度，要么保持"君子和而不同"的态度，要么进行文化扩张和斗争等。但是纵观不同文化群体，能否发现所有文化的共通之处？文化都是与人有关的，而所有文化类型最终都集中到"人的良知"作为共通。第一，良知是连接天人的纽带。此处所讲的"天"，当然并非天空，而是特指文化意义上的"天"，即最高主宰、最高准则之意。在不同的信仰[3]或者文化中，天有不同的称谓。如儒家"天人合一"、庄子"独与天地精神往来"、古代皇帝称为"真命天子"、老百姓通俗所言"天地良心"；另外的称谓如基督教称之为上帝、佛家称之为佛、道家称之为道、哲学家如康德称之为"绝对意志"、智者毕达哥拉斯称之为数等[4]。纵观各种文化，落实到人的层面，都是要求或倡导人向善，而向善的共同处就是人要秉承良知[5]。因此，良知是连接最高主宰和人的纽带。第二，良知是贯通古今中西的纽带。无论是东方的圣人，还是西方的智者，无论是中国的文化，还是西

---

[1] 如一场现代核战争就足以让地球和人类消失灭亡；人类以文明共同体理念生存发展互利合作又足以让人享受幸福和不断进步。

[2] 宇宙秩序被不同的人理解为自然秩序、神的秩序、上帝的秩序等。

[3] 信仰是内心坚定不移的最高精神认同，对主体而言是确定的、特指的文化核心；信仰是文化，文化未必是信仰。

[4] 关于上述所言最高主宰统一称之为"天"是为了表述方便，而不是不同文化和信仰的人的实际称谓。但是从万物一体的角度，各家所言的最高主宰是否具有同一性确需思考研究。另外，如将上帝人格化或者将佛神格化的历史过程中，确实人们对最初流传的最高主宰的内心认知在发生认识上的异化。

[5] 这种结论虽然有过于笼统之嫌，但是却总是不错的，且在后文将详细论述。人类的文化，无论以宗教形式、神学形式、哲学形式、政治形式还是称之为文化的形式出现，总是以惩恶扬善为方向。无论主张人性本善还是人性本恶者，最终目标指向还是人的向善。

方的宗教、哲学，都在倡导一个核心观念就是人的良知。虽然文化教化的表述可能是"最高的善""大学之道，在明明德，在亲民，在止于至善""自由、平等、博爱"，其核心都是在传递人的良知。"东方有圣人出，西方有圣人出，此心同，此理同。"这句表述是良知为贯通中西的纽带的最佳写照。人之所以为人，因人有共性，人之所以区别于动物，在人心。东方中国、西方世界的人，身处空间不同，习俗各异，共通处核心莫过于良知的追求。否则，人类社会将陷于丛林法则，与动物界无异。若有差别，唯其人类智识过高加之欲望无限，必然导致人类社会彻底失序。

(四) 文化意义的理论推演

对个体而言，文化是人格，伴随整个人生，终极目标在于发现人生至理，明了人生的意义，而这个过程就是在人性善恶相较中，明辨义利，弘扬人性之善，以致至善之境界。因此，文化是每个个体一生之根本，会让每个人都有机会活出属于自己的精彩，让自己成为自己的主宰，而不再如风雨中的浮萍。对于个体而言，并不是在遥远的人生终点有一个叫"文化"的东西作为目标，也不是在自己之外有一个叫"文化"的法宝，文化就在每个人须臾不可分离的一切意念、行为、生活之中，在心中、在身中，在每一念之间，在一呼一吸之间。这就好比"色空不异——色即是空、空即是色"的道理。很多启蒙者用水来做比喻：湖面上波光粼粼、海面上浪花朵朵且形状各异，但是其浪花之形状无碍乎是水作为本质，只是由于外因将其引发此形状之展现；我们不能说浪花不是水，也不能说水与浪花本质有别，水是本真而形是本真的种种变化，二者永远同时共存而无分离。当水不再由外因而引起种种变化的时候，就是"心如止水"般"明心见性"，而外因引起形状变化的时候，我们也不能说"水"这一本真消失了，只是我们不能误以形状是本真而忽略了"水"才是本真。因此，个体的文化与人生之关系道理相同。

对于社会而言，当人文化育达到理想状态，则人与人之间实现了人格上的同质化，人和人实现了至善境界的平等，无有过分的分别心而在你我他之间设定观念的藩篱，没有执着心而减少"贪、嗔、痴"之心，因而人和人之间就会视人如己、众生平等，就可以构建出一种发自内心的仁爱主导、引领的秩序——仁爱秩序，这种仁爱秩序的出现，无论是以"小国寡民"之状态出现，还是以"天下大同"之名义示人，一定是一个和谐、安乐的人间世界。

这就是文化对社会这个人与人的集合体的意义。当然，文化永远是一个过程，其实现之程度决定了社会的状态，当"人人为我、我为人人"之时，自然不再尔虞我诈，人人心中都有礼义廉耻，因而丛林法则就会消失，法律作为一种校正恶的法则，在普遍善念的社会，就会很快形成一种仁爱秩序之下的法治秩序。这就是文化对社会的意义。儒家以人类之天然情感出发，将伦理秩序作为仁爱秩序形成的最为深厚的基础，进而由家而国、由国而天下，形成了中国人独有的天下观。

文化对于一个国家、一个民族同样有着更为深远的意义。我们常说教育是一个国家的根本，教育与学习知识是两个层级的概念，知识不等同于人格。而文化就是对人格养成之教育的根本内容。中国传统文化的教育理念，在于从人格之形成入手，知识是人格形成的必要内容。西方教育中，虽然知识教育未必加入人格的内容，但是在宗教信仰中培养人格是其一大特色。反观现代中国社会，教育几乎等同于知识学习，而在人格养成部分所倚重的理论中的"文化"成分却偏低。譬如说你要热爱祖国，热爱人民，这才是一个高尚的人，但是其中依据的道理在哪里？显然我们还要从文化上寻根。当文化教育真正发挥社会功用的时候，这个国家、民族自然就有了共同的追求和人本信仰，自然就会互相仁爱、更加团结，对身边人的认同扩展至对社会的认同，进而扩展为对国家、民族这样的集体概念的认同，这样才能形成社会自身的和谐和强大凝聚力，进而自然增强一致性、组织性，才能具备强大的对外感召力和战斗力。国家、民族概念上的向心力的形成，才能保障现代国际秩序中的国家安全和民族利益。一个以仁德、人本立根的国家和民族，自然会形成感召善的力量，形成一面全民性、国家意义上的文化旗帜，这才能具有道义担当的实力和底气。有很多人担心，一个充满仁慈的国家是否会失去对抗恶的战斗力，这是一种误会。仁爱、仁慈不等于懦弱，以纵容、惧怕、无视恶行为体现的"仁爱"是一种懦弱，是对至善的抛弃，是伪善而根本不是仁爱。因此，那种以"法治秩序"作为社会理想的观点，无论其理论论证多么自洽，最多是对社会现实的种种矛盾寻求一种自认为已经比较完美的对策，而不可能成为根本。后文在国家总体文化战略的论述中，笔者将进一步论述对文化战略的意义。

当然，笔者上述文字是一种理论推演，而不是一种现实推进，现实推进的复杂性人尽皆知。但是，如果文化不是一个复杂的过程而是永远唾手可得，那么文化也就失去了其存在的意义，至少无须如此般被重视。正如我们可以好奇天地造化及其与人生之存在的关系，但是这个"安排"好的造化机制无须我们去设计、改变和干预，因此我们只存在对其认知的困难而不存在身体力行的艰难，但是文化却是我们每个人都要身体力行的，无人可以替代。先贤只能告诉我们方法和路径及对理想状态予以描述，但是绝对无法代替每个人自己的人生修行。

（五）中西文化的共同主题

总之，人类文化的主题始终围绕着人的善恶和义利进行，所有文化的共通处和核心问题是良知。对于善恶和义利，中西文化有着不同的表达方式，中国传统关于文化的总表述就是天道，落实于人类社会就是人道，人类社会的治理就是政道，政道采取的具体政治模式、法律、制度等属于治术，政道为本、治术为用，本末不可倒置或互相取代。治术如果是基于人道合于天道，我们称之为得道多助，秉承良知为善，以良知为基准求利为义；反之称为失道寡助，抛弃良知为恶，以恶求利为不义，不义者偏离人道悖离天道。在西方文化中，上帝及上帝的法则就是天道，尊崇上帝之要求即为人道，以上帝律法施政即为政道，政道亦须相关治术配和。中国文化所言人性本善众所周知；西方文化通常被理解为人性本恶，但是这是错解。《圣经》的原罪说，并不能被理解为人性本恶，否则造人的上帝就没有必要创造出性本恶的人类并且引导其向善。这也正如佛家虽然用"六道轮回"表达了人如果不能觉悟就会在轮回苦海中不能了生脱死、无法离苦得乐，但是人的自性"本自具足"因而绝不是人性本恶，儒家也秉承人性本善学说，即使提出"性恶论"的荀子，也并不是说人性是"本恶"的，而是致力于纠正现实中人性恶的一面作为理论起点，但是理论根本还是人性本善。亚里士多德也认为学问的最高目标是人间至善。纵观古今中外，对人性本善的假设和真实体悟构成了主流。那种认为人性本恶的学说，一是不符合事实，二是其流行起来将贻害无穷——倘若人人都认为世界是恶的，谁还敢以善待人呢？现实的善又是从何处生出来的呢？宣扬人性本恶，无论其目的如何，其效果必然是加速人类秩序的坍塌。恶是良知被欲望遮蔽的结果，不是人性的本体。因此，中西文化可以统一于良知文化。下文中西文化的差异部分，笔者将围绕良知进行详细论证和对比。

二、中西文化的差异

(一) 德与法之真正差异

本书是以儒家德政和西方法治作为中国现代法治的镜鉴,因此还是要对"德"与"法"差异的本质再次申明,作为后续比较的前提。中国传统文化的"德"与西方的"法"是相对应的概念,在国家治理上属于同一个层级。天道落实到人的身上是"德",符合天道的治理称之为"德政";上帝落实到宇宙万物和人间的都是"法",在国家治理层面上称之为"法治"。因此,德政与法治都是最高主宰落实于国家治理上的应然模式。前文已经充分阐述,这里的德与法与我们所认为的道德和法律是完全不同的概念,中国传统的"德"与西方的"法"都是包含了现在所言的"法律""道德""制度""贤人"在内的综合体,而且在此综合体中,我们今天意义上的"道德"和"法律"在中西方国家治理模式中都并没有所谓的主次之分,也没有谁成为"主治"的依据。主治的都是最高主宰,差别在于人如何利用最高主宰的要求进行国家治理,也就是国家治理的文化精神存在差异,但是却都是"文化主治"。至于法学界研究的哈特和富勒关于法律与道德之关系的争论,实在不是一个应该让我们"入戏"的剧情。因此这里强调的是,中西方从来都不存在"法律"和"道德"由谁来主治的差别,存在的是文化的差别。这样的前提明确了,我们就可以进入下一步的比较了。也就是西方的心外求理与中国传统的心内求法——外求与内修之比较。

(二) 外求与内修实乃殊途

前文充分表明了中西互通之处在于人的良知,这是抛开一切成见和隔阂的最佳契合点,但是中西文化在路径和方法上的差异,导致了追求良知的理据不同。由于西方向上帝求法,中国传统向内心求法,因此逐步演化为中西方文化追求真理的方法差异——天人合一的"无对思维"与天人割裂的"有对思维"[1]。人生都有一个对终极意义的思考和体悟,而不同的信仰会导致对人生意义的不同认知。譬如,中西自古以来都认为人是有灵魂的,而不是单纯的肉体与意识的组合体,譬如由于认定灵魂存在的缘故,西方宗教出现了灵

---

[1] 有对思维和无对思维是梁漱溟先生的提法,也可以被称为和谐统一思维/二元对立思维。如主观/客观、权利/权力、人类/自然等区分就是二元对立思维或者又称有对思维。

与肉的问题，西方哲学有着对灵魂认知的思考——如柏拉图的"学习就是回忆"[1]，佛家探讨三世因果和六道轮回，《易经》表述了精气为物、游魂为变，世界各地共有的最为古老的宗教之一——萨满教[2]采用了出魂和附体的方式进行宗教仪式……近现代的西方在反对教权的过程中，出现了达尔文《人类的由来及性选择》一书中对人是由猿猴进化而来的猜想，出现了人是以肉体生灭为唯一起始和永远终结的否认灵魂的思潮。至此，是否承认灵魂的存在就成为区分"科学"和"迷信"的重要标志。至现代科学，对于灵魂的存在，虽然还没有公认的结论，但是达尔文的进化论猜想在基因理论中已经被否定。[3]特别是诸如量子纠缠等理论的出现，还有另外的很多成果，譬如关于时空[4]问题的研究成果，已经完全动摇了西方近现代人文科学构建所依赖的"自然科学"基石，在这样的情况下，西方近现代的人文思潮面临着全面坍塌的危险，科学主义也受到了前所未有的挑战和广泛质疑。这种大势的

---

[1] 表达了学习就是认知自己灵魂的来处和归途之意。

[2] 萨满教年代久远，按照现在的观念，当时身处世界各地的人们是不可能进行宗教传播的，但是古代世界各地的人们却同时具有一种共同的萨满信仰。人类的历史发展，可能确实不能用今天的臆断来认定，其历史过程的复杂程度可能远远超出现代人的主观认知。还比如圣经《创世纪》的上帝创造世界与中国神话中盘古开天地、女娲补天，都是在叙述着相近的或者相同的事实，也为人类远古文化的研究提供了一个视角。

[3] 根据基因研究，猿猴是不可能在不改变基因的情况下进化到人的，猿猴的直立行走和劳动导致了向人的进化被证明是错误的。其实，抛弃达尔文的进化论被推崇的政治原因——西方在政治上反对教权必然需要否定上帝，包括上帝造人——单纯就进化论及其演绎进行分析，如果人是猿猴进化来的，猿猴是什么进化来的？为什么猿猴必须成为人类"从无到有"的中介？大千世界的样貌以及数以几十亿上百亿计的生物（动物植物）种类是如何彼此分化出来的？其中的动因是什么？这都是没有形成公认结论的。如果说从求真的角度探寻人类生命的起源，我们自然责无旁贷。如果说从政治立场的角度来讨论是否因为进化论而否定上帝信仰，中国着实没有必要掺和到西方的派别之争中去，然后以认同西方的进化论或上帝信仰之一来确立自己的政治立场。中华民族有自己的信仰，几千年的信仰一直延续，西方的"上帝造人"或者"认猴为祖"不是必与咱们有关。"从无到有、有始有终"是大多数人的观念，当人们跳出这样的观念局限之后，可能一切都豁然开朗了。"上帝造人"与"认猴为祖"都是人们自我观念的产物，"观念"永远解决不了实有的真相。

[4] 近现代科学的基石之一就是时间的一维性和不可逆性，自从宇宙大爆炸开始，世间匀速推移，物质世界不断变化，空间不断延展。但是爱因斯坦的广义相对论表明，人如果以超光速运行，可以看到此前的自己，这就在理论上打破了时间一维性之绝对，但是爱因斯坦的统一场理论未能完成，也未能彻底解决这个问题；如德国哲学家海德格尔从思辨的角度论证了过去、现在、未来的三维同时到达和空间的四重性，但是正如邓晓芒老师评价的，这是近似道家却未能用道家方法切实体悟的猜想；四维空间乃至十一维空间理论和实证否定了时间的存在；而在道家和佛家的理论中，却早已解决了时空的问题，并且是与现代科学时空观完全不同的认知，比如，佛家的禅定就是完全突破了时空对人的束缚，因此可能是对时空认知的终极。现代人以"科学"之名，否定了太多的"真正科学"成果。

判断和预知，虽然表面是一个科学问题，但是牵动的是文化和信仰问题，人文科学一旦涉足政治领域，则必须具有前瞻性和未雨绸缪的能力和智慧，因为每一次信仰的大转变都意味着伴随而来的社会秩序大变革，一味掩耳盗铃式的自说自话，就无法有效应对外界的变化。对于占比绝大多数的普通人而言，体悟灵魂的存在都是一个遥不可及的猜想，无论是否相信灵魂的存在。在现实中，我们会发现一种倾向，否定灵魂存在的人可能会将肉欲和物欲的满足视为生命的最高追求和全部意义，相信灵魂存在的人可能完全抛弃甚至戒除肉欲物欲来提升灵魂，比如苦行僧式的生活方式。当然，这样的倾向并不代表全部，但是却造成了两方阵营化的隔阂与对立。有灵论者认为无灵论者失去了人生的正确方向，是在灵魂的迷茫中度日；后者认为前者是在一种幻想的信仰中迷茫而不识庐山真面目。彼此的尊重、理解、宽容、共进应该成为一个最佳选择——无灵论者将自己无法证实也无法证伪的灵魂论完全否定掉，并且以灵魂不存在为构建学说的基础，显然违背了自己所秉承的"科学"立场；有灵论者如果失去了宽容和悲悯的品质，这种灵魂也变得失去了价值上述关于灵魂问题的讨论，就是有灵论和无灵论的对立思维，如果彼此尊重而求同存异，则是无对思维。无对思维贵在一种看似绝对分别、对立中实现一种统一而和谐，后来西方卡尔·马克思的辩证统一就是一种东方智慧方式。

  从大历史和大方面看，西方的有对思维占据主流，而无对思维则是东方或中国传统。当然，事无绝对，朱熹在晚年之前秉承的"格物乃探求外在万物之理"实则是一种有对思维，苏格拉底"德性就是知识、认识你自己"原则确可以归入无对思维。我们先谈一下关于中医的问题，来感知有对思维和无对思维的影响。中医的理论基础包含了天地运行的法则之阴阳五行，中医认为人体和天地具备着必然的联系并且遵循着同样的规则，是从医理视角看待天人合一。而在现代西医的思维中，中医所言的气脉经络哪里有"科学"依据？中医被很多人斥为骗子，中药也被认为是起到了"安慰剂"的作用而根本不能治病。我们抛开现在以中医之名神化中医并且搜刮民财的伪中医、抛开现代的中医失传因素、抛开现在的中药材因土壤和种植等原因导致的与古代不同，现代真正的中医也面临着广泛的质疑。我们暂且不论以有限知识充当上帝角色的科学主义者的"无科学依据论"之荒谬逻辑，如果深入中医领域就会发现天道和人自身的内在联系和一体，中医不仅把人本身的各个器官当作一个整体,不仅把人的肉体与灵魂当作一个整体,不仅把医术和医道当作一个整体,也把人和天地万物当作一个整体,共同遵循一种天道法则,这就是无对思维的典型表现。而在西方有对思维的视野中,身与心可分离,头与脚可分离即头痛医头脚痛医脚,这就是有对思维。举中医之例,一是说天人合一的内在机理绝非虚言[1];二是说有对思维与无对思维之差异甚大,足以影响中西方人的重大生活方面;三是说思维方式的差异导致了无限的分歧;四是说思维方式的差异会导致追求真理的路径和结果差异甚大。天人合一的无对思维,也造就了中华民族特有的民族精神——天行健,君子以自强不息;地势坤,君子以厚德载物。我们通常以"勤劳勇敢"来表述中国人的特质,这是一种狭隘的见解,中华民族拥有的是仁德和智慧,只是我们现在却忽视了或者丑化了这种智慧和民族的优良品质。从中国人的劣根性到时下网络上动辄以"丑陋的中国人"为标题的一些说法看,一部分肤浅的中国人自以为看透了一切,以自我的自卑心理丑化着整个民族,这是十分值得警惕的,当然我们也并不是赞同民粹主义,这都是需要避免的极端。天道不以人的意志为转移,但是人需要自强不息才能与天道相合;厚德才能载物,财富的迅速增加如果不能有相应的仁德相随,不是好事,这是一种深刻的智慧[2]。

　　思维方式导致了社会各方面的重大影响,当然也包括人与人之间的关系,包括国家治理领域。在中西的各种治理理论中,有对思维和无对思维的影响特别重大。我们纵观对西方文化有着重大影响的各种理论,都具备一种有对思维的特点。而且,这种有对思维在今日也成为很多中国人的思维方式,这种思维方式已经到了不容置疑的程度。在有对思维的影响下,中国传统文化已经逐渐失去了立足之地,因为以有对思维来理解中国传统文化是无法获知其精髓的,因此西方文化不可避免地成为中国目前很多人非常推崇的"先进文化"。尤其是在探讨诸如"李约瑟难题"之类的有关科技问题时,中国传统文化的"落后性"似乎成为定论。中国人本文化对理想人格的塑造和道统文

---

　　[1] 通过中医的医道和医理,对于天人合一文化研究是一个重要的实证范例。另外,现在与中医进行比较的是西医,严格的说是"西方现代医学",那么西方现代以前的医学是什么?如何比较?这都是被掩盖了的问题,让人们无法认清真相的障眼法在发挥作用。

　　[2] 如目前中国,癌症高发多发,虽然癌症的机理没有完全认清,但是经济发展导致生存环境、生活资料的破坏是一个大的诱因,财富的增加并没有提高普遍健康水平;经济的高度发达与严重的健康危机、道德危机并存。这就是"非厚德无以载物",厚德之下的财富增加,是完全可以避免这样的恶性循环局面的。我们现在往往已经不知道还有这样的智慧了,而是用现实的功利主义取而代之。

化对宇宙终极规律的探求方法，与所谓科技发展并无任何矛盾之处，只是有些人似乎认为圣贤在探寻人生意义的过程中没有同时设计出现代武器是圣贤的"严重失职"，或者认为拥有现代武器的人无须追寻人生意义，或者认为古人过度追寻人生意义必然导致近现代科技的缺位因而理所当然要归罪于圣贤？一方面，中国古代并非没有科技，而是成果丰硕，这在科技史的研究中是一个常识性结论；另一方面，西方的科技也有其起源的一个点，其普遍传播亦是一个逐渐的过程，只是这个原点没有在中国而已。以"自己为何不是富二代"之心态将怨气撒向古人有道理吗？现代的我们充分意识到了科技的重要性，但是我们依然没有独占鳌头，这与古代圣贤还相关吗？所谓的"没能产生科技"成为排斥中国传统文化的理由，不正是一种犹如法律与道德一定要分高下而不能和谐一体之对立思维的淋漓尽致的体现吗？在现代中国，用人本文化来提升理想人格，对现代科技的发展一定会起到积极的促进作用，人的问题解决了，一切问题都会迎刃而解，这是一个极为关键的理念问题，是科技界非常有必要深入思考的。同时，现代科技与人的修身根本不矛盾，而是人心善恶决定了科技是造福人类还是助纣为虐。如果秉承自强不息的民族精神，我们的明天是否会更美好？洞悉天地玄机和明了人生终极意义的圣贤们，在人生最根本处化育世人，这是和科技产生本身就是并无必然因果关联的两个层面问题，正如得道高僧如果通过入定感悟了宇宙如何存在和运行之后，他会告诉人们戒定慧的方法和道理[1]，而不是转身去设计一架哈勃望远镜；没有真正体悟天道的人，根本无法知晓如何回答李约瑟难题；李约瑟之问如果变为"西方社会为何没能首先出现基于人本的文化"，恐怕没有多少现代人会去纠缠这个答案是什么，因为这个答案对实用主义、功利主义者没有意义，科技之问代表的是实用、功利之问。

（三）外求与内修之学问——斗争之学与修己之学

1. 关于心物一元

中国传统文化的概念中，有和无是相对的概念，西方哲学中物质和意识相对区分的概念并非评价中国传统文化的唯一标准。物质和意识的概念，与

---

[1] 谈到入定的问题，科学主义者马上会说"这不科学"，一旦"科学"成为意识形态之后，对入定之类的存在的肯定或者否定成为一个"极为严重"的问题；但是，无知者更喜欢充当上帝，以有限知识否定一切自己未知的存在，这是必须警醒的；对于自己不懂的道理，最好秉承实事求是的态度，知之为知之，不知为不知，不可不知而强说为知。

实有和虚无并非等同。西方的物质是人肉眼可见的，但是所谓的物质无限进入微观之后，物理概念中的波粒二象性就决定了物质不存在；还比如声波电波，虽然不可见，但是确是实有的存在。西方所谓的意识，也是实有的存在，只是不能以肉眼进行观察而已。西方所谓的意识就是在所谓心理学的层面上研究问题，比如，西方的弗洛伊德和荣格作为著名的心理学鼻祖，笔者也曾仔细研读其学说精要，发现其研究的内容和中国传统文化所讲的心性完全不在一个层级上，和中国传统文化的心性处在不同的层面。西方心理学停留在对遮蔽心性的诸多"意识"本身进行研究的层面上，而在中国传统文化中，是在于去掉对心性的诸多遮蔽而明心见性，所谓心性本体达到"物来自映、物去不留"的境界，亦即"见诸相非相，即见如来"。而西方心理学的"意识"只在于研究心性所映之"物"。所以，"物质决定意识，意识是对物质的客观反映"，这是一个从西方心理学层面探讨的生理心理机制问题，从生理心理机制角度而言是正确的，但这绝不是唯一的衡量问题的视角和标准，如若不然，则物质与意识本身从物理学的角度是难以被绝对界定的，同时，别人的意识对自己来说也是意识，但是别人的意识通过人际交流当然会影响、决定自己的意识，这就成了意识决定意识。仅举"孟母三迁"为例，孟子之所以成为一代大儒被尊称为亚圣，影响了中国文化两千年，并不是孟母三迁中周围的物质环境发生了变化，而是人文环境发生了变化，才造就了孟子成为亚圣这一结果，孟子成为亚圣显然不是因为被物质决定的意识，而是因为人的心性之原因。因此，心性和意识绝不是一回事，这是整个人类大历史带给我们的一个常识结论，不可被随意曲解。如果我们从西方的主客观的角度分析，同样的道理，所谓主观也在客观之中、是"客观"的一部分，因为其真实存在，所谓一切的客观对自己来说都是主观，主观所认识的客观并不是所谓客观自身；"我思故我在"之类的所谓哲学命题，看似是一个哲学问题，实质上首先是一个逻辑问题，这种逻辑的前提还是进行了物质和意识相对立的二分法，与从生理机制角度探讨的"物质决定意识"并无绝对的矛盾，要看如何理解；将所有一体联系的世界依据自己所谓的主观进行割裂，再讨论主观客观，本身就是所谓主观，也就是意识，因此物质决定意识等同于客观决定主观；但是客观与主观这样的区分本身就是一个逻辑陷阱；在同样的客观、物质世界中的人，有的人悲天悯人，有的人暴虐成性，是什么物质决定了这样的"意识"差别？我们根本无法用客观物质决定主观意识这样的观点来说明，如果物质决定意识不单纯是生理心理机制问题而是衡量一切的终极标准，那么人类的信仰和文化就会失去意义，没有任何存在的必要。甚至就如我们经常争论的"物质决定意识"还是"意识决定物质"这样的唯物主义和唯心主义的划分标准，在同样的物质环境和经济发展程度、物质丰富程度中，有人"唯物"有人却"唯心"，这又作何解释？这种差别都是在"意识"这一"思维"层面打转而已。打比方而言，如果把心性本体比喻成湖中的水，意识就相当于微风吹起的涟漪；中国传统文化的心物一元论明确了水是心性本体，同时指出涟漪是起心动念的表现，但是二者的关系是一体的，也就是空即是色、色即是空；而西方心理学与意识只是在研究湖面涟漪的形状以及引起涟漪的微风，而忽略了水生涟漪、涟漪本质亦为水。我们实在是曲解了物质决定意识这样的本意，并且以这样的曲解来划分敌友和阵营，这样的敌友划分带来的结果是什么？我们很难说这带来了有实质意义的开悟，而平添了人与人之间的矛盾和隔阂。这就涉及一个文化包容和文化战略中的智慧的问题。文化用来团结更多的朋友，还是制造更多的敌人？这是一个大问题。中国传统文化并没有以对立思维来研究问题，因此不存在这种对立的争论，是通过向心内求法而达到天人合一，因此和西方的唯物唯心之争完全是两个不同层面的问题，恰如西方人在争论黑板是长方形还是黑色的时候，中国传统文化研究在黑板上如何写出漂亮的字，中国传统文化的精髓是无须用西方的唯物主义和唯心主义来衡量评判的，在西方语境下进行唯物与唯心的争论具有重大意义，当我们面对西方文化的时候，参与到唯物唯心的理论争论中秉承自己的唯物立场也是必需的，但是如果将西方有对思维下的争论当成我们思考的唯一范式就显得没有必要了，因此说中国问题需要中国人用中国思维来解决，这是有着深刻的道理的，用中国文化、中国思维、中国智慧来解决中国问题天经地义。所谓的心和物，在中国传统文化的理解中，根本无须如西方般争论何者具有"第一性"的问题，需要争论谁具有第一性的不是"心"和"物"，而是西方的"心理"和"物质"。如果对中国传统文化之无对思维与西方有对思维前提下的各种争论不做出清晰的区分，这种争论就会永远没有答案，如果不从根本处理解中国传统文化的无对思维根基，不能正确认识天人合一的真正意义，则中国传统文化就只剩下了皮毛，就会完全失去生命力，我们的传统文化复兴也就失去了意义，那么中国传统文化就真的会沦落为"道德哲学"和"空洞的道德说教"。这里面涉及意识形态的问题，但却必须正面面对，要用中国现代的研究成果来完善这一重大理论问题或者说真理问题，这需要政治智慧和学术担当。当然，笔者对于上述问题的理解只是一家之言，这个大问题需要更多的学界精英共同完成，这也应该作为中国国家总体文化战略需要研究的重中之重。西方的很多理论完全是在意识和逻辑、概念层面之内进行思辨，思辨之学就是头脑中的概念和逻辑在打转转而已，和中国传统文化的体悟之学完全不是一回事。中国传统文化将"思辨"当作达到目标——即回归本体的方法之一，而思辨本身及其产生的理论并不是本体，这是两个境界中的两回事。心性是中国传统文化的最根本的基础，所有的文化成果只有建立在心性之上才有意义，如果否定心性本身，则传统文化亦无复兴之必要和可能。

2. 进行有效的反思

物质与意识的关系是一个重大的理论课题，是需要我们负责任、有远见的思考并拿出堪称真知灼见的结论的。本书无法做出终极性结论，但是就目前的一些研究进行简单探讨。在国内的论著中，我们经常见到列宁对物质与意识关系的经典定义："物质是标志客观实在的哲学范畴，这种客观实在是人通过感觉感知的，它不依赖我们的感觉而存在，为我们的感觉所复写、摄影、反映。"[1]"随着科学技术的发展和人类认识能力的提高，列宁的物质定义日益显现出不够精确的地方。首先，它仅把认识止于'感知'，而没有经历思维逻辑的上升过程；其次，有些物质如基本粒子、场等，并不是肉体感官可以直接反映的，而要借助延长了的非肉体的感觉器。"[2]我们现在很多人所理解的物质决定意识，就是体现出了列宁这一"不够精确"的定义中"没有经历思维逻辑的上升过程"这一弊病。还比如，"恩格斯把物质理解为存在，但他在批判杜林时又指出存在并非皆物质"[3]。总之，物质和意识的关系并非一个终极定论已经毫无疑问地摆在了我们面前。在日本的江本胜博士进行的物质与意识关系的实验成果《水知道答案》一书问世之后，我们更有了一个从现代科学角度看问题的机会。根据实验结果，人以善念面对一杯水的时候，水结晶呈现出规则而美丽的形状，当人以恶念面对一杯水的时候，水结晶呈

---

[1]《列宁选集》（第2卷），人民出版社1995年版，第89页。
[2] 张允熠：《中国文化与马克思主义》，人民出版社2015年版，第86~87页。
[3] 张允熠：《中国文化与马克思主义》，人民出版社2015年版，第87页。

现出丑陋的不规则形状。意识在这个时候决定了水结晶的形状。以上论述在于表明，探索世界的未知是我们共同的责任，在探求世界真相的道路上，我们无须教条地故步自封，而是应该不断地修正自己的认知。这个世界远比我们想象得复杂，人类在纷繁复杂的世界中，还是一个"小学生"，每个人都可能在不同的层面认识世界，不同层面犹如平行线，没有交集的时候，切莫强行幻想出一个交集而争短长论是非。秉承敬畏之心而不是狂妄自大才是一个应有的态度，"认识你自己"才是一个终极命题。前述中国文化中天人合一的智慧和内求的方法，可以告别这些纷争，那我们是否应该据此告别纷争寻求和谐呢？中华民族的智慧，永远不过时，这是我们文化自信的一个重要源泉。

3. 抛弃"有对"回归"无对"

西方的有对思维存在一个共同特点，就是按照自己的逻辑思维树立一个标准，让所有人都必须完全进入这个人为设定的概念逻辑来探讨问题，按照这个"主观"标准将世界一分为二，这两个部分的关系是一切关系的主轴和枢纽，这样导致的结果是，本来共为一体的世界被一分为二不再作为一体，同时将自己逻辑思维中的标准确立为一切的标准，原本逻辑和概念是依照世界而产生和存在的，现在却反过来了，似乎世界需要依据人的主观标准和人为概念而存在，这就完全陷入了我们所批判的唯心主义，很多批判唯心主义的人，在这种有对思维的驱使下，自己却深陷唯心主义而不自知。在这种逻辑陷阱下，各种对立和斗争、争辩无穷无尽，根源在于这个逻辑前提本身就是错误的，这就是人类自己画地为牢，最终是根本不可能争论出所谓正确结果的。这种对整体世界作切面、每个人都自以为高明地对世界切上一刀来确立一个标准、进行对立划分的有对思维，亟须用中国传统文化中"中庸"的智慧予以解决。中国传统文化始终是在讲认知自己和宇宙的方法，方法众多，但这些方法只是工具，并非我们追求的真相与终极。西方的有对思维逻辑却要求这种认知世界的方法伴随始终，在方法之外找不到终极问题，将方法这一工具当成了终极，这是一个极大的问题，需要慎思明辨。譬如，中国的孔子、老子，在体悟生命真谛和天道的时候，从来都不需要设定一个所谓的逻辑概念和逻辑方法，更不需要把世界切上一刀，但是却悟得了生命的真谛并向人们讲解如何悟道。那种先设定一个人为的逻辑，将所有一切事物都带入逻辑之中来求道的方法，和中国传统文化完全不在一个层面上，我们今天走进这种逻辑来评判中国传统文化，是得不出正确结论的，这与前文所述的筷子为何依据西方标准不再是餐具，是一个道理。

4. 警惕"科学主义"之大害

起源于西方的"科学"，一般是指自然科学甚至主要是科学带来的技术，其在西方未能取代宗教信仰，也未能动摇我们称之为哲学的"西方文化学"。但是在中国，科学却似乎成功地取代了中国传统文化，至少是在优劣高下之争的角度上，科学包揽了文化的"法官"以及后续的"管教狱警"双重角色。原本风马牛不相及的文化与科学，为什么对立起来并且造成了如此般之现状？"德先生"和"赛先生"到访近代中国并反客为主的那段历史自不待言，中国人耳熟能详、妇孺皆知。当我们喜欢以单一视角极致化地去评判历史的时候，功效立竿见影，但是当我们放眼更长远的时空以及站位于更高远的视野中，方能明白，任何评判都还是秉持"中庸"为好。于科学理念之传播，其中演变为今日的"科学主义"对今日之文化现状更是起了关键作用，必须厘清并明辨。人我分别、人物分别之有对思维，决定了西方世界观中始终是外求和斗争作为主要的人生路径，这样的路径和苏格拉底所倡导的"德性就是知识"是完全悖反的，柏拉图还是顺应着苏格拉底的路径的，但是到了"吾爱吾师，吾更爱真理"的亚里士多德，这种路径就完全改变了。真理究竟掌握在了谁的手里，并不是更爱真理这样的豪言壮语就可以宣誓的。到了后来，西方近现代的各种学说已经达到了人和人之对立思维的极致，所谓的社会契约论这种将人性之恶扩大到极致的假说、进化论这种将人和动物不做任何区分亦即将人完全等同于动物的假说牵着西方的鼻子走，中国近代也出现了旗帜鲜明地反对中国传统文化的潮流，将鼻子主动凑到各种虚无缥缈的假说之上去追寻真理，以假说为基础去追求真理是找不到真理的。如生物进化论所谓的物竞天择适者生存，是完全不适合人类的，人类社会是依靠人文而生存发展的，如果真的是进化，人类需要长出比猿猴更好的皮毛以便能够出生就适应大自然而不是婴儿必须在襁褓中被呵护。人类对大自然的天然适应性是远远不如动物的，人类的高级不在于对自然的适应性。西方人为了反对教权的黑暗统治，以人的祖先是不是猴子展开大争论，这和中国传统文化没什么关系，我们非要去站队表明我们也是猴子变的，这完全没必要。人类是否可能是一步到位化育而成？人类祖先是否可能来自外星移民？有无数种可能性，这些可能性都是我们目前根本无法回答的问题，为什么非要以一种西方假说来构筑我们的文化前提呢？这是需要认真思考的。真理是需要依靠智慧求得的，而不是依靠盲从。不知道的东西可以存而不论，但是绝对不可以盲从而作茧自缚。譬如老子的《道德经》，如果以目前科学主义的立场，老子作为一个"人"是无法获知道德经所讲述的很多内容的，如"道生一、一生二、二生三、三生万物"这种对宇宙天地初开的描述，如果以科学主义之"以科学方法获得的目前有限认知作为评判一切正误的最高标准"思维作为意识形态要求，那么中国传统文化的道统就是不可信任的，道统根基如若无法确立，我们的传统文化是不可能被发扬光大的。抛开科学主义的束缚，中国传统文化的道统是没有任何问题的，只是以什么方法去认知的问题。举一个典型的例子，现代中国有一位朱清时先生，原来从事科学研究，后来通过禅定等方法研究"人体真气"，这引起舆论的一片哗然，虽然朱清时先生告诉人们他自己的一种真实的研究体悟，但是却被质疑为"背叛科学"而遭到众多口诛笔伐，只是因为其采用的方法不是"科学"方法。实质上，朱清时先生的行为与科学没有任何冲突，只是和"科学主义"发生了冲突。这样的问题不仅是一个科学问题，也是对发扬光大中国传统文化至为重要的观念问题。如果不能认清科学主义的本质，将真正的科学和科学主义混为一谈，社会的撕裂必将越来越严重，因为科学主义者及其信众是不喜欢容忍超越其有限智识的人存在的，或者说随时会以"新上帝"自居来评判一切超越其有限智识者之更高智识的合理性和"科学性"，科学主义者总是喜欢为自己之外的探求世界真相的人设定一个与科学主义者自己等高的天花板和划定的前进道路，且认为天经地义。笔者认为，中国学界必须重视这一问题，这是一个非常关键的大问题。我们总是无暇去提及，譬如牛顿三大定律，一旦离开地球就马上失效了。再如，中国自古研究的心性问题，在老百姓观念中归结为四个字"天地良心"，这个"天地良心"依据科学主义的立场，也是"不科学"的，甚至父母对子女无私的爱、"恻隐之心人皆有之"是依据什么"科学原理"也不得而知。以现在科学研究的水平和成果来分析，这也必然"不科学"，也就是科学是无法透彻解释的，至于中国古代圣贤如王阳明的致良知和孔子、老子之体悟天地大道，宇宙的存在及阴阳变化等就更加"不科学"了。宇宙人世间的道理，有着太多太多的"不科学"，难道这些都必须亦步亦趋地有赖于科学主义者哪一天想明白了，我们才能名正言顺的宣扬我们早已通过其他方式认知到的宇宙、天地、人间之道理吗？科学本来是探求世界的本原，在科学主义者的立场上，却扭曲成为世界的本原必须依据现有科学认知水平而真实存在。我们都应该知道答案的是，如果科学一直没能将人类这种情感的"科学原理"研究明白并向世人展示，是不是我们应该果断的抛弃这种"不科学"的人类天然情感呢？科学主义者有什么资格充当上帝而处处为别人制定标准？科学主义者必须正视并回答这些问题。科学是用来更好地理解世界的，而不是被科学主义者歪曲利用，最后沦为自以为可以用来解释一切、评判一切的科学主义者的宗教。所以，对于国家治理而言，科学主义者意义上的科学绝对不应该成为潜在的意识形态，否则危害极其巨大。科学方法只是认识世界的众多方法之一，却被科学主义者藐视一切地宣誓为最正确的和追求真理的唯一方法，科学检验标准只是验证真理的标准之一，却被科学主义者藐视一切地宣誓为检验真理的唯一和最高标准，科学成果只是人类通过科学途径认识世界的有限成果，却被科学主义者藐视一切地宣誓为人类认识世界取得的最高成就，科学只涉足了世界的一部分领域，却被科学主义者藐视一切地宣誓其涵盖了或者可以评判人类和宇宙的全部领域，这就是大问题。科学主义者将科学变成了容不下"异己"的"新宗教"，异端审判以不易被人察觉的方式悄然进行并且似乎取得了毋庸置疑的地位。科学主义不仅不符合真正的科学精神，而且是科学发展道路上一个极大的障碍，这一点必须警醒再警醒。中国优秀传统文化在这场跨世纪的"科学新宗教"作为"法官"的审判中，太多太多的优秀传统文化甚至传统文化的根基和最高成就都被贴上了"糟粕"和"迷信"的标签[1]。楼宇烈先生曾经说过：尽管我们常讲"取其精华，去其糟粕"，但是很多人分不清什么是精华，什么是糟粕，"精华"部分到了无能的后辈手上也会变成糟粕，所谓"糟粕"到了有智慧的后辈手上也会变成精华。[2]但愿现代中国多一些有智慧的"后辈"，少一些无能的"后辈"。这里必须提及的是，中国和西方的绝大部分科学家，都不是科学主义者，从来都不会以"新上帝"自居，而是保持着敬畏之心去探索未知以造福人类，造福人类正是基于科学主义者立场下"不科学"的人类情感，亦是人文。有人可能会说，通过对大量现象的观察能够得出人类情感这一客

---

[1] 目前文化界和科学界提出了反对"科学警察"的观点，就是这个意思。科学不应该被扭曲为某些井底之蛙批判翱翔天宇的苍鹰的武器。这是对科学本身的伤害。科学有其精深和擅长的领域，而不是可以评判一切。用科学取代文化是后患无穷的，就像一个人不能因为有了一身新衣服就膨胀到把吃饭的碗砸烂一样。

[2] 楼宇烈：《中国文化的根本精神》，中华书局2016年版，第24页。

观现象，这也是科学，但是这种科学观察有可以明确示人的"科学原理"解释和支撑吗？如果没有，是否需要当作迷信对待？须谨记，传统文化留给我们的是无尽的智慧和真理，我们需要防范的是以传统文化之名招摇撞骗的各色人等，譬如中国公安机关近年来就破获了以"致良知"为名头的诈骗集团和各种号称致力于心性修养的"灵修培训班"诈骗案件，但是我们不能因为这些招摇撞骗之人的存在而因噎废食的否定传统文化，反而是，真正的传统文化一旦普遍被大众认识，这些骗子也就失去了市场，而这个市场的存在又恰恰说明我们在传统文化上的严重缺失。正如我们应该如何看待胡适的一个著名论断："一个肮脏的国家，如果人人讲规则而不是空谈道德，最终会变成一个有人味儿的正常国家，道德会自然回归；反之，一个干净的国家，如果人人不讲规则却大谈道德、谈高尚，天天没事就谈道德规范，人人大公无私，最终这个国家会堕落成为一个伪君子遍布的肮脏国家。"这个论断被很多论者奉为至理名言，但是却忽略了这是一个本末倒置的论断，因为真正讲道德的人是必然遵守规则的，如果人人不讲规则而空谈道德，恰恰说明没有真正的道德。这个问题错不在道德和谈论道德，错在真正的道德缺位，我们不能以真正的道德缺位的事实状态来否定道德，而是需要通过规则底线的遵守作为一个方面来让真正的道德回归，但是规则绝不是道德本身，也不是换来道德回归的内在动力，只是外在约束。一言以蔽之：认真思辨切莫盲从。[1]本末倒置的名人名言，说明了什么？"德先生"和"赛先生"的这位始作俑者及信仰者如是思考问题。"自天子以至于庶人，壹是皆以修身为本。其本乱而末治者，否矣。其所厚者薄，而其所薄者厚，未之有也。"（语出《大学》）和这句话相比，哪种说法更有道理？高下立见！

三、中西文化互通——良知是人本文化的终极

（一）殊途最应同归处——人类良知

1. 无良社会极其可怕

理想人格发端于人性之良知，此即人本文化之要义。前文已经对文化的

---

[1] 当下的盲从之风盛行，根本原因在于没有辨识能力或者戾气太重。譬如笔者在网上看到了一个盛赞美国法治的帖子："美国法治的伟大之处在于，即使一条狗当选美国总统，美国都不会偏离正轨，因为法治已经安排好了一切。"这让很多人对美国法治无限崇拜。美国的"法治"真的如此吗？很多人现在已经达到了这样缺乏基本辨识能力的程度，可悲可叹！

社会根本地位、作用进行了描述，文化就是人心问题。如果社会整体陷入信任危机和人性危机，社会成员由彼此互助的和谐关系变成彼此防范、互相伤害的敌对关系。每个人，包括对恶沉默纵容的人，都觉得自己积极的恶或者消极的沉默行为是不会伤及自己的，结果最终谁都难免受伤害，也就是社会整体性的堕落、撕裂和崩溃。而这一切，都发端于每个人的善恶取舍，每个人都不可能是局外人，都是戏中人。人心之善恶取舍，虽然无形无相，但是却构成了人类社会一个无形的法则和因果规律。如果有天道和上帝法则，这种人类社会的因果律难道不就是天道或者上帝法则的一部分或者表现之一吗？它并非如种瓜得瓜般真实可见，也并非如声波、光波般可以观测，但是却以非物理存在的形式左右着人类社会的共同命运——推而广之，人类的命运在自己手中，在人类共同体的心中。见利忘义的结果如此，如果是播下仇恨的种子，那这个世界就会更加不堪，各种人类战争、宗教流血冲突、民族种族冲突等人类之灾难，往往更多的是为了利益而深埋仇恨的种子以便获得正义之名，难道不更值得警惕吗？当然，其结果却是以人类社会共同承担代价为必然，历史总是在不断地往复轮回。因此，根植于人性和良知的政治治理理论才是政道，外乎人性与良知的理论只能是治术。

2. 分歧不除纷争难止

关于良知，普通人都会有时刻的切身感受自己的良知以及他人的良知，也在时刻享受着良知带来的社会美好和心灵自由。但是如何更加深刻的认识良知？中国的天道和西方的上帝就是解决良知问题的一个最高准则和根据。如果不从天道和上帝的角度论述良知，当然也可以自成体系。但是为何中西文化偏偏出现了天道和上帝的问题？中国的天道和西方的上帝是否真实存在以及是何种存在？天道和上帝是什么关系？如何才能悟道或者与上帝对话？一种观点认为，天道和上帝就是一种愚民之说辞，另一种观点却认为，天道和上帝是真实存在的。我们首先对"自然上帝"进行一个简单归纳：在自然上帝将宇宙归之为"物理之自然界"的观点中，虽然可以参照日月星辰、四季轮回等做出万物循环往复、周而复始、和谐有序的启迪，并因此推定人类社会应该效法"物理"之自然安排生活、探寻规律，但是这种认识并没有真正建立宇宙法则和人类社会的因果联系。自然上帝理论中加入了宇宙法则和人类社会因果联系和共同法则的学说，可以归入信仰上帝的类别。西方的上帝，有将其视为最完美的人——人格神的认识，也有将上帝视为并无人的形象但是具有人格特质的认识，也有认为上帝不具备人的形象和人格特征、无形无相的认识，但是只要认为上帝的法则具有统摄人类社会之因果联系，便可认为是信仰上帝。信仰上帝的人，也试图证明上帝的存在以及存在形态，但是以人类思维的方式却是无法证明上帝存在的，只有相信无法证明的上帝的存在才能探求上帝之法。因此，在西方的观念中，上帝始终是在人心之外并且统治人的，也因此，上帝往往伴随着神学色彩，良知的终极也就存在于人之外的上帝，这就会导致不信仰上帝的人认为上帝之说是愚民。我们在转而看起源于印度[1]的佛家，佛家表述了"天人"即神的存在，但是佛家却认为人的最高主宰不在人之外，而在人的自心，因此将心外求法的教义称之为"外道"，亦即虽然天地间有神，但是人是人自己的主宰。佛家在认为人是人的主宰的基础上，在逻辑上确无必要再"虚构"出高于人的宇宙终极实相，因此佛家的宇宙观无法被无神论者武断地认为是故弄玄虚，而是认为这是普通人没有获知的真相。如佛陀通过禅定之观想方法，认为宇宙是由三千大千世界组成——也就是现代科学所观察到的宇宙模型，这就让人无法认为这是一种猜想或者巧合[2]。再看中国儒家，比如孔子相信鬼神吗？有论者从"子不语怪力乱神"这句话推断孔子是无神论者，但是孔子恰恰是认同鬼神存在的，认为鬼神是另一种生命形式，只是孔子构建的是人本的学说，因此不需要将鬼神作为前提，老子的道家亦是如此。所以说，中国文化为何被称为儒释道文化，其中主要原因之一就是儒释道都讲求人的主宰是人自己，而不是外在于人的神秘权威。当然，人自己真正明心见性之后，能够感知到的宇宙实相是什么，这是修身的体悟结果，而不是修身的前提信仰。因此，中西文化最大的差异是人的主宰是人本身还是外在于人，而中国传统文化讲求的是自身的真实体悟，西方文化无论真实体悟与否，更注重的是虔诚信仰和上帝的神启。我们看待中西文化的根本问题，就会理解中西大历史上文化交融中出现的现象，虽然基督教经过传教士传入中国多次，但是始终未能成为中国

---

[1] 当然，也有论者认为佛家并非起源于印度，而是认为佛陀本人是华夏人，因此佛家起源于华夏，论据很多，比如认为佛教在印度之所以后来被印度教所取代，就是因为印度人认为这是华夏人的宗教，是外来教义。

[2] 本书并非佛学研究专题，因此不做深入探讨，但是笔者反对那种认为现代科学已经对佛学证伪的肤浅认知，这种观点是科学主义的产物。

文化的主流。中西文化互通始终是一个大问题，比如，其中的关键："道"就是"上帝"吗？这是需要仔细琢磨的，但是无论如何，良知文化应该是消解中西文化分歧的起点和终点。

(二) 天道与上帝本自同一

在古希腊的观念中，诸神虽然居于人之上，但是诸神并不是终极的主宰，诸神也要听从"命运"的主宰。在犹太民族确立耶和华神作为自己民族的上帝之后，上帝就是宇宙和人间的终极主宰。在西方文化流变过程中，上帝由最初的无形无相的神变成了观念中人格化的神，但西方上帝的观念按照其本源却应该是非人格化的宇宙主宰。我们虽然不能武断地认为摩西在西奈山上与上帝对话的过程可以理解为佛陀在菩提树下禅定而最终"睹明星而悟道"一样的过程，也不能随意的猜测柏拉图的洞穴理论是否是在以自己的方式"悟道"之后告知人们的天道原理，也不能完全肯定孔子在七十岁能够"从心所欲而不逾矩"是否也是对最高精神境界的表达，但是笔者认为轴心时代的圣贤们达到人类精神世界的巅峰应该是殊途而同归的。因此，笔者认为中国的天道与西方的上帝是同一所指，只是表达方式和圣贤采取不同的传道方式造成了后人理解中的差别。譬如上述圣贤们基本都在表述着人与人之间要做到"无人我分别"的教导，那么对于同在一个宇宙中、同样为人的人类，当然在同一个最高主宰中。当然，中西方对最高主宰采取了不同的认知途径，如中国传统文化一直讲求的是向自心求法的"内求"，而西方采取的是尊崇外在上帝的"外求"，这样的差别决定了其包容性的不同。中国的天道与人道合一的方式就是人的仁德即是天道，其核心始终在人本身，因此具有包容性，也就是人只要是追求仁德、秉承良知，就是合道的，人心即是道心；但是西方却以宗教方式进行，人心在上帝之下，人心不能直接等同于道心，宗教作为一种人的组织具有排他性，因而就不具备中国传统文化的包容性。

这是一个中西互通的大问题，因此需要进一步进行学理考证和深入分析。南怀瑾曾说，在21世纪，所有的宗教应该都脱去宗教的外衣，这样才能够实现各自教义所倡导的精神，这也就是寻求对宇宙的"最高主宰"的共同理解而无须以宗教等形式分宗立派的意诣。这是一个非常大的、非常复杂的问题。笔者在此以人类的起源为视角做一个简单的猜想：犹太教教义中的上帝形象，前文已经描述过，应该是非人格化的存在，甚至没有具体形象。在基督教的学说中，因为是上帝造人，而且有一个具体过程的描述广为流传，那就是上帝用泥土捏出人类形体并且吹一口气让泥人变成了活生生的人类，所以这个说法暗含着一个"人格化上帝"存在的前提。当然，这和女娲补天、女娲造人是同一个故事的不同版本而已，"故事"中的上帝和女娲，与无形无相的上帝就有了分别。而达尔文伊始的生物进化论之所以说人是猿猴变的否定了"上帝造人"说，是因为如果人是猿猴变的，则人格化上帝造人就被否定了，进而上帝就被否定了。而西方的自然神或者自然宗教学说，是在否认了人格化上帝的基础上，认为有一个非人格化的宇宙最高主宰，称之为自然神或者自然法则。在中国的学说中，道家将"道"作为宇宙的最高主宰，儒家也将"道"作为最高主宰。儒家道家的学说中，"道"是先天地而生的，因此更加无形无相，更不可能是人格化的存在。佛家的学说对人类的起源也有自己的描述，如人是从光音天（有人猜测是外星球或者其他维度的时空）来到地球的，而且佛家也不认为宇宙最高主宰是人格化的存在。虽然以上中、印、西的学说中对于最高主宰的认知不同，但是基本都承认"神"或者"仙"或者"天人"的存在。唯有达尔文派和自然神论者不明确承认神仙的存在。同时，中、印文化中认为人应该自己成为自己的主宰；而在西方观念中，人永远无法成为自己的主宰，唯有顺从上帝和神。

　　上述论证背景澄清之后，我们可以发现，所有学说在人类起源问题上，其核心差别在于是否有一位"人格化"的最高主宰存在并决定和安排了一切，包括人类的出现。当我们仔细考证西方宗教的历史时会发现，人格化上帝在西方应该是一种对"上帝"的误传，因此"上帝造人"应该是一种文字描述的问题导致了这个"故事"的流传。如果这样的前提成立，那么所有的问题就迎刃而解了。如果我们认为人类是以宇宙大爆炸之后的无机物—有机物—单细胞—多细胞—植物—动物—猿猴—人这样的顺序出现，那么谁又能说这样的过程是真实的？假定这是真实的，那么谁又能说这一切都是在人类所谓的"巧合"下发生的？一切都"迷迷糊糊"地发生了，人类也"迷迷糊糊"地来到宇宙间，然后又"迷迷糊糊"地离开了，我们每个个体都如此无奈地被这个世界带来又被这个世界带走？这背后的机理、本原的存在是肯定的，只是达尔文们没有发现并且因为没有发现而否定其存在。如果我们肯定了本原（包括本体、实相、动因、动力、规律、因果）的存在，那么所有的宗教和自然神论、道家、儒家等就完全统一起来了。只是在西方出现了一个争论，一派认为最高主宰不可认识因此无条件信奉即可，另一派认为最高主宰可以认识，并且认为认识了之后才信奉，这就是可知论和不可知论。其实二者的无差别之处在于，都在一个求道的过程中，谁也没证道而已。反而当我们去读尼采这个"疯子"的书，却发现尼采似乎是一个"明白人"。总之，对于宇宙的本原，你可以称之为自然神、上帝、混沌、道……称之为什么合适？称之为任何名称都对其没有任何影响，只是影响我们自己而已。因此，老子在两千五百年前就告诉我们了："有物混成，先天地生，寂兮寥兮，独立而不改，周行而不殆，可以为天地母。"因为"吾不知其名"，所以"字之曰道"。"道"是老子为最高主宰和宇宙本原所起的一个"代号"，这和"上帝"这个代号有分别吗？因此，说上帝造人也好，说人是天地化育而成也好，不都是一个意思吗？只是老子、佛陀、孔子体悟道了宇宙本原的真实面貌，也就是宇宙实相。所以，世间哪里需要有那么多纷争？人类，天地化育并且与天地本为同体、断无可分者也。所以"独与天地精神往来""为天地立心""天人合一"才不是虚言诳语，而这一切，都无非"回归人本"并且"以仁为本"而已。世间的道理其实就是如此简单，所以说：大道至简。求道证道之法，内求良知最为简便易行。这就建立了一个完全无障碍的中西互通、所有人类互通、天人互通、人和终极法则以及终极实相互通的学理基础。

第三节 法治模式/制度的比较——治道/治术的生成

中国现代法治除了文化根基上的误区之外，更主要的在于以西方法治理据推动西方式政治模式作为法治模式方面的问题。当我们将法治模式和政治模式完全置于同一个意义上进行一体化的研究时，会出现对法治/政治模式的认知误区，需要深入研究。下面就限权法治模式、民主法治模式、两党轮流执政和三权分立四个主要方面进行论证。

一、法治模式之限权法治

(一) 法治蕴涵的制度模式是政治的结果

关于中国的家国天下问题，很多观点认为中国传统社会没有国家的概念？只有文化圈的概念？这不完全是事实，但是在一个共同的文化圈中，国家的概念显然是被淡化的。在春秋战国阶段，小国林立，这犹如英国近代殖民印度之前的几百个"国家"分散的状态，也类似古希腊城邦的状态。但是西方分散治权的问题是一个贯穿较长历史阶段的问题,不具备大一统的国家状态较长;因此西方的政治模式实际上取决于这种政治分散状态以及每一个国家内部未能形成一个强大的政治核心。在漫长的欧洲中世纪,实际上教权成为政治的核心力量。因此每一个阶段的政治制度实际上取决于当时的具体的政治格局。

制度不是设计出来的,而是现实政治博弈的结果,其取决于各种政治力量的实力以及制度的目的。在这一点上,我们是无法用现代的所谓制度先进和制度落后来评判的。但从总体上看,在现代以前,包括近代时期,世界各国基本上处于一个政治等级秩序主导的社会,文化上的平等要求在与事实的政治等级的对抗中发展。现代以来才形成了我们现在认为的正常的、体现平等的政治制度,但是这种政治制度是一贯的平等文化加之现实政治和利益格局变化的结果。如果在王权、君权、教权独大的时代,指望设计出一种主张"人人平等""大众是国家的主人"的政治制度,是不现实的,中西概莫能外。我们今天习惯于以西方早已有之的平等理念和中国等级秩序的政治现实相比较,得出的一定是极其不公正的结论。以这样的论证方式推崇西方法治,只能误导中国现代法治。

(二)西方限权法治蕴含的政治模式的历史真相

英国《自由大宪章》是国王和贵族之间订立的争夺权力和利益的协议。西方基本上是以权力之间的争夺与抗衡为主线开展国家治理的。之后洛克提出的"立法权"与"行政权"两权分立或者加入"联盟权"的三权分立,或者孟德斯鸠提出的"立法权""行政权""司法权"的三权分立理论,亦不过是西方上千年以来长期的权力斗争的新提法,其本质还是对权力斗争的现实进行理论归纳并提出自己对于权力边界与权力平衡主张的理论表述而已。如"立法权"实际上是"教权"的变种,"行政权"实际上是"王权"的变种;"司法权"实际上是把持审判权力的教会、僧侣、国王等混合主体的变种。在中国并未采取大一统模式的时候,分封而建的周朝和现在美国的联邦制,有异曲同工之妙;战国时期的众多国家,当然也必定出现类似权力分立这种权力斗争中的平衡艺术,比如苏秦、张仪的连横、合纵,皇权和相权的互相制约,就是解决这种权力斗争的智慧,中西在面对同类问题的时候,并没有什么本质不同。因此,天下无新事,在不同的事实权力格局中,必然出现不同的政治模式。任何制度都是有其历史渊源和现实指向的,政权作为暴力维护的产物，是不会依所谓的"理性设计"而运行的，只能是依据各个群体的利益、力量而形成，现实的利益格局、力量对比决定了理论的需求。因此，任何制度设计背后的真正推动力——包括暴力后盾和利益分配——才是制度形成的最终依据。任何时代、任何社会都必然存在着利益平衡，国家治理就是一个利益平衡的过程，中国传统社会的利益平衡艺术非常高超，但是却更多地以非制度化的形式出现；西方本来就形成了公开的权力斗争格局，因此更倾向于将其制度化以及时固定下来。但是无论是非制度化的政治艺术，还是制度化的政治设计，都必须依靠智慧才能维系，矛盾一旦累积到一定程度，就会发生重大变革或者流血革命，这时候任何平衡的艺术或者固定的制度都显得苍白无力，在变革力量的眼中也都无关紧要了。社会中只要被压抑的群体的力量足够强大，就不难找到道义上的依据；道义上的依据、利益的驱动、利益，甚至信念群体的凝聚力量形成之后，社会变革需要的就是机会和具体方法策略了。所以，当一个社会撕裂的特别严重，也就是一部分人对另一部分人的压迫已经超出了容忍的限度，必然发生变革，这是一个历史定律。

（三）洞察限权法治的陷阱

我们现在有机会审慎地思考西方近三百年的学说理论，其中所谓的限权法治、所谓的科学主义与宗教的对抗、所谓的三权分立、所谓的自由民主追求，都是西方社会在针对其自身社会结构中各种利益冲突和人群冲突的时候产生的理据说辞，也就是将一个社会进行有目的性的切割，完成利益和权力争夺的使命。但是这些理论传到了中国之后，学者们并没有仔细对照，反而是将西方社会的诸多以现实功利为目的学说当成了适用于中国的法宝，将用于斗争的理论工具奉为真理，认为这些完全适用于中国社会。西方社会在完成利益和权力的争夺之后，抛弃了这些工具，重新回归到了信仰，比如，现在西方的限权法治、科学主义已经不再是一个引领主流的内容，但是我们却未能从这个逻辑误区中走出来，不从中国社会自身出发、不从中国人自己的思维和智慧思考，结果是我们不断地为西方工具主义理论天生的错误做美化处理，以西方这种天生文化不足的理论来指导现代中国。譬如西方的限权法治，看似没有问题，但是任何社会都需要限制权力，这个并非西方近现代独有，我们不能将限权当作西方近现代的专利和新发明，但是将限权法治作为"主线"就是有问题的，权力必须限制，但是限权不是"主线"，而一定是社会总体中的一个方面，总体和谐共进的理论才能让限权更加成功，这个总体一定是文化。西方社会的成功在于基督教倡导的博爱，在于主流社会倡导的良心自由，而不是近现代以来工具理论提倡的各种撕裂和斗争，我们今天如果还走不出这个逻辑陷阱，不正视问题源，不明白需要通过人文解决撕裂，那就会越走越远离正道。

（四）用中国传统智慧避开限权法治的陷阱

在此对限权法治之限权作一分析说明：限权之"限"在任何社会都是必要的，但是却绝不是根本，"限"据于"主导地位"的时候，至多是社会已经病入膏肓时一种彻底打破旧秩序的思路，但是重构之后一定不是以"限"作为根本，只能作为必要的存在。任何一个社会，人和人都存在能力禀赋的差别，所有人都需要共同提高，一个社会选拔精英来服务大众，大众支持精英的天下为公，这才是良性的社会治理结构。如果天下百姓因不得已而整天想着防范权力的迫害，那么这个社会一定是出现了重大根本问题，譬如西方的近现代革命时期。在当下中国，权力腐败之害有目共睹，很多人认为这主要是法治问题，并且认为大力推行法治就可以解决，但是这个问题的根源在于文化、在于人，其解决也绝非法治思路可以完全完成。譬如我们所讲的"四风"问题，形式主义、官僚主义、享乐主义和奢靡之风，其本质是德不配位的问题，而不是单纯的"法治"问题，四风往往和腐败交织在一起，并且四风的危害甚至远远大于贪污受贿本身，不从文化根本处改变人的内心，这个问题就没有办法根除，不真正选贤任能而是依靠所谓制度，就根本无法根除这个问题，不在社会上形成一种人人秉承良知的文化，就根本无法根除这个问题。让具备与权力匹配之仁德智慧的人执掌权力，这才是根本，让限制权力作为纠偏措施，这非常必要，但绝对不可本末倒置。在一个节目中，当代学人许知远对历史学家许倬云进行访谈，许倬云谈到抗战时期老百姓逃难时表现出的仁爱有序时落泪，并且说他根据这种中国人的仁爱之心坚信中国不会亡。这是中国人在灾难面前的一个缩影，但是这个缩影也明确告诉我们，中华民族在传统文化熏陶下的仁爱是国家永远的支撑和动力，社会的进步永远依靠的是人性的光辉，而不是外在于人心的各种理论和说辞，人一旦失去仁爱之心，社会就无可救药了。那种以渲染"中国人劣根性"为要义的人，不仅是对事实的歪曲，也是对历史的不负责任。现代中国，应该抛开成见和偏见，真正客观地还原历史上的中国人，这样才能真正了解我们的历史，这个民族才能够自信、自尊、自爱。西方法治的特点是，在权力之外的人对抗权力,阶层固化导致无法进入权力的人只能提出抗争理论;中国传统社会是精英和君子入仕,是权力不可辜负天下百姓的自我要求,因此必然与西方的理论是两种路径。现代中国,法治首先是执政者的自我要求,因此就更加需要以中国传统的路径为主导、西方法治的路径为补充。否则,如果不从文化处着眼,则权力的掌控和权力职位的安排成为利益和资源分配的代名词,权力就会被私有化,腐败就会成为一种潜在的激励机制,法律必定无力扭转局面,这时候出现以西方法治路径为主的呼声也就不足为奇了。理论源于现实针对性,不主动改变,就只能被动接受,单纯依靠法治思路寻求改变,最终只能带来被动接受变革的局面。西方社会在近现代只能以这种人和人的对立来寻求问题的解决,现在有些论者认为这是一种绝佳的路径,因此倡导呼吁全社会全民都秉承法治思维和法治的生活方式,意指包括了限权斗争模式,笔者坚持认为,我们现在有条件直接从权力这一本身进行改变,为何一定要倡导全民都在不信任、充满仇视和布满戾气的状态中生活并作为终极生活方式呢?古人云:"穷则独善其身,达则兼济天下。"这是古人讲的君子之德,普通人根本做不到独善其身。如果一个社会中,没有一种越来越浓厚的理想人格追求之文化环境,则有几人可以独善其身呢?不论职业、阶层、穷富、官民,都会在一种物欲主义中慢慢失落与堕落,这绝不是空喊正义民主自由可以解决的问题,因为此时这些抽象价值是没有具体的、实在的人的支撑的。因此,不抓住文化根本,一切努力都是徒劳。社会精英的责任在于身体力行推动社会进步和繁荣,改良社会的不足,带动更多的人成为良知之人的共同体,而不是所谓的"唤醒民众",人人心中都有一杆秤,那就是本自具足的良知,不需要谁用法治去唤醒,我们现在更需要的是去掉世俗欲望主义对良知的遮蔽,更需要的是讲求礼义廉耻。目前,在法治作为底线都无法达到的局面下,文化路径任重道远,以急功近利心态去寻求问题的解决,是无法成功的。因此笔者认为应该确立国家文化总体战略,这必定是一个稳步推进的长期战略。

二、民主法治——民主与法治是两回事

(一)"民主法治"实质指向是政治博弈引领权问题

1. 民主可以是对法治的破坏力量

现在谈到法治,必然出现"民主法治"这样的表述,人们也习惯认为民

主是法治的必然内容，民主是法治的当然方式。其实，民主和法治并不是一个层面的概念，不可当然混为一谈。民主型法治是一个不恰当的学理概念，也是一个逻辑混乱的概念。法治是对既定规则的遵守，其中当然包括了一种现有国家治理结构状态的广泛认同的和谐状态；而西方民主的概念天然地包含着对现有国家治理结构和状态的怀疑与不认同。此二者本身就是一对矛盾。一方面，民主可以是超越法治的一个话题，是形成法律规则的政治力量的博弈过程，如法国大革命时期，轰轰烈烈的民主运动是一场革命，其本身就是对既有法治的破坏，其目标在于制定新的法律规则；另一方面，民主可以是既定法治框架内的话题，是促成既定规则更好实现的力量，但是又说明既定规则并不具有权威性因而随时可能被权力滥用破坏。

2. 民主往往成为政治斗争的工具

而且当我们再进一步观察民主理论的时候，我们发现为什么民主理论中不加入对人的理想人格提升的要素？难道民主理论的提倡者和民主运动的领导者不知道"乌合之众"这一现象吗？别人不说，政客是一定知道的，而且是一定希望出现一个轰轰烈烈的以"民主"形象示人的本质上的"乌合之众"。或者说，"乌合之众"是政客制造并且最为希望的结果。因为如果大众都具有了理想人格，那么他们的分辨能力和理性思考能力就很强，政客为了实现个人目的的民主运动就可能并非一呼百应了，大家需要用良心来讨论民主的具体过程和界限，甚至在这个过程中将这个"引领民主"的政客或者政治力量作为别有用心的家伙清除掉。说白了，一群理性的人去搞民主，没那么容易被别人欺骗和利用，没那么容易将其主体地位偷偷转换为工具地位。这就又回到我们之前所讲的人的同质化和标签化问题了。人是不是因为具备"群众"身份就自然不需要提升理想人格了？我们看现在的父母教育孩子，哪个不是尽最大努力去以各种形式提升孩子的综合能力？每个个体永远在一个成长过程中，在各种挫折和困惑中逐步成熟，从来没有说只要具备了一个身份就天然完美了。这是一个浅显易懂的道理。因此人文化育的使命在于让人们少走弯路、找到人生的方向和意义。但是作为政治斗争工具的民主理论，是从来不希望加入人文化育这样一个要素的，因为乌合之众一旦具有了真正的灵魂指引和灵魂觉醒，他们就不那么容易被迷惑、被利用了。这是民主的一个需要引起重视的本质问题。笔者认为，大家都看得明白，只是没说出来。

3. 民主可以是实现政治领域的精神控制的手段

另外，民主是实现政治控制的手段，是政治斗争的一种新形式。我们看两党制竞选的国家，譬如美国，为什么选民那么热衷于选举？因为与自己的切身利益和自己的精神诉求息息相关。很难想象一个基督徒会眼睁睁看着一个无神论者成为总统而自以为高枕无忧，也很难想象一个美国的富人会眼睁睁看着一个号称要对富人加税以促进社会公平的总统候选人成为总统而不为所动。但从更深层次来看，选民们有没有想过，这种两党制竞选是人尽皆知的富人游戏，总统候选人竞选所花费的数十亿美元是其几辈子都无法积攒的。民主选举两百年来，自己是不是从祖上到现在一直是一个平民？哪个总统上台，真的就能够改变自己的命运吗？显然不是。这种深入人心的"两党竞争——选票——民主"已经深入人心地成为对所有人最为有效的"政治——精神"控制模式，而其中最主要的就是一种心理控制或者说精神控制。一群富人在玩一个叫"竞选总统"的政治游戏，金钱是必备的筹码，这本与我无关，但是我有权利选举投票，这是民主权利，民主权利是人权的巅峰产品，我有了最高级的民主权利作为享受，人生已经完美了。这就是一个民主作为政治控制手段的逻辑。举一个例子类比一下，如果我们想在生活中交一个朋友或者找一个值得信任托付之人成为依靠，需要经过几年的时间才能看清楚这个人是不是想找的人？至少要两三年，这还是需要具备相当高的识别能力才行。我们再看总统选举，一个总统竞选的大规模造势和宣传，就可以让人们真正看清楚了一个"透明人"？在此我们明白了，一种政治上的精神控制，足以让人丧失生活中的理智。而且，这种政治控制可以超越国别和种族的边界，世界上的现代战争，死伤无数平民以追求背后的经济控制和巨额财富，但是有人会把这种结果与"民主"选举出来的"总统"联系起来吗？这就是以民主之名进行的政治上的精神控制。当然，西方民主理论家更少提及希特勒就是一个典型的民主选举的结果，也不会以浓重笔墨探讨为什么古希腊的民主喜欢将最优秀的人驱逐出城邦。此时，民主如同正义一样，成为一个大箩筐，什么都可以往里装。符合我的利益的，就说成是我的民主理论的结果，不符合我的利益的，就说成是民主的失败或者民主的变异，这样的民主理论还有意义吗？还不如干脆如亚里士多德定义出一个共和政体和一个变态政体来的直接一点。如果这样就失去了一大批盲从的支持者，真是左右为难。实际上，在西方国家，谁掌握了"民主"的发言权，谁成为"民主"的代言人，谁就控制了社会和大众。在政客眼中，这是一个常识，而这个常识却离大众非常遥远，至少是雾里看花。至于具体的，每一个总统候选人如何操纵民主、扩大支持者队伍，那是一个更为常识的问题，这里就不过多叙述了。

4. 西方民主的魔力在于对权力/权利对抗模型的深信不疑

法治是社会的底线，也是所有人的底线。但在民主型法治的设想中，法治理论上是为了体现所有"民"的权利、保障所有"民"的利益，而"民利"受到侵犯的最大威胁来自"权力"——此时的设想中，民与民之间的冲突、利益纷争、社会秩序的保障并不在论述的视野中；单纯针对官、民的利益不一致性，用"民主"的力量来推动政治格局的形成——官是为民服务的、官的权力来自民、官员的产生依靠民选，这样的政治力量格局需要用一个固定的规则来记载——也就是法律规则；大家共同遵守通过政治力量博弈确立下来的、保障民利的规则——通过民主这一"民"的力量推动保障民利的"法治"——这是法治规则的生成阶段。生成阶段之后，由于权力随时可能破坏既定的法治规则而侵犯民利，因此随时都有"民主"的力量予以监督；由于权力决策可能随时破坏设定的"民利"法治规则，因此需要"民"参与决策，这样的民主一般通过代议制或者全民公投等方式进行，这也是既定法治框架内的方式；当权力已经破坏了设定的"民利"秩序规则的时候，人民必然以"民主"的方式抗议或者反对，这一般可以表现为代议机构监督、校正或者全民公投或者大规模的游行示威等。总之，西方的民主型法治要义在于民主力量形成利益格局、以民众利益为本体目标、以民众行动作为方式和保障的一种法律予以记载的制度模式，推动这种民主目标的实现，也就是法治的重要意义、方向和正当性、必要性理据。

5. 回归政治博弈来理解民主

以上这种通行的民主理解，当然具有其合理性和吸引力，因此才能够在世界上流行开来，其解决的目标问题也是数千年来人类社会中存在的一部分人作为统治者对大多数人的被统治者进行经济盘剥和权力管控中出现、伴随的种种黑暗。这是应该充分肯定的，但是此种民主法治理论存在着天然的理论缺陷和实践不足，如前文已述的"民"并非利益共同体；官民并非只有对立的一面；民主的历史是有产者争取政治权力和保护财产利益的斗争，甚至至今仍然如此；民主往往处于被操控状态，"民"成了政治集团的利用工具；民主中伴随"乌合之众"现象，等等。

此外，我们更应该洞察的事实是，西方近现代自由主义下的民主型法治，其背后形成了一股极其强大的推动力量，这个推动力量就是资本运作和资本的拥有者。在近现代历史阶段，资本直接掌控国家政权不具有合理性，这完全有别于近现代之前的国王和君主；但是资本如果不能掌控或者影响政权，就无法保障资本的稳定性、安全性和资本增值，因此资本势必要以某种方式左右政权而不是任由政治权力宰割资本；个人资本的拥有和增值以及资本者形成的群体和阶层、阶级具有足够强大的内在动力和经济实力来左右政权、影响规则的制定；如果说平民倡导民主来制衡权力，其结果至多是不受到更多的权力压制，但是无法改变生存状态以及实现个人财富增值，无法形成组织性以及内在动力。因此近现代西方的资本主导了"民主"的发展和推进，"民主"的结果是资本力量拥有了"自由"创造财富、实现资本逻辑的空间，通过代议制等形式左右政权制定规则；此种自由主义的"民主"，表象在于"民主自由"促进了经济的发展，实质上是以经济发展彰显"民主自由"的合理性和正当性。当资本增值遇到"重大挫折"的时候，民主自由也就失去了其"正当性"支持。在资本发展为社会经济总量提高而惠及普通民众的场景下，"民主"得到的是大众的支持；在资本发展到造成贫富差距过大、普通民众生活陷入困顿的场景下，"民主"会扮演一个大众对既定秩序反抗的角色，这又是资本所不愿意看到的。因此，西方民主型法治，不过是资本力量、国家政权、普通民众三者博弈的一个平台而已，绝对不是"历史的终结"。

（二）法治的民主基础并非千篇一律

民主的阶层分析在当下中国尤为重要。对中国当下社会阶层和职业、地域等人群的研究成果，是推进民主这一话题的良好参照，同质性假设出一个"人民群体"和"科层制官僚集团"而不做深入区分研究，是无法真正推进民主的。面对世俗物欲主义者，倘若真的让其"民主"，将是一件非常可怕的事情；面对生存都无法保障的贫困群体，让其"民主"是强人所难。中国推动民主的力量和关键在于执政党，民主应该成为执政党的主动行为，这就是中国最大的现实和必然。任何民主都是需要、也必然存在引领力量的，如果执政党不主动成为民主的引领力量，则引领权势必落入他人手中，如西方的普世民主力量——实为一种政治势力，这是一个现代社会时代背景下必然的结果。如果西方民主政治力量成了中国民主引领权的获得者，那将是一个可怕的事实，前述西方国家民主试验田的失败就是必须引以为戒的教训。因此，中国执政党应该最具有引领民主的内在动力，这也是一种政治智慧。我们所处的时代条件并不是西方式的社会条件，我们有条件不去走西方式的民主之路，应该切实在执政层面推动民主。社会精英也应该行使民主的使命，"为民请命"在古代是社会精英的使命，在现代中国更应该有社会精英的担当，而不是一定无差别式的"民主"。这样才能形成推动民主的力量。大众对民主虽然没有理论上的精深认知，但是对于侵犯自己的非法行为最具有发言权，因此我们所称的"民意"的表达和回应是民主最为实际的方式。我们不能想当然认为存在着一个天然的民主力量在等待民主理论的召唤，民主与精英并不矛盾，而是一体关系。因此，中国特色的民主应该是一个执政党引领的主动型民主，而不是一种充斥社会反抗意味的西方式民主。不主动则被动，现实没有留给我们第三种选择。

在毛泽东的《中国社会各阶层分析》中，对现实的人的深刻分析是革命成功的条件；在今日，社会各阶层的分析，也是推进民主的条件，也是解决民主背后之目的的条件。社会阶层以及社会中各阶层组成的社会结构，是中国国家治理的现实条件；执政者主动推动的民主，需要调动民主的积极性解决问题，如以民主方式发现腐败、以民主方式获取智慧；同时，社会阶层结构也是改进的对象，如何促成一种良性的社会结构形成，如减少贫困人口、扩大中等收入群体。民主的目的在于实现更多人的幸福，而将具体的"不幸福"问题解决，本身就是民主的目的和必然要求。因此，解决问题、实现更多人的实实在在的幸福感，永远比空喊民主来得更为有意义、更为有效果。对执政党的民主要求就是全心全意为人民服务，二者是完全一致的。

因此，西方的民主法治应该理解为一种类型的法治模式，但是绝非唯一的法治模式；现代中国的民主与法治不应该被西方民主型法治所固定，必须走一条自己的民主与法治道路，并且将民主与法治完美融合起来。西方的民主，应该成为我们的一个参照系，我们所做的，绝不应该是模仿或者树立一个想象中的"完美西方民主"，而是要真正走自己的路。因此，我们的法治，也必须超越西方自由主义下的民主型法治这样一个并不完美的"故事"，我们必须找到一条新路。这条新路应该是针对现有问题展开的，而现有问题的表现之一就是：为什么西方式民主在现代中国拥有如此大的影响力和市场？恐怕就是西方式民主描绘的理想场景正是现代中国存在的不足，这是一个无须回避也无法回避的问题。因此，与其纠缠于西方式民主的资产阶级性质以及非人民性而排斥，不如真正研究中国问题并以自己的民主之路予以解决，这才是关键，也才能让我们的民主进入"政道"。西方式民主不适合中国，但是中国如果不找到一条自己的民主之路并做好，那么对西方式民主的憧憬必然会挥之不去，这种憧憬既不能真正解决中国现实问题，也必然长期成为意识形态领域永远要疲于应对的一个阴影。

（三）中国式的民主法治推演

中国的民主，首先是社会的文化追求，人民通过人文化育能够自己为自己做主，因而避免出现西方发生的民主被操控以及出现西方式的"乌合之众"现象。民主延伸到政治领域，所谓政治民主，是一个博弈的过程，在中国现有的制度下，虽然必须防范权力侵犯民利等腐败行为是重中之重，但是也绝不能仿照西方式的民主理论，只将民与官的斗争作为重点，而是主动通过贤人政治和干部队伍乃至整体执政的完善和强化，来主动促进民利的实现，而不能只注重民主的斗争方式。执政者的主动完善，是减少西方式"民主斗争"的最佳途径和关键基础，不提高执政能力，则会被动接受"民主斗争"，这样可能造成社会和国家的动荡而伤害所有人的利益。三是决策机制中的民主，四是监督中的民主，这样的制度机制不难构建，重在落实。因此，民主分为文化层面的民主、政治意义上的民主、法治意义上的民主、决策方式意义上的民主等，我们不能想当然认为民主和法治是一回事，根本问题在于文化意义上的民主，关键问题在于政治意义上的民主，重要保障是法治意义上的民主，落实在于决策和监督意义上的民主。总之，扩大民主的内涵和实现路径，以文化意义上的民主为根本，亦即人本民主，是未来中国民主的中国特色，而不是减少民主。

总之，厘清民主与法治的关系，要义在于中国应该将民主作为国家治理的主动行为，也就是人民至上，以人民为中心，而不是西方"传统"下抗争式、政权被动接受式的民主；法治是民主的最低要求，法治应该作为执政的主动行为，民主是远远超越法治的一个理想目标，而不是法治的一种类型，民主的终极是人人都有为自己的心做主的文化状态。任何社会都应该实现法治，这是任何社会的底线，而不应该将民主和法治混为一谈，似乎法治前加上一个民主之后，法治就理所当然成了社会的最高理想，这样就会让人们误以为非法治状态情有可原。现代中国的法治，是与任何社会都无差别的一种最低要求，其核心在于行为秩序；现代中国的民主，是可以超越所有民主的高级理想，其核心在于灵魂自由。

三、法治模式之两党制

(一) 两党轮流执政模式的实质

两党轮流执政的前提条件必须是：社会上存在两种或者两种以上的重大利益对立群体，并且两大利益群体势均力敌，至少不能在实力上相差悬殊；每一个政党在作为在野党的时候，能够保证生存而不是被消灭，每一个在野党也需要不破坏执政党的正当执政行为；两党必须在文化理念上存在重大分歧，否则两党的实质就不存在了，而会演变为同一政治理念下的两个政治派别，这和一党内出现不同政治派别没有本质区别；存在一个十分强大的官僚体系和公务人员体系，该体系保持高度的稳定性，以保证不因执政党的轮流执政而影响国家政权的基本运行。

在两党执政这样的设想中，有人天真地认为：两个党派进行竞争，如果一方令大众不满，则大众有权选择另一方，这样就会促使两党勤政、廉政。这样的设想太过于天真，我们只要看看中西历史上和现实中存在的形形色色的"党争"，就会发现这样一个事实：党争之害可能远远超过了社会可承受之重。政权对于执政党就如同生命对于自然人，当一个政党处于优势地位，谁能保证这个政党甘于接受在野党的监督而不是消灭另一个政党？谁能保证两党轮流执政过程中"分赃制"不再上演？谁能保证一个在野党对执政党正确的执政行为予以正当支持而不是釜底抽薪式的拆台？谁能保证在政党竞争中，双方不是极度渲染、夸大甚至污蔑对方而"争取民心"？这样的社会是更加健康还是会走向无休止的纷争甚至大规模的流血冲突和动荡？谁能保证在国际竞争和国际掠夺如此激烈的国际大环境下，一个党派不会为了获得执政权而积极寻求国外势力的支持，为此丧权辱国、卖国求权？在国家安全的视角和事实观察中我们发现，一国出现"散户式"卖国的行为，足以在特定时刻为整个国家带来巨大的现实危害，甚至危及整体政权；在两党竞争执政的事实前提下，倘若两党制中出现一个完全依附国家外部力量以谋求稳固其长久执政地位，其危害是否是社会可承受之重？一个国家、一个民族的凝聚共识、自强不息，才是天下大众幸福的必备前提和基础。进而，我们在对历史和现实进行观察时，从来都不会缺少所谓"党争"为世界各国国内混乱以及一国在国际关系中内外掣肘的大量事实。在政治和政权的世界中，在纷繁复杂的人类世界中，在错综复杂的利益面前，制度是力量对比的结果，其只能在一定范围内和一定程度上起到制约行为的作用，这一定程度的范围也是政治力量保持平衡的结果，一旦政治力量需要突破制度并且具有足够强度的时候，制度随时可以成为一个花瓶或者随时都会被立改废。对两党制的优势的一切"保证"，都停留于设计者的"理性"幻想中。我们放眼整个世界，会发现太多的事实足以说明这种天真的幻想是不切实际的。一个国家一旦出现这种巨大变革，社会之乱的最主要的承受者一定是大多数的人——我们称之为"人民"。

（二）两党轮流执政模式的真正依托

两党与否不是本质，关键是人！就拿目前世界两党制的"标杆"——美国——来进行分析研究，就可以看出端倪。我国记者赵忆宁在对美国民主党和共和党的50多位政治精英进行了全方位的采访之后，得出结论：美式选举民主未必等于民众真正受益；美国的政治选举是确凿无疑的富人游戏；美国政党政治呈现出意识形态极端化的倾向，并因此造成了两党内部、两党之间乃至美国社会的分裂。[1]这样的实证研究的结论如果被视而不见，那么我们还能依靠什么来进行制度设计？制度本身是需要人来支撑的，这是一个不变的真理。我们一直在强调，不受制度制约的权力必然导致腐败，这是一个现代社会的基本常识。但是，再完美的制度制约和各种力量的制衡，也无法阻挡一个失去基本仁爱之心、将天下百姓当作奴役对象和剥削对象的执政者作恶，这也是现代社会的一个基本常识。总是习惯于把人和制度对立起来，只能取舍其一，这也是一个常识性错误。我们常说历史是一面镜子，我们更应该知道，现实也是一面镜子。美国的两党制，主要映照出来的不是一党还是两党优越的问题，理论上和现实中都是各有千秋！而是映照出了一个核心问题：只有真正为人民服务的人群的存在，制度才能发挥作用。所以我们才更能够理解中国共产党反腐败、全面从严治党的必要性和重要性，这才是当下执政的精要，也是发挥制度最大优势的关键。党的宗旨的贯彻，在于无数真正知行合一的共产党员的信仰坚守与身体力行。对全盘西化论最好的回应和驳斥，不是理论上的争论，而是用实践来回应！这需要凝聚共识、团结一心，

---

[1] 赵忆宁：《探访美国政党政治：美国两党精英访谈》，中国人民大学出版社2014年版，第266~267页。

在确定的路径上携手前行,而不是还在争论选择哪条道路。将本书所言的"法律意义上的法治"确立为底线,也就是执政法治化,这是一条执政的底线要求,也是一条最为明晰的现实道路。在中国现代社会的复杂局面中,只有法治才能成为实现中国社会恢复仁爱有序的突破口,将法治作为一个标杆形成示范效应,而且法治的主动权可以完全掌握在执政党手中,一个自上而下组织完备、组织严密的执政党,为执政法治化提供了绝佳的组织基础,党的全心全意为人民服务宗旨,为执政法治化提供了最为根本的精神引领,这是中国法治推动中国社会全面进步的天然优势。这也就是现代中国应当施行的"德政"。

四、法治模式之三权分立

(一) 三权分立模式的实质

对三权分立的推崇,也是当今法治理论研究的一个热点问题。一个权力体系的理想状态,讲求的是有足够的施政能力、高效率完成施政任务、圆满实现施政目标。采取何种具体模式,都是要致力于实现权力体系理想状态的实现。三权分立的模式,虽然在理论上以权力制衡之必要性作为关键理论依据、以权力滥用甚至独裁专制作为反面典型,但这并不代表这是一个唯一的或者最为理想的模式。三权分立模式体现的是一种政治力量的互相抗衡,其前提是不同政治力量的存在。如果秉承共同的政治理念——如我们所说的全体人的幸福——并且在实践中也是这样行事的——那么这种分立是毫无意义的;三权分立的预设前提就是三种权力及其代表的利益,必然出现政治理念的分歧、存在对利益和权力的争斗和争夺——所有人都在一个平面上斗争,却从未能如圣人般超越斗争的这个平面来悲天悯人、施行教化,这就是三权分立只能作为一种利益平衡的"政治之术"的原因。道为本、术为用是永远不变的真理,缘术求道也未尝不可,但是将术奉为道,就一定会彻底失败。推崇三权分立,自然是支持者的"权利"——这是现代权利理念带给我们的通用思维;但是推崇三权分立就号称发现了"道"并且以此来藐视一切、为一切设定一个终极标准,那么这就过于自以为是、狂妄自大了——这也是现代理念带给我们的通病。而且三权分立的制度设计和具体落实亦是依靠具体政治力量的现实推进来完成的。千万不要在心里树立一个幻想出来的完美世界,将一种人类社会自古以来从不缺乏的政治权力斗争的老套路(即使是新形式、新外衣）当作一个法宝和人类终极理想。不跳出人类之权力和利益争夺的这个平面，不提高灵魂的维度审视自心以及观察世界，则我们始终是没能走出那种难以抗拒的"分别心、执着心"，这并不值得自豪。真正能让人类走出纷争、自私、互害的，永远是我们无法超越的轴心时代的圣贤们对天之道、人自身的人性体悟的人之德，以及由此推演的圣人之道。我们在美国联邦最高法院真正从制度设计到变为现实的一系列努力中就可以看出，这个过程特别艰辛曲折。这个曲折的过程，是在制度背后的各种政治理念和文化信仰、权力和利益的现实争斗，其根本在于不同利益群体的人群斗争。这样的模式，其优点在于能够有效防止政治严重悖离其所宣扬的正向目标，如民主；其缺点在于低效率和无休止的非和谐状态。如果三权分立的三方主导者都是由信仰迷失、自私利己的人组成，这样的制度设计的价值会瞬间消亡；只有"正义的人"的存在才能支撑此种制度的现实合法性、现实合理性。因此，我们应该永远清醒地看到，制度背后的人是什么人，是什么文化造就了这样的人，这才是根本问题。美国政治精英中一大批真心为了政治理念和信仰而甘愿奉献的人，才是决定制度命运、合理避免制度在理论上存在的弊端的决定因素。当秉承同样政治理念的人汇聚在一起，具有了组织性并且由组织性带来了强大的行动力和影响力，就可以更好实现自己的目标。三权分立作为组织性中权力制衡的设计，其权力之间的制衡未必是依据立法、行政、司法三种属性的相互制约，其背后更主要依据不同信仰、信念的人的制约；换言之，每一种权力内部并不具有天然的一致性，三权之间也并非当然的制衡大于一致；任何一个现代国家，都存在不同程度上的"想象一致性"。结果所呈现出的一致性，往往是经过了内部非一致性激烈斗争的结果。正如有论者认为中国传统文化可以划分为帝王文化、百姓文化和文人文化之共存，而三者存在着诸多本质差别；但是我们却总喜欢用传统文化的一致性代替其差异性。如仔细分析，帝王文化推崇儒家，可能是真的信奉天道，圣贤作为明心见性之人，其地位相当于西方的宗教领袖，确实能指导帝王寻求终极真理，因此圣贤可以被尊为帝王师；还因为对儒家文化的尊崇在当时代表了政权的合法性；还因为儒家文化虽然被政治异化后实际上变了味道，但是儒家的义理和伦理秩序即使使用目的被异化，但是实际运作却符合人的心灵秩序，儒家文化在政治统治中具有实用性；还可能因为儒家文化作为社会主流文化，尊崇儒家文化自然加持了统治者的号召力，是向社会宣誓仁德以及凝聚人心的"文化名片";还有无数的现实考量可以发现,譬如皇权当然知道儒家是当时社会的政治批评家、是社会的"民意代表";同时是政治的智囊,如政治精英问政于孔子总是能够得到醍醐灌顶的智慧和施政方案;儒家教育是社会教育和国家教育的枢纽,是培养政治精英的摇篮、为政治统治输送政治精英。对文人而言,儒家文化最主要是对人生至理的追寻,也是成为时代精英的必修课——前文已述,真正的大儒是文治武功皆完备的政治精英或者社会精英,而不是现在理解的具备"美好道德"的人,坐而论道、空谈美德是绝不会在一个社会产生持续影响力的;儒家文化也是对政治统治的检验标准以及提出政治批评的理据。对于百姓而言,儒家文化代表着人生的方向,代表着通往身份转变的阶梯,代表着对造福自己的儒家精英的认同;各种原因不一而足。所以,同样的一种文化或者理念,在占据主流地位的时候,并非代表推崇的人群观念的真正一致性,而是在一种文化或者理念下达成了最大的共识,也就实现了文化上的"制衡"与"平衡",文化上的平衡才能带来制度制衡的实现。文化理念如若无法达成相对一致,则制度只有"制约"之行动而很难实现"平衡"之目的。西方国家也是一样,政治组织形式背后也存在文化精神的本质差异性,而不是天然的"铁板一块",甚至有时候每一种政治理念、每一个政治派别虽然表面上主宰了一个国家,但是并不代表整个国家的文化精神全貌。因此,那种理念发挥了实际的关键作用、主导了政治的实际发展,才是发现规律的关键。在一个劣币驱逐良币的文化氛围中,任何制度都是无效的,只有人的因素才是最关键的。而且在深入考察西方国家的实际利益团体的时候,我们会发现,"三权"也只不过是整体社会利益中的一个方面而已,更多的社会法则和社会运作,可能往往被这三权之外的因素所左右,尤其是资本集团。资本集团作为政权背后隐蔽的、稳定的、利己的既得利益集团,其对政治的影响和热衷程度甚至远远超过"临时的"政治家和政客,更甚至政治家和政客只是他们的代言人而已,这是三权分立模式背后的社会动因。譬如说,三权无论如何制衡,最终只要不影响资本集团的切实利益,不影响整个社会的核心既得利益,那么这样的政治制度设计就会被维系下去;或者换一个角度说,在资本集团可以对三权进行选择利用的时候,一个完全一体化的权力体系可以更有胜算压制资本集团或者和资本集团分道扬镳,但是三权分立的结构让资本集团具有了更大的回旋余地,议员、总统、法官人数如此之多,加之鹬蚌相争,渔翁得利的道理无人不知。譬如美国的美联储作为美元的发行机构，是一个私人财团，而美国作为一个主权国家却没有货币发行权；美元作为私人财团的产品，却在国际货币支付结算体系中处于不可替代的主导地位，美国的政治军事科技都需要服务于美元这一体系，美国立国以来无法撼动美元的私人属性。这才是美国表面的三权分立背后最主要的政治实质，有一个不可撼动的资本轴心，所谓的权力分立是要集中于这一个最高的资本轴心的。关于两党制优势的设想，当然也是基于鹬蚌相争、渔翁得利的想法，将两党比作相争的鹬蚌，将"人民"比作必然得利的渔翁；这个想法的天真之处在于将纷繁复杂的世界简化为政府（执政者）/人民，而忽略了实际中存在的各种利益集团；其天真之处还在于，将松散的"人民"的"得利"法宝寄托于"手中的选票"，对"人民"之外组织性极强的各方利益主体、政治力量及其巨大能量选择视而不见。千万不要在纷繁复杂的世界中，低估了各类人的权谋或者智慧，如果上述各种政治力量和利益集团连这一点权谋和智慧都不具备，那么当今世界以及人类之历史一定是另外一番面貌，也可能真的一直处于卢梭等人假想出来的"自然状态"，那么达尔文所假想的猿猴作为人类的祖宗[1]可能就会成真。如果认真审视现实，我们就会发现，现代西方三大主要思潮——保守主义、激进主义、自由主义，都各自代表着一个群体的利益，而这个群体和"政府""人民"存在着异常复杂的交织关系，但是每一个思潮都会根据自己代表的群体的利益需求，设计出一个有利于自己的理论模型并形成体系。[2]如果我们不能透过现象发现本质，而是陷入每一种思潮的理论模型中去看问题，则一定会"不识庐山真面目，只缘身在此山中"。当然，我们在每一种思潮背后，也确实需要知道其理论的功利目的背后，当然地包含着信仰。譬如我们进行中西比较研究可以发现，西方的激进

---

[1] 在当今社会，一直有一种论调，认为承认人是猿猴进化来的，人是没有灵魂的，这就是科学；不承认这一点，反而认为人类起源另有可能，认为人是有灵魂的，这就是迷信。笔者认为，每个人都有权利假设自己未确知的事物，包括达尔文当然有权假设人类的祖先是猿猴。但是谁都不能剥夺别人对未知事物进行假设猜想的权利，更不能因为别人的假设与自己不同而强行冠以迷信之称谓，否则是谓无知。人类的进步，需要的是真正的大智慧，才能明了有处归途，这才是真正的"科学精神"，只不过"现有科学成就"未能解答这些问题而已。如果我们能够把《山海经》或者古代文献记载的"蛟人"等进行深入研究，则可能会豁然开朗。如果真正体悟了《易经》《道德经》等，那么可能我们就更加明白了。"天地玄黄、宇宙洪荒"这类文字的理解，就不仅仅停留于其文字之美了。

[2] 一般认为保守主义没有系统化的理论，但是其精神实质指向是明确的，这就是一个理论的系统化。

主义与中国历代的农民起义具有相似的基因；西方的保守主义与中国传统"士农工商"之四民社会的士大夫精神有太多的共通之处；西方自由主义的思想来源之一是中国的人本主义，因而与中国传统社会精神也有着亲缘关系。如果从这样的角度来理解其精神要旨，可能会更加便捷易懂，也就会明白国内对西方思潮的态度之接纳或者排斥所根源的固有历史基因。总之，世界上不只有"三权"，而且，特别是当我们看到孟德斯鸠和洛克的三权分立，实际上是让高于所有老百姓的"国王"行使"行政权"的时候，我们很难说这种"三权分立"和我们今日想象出来的"三权分立"有什么一致的精神和可贵品质，因此有人认为"三权分立"学说是一个"伪说"，这就不足为奇了。

（二）三权分立模式的真正依托

古今中外，道和术从来都是存乎一体的，有道无术或者有术无道，都无法在残酷的政治经济格局中生存，这是古今中外历史上非常浅显的道理。当我们反思近几百年来西方资本的历史，就会发现，在科技、军事、政治、资本相互结盟后的对外侵略殖民，其中伴随着残酷到丧失人性的烧杀抢掠甚至无恶不作，目的都在于资本的增殖和财富的掠夺。这样一段堪称人类集体人性达到至为黑暗时刻的历史，在今天全世界大多数人眼中竟然是一段"开天辟地"的"文明史"，谁敢提出质疑就是悖离现代文明理念的"野蛮行径"，仿佛全世界都在庆幸这段"文明史"为人类带来了希望的曙光——这难道不是一种人类的集体悲哀吗？这种人类集体悲哀背后，就是我们所说的"权谋"。一些人的权谋，足以让全体人类和整个时代陷入疯狂、丧失智慧，其中的原因是什么？这是值得思考的。因此，马克思在身处欧洲资本主义社会、不具有自己的资本利益的情况下，能够客观地分析资本主义，因此才有了诸多真知灼见。这是马克思备受尊重的原因之一——反对资本强权、不为私利代言，只为寻求真理、追寻理想社会。这也是中国当时处于内外交困、传统文化极其衰落的时候，为什么当时的广大知识分子选择了马克思主义的原因之一。马克思主义是让人们认清资本的强权和贪婪本质的理论体系，在面对西方资本大有一统天下之趋势的时候，马克思作为良知学者，完成了自己的历史责任和历史使命。在当时西方资本主导社会的大环境下，马克思是西方社会少有的清醒者和道义担当者，为我们提供了一面资本主义社会的历史巨镜。我们一直以来所强调的中国化的马克思主义，就是正本清源，还原马克思本人,进一步明确马克思主义与马克思的一脉相承和与时俱进,以及明确马克思本人根本未能涉及的研究领域大有研究空间,这才是"真正的"马克思主义者应有的姿态。我们现在需要的是,静下心来"真正地"读懂马克思,唯有这样,才能真正明了利益、人性、制度、权谋这一系列历史的推进因素是如何真实存在的,才能抛开西方颇具迷惑性的各种表象,追求中国人民自己真正的幸福。

中国从古至今从来不乏各种形式的权力制衡,只不过未以现代理论的形式成为被现代社会明确认识和广泛认同的理论形式而已。以政治学和社会学的视角考察古今的政治实践和社会实践,我们可能得出一个完全不同的结论——中国社会的权力制衡更加值得思考。所有的权力任性,其根本在于人出了大问题,而根本不在于制度出了问题,也并非权力这一脱离了人就无从体现的主观概念中的"权力实体"出了问题。任何人在行使权力的过程中,都必须要遵守规则,这个规则首先是人的良知规则,失去了良知的制衡,则制度制衡就显得没有必要,而是要让良知重新主导权力运行。制度是协助良知秩序、协助良知主导权力的外在之方,其根本还在于人的良知这一本体。食物链和生物链讲求的是循环的道理,天地万物也不过是处于不断的循环中,权力规则作为一种人类社会规则,更是未能逃出循环之理。如何让权力在人类社会这一个大循环中找到恰当的良性循环模式,这是一个真正的智慧考验。在现实的权力运作中,存在无数闭合的或者相对开放的循环链条,各个循环链之间、每个循环链和"国家权力——社会整体"循环链之间、国家与国家之间的循环链,如何实现良性循环,这就是和谐问题。所有的循环链在什么时候能够实现一种和谐状态?那就是以文化精神作为所有循环链的核心的时候。以文化为核心可以形成平等的和谐状态,以利益为核心必然形成不平等的等级秩序。因此,文化是包含三权分立在内的制度的真正依托和生命之源。

五、法治模式/制度背后的理念比较

(一)文化、理念与制度、法律概念之间关系的理解

我们说,文化是一个最根本和最上位的概念,理念是文化之下的一个概念,制度是理念之下的概念,而法律又是制度之下的一个概念。因此,这些概念之间形成的层级关系,可以让我们看出一个决定和被决定的关系。对于

最下位的法律概念，应该考察其具体的法律规定，但是法律规定共同构筑了一个"法律制度"，法律制度包含着政治模式，而这个被法律制度包含的政治模式背后体现了政治理念或者法治理念、法律理念。由于法律的具体内容过于繁琐庞杂，因此无法具体展开。譬如中国古代的"亲亲相隐"的法律规定，可以说成是一个制度；西方传来的公民如实作证这一个法律规定，也构成了证据制度的一部分。而这背后体现的是一种理念的差别：一种是亲情和伦理秩序高于国家公权力；另一种是国家公权力高于伦理秩序。但是这背后还有更深层次的文化解读：西方人是上帝的子民，所以在上帝处寻求宽恕；中国人是自己的主人，因此需要服从基于人心、人性的天然伦理亲情。所以，中国的天理、国法、人情被不断传承，作为一个重要的文化之下的理念，并落实到制度和具体的法律规定。国法要顺从天理，天理与所有人的共通人类感情——即人情而非私情——相通，而国法的正当性自然要与天理和人情一致。这就是文化、理念、制度、法律的关系。

（二）几个重要法律理念的中西比较

在这里，我们比较一下几个比较重要的中西法律理念，这几个理念是政治模式背后的理据支撑，也是表明政治模式/制度的合理性和价值的重要依据。

譬如中西的人权观或者权利观。西方的人权观和权利本位是西方法治最为自豪的一个亮点。这个亮点首先不是基于公法、私法划分之私权发达之意，而是指民众的权利不容公权力随意染指和侵犯。譬如著名的格言"风能进，雨能进，国王不能进"。这个亮点是基于"天赋人权"的权利本位，也就是说大众的权利是上帝或者上天赋予的，是与生俱来的因此不容侵犯，或者说这不是政治权力恩赐给我我才拥有的。那么这种权利本位说法的动因是什么？就是因为政治权力想要无孔不入、无度盘剥。因此大众在这种理论下就明白了，同样是上帝的子民或者造物主的子民，凭什么让我吃饱饭成了政治权力的恩赐？我本来就应该吃饱饭，造物主为所有的子民创造了天、地、阳光、空气、水、食物，造物主给了我智慧和可以劳动并创造财富的双手，政治权力的拥有者和我是一样的，凭什么说这些东西是造物主单独赐予他的，然后他再代表造物主恩赐给我们？因此大家本来就应该平等，所以说天赋人权。那么中国古代是否有这种天赋人权的观念呢？笔者认为，天赋人权的观念本来就是人本主义必然的要求，人和人在心性良知上没有高下之分，所谓"人人皆可尧舜"，在这样的基础上，德高望重者自然受到大家的尊崇，而大家所尊崇的德高望重者，自然不是赐予大家"权利"的救世主，而是德高望重者的使命和担当。因此，中国传统社会的理念中，"天下是天下人之天下，不是一家一姓之私产"，所以说如果上天选择谁来做皇帝，你必须"以德配天"，以厚德施仁政，才能对得起上天的这份信任，谁是天？中国古代墨家早就说了：老百姓就是天，仁心感通天地。这就是中国传统文化各家各派共有的"天下观"，这不是虚说的。因此，笔者认为，中国上古时代有三皇五帝，秦始皇自认为超越了一切甚至三皇五帝，开辟了帝制，自称为将"皇"与"帝"合一的"始皇帝"，这与西方的王权、教权一样，其被近现代民主潮流所替代是一种历史必然，这才是人类近几百年来最值得尊重的历史进步，实质上，这也就是中国古人所一直倡导的天下观的进一步实现。当然，秦始皇创立的帝制是开创了中央集权制度，也让整个中华大地实现了政治统一，其中功过绝非以帝制单一视角可以简单评判，不再赘述。民主的真谛与天下观是完全契合的，所以也顺便说一句，"民主"的真谛中国自古有之，不是以西方为宗，只是形式上可以说以西方为师了。反观那种所谓的"皇恩浩荡"之说，实际上是与中国真正的传统文化精神相悖的。因此，帝制作为一个中国传统社会中文化与政治之间矛盾最为尖锐的制度，被历史的洪流冲走实乃中国传统文化之必然要求。因此我们看中国古代在县级以下的治理中，有所谓的"皇权不下县"之说，在史学界的研究中是一个常识性结论。几百个农民比一的官民比例，皇权也无法下到最基层。因此，中国古代法律上的司法行政合一、诸法合体就是一种历史的必然。而且，县令这个七品芝麻官，为什么要被称为"父母官"？是因为要求他要像父母对待子女一般大爱无疆、无所偏私、遮风挡雨、顶天立地爱护"子民"。秉承这样的文化背景，因此中国传统社会没有强调"人权"和"权利本位"，但是人权和权利本位是文化下的法律制度和政治模式的内在的、必然的要求。就像我们今日无须说晒太阳、呼吸空气也要被作为权利立法一样，自然而然、无人质疑的东西，就不需要强调了而已。因此，说中国传统社会没有人权观、权利本位来论证其落后性以及与西方"文明"的差异，是说不过去的。

此外，从权利之私权发达的角度来进行中西比较，我们可以发现，这首先是一个商品经济和贸易在西方社会的必然产物，因为是陌生人社会，不事先说清楚你的我的之归属，当然不行。所以西方私法发达以保障私权。而在中国古代的熟人社会，哪个人如果必须要先以法律形式说清楚你的我的之归属，才可以进行交易、才可以放心，那么这个人在熟人社会中的潜在不诚信就是被千夫所指的。当然，这也并不表明中国传统社会没有商品经济、没有民法，否则我们古代流传下来的契约就不会出现了。而且中国传统社会在契约上捺印指印是一个超前智慧，这也启示了后来的西方人发现了指纹的奥秘：人各不同、各指不同、触物留痕、终身不变。这也免去了中国"印花税"的产生。从另外一个角度看，西方私权发达确实与其个人中心主义有关系。那就是在一个以商品交换为主的氛围下，讲求公平交易、等价交换，因此一定要分清楚哪个是你的、哪个是我的。但在中国传统社会中，一个大家族内部几百人，显然不需要如此，而是构建仁爱秩序，如果哪个父母和子女签订了一个家庭财产协议或者子女成人之后的抚养费偿还协议，这才是一件怪事。因此，私法、私权发达与否，不代表先进和落后，这只是不同文化背景和生产生活方式之下的自然衍生产品而已。当然，中国现代社会早已脱离了家国同构的熟人社会模式，因此如果固守古人设计的伦理秩序下的法律，当然就显得不合时宜了。总之，以权利本位和人权观为例来说明一个问题：不要想当然地认为历史曾经的好与坏，也就是不要以时代意见代替历史意见。

留住、坚守好的文化精神，制度上与时俱进，这才是我们应有的态度。譬如目前法院经常受理几个子女为了争夺遗产或者赡养费用如何分摊而对簿公堂，这绝对不是文明进步的标志，因为他们连人伦的基本精神都丢失了。同时，如果说甲企业和乙企业做一笔数千万元的生意，仅凭信任而连个合同都不签，那同样是有问题的。所以，现代中国需要什么，直接研究直接说，真的没必要非先丑化一通中国历史然后再隆重推出时代之所需。

六、法治模式比较的结论——用智慧终结"历史终结论"

（一）西方自由主义的历史终结论

西方自由主义问题是一个非常需要论述的问题，因为西方自由主义主张的法治模式/制度——实为政治模式/制度——被很多人认为是人类最高明、最高尚的政治模式，学者福山认为应该以此作为"历史的终结"。对于西方自由主义的理念在前文已经做过大量分析，在此需要对与其理念"配套的"模式/制度进行分析。模式/制度代表的含义是：政治模式用制度固定和表达，制度的核心在于政治模式。西方自由主义强调自由的利益动因在于资本的获益问题，因而对秩序代表的对资本的压制予以排斥。西方自由主义的元年被认为是 1215 年英国《自由大宪章》签订之年，自由主义的智性基础是怀疑主义。而实际上，"《大宪章》不是一个通向自由的跳板，而是一个势力暂时被削弱的国王和他难以驾驭的贵族之间签订的一个思路混乱的权宜之计。它很快就失效了"〔1〕。这个赋予贵族特权和限制妇女及犹太人权利的文件，只是在后来被人为地美化了，它与大众的自由根本无关，至多是确立了对大众的盘剥权在某种程度上由国王转为贵族的"易主"这一事实而已。学者福山在《历史的终结与最后的人》一书中曾盛赞自由主义，认为历史将终结于自由民主制："作为一种政体的自由民主制，随着它在近几十年内战胜与之竞争的各种意识形态，如世袭君主制、法西斯主义，关于其合法性的突出共识，已经在全世界范围内出现。""自由民主也许是'人类意识形态演化的终点'和'人类政体的最后形式'，并因此构成'历史的终结'。"〔2〕近年来的事实也清楚地表明，历史还未终结。相反，"西方的危机是真实的、结构性的，很可能会持续。……还需要有意识地努力从陌生的角度看待这个世界，承认西方对真理或德行没有垄断权"〔3〕。

（二）西方自由主义无法完成历史终结

当今的西方社会，并不是"铁板一块"，各种社会思潮影响着人们的观念和行动，除了自由主义之外，如西方保守主义、第三条道路、市场社会主义、民主社会主义、后殖民主义、新帝国论、新历史主义、分析的马克思主义、生态学马克思主义、未来主义、女权主义、后现代主义、社群主义、现代性思潮等都在彼此争锋。〔4〕这一方面说明了西方社会存在着思想的对立，同时说明人们并未找到一种终极性地解决社会现实问题和根本矛盾的道路。这些思潮一方面有助于我们深入了解和研究西方社会的内部问题，同时也需要研究其对现代中国的影响。同样，在法治研究领域，这些思潮也代表着影响西方法治的文化和思想根源，有助于我们摸清西方法治的规律。我们要看到，

---

〔1〕［英］爱德华·卢斯：《西方自由主义的衰落》，张舒译，山西人民出版社 2019 年版，第 9 页。
〔2〕［美］弗朗西斯·福山：《历史的终结与最后的人》，陈高华译，广西师范大学出版社 2014 年版，第 8 页。
〔3〕［英］爱德华·卢斯：《西方自由主义的衰落》，张舒译，山西人民出版社 2019 年版，第 15 页。
〔4〕参见李建群主编：《当代国外社会思潮》，中国社会科学出版社 2017 年版。相关内容可以参看该书的研究成果。

西方政治模式也是一直正在思考来处与归途的迷途羔羊，千万不要把它当作神灵供奉膜拜，我们应该用智慧终结西方自由主义的"历史终结论"，用智慧构筑自己的政治模式，包括对根本政治模式的坚定不移、在根本政治模式框架内的有效改革和完善。由于本书的着眼点在于中国现代法治的"理据"，因此对于依法治国中的政治模式和具体制度问题在此处不予详细展开。但是必须强调，笔者认为政治模式和制度的不完善之处是必须改革的，只是不应该以西方为模板。要针对中国的实际情况进行问题研究，改革针对并解决的是中国现实的问题，不能以西方模板为教条。

第四节 德政与西方法治比较的结论

一、从儒家德政寻找中国现代法治智慧是根本

前文已述，文化主治是中西方共同的历史规律，从儒家德政与西方法治的比较研究中我们可以得出一个结论：从儒家德政中寻求中国现代法治的智慧是根本。

（一）儒家德政难以超越

现代法治的理想追求与理论模型，根本无法超越儒家德政，只能是在德政思想指导之下的一个现代社会重点方向而已，但是必须在儒家德政之下进行。那种认为现代法治——无论西方还是现代中国——是超越德政的一种现代先进国家治理理想的观点是片面的，仅仅是一种主观臆造的自说自话。儒家创立了德政理念，但是德政不只属于儒家，而是一种所有类型国家治理都应该具备的仁本情怀和政治智慧。

对人生意义和生命真相的探求，是人类永恒的主题。人类之伟大在于，能够冲破层层物欲对本心和本性的束缚与遮蔽来探求人之所以为人的终极标准。虽然中西方在历史上探索生命真谛的路径有所不同，但是却都能够带给人们最为终极的追求命题，并指引人们去追求。"现代文明"却将人类的应然追求彻底予以虚无化和贬低，导致了人类处于一个盲目自大和精神迷茫的时代。在国家治理方面，导致我们忘却了文化主治的必然性和应当性，以科学主义、进化论、社会契约论等严重影响人们灵魂自由、向善的理论构筑出了一个根本不可能实现的法治乌托邦，这个法治乌托邦形成了一种新宗教的效

果，不容任何质疑，但是却真正成为人类向至善发展的最大障碍，也是社会种种矛盾的最大根源，因为这些理论的盛行，彻底迷惑了人们的心智，虽然这些理论号称是为了解放人们的心智，但是其毁灭的是真正的文化。倘若我们所赞美的英美等西方国家真的完全以世俗法治构建其现代法治，则这些国家连现在的发展成果都无法保持住，更谈不上进一步的发展了。西方社会的宗教之作用，是万万不可视而不见的，因为这些才是西方社会秩序的根基。因此，西方的法治乌托邦是对中国现代法治最具有迷惑性的但是却深受欢迎的"理想"。现代中国需要改变和解决的问题，似乎在西方的法治乌托邦中都能够找到答案，但是实际上，我们不仅找不到答案，还会出现方向性的错误。非明心见性者，无以教化世人，但是偏偏现在是推崇法治乌托邦的这些心性在最根本处被严重遮蔽的人成了"布道者"去宣扬"普世价值"，这是一个大问题。正如许倬云先生所言："欧洲这四五百年来，也在经历一个'成、住、坏、空'的过程，从16世纪开始的上坡，走过兴盛繁荣，进入现在正在衰退的叔世，可能将走向衰亡。中国呢？在这个时机，蓄积了两百年的委屈和沮丧，累积了反弹的动机，可能转化为再起的强大动力。将来，情况可能就倒过来了，中国要从衰势回头的时候，欧美却从盛况转向衰退。这种推测，目前已经能看出一些迹象。中国挟其蓄势待发的'动能'，'接过'欧美留下的制度和观念，然而问题在于，中国人接过来的是一个正在腐烂的'现代文明'，我们怎么能盼望，已经衰败的种子能长出优良的果实？"[1]笔者认为，中国当下问题的解决路径，更应该从中国传统文化中寻找答案。

（二）"文化—天道—政道"之路径

我们在社会学研究中，无非是在研究一个实相与其间的法则问题，此种法则首先是因果法则，明白了因果法则，就有助于明白实相，更有助于顺应因果法则来确立人类的自我法则。但在目前的研究中，对因果法则的研究往往过于狭隘，导致真正的因果法则在人们的观念中只剩下了一种表象联系。世间的因果法则是无法改变的，这就是道的法则，但是以人类有限的智识而言，我们可能在一百个因果法则的决定因素中，只发现了其中的五十个甚至更少，单纯就此五十个因素而言，尚且难以通透知晓其间之规律，况且未被发现的五十个因素就更加无法进行研究，但往往是未被发现的因素起着决定

---

[1] 许倬云：《中西文明的对照》，浙江人民出版社2016年版，第2页。

性作用。当人们将文化当成一种只在观念中进行思辨就可以明白其精要的时候，人们就已经远离了文化本身，而这是一个现代社会普遍的问题，执着于观念之争，忘却了真正的本真。所以，只有回归天人合一或者苏格拉底的"知识就是德性""认识你自己"，才能够让人类真正的合于天道。国家治理如果是在政道而非治术上下功夫，也必须真正能够体悟天道，这样才能明了真正的因果法则，在必然的因果法则下才能够制定出利于人类整体的规则。在一个对人类自身的来处和归途都很迷茫的时代，说人们能够通晓天道，是一件不可思议的事情。所以，深入研究德政，才能明了政道之要义。

（三）"法治—人道—治道"之路径

法治从法律之治的角度看，实质上就是一种治术，法家的"法、术、势"之论述，其实就是在一种权谋的层面来探讨问题，只能停留在"术"的层面。权谋是政治和治理中当然必不可少的，缺少权谋的政治是必然失败的，这就是古今中外残酷的政治现实决定的。但是权谋背后的动因、运用权谋者是否基于"人道"作为内心基础，决定了治术是否上升为治道。正如我们可以称天下为公的人为政治家、称以权谋取私利的人为政客一样，同样的权谋被不同的人应用，其效果是完全不一样的。法治如果单纯地成为一种驭人之术，是一种纯粹利益的争夺和平衡，那么这种法治是缺少可以保持长久的灵魂的。所以，深入研究德政，才能明了治道之要义。

总之，理直气壮提倡中国现代德政模式——"为政以德"永不过时；德政与法治都需要注重文化、人、制度、法律之和谐一体，无有分别。本书的角度是执政者自我要求，西方法治是如何对抗执政者，我们更应该从执政主体的角度找到现实路径并提供建设性建议，而不是以局外人的身份和视角进行批判。中国现代法治是所有中国人共同的事业，是执政主体的主动行为，大可不必以对立思维进行，构建中国特色的人本法治模式、和谐法治，更需要的是执政主体和全体人民的共识和智慧。人心都有一杆良心秤，心底无私则天地宽。

二、正确看待西方法治

（一）西方神本基础的"法即正义"不适合中国

在清末中国传统文化十分衰败之后，也就是中国失去了自身的文化根基发挥文化功能之后，向西方寻求救亡图存之道的历史事实告诉我们，只有找回自我,才能真正强大起来,邯郸学步永远不会带来中国的强大。"甲午战争之前,中国已在改革开放,迄今 120 年间,中国引进了世界几乎所有的'思想',经历了全世界几乎所有的改革试验,如袁世凯的君主立宪、孙中山的全盘西化、北洋军阀的总统选举制、蒋介石的官僚垄断资本主义——形式民主实质独裁等,直至数次惨烈革命,最后引进最新的苏联共产主义模式,并在此基础上探索奋斗了一个甲子,从新民主主义到社会主义并形成至今'有中国特色的社会主义'这一过渡形态。"[1]明确了这样一个大的历史背景之后,我们再来单独看西方以基督教为主要依托带来的"法即正义"是否适合中国。

在中西文化交流的历史上,西方基督教等宗教曾经无数次经过传教士和经典教义的翻译来到中国,但是却始终未能在中国形成普遍的基督教信仰。在中国历史上,只有佛教成功地成为某些历史时段的主流信仰,并且最终完全融入了中国的道统,成为中国传统文化的一部分,而不是被当作外来文化看待。蒋介石在其日记中记载,其曾经考虑是否在中国引入并推广基督教信仰以便利用其进行国家治理,后来作罢。洪秀全领导的太平天国运动就是盗用了西方的基督教教义来建立自己的"神圣"地位并对军队进行控制、对外进行迷惑,而其行为足以表明其对宗教教义并无信仰而只是盗用。在历史学研究中,洪秀全与西方基督教名义背后的政治势力的交往,是一个极其重要的历史学课题。虽然"如果没有太平天国这个插曲,中国融入世界还会晚若干年。因为,如果没有太平天国把中国汉人士大夫的积极性焕发出来,那么,即使是英法联军逼得朝廷签了条约,中国还是改变不了。所以从中国进入世界的步调而言,太平天国起到了一个正面作用。但是,就像很多次农民起义一样,太平天国这场农民起义对中国也造成了很严重的破坏,造成了人口的锐减和财富的损失,整个长江流域前前后后据说损失了一亿多人口"[2]。戴旭将军所言极是:"晚清从闭关锁国到开放无度,未被军事消灭,却被西方政治理念颠覆。先是基督教文化入侵引发太平天国运动,后是西方宪政思潮引发革命党起义(这两次运动在推翻帝制方面有其历史进步意义,但从另一个

---

[1] 戴旭:《戴旭讲甲午战争:从晚清解体透视历代王朝的政治败因》,人民日报出版社 2018 年版,第 4 页。

[2] 张鸣:《重说中国近代史》,中国致公出版社 2012 年版,第 98 页。

角度看，也导致国家解体和外敌入侵），致使主要以发展经济、壮大国力，进而梦想抵御外侮的改革开放进程彻底归于失败。"[1]历史镜鉴不可不察，回归史实研究成败兴亡的原因，于今日中国之繁荣稳定、人民幸福安康才是最为根本的。忘却历史就意味着背叛，在历史镜鉴问题上，更加不可"自欺欺人"，否则一定最终"被人欺"。

客观地说，基督教等西方宗教在传播的过程中，暂且抛开对政治和文化竞争的考量，其教义本身引导人们向善和建立信仰，传教士以平等、博爱精神宣扬上帝信仰，这与中国传统文化宣扬的仁爱是一致的，都是追求建立一种人和人之间的和谐、互爱关系。无论信仰建立的起点如何不同，这都体现了人性的伟大光辉，是必须肯定和赞扬的。即使今日之世界，真正值得赞颂的信仰也一定是基于人性光辉并将他人视为同胞而非敌人的教化，也正是这种人性光辉才能构筑起将所有人统称之为一类的"人类"的理论基石。中国传统文化中虽然有鬼神观念或者笃定鬼神的存在，却从未能接受一个人格化的一神上帝作为最高主宰的观念，中国人对宇宙最高主宰有着自己的理解和切身的真实体悟。所以，相较于中国传统文化的强大根基，基督教文化在中国始终不能够成为主流也就自然在情理之中了。

而在当时，基督教来华传播的政治指向是什么？这是与基督教的教理教义完全不同的一个问题。任何人都可以研究或者信奉基督教教义，但是不代表对基督教教义的宣扬和传播都符合基督教教义的要求。当基督教被用作政治工具的时候，基督教教义就是以一种文化的外衣作为掩盖履行着通过文化侵略达到政治控制之实质目的，政治控制又通过文化控制得以加强和持续。仅举一个小例子："1899年，基督教在华的最大教会出版机构'广学会'总干

---

[1] 戴旭：《戴旭讲甲午战争：从晚清解体透视历代王朝的政治败因》，人民日报出版社2018年版，第3页。当然，笔者认为在因果关系上，根本原因并不是基督教文化与西方宪政思潮决定性地引发了变革，而是变革需要找到一面文化旗帜加以利用而已。晚清已经在传统文化上极其衰败，传统文化的衰败导致了贪腐盛行、人心思变、内乱频发、社会矛盾丛生，同时西方列强虎视眈眈、磨刀霍霍，晚清统治者与大众离心离德、居安而不思危，晚清的"夜郎自大"是基于雄厚的经济资本和主导国际秩序的历史地位，而未能智慧地预见到国际秩序的巨大历史变革，因此"新思潮"才能在此文化衰落的大背景下"乘虚而入"。内忧外患，文化衰落，岂有不覆亡之可能？至于自然科学与技术导致的军事力量（主要是武器和作战战略）薄弱、战斗力不强，根本原因在于文化衰败下没有了有精神力量的人。洋务运动的失败，足以证明人是关键，技术是人的工具，人如果不行，磨好的再锋利的刀，最终也是留给敌人用来攻击自己的，而不能用来杀敌。所以，自身没有强大的文化根基，必然遭受失败，这才是关键。

事李提摩太给上海英国总领事布仁南的信中说：我认为十分重要的课题是重新考虑我们如何控制中国舆论，如何对中国的主要高等教育学府取得更多的管理权的问题。掌握了这些机构和中国宗教界领袖，我们就抓住了中国的脑袋和脊背。"[1]这段话所表达的意思，就是当时文化侵略战的一个缩影，而且是以这种文化侵略战作为先导才促进了政治、军事、经济等侵略战的成功。直至今日，这种文化侵略战的影响还远远未能消除，而且有愈演愈烈之势。一旦一个国家在文化上投降认输了，想在政治上独立起来就是不可能的，这就是历史的深刻教训。

目前在法治理论构建的过程中，以西方的"法即正义"这一基督教文化概念作为中国法治理据的思潮，并非一种中西文化碰撞的起点，而是数百年来中西文化碰撞的结果表现之一。即使我们抛开——实质上是完全不应该存而不论的——文化战的考量，西方的法即正义所讲的并不是"法律"即正义，而是上帝创造的宇宙法则及上帝为人类制定的律法本身代表着正义，我们把它偷换为"法律即等同于正义"的概念也是根本站不住脚的，这样的法治理据在中国语境中是不能成立的。如果这样偷换概念的结果成立，我们就完全没有必要讨论"恶法非法"的问题了，也完全没有道义基础去批判希特勒的法律了。法律是人的行为底线，这本应是一个常识问题，但是在中国现代法治的研究中却变得模糊起来，"让法律成为信仰"这样的声音作为一种中西文化之战中观念畸形的产物，却成了"主流声音"。熊秉元先生在其《法的经济解释：法律人的倚天屠龙》一书中明确提出了"法律不可能成为信仰"的观点[2]，这成了目前少有的清醒认识，并且在当下的学术氛围中，这种常识问题的明确指出，似乎成为一种"勇敢的呐喊"。在一个法律不断立、废、改的时代，法律的变化尚且无定法，让法律成为信仰更是天方夜谭；即使是在法律体系和法律精神极其稳定的年代，法律也同样不可能、不应该成为信仰。如果中国现代法治理论中对这一点都不能有一个清醒的认识，那么我们的法治将会成为"四不像"。

对于很多论者公开、明确认同西方的"法即正义"代表着基督教文化主

---

〔1〕 戴旭：《戴旭讲甲午战争：从晚清解体透视历代王朝的政治败因》，人民日报出版社2018年版，第113~114页。

〔2〕 熊秉元：《法的经济解释：法律人的倚天屠龙》，东方出版社2017年版，第123页。

治，但是同时认为，在中国没有基督教文化也不影响法律至上性的确立，不影响法治信仰的生成，并且列举日本、韩国等国家在没有基督教信仰的情况之下，如何确立了法律至上等事例。这同样是无稽之谈——日本的天皇是其不可撼动的最高精神偶像，法律也并不至高无上。总之，罔顾文化、政治、军事、法律的交互关系及现实状况，只能构架出"自欺欺人、自娱自乐"的理论，经不起外界和事实的检验。与其在这种"东一榔头西一棒子"的方式中去拼凑中国的法治理据，还不如静下心来审视中国的法律到底该如何定位，到底应该如何去树立法律权威，而不是在文化上奉行"拿来主义"甚至"投降主义"。当下非常流行对照西方文化来"反思中国传统"，但笔者恰恰认为，对照中国传统文化进行"自我反思"，可能对很多现代中国人更为关键和必要。

（二）世俗法律在西方未能至上且不适合中国

自由、平等、民主、公平等自由主义价值观适合让人们突破一种牢笼和精神枷锁，其最有价值的历史场景就是在社会极其不公平、社会极其黑暗、奴役与精神控制极其残酷的时候，使人们知道人不应该是奴隶，而应该是自己的主人。这也是16世纪至18世纪欧洲国家普遍将中国当作样板和理想国度并开启人本文化的历史原因。但同时我们也必须注意到，这样的价值观本身并不自带人格的提升内涵。如果中国传统文化的真正含义不被扭曲，那么天下百姓也不会对奴役甘心忍受，也是一种对自由、平等的追求。

西方的自由主义是西方世俗法治的一个最主要的理据来源和理据表现。这需要我们仔细辨析。"自由主义法治理论之所以在一定程度上成为西方势力推行霸权全球化的思想武器和理论工具，基本原因集中于两个方面：其一，自由主义法治理论编织了一个法治神话，描绘了一个法治乌托邦的幻景，对于很多摆脱封建专制或殖民统治、寻求走法治化道路的国家和人民来说，这一理论能够带来对西方发达社会的移情式想象，无疑具有很大的诱惑力。其二，也是最根本的原因，自由主义法治理论与市场资本主义、西方的民主政治制度是捆绑在一起的理论，自由主义法治原理中包含着对市场资本主义以及西方民主政治制度的必然承认。可以说，西方法治话语其实是西方社会制度的必然结果。提倡西方法治话语，实际上就是提倡实行西方的社会制度。这是一种基于话语推动的思想诱惑。"[1]另外，政治较量中对文化的利用从来

---

[1] 李林主编：《中国特色社会主义法治发展道路》，中国法制出版社2017年版，第400页。

都是一种常态,自由主义法治理论也是如此。"通过自由主义法治理论的推行,能够进一步改变或塑造法治初创国家的国家性质及政治制度。近几十年来西方势力在亚洲、非洲、美洲以及东欧进行法治输出的实践充分证明了这一点。"[1]如果深入进行了解,我们会发现一个细思极恐的文化战略。美国国际开发署把对东道国实施的法治及司法改革项目分为四个阶段:"第一阶段主要是法学教育和法律改革;第二阶段是基本的法律援助需求;第三阶段是法院改革;而当前的第四阶段,用此类机构的术语来说,怀有最远大的抱负,也最具政治性,它包含了前三阶段所有的关注点,将它们囊括在民主国家项目的设计与执行中,并且拓展了前三个阶段的关注范围。"[2]这是当前严峻的现实,如果一个国家的政治制度、治国基本方略都是被另外的政治主体所设计、牵引,我们所畅谈的主权、国家安全以及幸福和自由的追求,都会成为一种奢望,这是世界历史上从未改变的规律,我们不能不清醒地认识。另外,法治作为文化的一部分存在着这样的情况,整个文化都存在着这样的严峻情形。因此,笔者认为,如果我们再不从整体文化战略的角度和高度看问题,而是只执着于、关注着法治理想,我们必然无法看清法治背后的实质是文化,那我们将来必然面临的结局就是"人为刀俎、我为鱼肉"。因此,看清问题的本质,才能谈发展。如果现代中国人不能自己担负起自己的使命,不进行独立的思考,依靠外力和外来的理论之"启蒙"来改变现实的不足,则实际上不仅是政治上、制度上、法律上,更是文化上的危机,那么这种改变的结果一定不是我们真正希望看到的。现代的西方法治对我们的"启蒙",本身就是一种"被蒙蔽",因为在这种启蒙中,我们完全失去了自我立足的文化根基,最终只能沦落为邯郸学步。美国等西方国家对世界各地进行民主法治"启蒙"的试验田,出现了无数的失败例证,这些失败例证呈现给我们的是国家和社会的动荡,大众追求的民主与幸福不但没有实现,反而承受着无限的苦难。我们对这些法治试验田的失败,必须作为引起高度警醒的"前车之鉴",而不是在一种乌托邦式的"法治理想"追求中对此"视而不见"。毕竟,大众的真正幸福,是不能拿来做实验的,一个理论和理想的失败,可能就毁掉了千

---

[1] 李林主编:《中国特色社会主义法治发展道路》,中国法制出版社2017年版,第400页。
[2] [英]博温托·迪·苏萨·桑托斯:《迈向新法律常识——法律、全球化和解放》,刘坤轮、叶传星译,中国人民大学出版社2009年版,第402页,转引自李林主编:《中国特色社会主义法治发展道路》,中国法制出版社2017年版,第400~401页。

百万普通大众的一生。"自千禧年以来,特别是过去十年,全世界有不下二十五个民主政体遭遇失败,其中三个在欧洲(俄罗斯、土耳其和匈牙利)。在除突尼斯以外的所有地区,阿拉伯之春被夏日热浪吞噬殆尽。"[1]这种西方民主的现状必须认真思考。特别是2020年在欧美国家发生的大规模抗议和暴乱活动,足以证明在这种民主模式下发生着任何国家和普通民众都不可承受之重,中国不应该被西方"民主"这种不触及根本问题解决的"先进理念"牵着走,而是要找到自己的民主方式、民主规律以实现民主背后的目的。切勿轻易将民主这一手段当成终极目的,但是也不能否定民主的重要意义,关键是要认清什么是真正的民主。

总之,让中国传统德政成为人本法治信仰的理据来源,以便支撑确立中国自己的法治理据,这是当下的一个应然方向。

三、政治的动力与文化的作用——文化与政治的关系

(一)文化与政治之间存在天然张力

神本、有对、利益是西方文化之于政治的概括;人本、无对、道义是中国文化之于政治的概括。从前文中西比较我们可以得出结论:文化与政治,即主要是与国家治理的关系,并非一种永远一致的关系。政治能够宣扬一种文化,首先说明文化所反映的内容是符合人性的,否则,大众抵制的文化学说是不会被政治利用的。同时,当一种文化被政治利用后,可能出现异化问题。如果政治出现不当,文化会成为反制政治的力量。我们现在经常说中国传统文化成为政治统治的工具,但是却要思考一个问题,即统治者为什么要利用传统文化加强统治?如在儒家的伦理道德观念指导下,儒家伦理秩序的构建,本来就是人的必为标准之一,所以才被政治统治者加以"利用"。我们不能因为政治统治者利用了人性决定的伦理秩序,就去反对伦理秩序。如果以政治中存在的黑暗来否定被政治利用的文化,则中西历史上就没有任何值得尊重的文化了。譬如儒家学说,本身是对政治的最大制约和最正向的指引,但是在政治中将其歪曲异化之后,人们却误认为是儒家学说本身的问题。

什么样的政治是最为稳定的?那就是当文化能够秉持独立性而并非政治的附庸,而文化的独立性又对政治能够及时起到校正作用的政治。政治结构

---

[1] [英]爱德华·卢斯:《西方自由主义的衰落》,张舒译,山西人民出版社2019年版,第11页。

决定治理模式，文化、制度、人的和谐统一与人的权力、利益之互相斗争，是在一个既定的政治结构中交互关联的。

（二）文化的求同存异是政治智慧

中西文化之间能够求同存异，做到"君子和而不同"，这是中西政治之间能够形成政治互信的一个强大推动因素。因此，中西比较的态度应该是什么？西方的好不代表中国必然不好，中国的好不代表西方必然不好。中西之间的关系，无须仇视，也无须崇洋媚外或夜郎自大，需要的是文化互通，但前提是坚持自我并走好自己的路，否则西方再差或者再好，都与我们无关。西方出现问题和困惑，不代表我们因此更好；西方出现光明和飞跃，不代表我们因此更差。路在脚下，事在人为，中国的命运掌握在自己手中，自我完善是根本，外在最多是一面镜子而已。纠缠于中西优劣之争是无甚意义的，自强不息、厚德载物的中华民族，需要的是自我救赎。人类的历史从来都不"完美"，也不会"完美"，否则就不是人类社会了，我们只需要朝着完美的目标踏实迈进。

在这样的前提论证下，就出现了一个事关国际关系与国内文化现状的问题。中国目前的文化多元现状是一个既成事实，因此文化上的纷争自然成为政治格局或者政治博弈的一个重要领域。如果在处理文化与政治的关系上不能够运用超前的智慧，则政治领域会出现很多不可控的局面。因此，中国的国家治理在文化包容的理念下，能够让各种文化倾向的人群达成最大限度的共识，用文化包容团结更多的人成为朋友和政治的支持力量，这是至关重要的。文化引领、文化主治，要求我们能够立足中华民族深厚的文化根基，更加重视文化的意义，创造更加宽松的文化氛围，坚定以人本文化为引领的文化方向。当政治与文化之间消除了张力而具有了一致的追求的时候，则政治就会获得广泛的拥护。中华传统文化的人本主义，与中国共产党全心全意为人民服务的宗旨之间是天然一致的，因此，我们具备政治与文化一体共进的天然优势和充分理由。

对于中国传统文化，近百年来的批判多以政治批判为视角和目的。若冷静下来思考，其达到了什么样的实际效果？这就是文化与政治之关系的一个最需要研究的范例。如果说基本处于中国封建社会历史时段的中国传统文化曾经被"统治者"利用，因此从"维护封建专制"这样的视角进行批判在近百年来具有合理性，那么是不是在那样漫长的长达两千多年的历史时段中，中国传统社会和西方社会的主流文化势必都起到了"维护"当时政治统治的作用,是不是今天的人类都需要对各自民族的文化进行一番敌我矛盾式的批判?或者说,是不是在人类这两千多年来的历史中,甚至从人类开始发展至今的历史中,永远是没有值得我们尊崇的文化?这显然是错误的。"王侯将相、宁有种乎"在极度压迫的政治黑暗背景下,是一种历史必然,根本无须如西方之编造出一个经过严密论证的、长篇累牍的"社会契约论"来论述"政府与人民的契约关系",而且这种主观构建模型的方式,需要大家也把身心投入到这种模型中来,毕竟这种模型是一种虚假的设想。而在中国传统社会,反抗黑暗政治统治的口号基本不需要超过十个字就可以完成其历史使命了,比如"均田地、轻徭役"。超过十个字,大家记不住,没效果。因为当时的大众不会考虑"战争尸横遍野、尽是农家子弟"以及"战争的结果只是换了一个新的封建皇帝",只需要知道自己受够了封建官吏的无度盘剥,已经没有了活路就够了。但是当政治统治并不黑暗的时刻,今人不应该以时代意见代替历史意见,认为一种文化让统治者对老百姓施行仁政、让老百姓安居乐业,但因为其没有反对当时的"封建统治",因此就必须是批判的对象。如果真的这样要求古人,那么中国古人若想不被后人责骂,必须具有与写出《推背图》的袁天罡、李淳风或者写出《烧饼歌》的刘伯温一样的能力了。当然,这种预知能力,是一个见仁见智的话题。笔者此处对通过易经预知未来的能力和历史人物,不做深入研究,因此并无真伪之结论。只是,笔者不同意将易经当作迷信的浅见。今天,我们可以高谈毕达哥拉斯所说的神秘的"数",可以高谈四维空间、平行宇宙、混沌、夸克和上帝粒子而显得那么"人畜无害",甚至代表着科学和求真,而只要一谈到易经,就需要谨慎了,因为这可能代表某种立场。这真的是一个让人哭笑不得的怪现象。中华文化被如此"礼遇",我们还期盼能够出现时代的"文化圣贤"吗?如果我们去掉了中华文化所讲的天道的确切认知,恐怕我们依然会流行用"心灵毒鸡汤"来解读、宣扬传统文化的"大师们",告诉老百姓:失败和贫穷都无须担忧。连"站着说话不腰疼"这样一个基本常识都被其突破和扭曲的"大师"们,能不被老百姓戳脊梁骨吗?如果这样,恐怕我们也只能醉心于康德、黑格尔、罗尔斯甚至卢梭等这些西方世界的"国际级"大师了。中国在世界之文化影响力,不是依靠我们还能背诵古代先贤的几句至理名言体现的,而是需要成就新时代的"文化大家"来引领的。以上现象,今日之国人,还是认真思考、冷静分析、审慎定论为好。我们要时刻牢记古训:"知之为知之,不知为不知,是知也。"

在此,我们无须做一个宏大的历史叙述,而是举些小例子以见微知著。被称为"中国最后一位大儒"的梁漱溟先生,其对中国近现代文化的引领作用有目共睹。试想,今日之中国是多些大儒更能造福中华民族,还是多些执着于对儒家政治批判无法自拔的人更能造福中华民族?我们再同样看一下曾国藩,作为毛泽东和蒋介石都敬佩的大儒,其有一个"纳妾"而难以启齿、犹豫再三的故事[1],其关键在于儒家教化之"名节",虽然纳妾在当时是具备合法性和正当性的;反观洪秀全,称王称霸之后会考虑其淫乱奢靡对其"名节"的影响吗?此例意在证明,儒家对人格的塑造之功,此外无他。笔者认为,中国今日需要更多的大儒引领人本文化,大儒可以是科学家、可以是经济学家、可以是文人墨客、可以是政治家,可以是各种职业的人,其共同性在于"仁心仁德量同天地"而已。一个真正合格的马克思主义者,真能全心全意为人民服务,毫不利己专门利人,其精神境界已经和儒家所说的理想人格无差别了。

---

[1] 大意是因为身体患有牛皮癣,而发妻未随军不在身边,纳妾照顾是最合适的选择。

中国传统法治文化之当代价值

本章所言之重思结论，实质上只能是笔者的一点浅见和初步结论，面对如此宏大的论题，当然是见仁见智，因此此处只能起到抛砖引玉之功效。笔者总的认为，以西方法治文化取代中国现代文化地位、以西方政治模式作为中国现代法治的终极目标、以西方政治模式实现作为中国现代法治的实际道路的总纲，这是目前法治理据研究的一种趋势，但是这也是最大的问题所在。现在是时候重新思考了，而重新思考必须转换视角、有所突破。若用中国传统的人文精神和人文智慧来解读中国现代法治相关问题，就会发现：中国现代的人本法治与西方法治所体现出的差异，不仅不是很多人认为的对"现代法治"的悖离，反而是中国现代法治所体现的大智慧和正确选择。构建中国特色社会主义人本法治的充足理据，这也是新时代文化自信的必然要求。法治作为一个知识性概念确实源于西方，但法治的内核中国自古就不缺乏，而且是高于西方的大智慧。因此，在法治话题上，中国人不仅不需要自卑，反而本应具备自豪的资本。

第一节 德政与西方法治比较对中国现代法治理据完善的启示

一、明确文化主治是国家治理的总规律

从中国传统和西方社会的历史考察，我们可以得到一个国家治理的共同规律，那就是：文化主治是国家治理的必然规律。倡导不同的文化，导致的结果一定会天壤之别。文化主治是以人性之善恶、义利之辩为主要领域的，任何社会的不同生产生活方式，都必然存在这样的主要问题，这个问题解决的好与坏，是决定国家治理成效的核心要素。在探讨法治的时候，我们应该

明确法律不可能也不应该成为主治的最高标准。

(一) 以善主治和以恶主治的分别

这是一个利用、弘扬人性善进行文化主治，还是激发、利用人性恶进行主治的问题。人性的定位是文化的基础，也是国家治理的基础。在西方文化中，看似缺少了理想人格提升的问题，但是对上帝的尊崇以及因此对平等、博爱的追求就是一种对人格的向善的引导，这是构筑西方文明的基石，也是西方国家治理的基石。在中国传统社会中，直接从人本身出发，从人性善恶之辩中寻找人本的根基，也就是文化的根基，追求理想人格的提升，这也是国家治理的基础。有很多论者非常喜欢从历史的黑暗面中寻找事例否定文化之功用与合理性，甚至否定文化本身义理之正当性。我们从中西历史中都可以发现，如果囫囵吞枣式地将一切现实都归因于文化，将丑恶与黑暗归因于文化的无能，或者将丑恶与黑暗看成是文化本身造就的恶果，而不仔细区分文化本身在讲什么，不分辨那些丑恶与黑暗是文化本身的问题还是与文化背离的恶果，那么中西历史上的文化就应该按照这个逻辑被一概否定。倘若将西方文化与择取西方的光明一面并列展示出来，将中国传统文化与择取的历史黑暗面一并展示出来，就会造成中国传统文化不如西方文化之错觉，反之则反。这样的比较除了强化先入为主的结论之外，并不值得提倡。关键是，我们不能用观念比照事实这种不合乎基本比较研究原则的方法来研究问题。我们应该反问，如果中国传统文化和西方的宗教文化不存在于历史上，没有这些导人向善的文化，世界的历史应该是什么样子？而中西历史上存在的黑暗，是文化未能战胜人性的恶产生的结果，不能称其为否定文化的理由。近现代以来，以否定各自传统为基础的中西文化，是否真的超越了轴心时代文化的巅峰？或者说，近现代以来的中西文化是否是轴心时代文化的传承？其与轴心时代文化不同的地方，是一种超越还是一种倒退？这是需要冷静思考的。衣着更加光鲜亮丽的现代人，在以各种花样昭示着现代性时，我们是否需要反思，我们是否具备轴心时代圣贤们的仁爱之心，我们是否超越了他们所达到的人性光辉？当社会达尔文主义者在其推崇的弱肉强食的丛林法则中自豪的时候，可曾静下心来思考，难道这就是社会的发展和进步吗？

以弘扬人性之善进行国家治理还是将人性之恶发挥到极致作为国家治理之资本，是衡量有道之治和无道之治的标准，得道多助、失道寡助是万古不变之真理。在中西历史上，将人性善作为文化根基并且作为国家治理导向的，就会带来和平与繁荣，将人性恶作为权谋利用之对象，制造与渲染仇恨就成为一种惯常的手段（比如第二次世界大战时期的德国），虽然可能带来一时的强大与表面繁荣，但却埋下了败亡的根基，是绝对无法长久持续的，在这种情况下，社会大众也必然承受着巨大的痛苦，发展到极致就是官逼民反。在中国传统社会中，主流文化都是宣扬着人与人之间的和谐、人与外在世界的和谐、人与自身的和谐，这才合于天道，天道就是人心。体悟天道和追求至善是一体的，这是大智慧，也是人生的意义，只是在心性被遮蔽的时候，天道与至善、良知被认为是虚无缥缈的幻象，但是在去掉心性遮蔽的明心见性时刻，才发觉这是人生最大的实相。圣贤们的仁慈悲悯，在当今却被很多人当作了愚民之术和道德标榜甚或迷信愚痴，这是极其可悲的社会现实。有道之治，一定是最大限度发扬人性光辉的国家治理，将人性光辉至伟者当作对立阵营予以批判否定，着实是将科学主义树立为新宗教的恶果。

我们现在很热衷于讨论爱国和热爱民族的问题，如果在理念中将人性恶确立为人的本性，我们每个人都时时处处担心着他人的恶，婴儿从出生之后就被教导防范社会之恶，人和人之间怎么可能造就一种和谐关系？即使西方语言中的契约精神又从何而来？爱一个国家、爱一个民族，最重要的是爱人，在一个人人皆以为人性本恶的氛围中，何来对周围人的爱？更何来对所有人的大爱？对身边的人都不爱，又何来爱国？爱国、爱民族，一定是在对社会中的具体的人的爱中逐步建立起来的，这种爱绝非无中生有，只有在人和人具有同质性的情况下才能产生，人和人的同质性是什么？那就是人的良知和人性本善。我们如何追求普遍的人人相爱？只有在社会理想人格逐步普遍提升的情况下，每个人都以理想人格或者接近理想人格为努力的方向，人和人之间形成了事实上的认可，才能建立起一种普遍的爱。如果不在理想人格提升这一根本问题上做出文化的努力，空喊平等自由，结果只能是平等的口号一天比一天喊得响，不平等的事实却一天比一天严重；追求自由的口号即使响彻云天，在人们不去努力追求理想人格的文化氛围中，人和人之间甚至连基本的信任和安全感都不存在，何谈自由？尤其是在世俗物欲主义盛行的时候，如果人人都超越本分不择手段地侵蚀他人的生存空间，物欲永远无法得到满足，自己人生的根本都尚且找不到，人和人之间处于撕裂和敌对状态，哪里会出现自由？以等价交换为准则的市场经济，被很多论者认为是法治的必然条件，这种等价交换和人间之爱绝对不在一个层面上，等价交换比不等价交换更具有正义性，但是交换永远是交换，而不是人对人的爱和认同。市场经济更需要理想人格的支撑。所以，一个社会走向理想状态，一定是建立在理想人格提升的基础上的，社会理想人格提升程度决定了社会理想状态之实现。没有对人性的深刻体察，没有找到提升理想人格的方法，社会就不可能和谐，爱国和热爱民族就会沦为一种盲目的狂热，弃国也会成为一种常态现象。不能把爱国沦为一种道德绑架，而是要从社会共识角度出发达到社会成员的互相认同，这才是爱国的基础。人人自私自利的社会，人人互不信任的社会，人人互相倾轧他人基本生存空间的社会，爱国和热爱民族只能沦为一句空谈。墨子讲的"兼爱、非攻"是理想状态的追求，儒家讲的伦理秩序是实现兼爱的切实路径，耶稣倡导的平等博爱是向善引导，卢梭讲的自然状态却是一种实实在在的"以小人之心度君子之腹"。对这些问题如果没有一个清醒的认知，就会导致社会和国家偏离正道。

(二) 从法治与贤良政治的关系推导文化主治

笔者认为，中国现代法治道路并不以法治模式的重构为必然前提。在目前的政治模式下，应该以下列次序推进法治进程：重塑文化精神过程中打造贤良政治；正确解读宪法前提下的智慧落实宪法；将法治与提高执政能力一体化；推进民众对政治进行选举、评价的建设；反腐与治吏的有机结合。

培养贤良、选贤任能，是中国法治建设的前提，亦即贤良政治是中国法治道路的重中之重。这是中国法治道路与西方法治道路的重大差别，但却是中国现代法治成功的关键。在中国现代法治道路的设计上，我们应该厘清一些最基本的关系，其中之一就是树立整体观，不能就法治而法治，而应该站在一个整体视角推进法治。譬如执政也好，国家治理也好，都需要各个方面的人才来推进，都需要贤良从政。而目前的法治理论根本不包括如何培养贤良，或者说法治领域所研究的只是贤良所应该具备的某一方面的素质和能力，譬如我们所讲的法治思维和法治能力，只是贤良当然需要具备的能力之一。因此，如果将法治无限拔高为第一位或者基础地位，则我们必将失去对根本问题的关注。如我们可以研究如何通过法治制约权力，防止权力作恶，但是最根本的问题在于要有不想做恶的人从政。在一个"恶人当道"的环境下，任何所谓民主选举、法治都是无法阻止普遍的恶的发生的，事后的校正永远也比不上事前的固本强基。何况，法治校正恶、限制权力滥用，更不代表权力能够发挥出其本应具有的作用，庸官从政就是一个最为明显的例证，庸官位高权重，看似没有作恶但实质上却是最大恶。换句话说，法治建设不能引领、代替军人提高军事才能，不能引领、代替军人将保家卫国作为荣耀和使命；不能引领、代替农业人才如何巩固农业的基础地位、增产增收保障粮食安全；不能引领、代替现代科技人才能够突飞猛进、占领科技制高点；不能引领、代替主政一方的官员如何规划整个地域的良性发展；不能引领、代替宗教人士探寻人生的意义、为社会建立一种精神家园；不能引领、代替政治家游刃有余处理外交事务塑造良性国际关系；不能引领、替代天下百姓如何为人父母、子女，如何算计柴米油盐……当我们放眼治国家治理各个领域的时候，我们会深刻地发现，贤良之才有着多么不可替代的、举足轻重的决定性意义。人人平等、群众史观不能在被曲解后成为教条来取代国家、民族、社会振兴的根本和关键。我们从一个家庭、再到一个企业、直至到国家层面，人的因素是至为关键的。譬如我们现在观察研究社会上的企业，分析其兴衰规律，可以发现，一个优秀的企业家领导下的成功且持久的企业，一定与企业家自身良好的修为休戚相关，那些辉煌一时最终落寞的企业，很大程度上是企业家的智慧缺失导致的结果，这样的实证研究是非常重要的参考。我们再看一个城市的发展，不同的人主政会导致城市发展有着天壤之别。这期间，法治领域中总是期待找到一种制度来避开"人亡政息"，但是却忽视了人的不可替代性，制度建设的重要性不能成为否定人的决定性的理由。文化培养贤良、好的政治模式保障选贤任能、法治保障贤能不堕落，这样的设置才是最可靠的。

（三）从法治与经济的关系推导文化主治

权贵经济、社会财富不公平现状之解决，这是一个极大的难题，确实不是理论上论证就可以找到解决方案的。社会一旦形成了以财富决定一切机会的模式，一旦形成了财富不合法集中的模式，会导致人们在这样的模式中不择手段，这种情况下很难形成所谓的公平交易和市场规则，不择手段会成为一种常态，将任何领域都变成经济领地。因此，将市场经济打造成法治经济，或者说市场经济是法治的主线和内在逻辑在现实中是行不通的，因为这根本不是法治层面的问题，根源不在法治，市场经济和法治是两个层面的内容，不可强行等同并拧在一起、互为条件。解决这一问题的根本在于政治发展的理念，而发展理念的关键在于人。在各个领域都倡导经济主导，同时在各个领域都设置成金字塔式的牟利结构，每个人都会不择手段爬向金字塔顶端，社会就越来越失衡。让每一个人都踏入经济的"高速公路",一旦停下来就会出问题,这不是一种好的现象。文化引导经济,而不应该是经济引导文化,绝对不可本末倒置。我们太习惯于将社会划分为政治、经济、文化、教育等诸多领域,实际上这些所谓的领域是一体的,不是可以分离看待和研究的,都是牵一发而动全身的。当政策制定者决定着规则,而规则天然的失去公平性的时候,我们是不能指望着法治来解决所有问题的,法治在这个时候就一定会沦为强势者的工具,因为法律在很大程度上体现的就是强势者的意志,在法律之外还有更多的法律无法管辖却比法律影响更为根本和深远的规则,因此法律永远无法主治。只有从国家和社会整体进行布局,布局谋划秉承文化良知,这样才能形成一个和谐的社会,形成一个经济发展健康持续的局面和源源不断的动力。

(四) 构建国家总体文化战略以推动文化主治

在文化主治的思路下,中国当下务必重视文化问题。针对文化现状,必须制定国家整体文化战略。目前,不仅中国处于一种文化多元格局之下,世界各个国家都不同程度地存在多元文化格局的现状,文化成为国际和国内引发各种冲突的根源,至少文化成为利益冲突的充分借口。钱穆先生曾经说:"今天的中国问题,乃至世界问题,并不仅是一个军事的、经济的、政治的,或是外交的问题,而已是一个整个世界人类的文化问题。一切问题都从文化问题产生,也都该从文化问题来求解决。"[1]这句话是在1950年左右对世界局势的判断,在今天仍不过时。美国著名学者塞缪尔·亨廷顿的名著《文明的冲突与世界秩序的重建》亦是认为:"全球政治主要和最危险的方面将是不同文明集团之间的冲突,文明的冲突是对世界和平的最大威胁,建立在文明之上的国际秩序是防止世界大战的最可靠的保障。"[2]亨廷顿所言的文明亦可以理解为文化之意。文化是精神引领的旗帜,文化认同是国家内部团结的精神纽带,文化是共同信仰的根基。例如,犹太民族,因为共同的文化信仰,让世界人看到了他们无论身在何地都呈现出的因文化和信仰认同而产生的身份认同以及团结一致。任何一个国家,面对整个人类大时代出现的文化多元

---

[1] 钱穆:《文化学大义》,九州出版社2017年版,第1页。
[2] [美]塞缪尔·亨廷顿:《文明的冲突与世界秩序的重建》,周琪等译,新华出版社2010年版,前言第1页。

格局，如果能够形成国内或者国际的文化认同，则在国内可以形成强大的凝聚力，在国际竞争和交往中亦可以立于不败之地。因此，制定国家总体文化战略是国家治理的总根本，战略的实施也是未来中国发展的必要条件。

真正的振兴教育是中国整体文化战略的一条重要路径。中国的教育取得的成果不可妄自菲薄，但是从目前的趋势上看，出国留学热等现象应该带给我们更多的思考。放眼看世界是必需的，但是目前的放眼看世界不仅体现出了一种学习西方先进之处的意味，更多的是中国国内教育的"落后"所致。教育的改进问题，必须正视，这是一个极大的问题，也是根本问题。当下中国的教育，存在很多有目共睹的问题，绝不可回避问题自欺欺人。

国家总体文化战略，既是一个人文化育以塑造更多理想人格的国民、更多贤良为中国和人民服务的战略，更应该是一个团结人、凝聚人的战略。思想观念之争，往往是一个社会分化和撕裂的最大根源，文化则是达成最大限度共识的方式。如果国家总体文化战略不具备凝聚人的功效，而是扮演了更加强制或者造就对立的实际功效，则这种文化战略注定是失败的。如目前各种文化和思想领域的"不当言论"被推上风口浪尖，可谓一石激起千层浪，这本身是思想观念严重撕裂的结果和表现，而不是造成思想观念撕裂的原因。一个人的一句言论，就可以造成社会分成两三个大的阵营群体互相攻击甚至谩骂，这足以让我们警醒社会思想的现状。一个整体文化战略的建立，一定能够形成大多数人的内心文化认同，并在理智的讨论中达成共识。如战国时期的百家争鸣，目前中国乃至世界各国，都存在着"新时期的百家争鸣"状态。只要出发点是好的，我们就可以发觉其中共同的善意，兼听则明而不是党同伐异、容不得任何异议，则新时期"文化统一战线"一定会形成。无论从何种角度，无论提出的是批评意见还是建设性思考，文化战略一定是体现了一种将各种意见予以综合的智慧，一定是最终达到凝聚人心的功效。如果没有一种整体的、包容的文化观，则对内、对外都将长期处于一种疲于文化应对的局面。中国不乏人才，如果通过文化战略将中国的人才凝聚起来，能够形成合力，则中国未来的强大和国内人民的幸福势不可挡。文化强则民强，民强则国强，这是一个历史规律。

(五) 建立以人本文化为最高指向的学理研究以推动文化主治

1. 法治与人治对立的逻辑悖论

在历史上和现实中，我们可以清晰地发现，提倡法治与人治的对立的人，其主要理由是人是靠不住的,因此必须厉行法治。这样的对立思维下出现的逻辑错误前文已经反复指出。但是这后面还有一个更大的问题:如此般倡导法治的观点,实际上其预设的前提是性恶论,其实际上也是信奉性恶论,甚至并不以扬善去恶为目标而是将人性恶作为不变的事实。因此无论如何表述自己的人性恶理论——直接或者婉转,其实质就是法家的信徒。而秉承性恶论施行政治统治的"政治家"实为"政客"而已,毫无仁爱之心,其虽倡导法治甚至严格以法治约束自己,但是最终我们所看到的历史和现实中种种"人治"的恶果,基本都是这些人造成的。也就是说,性恶论的法治者其行为本身就是一种彻头彻尾的人治,至少最后一定会沦落成为自己公开反对的"人治"——虽然反对人治是其倡导法治的理由。

有论者对此提出了卓见:"从逻辑上说,性恶论固然可以推导出建立一个森严之法网的必要性,但这个法网张开来,并不是法治,而是专制、管制、控制。既然人性本恶,那么强化管制便是必要的,而自治则是不可能的——这既合乎逻辑,也可以从法家建立的秦制得到印证。从历史经验来看,除了中国的法家,社会达尔文主义者、霍布斯主义者、马基雅维利主义者、市场拜物教信徒,也都是性恶论的忠实拥趸,用他们的理论,不可能构建宪制,只能打造出丛林社会、利维坦、权谋政治及物欲横流之末世。"[1]当我们在面对西方的自由主义、保守主义等一系列思潮的时候,我们往往看似感受到了一股清流;但当我们不再戴着先入为主的有色眼镜去观察这个世界的现实时,我们会发现:我们现在的法治理论已经在歧途上走了太久——长达数百年——而这种理论的事实原型,已经持续了上千年,我们犹如深陷泥潭却期盼出淤泥而不染,而真正可以出淤泥而不染的却不是这一套法治理论,这套法治理论本身就是埋没人性善的泥潭。古今中外的"盛世"中政治家一定是为政以德,而且一定是民风淳厚;古今中外的"末世"一定是世风日下、人心不古。

2. 让文化与法治回归到人本

文化和法治统一于人本,这才是学理研究的应然路径。其一是强调人本,不能在人之外寻找终极理据,国家治理的终极理据在于人自身;二是文化和法治不能分离,也不能本末倒置,确立文化为本的中国现代法治理据。科学

---

[1] 吴钩:《中国的自由传统》,复旦大学出版社2014年版,第43页。

主义对心性研究成果的否定，使得中国现代的学理研究，完全缺失了人本研究的根基，谈到心性和人本，必然等同于封建迷信，因此只能以西方式的各种所谓理性假设为基础来开展研究。前文已述，西方的各种理性假设本身就是一个错误的逻辑前提，在错误的根基上是不可能长出丰硕的果实的。西方的一个限权法治理论，就让我们必然要认同权利之正义性与权力之恶的本性，这种认同无法解释法国大革命暴发时，平常温和的人群突然可以残忍杀戮那些"罪不至死"的权力拥有者，这种人性最为残忍黑暗的杀戮却被反复歌颂，所以法国人才冷静地反思，托克维尔所著的《旧制度与大革命》才成为传世之作。任何时代、任何社会，权力都是需要被限制的，因为德不配位永远存在，人在权力和财富面前是难以经受诱惑的，因此人性中的良知被贪婪所遮蔽，这是中国人自古就明白无误指出的道理。中国传统社会从来都不缺乏对权力的限制，但是中国传统社会却并不如西方革命时期一般将限权作为一条唯一的主线和最高的皈依，而是首先选贤任能，不是虚伪地去高喊人人平等，而是在客观承认人的才能必然存在差别的前提下，让社会中的贤能为大众服务，贤能不仅接受制度的约束，更要接受良知的约束。贤能将权力真正用于服务天下百姓是正向推进的权力之本，校正权力偏离正道的限权是负向防范的权力之规。并不是西方式的观念中所认为的权力必然是权利的敌人，在西方的这种思路下，社会中哪个好人会愿意去执掌权力呢？一种原本的和谐方向被变成了永久对立，所以才会有极端的无政府主义、个人本位的自由主义等出现。所有人都被不分青红皂白地以某种外在标准划入不同阵营，唯有良知这一可以让所有人达成共识的内在人本标准被排斥在外。你是公民，你就天然的正义；你是经济人，你就天然的理性；你是掌控权力的人，你就天然变成了人人加以防范的恶人，哪有这样的道理？倘若中国古代的士大夫，在掌握了权力之后，旋即被天下百姓视为必须防范的恶人，而不是可以依托和信赖的人，他们还会有动力、有使命感地去为视自己如寇仇的人抛弃生命而"为民请命"吗？按照西方的思维，所有人都需要在各种无尽的斗争和抗衡中寻找安身立命之资本，因此忘却了良知是人的最高指引。所谓"绝对权力必然导致绝对腐败"这样的"至理名言"，即使在西方也不是完全成立的。耶稣在信众中拥有绝对的权力，但是却绝对的远离了腐败，因为人性的光辉使然。西方的神本最终还是要落实到人性善的。任何缺少人本根基的理论，无论听起来多么曼妙，最终只能是一种工具，其境界止于"术"。建立人本信仰和人本文化根基,是中国当代法治等国家治理学问之学理研究的必要前提。

(六)用法治思维和法治能力保障文化主治

本书很多观点似乎降低了法治在大众心目中的期待,但实际上,笔者是在为法治进行合理定位。也即是说,法治应该作为底线,因为法律涉及国家治理和社会生活的所有重要方面,所以法治是国家治理和社会生活底线的捍卫者、秩序的守护者。笔者所强调的是,不能喧宾夺主,法治不是无足轻重,而是举足轻重。特别是我们将法治思维和法治能力作为法治的重点方面推进的时候,我们发现法治思维和法治能力是文化主治的坚定捍卫者和守护神。我们现在无论如何制定文化战略,都需要坚守法治的底线,以强制手段推行文化本身就是对文化的亵渎,也是对法治的践踏。如果我们不能制定整体国家文化战略并厘清法治理想的本来面貌,不选贤任能来推进这个宏大的历史进程,则此类问题必将反复出现。在此,我们也能够更加充分认识到,近年来党和国家将法治能力作为重要的施政能力要求,大力推进领导干部法治思维和法治能力的培训和提升,其现实意义必须予以充分重视。

二、必须构建中国自己的法治理据

(一)打破西方法治理论的乌托邦幻想

西方法治乌托邦,虽然其理论产生于西方,但是其影响却更多地发生在现代中国。加强法治是当下中国应该做的,但是将法治树立为最高理想却是万万不该的。当我们仔细观察社会问题的症结所在的时候,就会清楚地发现,希望法治神话力挽狂澜是注定要失败的。当一个社会出现了这样的一种风气——为了追逐金钱可以抛弃良知,那么法律作为底线就徒留强制性发挥作用了,而在这种风气下,法律是无法通过徒留的强制性改变人的内心疯狂的欲望的,法律面对普遍的违法现象必然无能为力,法治也必将成为一句空话,沦为与泛道德化说教一样的命运。用一句话总结:上下交征利,病根在文化。良知秩序依靠什么形成?当然是文化!那种高喊的契约精神,无论是人与上帝立约,还是将人与上帝立约转换为人与人立约的社会契约,在现实中都是毫无根据并毫无益处的。人需要听从自己内心的良知呼唤,而不是听从与自己毫不相干的所谓契约。人心如果将良知抛弃了,还会敬畏什么?是在遥远的西方发源的人类与上帝之契约?是卢梭想象出来的人与人之间订立的社会契约?还是踏踏实实回归到文化,回归到良知,也就是回归到人本,这才是正确的道路。我们是时候打破法治乌托邦幻想了。消除事实上悄然进行的弱肉强食、适者生存之丛林法则，恢复一种仁爱为本的社会秩序，才是根本之道。中国古代圣贤讲求的"道"，看似无甚大用，但实际上却是今天恢复社会根本的、最有用的"道"。这是必须认真思考的根本问题。当今之状况，大多数个体都希望改变，但是又难以以个体松散之力"从我做起"，形成人心合力是执政的重要功能。

中国被称为礼仪之邦，礼就是规则意识的最佳体现，因此，现代法治的规则意识并不是西方法治的专属，本来就是人类社会的必须，同时我们在规则之上更有最为宝贵的道义精神。因此，我们需要重视人与制度的和谐，区分本末，用现代中国人的智慧打破法治乌托邦的幻想，时不我待。

（二）用中国传统文化奠基中国现代法治精神

当下有越来越多的人已经充分认识到，中国现代法治必须走自己的道路，"而不必总是模仿西方发达国家"。但是同时却又有这样的看法：中国的法治是初始型法治，之所以是初始型法治，根本原因在于中国仍然处于社会主义初级阶段。在社会主义初级阶段，中国的物质资源还远远没有达到相当丰富的阶段。没有经济资源的丰富度，法治就没有办法完全形成。在资源很稀缺的国度，通过非法手段发财致富的动力更为强大，在这样的国度里，很难有持续的法治动力。[1]这样的论断，笔者并不赞同。从来就没有什么"初始型"法治，法治是任何社会的底线。我们现在从各个角度定义法治，定义角度的多元化，导致对法治论证出现了诸多混乱的论证结果。西方法治的动力造就了西方法治理论，中国的法治动力不同于西方。中国需要找准自己的问题所在，用中华民族的语言确立中华民族精神，以中华民族精神指引中国自己的法治道路，用中国传统文化阐释和奠定中国现代法治精神。

自由、平等、正义、人权、民主等现代语言，还不能完全无法表达中华民族的伟大精神。我们需要用中华民族的语言确立中华民族的精神，让其指引中国现代法治精神，这本应该是一件天经地义的事情，是自豪的事情，现在却变得非常困难。传统儒家精神，或者说儒释道的精神，是中华民族精神的根本。儒释道文化是对宇宙、社会、人生这些终极问题取得的最高成就，

---

[1] 李林主编：《中国特色社会主义法治发展道路》，中国法制出版社2017年版，第207页。

现代社会根本无法超越。即使现代科学，如果真正能够从中国传统文化的终极认知中找到路径，那么现代科学必将更加发达，这才是我们在资本主导世界的时代中，最大的天然优势和竞争力。笔者这样的观点可能不被大多数人认同，但如果现代科学真的依此路径发展，相信会验证笔者的结论。笔者认为，如朱清时先生一样的人太少了，我们在科学主义的束缚中作茧自缚。我们现在完全浪费掉了传统文化这些宝贵的成果，并且以某种原因将这些成果与现代观念对立了起来。以科学主义思维四处批判"迷信"，以科学主义思维将自己与他人划清界限、分成阵营，这是影响现代中国文化发展的最大障碍和藩篱。在现代学术研究中，对西方文化的了解留于表象或者一知半解、同时对中国传统文化完全无知或者成见颇深者众多，这样的群体比例较高，也是推崇西方文化或者主张全盘西化的中坚力量，而于文化本身之外的政治和意识形态以及现实利益等多种因素共同作用，则文化问题的意义和指向远远超出了对文化本身的理解和认同。在现代中国，真正学贯中西之后的弘扬民族文化这样的学术之广泛传播，是中国文化未来的希望之所在。中华民族——天行健，君子以自强不息；地势坤，君子以厚德载物。

具体到中国现代法治精神，我们目前将其具体化为正义、平等、人权、自由、民主、秩序等。这些现代法治精神不仅是中国独有，而且是一个世界通用的价值体系。我们不能否认的是，这些法治精神被普遍认为是"西方"对中国的"启蒙"带来的，而且在实际上，可能大多数中国人心中确立的这些法治精神也确实是从西方传来的。因为在新文化运动的时候，这些西方的价值观传到了中国，中国百年来也一直宣传着这些价值观的"西方渊源"，因此现代法治精神是"舶来品"似乎不应该具有异议。那么我们进一步看，这些法治精神在西方是如何产生的。本书已经反复阐明，古希腊是法治精神的重要渊源之一，譬如"正义"精神当然祖述古希腊；基督教也是这些精神的重要渊源之一，譬如"平等"观念当然祖述基督教之平等、博爱。但由西方舶来的这些法治精神，其集中形成是在16世纪至18世纪，而其形成更主要是受到了当时中国人本文化的影响，因此西方当时才能够突破宗教的束缚开始近现代法治。所以，现代法治精神的渊源主要有三：古希腊文化、基督教文化和中国传统文化。

在排除这种文化上的历史交融之外，中国传统社会有没有与这些法治精神相通或者相同的文化精神呢？中国现代法治精神是否可以在中国传统文化上找到渊源呢？当然有，而且是毋庸置疑的。譬如我们说墨子的"兼爱、非攻"，当然是建立在"人人平等"这一理念基础之上的；而儒家、佛家、道家是更加讲求平等的，佛家的"众生平等""人人自性本自具足"就是人人平等的要求和义理根据；儒家的"有教无类""人人皆可尧舜"更是毋庸置疑的平等观。本书也反复阐明，西方的"正义"是"正其所宜"的意思，当然等同于中国传统最为重视的"中庸"之义理。对于自由而言，中国传统文化追求的最高目标就是自由，无论是灵魂自由追求还是反抗政治黑暗的政治自由追求。至于人权之类的概念，本书在相关部分已经阐明，没有"人权"的概念和实际上没有人权是两回事。因此，中国现代法治精神完全能够从中国传统文化处寻找到历史的文化渊源，这是没有疑问的。至于说伦理秩序是否有违平等、文化中的追求在现实中没有完全实现之类的疑问，这些都不成其为否定中国现代法治精神之中国传统文化渊源的理由。

既然中国现代法治精神的文化渊源呈现出了上述历史状况，那么我们完全否定中国传统文化对中国现代法治精神的指导作用是不必要的，同时我们否定中国现代法治精神的西方渊源也是不客观、不应该的。我们接下来就重点关注中西文化渊源中对现代法治精神的阐释，哪种更加应该得到认同的问题。本书反复强调的是只有中国传统的人文、良知、道义等文化基础是最能够将现代法治精神阐释透彻、让中国现代法治精神扎根的土壤。有论者认为："华夏文明是人类历史上所产生过的一切文明中，最优秀、最智慧、最具生命力和创造力的一种渊源于远古的文明。"[1]这句话不是虚说的。因此笔者坚信，对中国现代法治精神的阐释，其实就应该是一个弘扬中华传统文化的步骤，二者具有高度一致性。中国现代法治精神、中华传统文化精神和义理、中华民族精神，是一以贯之的，我们要做的就是让他们重新和谐一体。当然，这是一个看似简单实则非常宏大的话题，但是意义重大，笔者将另立专题进行专门研究。

---

[1] 何新：《易经入门：何新讲周易》，华东师范大学出版社2020年版，"中华传统与中国的复兴——何新选集总序"部分。

第二节　中国现代法治理据的文化根基

一、现代中国的文化路径选择

(一) 文化的缺失必定导致乱象丛生

文化根基不能正确确立的社会，一定会失去方向和总的精神指引。由于本书所说的文化，并非是泛化意义上的文化（比如，茶文化、酒桌文化都包含在内的所谓"文化"），而是专门指基于人的特质而化育天下的"文化即人格"，这其中自然主要包括了人格的基础、提升人格的路径。现代社会中，人如何为人的问题，也就是文化的根本问题如此严重，如果还不能正视文化根本问题，而是鼓吹唯制度论或者将法律推上神坛鼓吹"法即正义"，那么社会的问题将越来越严重。任何理论，都不是在人的头脑中存在着自圆其说和逻辑自洽就是完美的理论，甚至理论的"完美"会导致社会滑坡越来越严重。社会生活和人的实际生活，是理论的对象和源泉，而不是人的社会实践和现实存在依据理论的设计而存在。

中国传统文化目前面临的难题是，在过往的学术研究和宣传中，对传统文化的真面貌进行了许多曲解和丑化，传统文化被很多人认为与愚民和培养政治顺民等同，甚至与迷信直接挂钩，传统文化被污名化的现象严重，甚至现代中国的很多不良现象都被堂而皇之地冠以"封建思想残余作祟"之名，而不考虑这种情况是任何社会自有之，还是现代独有而无端归罪于过去；还如人在欲望、财富、权力面前表现出的"劣根性"是任何社会都存在的现象，是必须用文化制约和指引、教化的，却被很多人"无私"的完全赠与全体中国人，名为"中国人"的"劣根性"，并将此与传统文化挂钩。这些对传统文化的污名化是我们建立对传统文化信心的一大障碍。另外，文化是需要靠人来宣扬的，也是需要依靠每个人的实际行动来体现的，但是对传统文化真正能够读懂的人已经越来越少，勿论大众能够以传统文化为指引来生活，尤其是政治权力对待传统文化的态度和权力掌控者之"德"与传统文化的契合是更加困难的事情，这也是任何时代、任何国家都必然面临的问题。权力私有、权贵经济、与民争利都是背离政治宗旨的。现在对传统文化的核心精神，批判者众多，但是都并非从义理本身进行剖析，或者说批判者根本不懂传统文化的义理，而试图找到各种所谓的角度和理由予以否定。传统文化的缺失是文化缺失的最大问题，是中国现代诸多矛盾的主要根源之一。

(二) 重视中国传统文化与马克思主义政党文化的互补性

什么叫作互补性？互补性的前提是中国传统文化与马克思主义应该是两个事物。而本书中认为马克思主义天然应该包含中国传统文化的内容，也就是体现了马克思主义的开放性和包容性。因此，此处所言的互补性，是针对此前流行的将马克思主义与中国传统文化截然分离、对立，以马克思本人的观点批判中国传统文化为常态下的思维。我们列举一个具体而事关终极理想目标的例子。马克思本人提出的"共产主义社会"是其认为的终极理想社会，此社会中物质极大丰富、人人得以全面自由地发展[1]。在这个理想社会实现的时候，国家连同法律就一起消亡了。我们发现，这样的描述中并没有对人的精神世界和人生境界做出一个界定和描述。我们再看孔子对大同社会所做的如下描述："大道之行也，天下为公，选贤与能，讲信修睦；故人不独亲其亲，不独子其子，使老有所养，壮有所用，幼有所长，矜寡孤独废疾者，皆有所养；男有分，女有归。货恶其弃于地也，不必藏于己；力恶其不出于身也，不必为己。是故谋闭而不兴，盗窃乱贼而不作，故外户而不闭，是谓大同。"[2]孔子论述了大同理想实现的前提条件：大道之行、天下为公。其中大道之行必然包含了人的境界已经都达到了极高标准，笔者认为"人人皆为君子——文质彬彬，是为君子"是一个前提条件。马克思针对其关心的欧洲工人阶级，畅想的共产主义，让工人免受为了生存而被迫被剥削[3]，而被剥削

---

[1] 马克思本人设想了一些具体场景，比如，职业的自由转换作为人的自由发展的表现。

[2] 周何编撰：《儒家的理想国：礼记》，九州出版社2017年版，第196~197页。

[3] 马克思在看到欧洲工人被剥削压迫的几个残酷事实的时候，譬如一个工厂失火烧死工人的案例，其实是因为感到了具体的资本家的为富不仁，因而因为"恻隐之心"而促动了对整个资本主义制度的整体考察和思考，发现了剩余价值理论和资本（实为资本主义社会的资本家们）的贪婪本性。当然，我们必须承认，如果是一种现代企业形式中，企业家和工人、白领也可以是一种和谐的合作共荣关系，企业家以其战略眼光和聪明才智引领企业，工人、白领在一个欣欣向荣的企业中得到应有的更好的劳动报酬，二者是互相支撑、互惠互利的关系。没有一个现代企业的员工希望老板是一个不具备商业头脑、随时破产的笨蛋。企业家的资本和智力回报与工人、白领的体力、智力回报，在理论上也并不是必然冲突的。因此，现代企业家和马克思反对的资本家之间，是有差别的，差别在于是否泯灭了良知。如果在一个现代社会的企业中，譬如黑砖窑、黑煤窑事件，我们当然要将这类的所谓企业家和马克思反对的资本家画等号。笔者认为，这不应该成为一个理论难题。全体人的共同良知，才是和谐社会和全体人共同自有的坚实基础。一家之言，仅供参考。

是因为财富有限,所以财富的生产和分配是主要动因,因此其侧重论述"物质极大丰富"以解决这一关键问题。孔子身处战乱频繁、人心不古的春秋时代,因此其特别注重民德、人德归厚,作为大同社会实现的关键条件,当然物质也是其中一个方面。"仓廪实而知礼节、衣食足而知荣辱"并没有错。以前流行的观念喜欢将共产主义设想和大同社会设想作为对立的对象加以比较。今日,我们可否找到其更多的共同点和互补性呢?当然可以,物质问题的解决为人生境界问题解决奠定了物质基础,人生境界问题为物质基础树立了仁德秩序。这不就是最大的、最佳的互补吗?或者说,马克思认为共产主义的人就应该是高尚的,但是未能从心性角度来论述人之所以高尚的义理,而儒家对人为什么"高尚"的义理认识得非常透彻。更重要的是,马克思和孔子都不是为了自己来设想这个美好社会,而是为了他们认为最应该呵护的大众,这不就是一种共同的悲天悯人的伟大情怀吗?因此,当我们换一个视角看问题时,也就是将对立转化为和谐的时候,往往就柳暗花明了。下面我们进一步论证互补性问题。

马克思主义政党文化是文化在政治领域的表现,是政治文化,执政者应该成为中华民族的政治领导者,但同时也应该是中华民族文化的先锋,民族文化是涵盖政治文化的。政治文化的实现,与政治目的的实现是同步的,政治效果是衡量政治文化的外在表现。譬如执政者对于干部队伍提出的素质要求,提出为民要求、人民至上的要求,都是一种理想要求,但并不包含实现理想要求的关于人的内在提升的路径。理想社会的目标如共产主义或者人人平等具有激励和指引作用,但是并不是有了目标激励和要求,就自然能实现人格的提升。现实的腐败现象已经充分表明了这一规律。因此,如何提升包括领导干部在内,而且首先是领导干部在内的全体人的理想人格,则是需要人文指引的。没有切实的理想人格修养功夫,任何理想目标都容易沦为口号,言行不一会成为普遍现象。我们考察王阳明提出知行合一的年代,其时代状况与现代中国相比,非常具有相似性。王阳明的心学为什么能取得巨大成功并扭转了社会的风气?就是因为这是一种切实的人格提升方法而不是空洞的口号和玄虚的理论。因此,马克思主义政党文化也必须和中国传统文化中人的修养的大智慧相结合,作为中国传统文化主要内容的性命之学、修己之学,应为现代中国人修养的必不可少的功课。自我心性的审视,并非可有可无,而是必不可少,读读传统文化中如何去除贪、嗔、痴的告诫,总是没有坏处的。中国传统对心性的研究致精致微，所谓"道心惟微，人心惟危"，这样的深刻体察和伟大智慧，是从未被超越、也可能无法被超越的。

我们始终未能在近两三百年中西文化碰撞和竞争中走出来，现在的意识形态斗争成了西方文化向中国传统文化和马克思主义政党文化开战。而同时，西方社会内部在面对现实的困惑的时候，也有越来越多的人从马克思的思想中寻求答案。这个大的时局背景，是需要通盘考虑研究的。马克思主义在中国之所以能够被广大知识分子接受并成为民众普遍接受的理论，一方面在于其与中国传统文化的相似性；另一方面更在于，在当时资本的逻辑构筑的资本主导的世界秩序中，传统文化的衰落导致了资本文化战胜了中国传统文化，这是一个必须认真看清的事实。在与资本的政治、军事和文化对抗中，如何保留中国社会的文化自主性是一个大问题，要么全面接受西方文化的成功侵略并在资本构建的世界秩序中听命于人，要么找到一条新路。马克思本人在资本进行世界性扩张的西方社会中，深刻洞察了资本的本性，因此勇于揭露资本世界的弊端和危害，这是中国社会当时能够认清资本本性的一个极为重要的理论来源。同时，马克思主义的中国化，又能够在对抗资本的文化侵略和主导秩序的同时，充分保留了中国传统文化的火种。如果没有马克思主义的广泛传播，今日之中国文化，很可能已经完全是西方文化的天下了。很多人非常推崇西方文化，因此可能认为西方化是一件幸事，但如果真正的研究资本的逻辑，我们会庆幸我们没有被西方资本主导。西方社会的秩序和自由还在于宗教，单纯的资本主导绝非人类之幸事。资本的生存逻辑就是不断地增值，就是一种对利益最大化的追逐。如果在资本的逻辑中不加入人文的因素，则马克思时代所见证的资本剥削现象是无法解决的，社会只能越来越撕裂，人性只能越来越扭曲。资本主导世界的开端，也是西方宗教精神式微的时候，当资本无所敬畏的时候，为了逐利就可以抛开一切法则。这在当下也是随处可见的现象，他人的生命、内心的良知、法律的尊严都可以被抛弃。

文化是无须断裂的也无法割裂的，人文之化育是任何社会的必须。只是中国传统文化在人文上已经致精致微，试图另起炉灶或者超越已经不可能，试图推翻再树立新的人文更加是幻想。传统文化，就应该是现代中国的指导文化之一。而马克思主义经典作家，对于我们认识近几百年来的国际社会和资本逻辑，提供了传统文化无法提供的诸多视角。因此，注重互补性，是我们立足于不败之地、时时检视自己、团结更多志同道合的朋友、有效应对各种风险的一个绝佳选择。总之，我们的一切都应该站在人民立场，一切为了人民，这是一个最为核心的基础和终极目的。

（三）马克思主义文化的中国化

马克思主义政党文化，与中国传统文化不是一种对立关系，或者一种超越和指导关系。正确理解中国传统文化和马克思主义文化的关系非常重要。有一种错误观点，将马克思主义等同于马克思本人的学说，将马克思本人学说的一切观点、每一个具体的论断甚至每一句话都作为绝对正确的观点，作为最高评判标准指导、评判一切。这种认识是中国共产党从始至终都明确反对的教条主义和本本主义的错误理论倾向。按照这样的观点，不仅不能解释马克思本人曾经做出的错误论断，而且是对马克思这名西方学者的苛求，只有人们要求马克思成为高于上帝的神，才应该对马克思做出如此苛刻的、毫无理据的要求。马克思是在西方文化中成长起来的一名学者，不仅其思维方式是典型的西方思维，其当年学术研究的对象也主要是西欧社会，其关心的也主要是如何改变欧洲工人阶级的悲惨命运，我们不能苛求马克思像预言家和通灵巫师一样对全世界和人类全部发展的一切问题做出准确预判，那是对"上帝"的要求；也不能苛求或者盲目认为马克思本人在哲学、科学方面的成就和认知是登峰造极、无所不能的，那是对"全知全能"的要求，否则我们今天的理论研究就毫无必要了。马克思只是作为一名学者在启发人们，而不是以自己的成果束缚人们思想的继续深入发展。马克思本人的思想不仅具有批判性，而且更加注重自我批判和反省。所以，中国共产党从一开始就提倡马克思主义中国化，或者说秉承的是中国化的马克思主义，而且马克思主义的核心是政治立场，也就是为全天下百姓建立百姓自己的政党、为全天下人民谋福利、在人民利益之外并无自己特殊利益的政治立场，因而才受到人民的拥戴。马克思作为一个普通人，亦有其成长的经历和思想发展历程，其青年时代和中年时代、老年时代的观点都发生着变化，我们不能教条式地将其每一句话都奉为类似基督徒眼中的《圣经》，否则也就违反了我们提倡的实事求是原则。因此，马克思主义虽然有很多马克思本人的学术贡献，但是马克思主义一定是中国化的马克思主义，中国共产党作为马克思主义政党，也是中国人自己的政党，因此马克思主义文化不仅与中国人自己的传统文化不是对立关系，反而应该是一种融洽关系。

（四）破除对"唯制度论"的迷信

在此，首先举一个学术界熟知的小例子。譬如我们现在通行的博士生论文答辩制度，是一个公认的比较完善的好制度。其一般要求有五名正高职称的专家、教授担任答辩委员，根据规定好的答辩程序开展工作，其目的在于对博士生的论文做出公允的评判，进而根据评判结果决定是否通过答辩。这个制度很重要，如果没有这种规范性，则一定会出现博士毕业生良莠不齐的现象。但是，这个制度的前提是有五名具备正高职称的专家教授的存在，有一篇博士论文需要被评判，而这篇博士论文是否有水平，不取决于这个制度而是取决于这个博士生的天赋、自己的学识积累、努力程度和导师的指导等。如果我们抛开专家的存在和优秀的博士生的存在，这个制度还有任何意义吗？这就是一个最简单的道理。同时，如果有专家和博士生的存在，这个好的制度会必然缺位吗？当然不是。这只是一个浅显易懂的小例子。我们再看国家治理的各个层面，没有优秀的人存在，一切制度都是虚设；如果我们在观念中将优秀的人存在作为了预设前提，那么说"是良好的制度让一切都好起来了"显然是贪"人"之功为"己"有。

因此，指望制度解决一切问题，或者将一切问题的解决都归功于制度，这是一种不切实际的天真幻想。制度是文化的产物，制度是人的制度，文化是人的文化，因此，如若不从人的角度看问题，一切"唯制度论"都是空谈和盲从。不能将社会主义制度下的丑恶现象强行解释为是封建主义思想、资本主义思想的遗留和侵蚀，不能将所有积极成就完全归功于社会主义制度；我们也不能将西方社会的正面发展解释为三权分立之必然结果，也不能将西方社会的丑恶现象归结为资本掌控国家模式的原因。所有的善恶，发源于人，制度是配合人心向着理想目标迈进的工具，而不是代替人心成为根本，我们要考察的是哪种制度更有利于配和人类的至善追求，而人类的至善追求首先是一个文化问题，其次才是制度问题，文化和制度是不能互相替代的，文化为主、制度为辅，制度是文化的反映。文化是制度的根本，人是文化的根源。因此，用人文来加强制度之功效，不可或缺。所以，"制度自信"必须以"文化自信"作为依托和精神指引。

二、国家总体文化战略的构建思路

(一) 中国传统文化的基础地位和民族文化正统地位

任何对外来文化的借鉴都是以拥有自我为前提的,失去了自我根基的文化借鉴就是一种以借鉴为名的文化消亡。

1. 任何社会都需要人文

我们在前文已经充分表述过,任何社会都是人的社会,任何国家治理都是人和人之间的关系问题,而国家治理最核心的问题就是定义"人",定义"人"就是人文,人文的外化表现为人格,因此任何进步的社会都应该是对理想人格不懈追求的社会,而不是让人对待同类如动物般只能相互厮杀、满足食欲等欲望或者在惊恐不安中处处防范着天敌的攻击。任何社会都必须注重人文,国家治理也必须注重人文,或者以人文为核心和主线。西方的神本最后是落实到人文,中国传统文化直接发乎人文。现代的西方国家和现代中国也不能避开人文谈国家治理,否则,若真的如进化论精神一般,将人类每个个体之生命在地球上的出现视为偶然,人的生命意义只能决定于外物,人不明不白地通过"意识"和外界发生着联系,人的死亡意味着一切的结束。如此一来,人是一种完全不能自我掌控的生物而已,其根本无法找到生存的意义,更无法找到人之所以作为人的特质——人文。这样的思路只能造就所谓的弱肉强食和世俗欲望满足主义,这和人文背离太远,这种偏离天道的思想必然导致人道的迷茫。国家治理必须根基于人文。对天道和人道的体悟以及弘扬,是破除人类精神迷茫的唯一良方。

2. 中国传统文化是人类人文无法逾越的巅峰

社会达尔文主义者秉承的思路是随着时间的推移而必然不断延续的代际超越,这种认知未免显得浅薄。当我们不断地对古人冠以"原始""朴素""落后""愚昧"等称谓的时候,其往往是根本没能明白古代圣贤究竟告诉了我们什么。西方的线性历史观与中国的循环历史观形成了截然的反差。线性历史观是一种主观期望,循环历史观是一种历史观察。在新的人类时代,我们有望推动线性历史观的实现,但是却并不是想当然能够实现,而是需要依据轴心时代的文化精神重塑人类的信仰,方可避免历史的循环。就中国而言,真正认清传统文化的人文巅峰地位,以人文为主线,是保障历史线性前进的必要条件。

3. 通往人文的路径千万条，中国无须舍弃传统另立炉灶

中国近年来在世界各地建立孔子学院，作为传播中国文化的一张"文化名片"，这是非常值得称颂的举措。中国无需另起炉灶研究通往人文化育的路径，反而是系统化研究儒家并抛开偏见以正视儒家精神和儒家的智慧，这是当务之急。现代中国更需要真正的大儒，需要更多的大儒担当起历史使命。而且，不能将共产党人与大儒对立起来，真正的共产党人就应该具备大儒的品格，共产党人的人格标准就应该是君子。中国自古以来对君子的描述，还不足以系统化的表明君子的品格和特质，在此笔者需要进行尝试性地描述："君子喻于义，小人喻于利"，"质胜文则野，文胜质则史，文质彬彬是为君子"。质代表天然性情，敢爱敢恨；文代表人的特质，具备悲悯之心；君子应该具备仁智勇三种品行，但是君子不是圣人，对君子并没有要求其达到圣人境界，而是良知和真性情之平衡，君子还是凡人，并未超凡入圣，但是却是凡人中的最高境界，因此这是社会中人人都有机会可以做到的，而千年出一圣人，百年出一贤人，才是历史的常态。

复兴儒学是中国未来文化战略的一大关键。文化不是别人的，是属于自己的，外在于自己的都不是文化。文化就是为人寻找安心立命的源头以及安身立命的方向，也是确立人如何做人的标准，也是为人如何认识自己和自己所在的宇宙时空提供一条便捷的路径。儒家学说为我们提供了满足文化意义的理论成果，我们不可弃之不用，另起炉灶或者心外求法是在走弯路。万法同源、万法归一，儒释道作为中国传统文化的代表如此，西方的上帝和宗教亦是如此，最终都要通过个人这一归宿来展示和弘扬其终极意义。谋生存、求发展的小我，最终还是归于宇宙时空这一整体的大我之中，无有主观、客观之区分，无有物质、精神之对立，无有你、我之分别，无有刹那、永恒之执着。跳出局限方可升华，去掉蒙蔽方显本真，儒家早已告诉我们答案和方法。

4. 精通中国儒释道的精要，西方文化中无论多么玄虚或者抽象的学说，都会明白易懂

有论者认为中国几千年来，至少两千多年来都没有逃出儒学的桎梏，动辄以孔子作为最高精神偶像，没有"创新与超越"，而西方却不断地出现着"超越"。这是一种肤浅的见解，是以"低维"解读"高维"的结果。如有论者疑惑"孔子的微言、七十子的大义，构成了世世代代中国学者难以走出的

怪圈"[1]。试想，如果先贤在人文上已经达到巅峰，我们如何超越？西方的"超越"正是因为他们甚至还处于山脚下。笔者读西方近现代的"大智者"们的书籍，如叔本华、康德、海德格尔、弗洛伊德等近现代的偶像级人物，确实发现，他们和轴心时代的先知、圣贤相比还是终极真理的门外汉，他们在柏拉图的洞穴理论中，绝不是那个已经走出过洞穴的返回者，因此他们在现代人眼中才貌似不断地在表现出"超越"。这就好比盲人摸象的故事，当一群人无法看到大象的全貌，因此可以偏于一隅摸索出各自的"心得"且不断发展变化，貌似超越与创新，但是作为轴心时代的圣贤，对大象的全貌早已成竹在胸，因此断然无法超越。在人类近两千五百年左右的历史中，也就是"轴心时代"以来，西方的"哲学"恐怕无人超越以苏格拉底为最高峰的古希腊哲学最高成就，而且到了近现代以来呈现出的是严重的"退化"，哲学（爱智慧）作为实证体悟之学甚至完全退化成了以概念和逻辑为核心的思辨之学（徒留思辨）。笔者认为孔子与苏格拉底比肩、孟子与柏拉图比肩、荀子与亚里士多德比肩，后来人至多担负的是承上启下的中兴重任，而无超越之功。总之，未能切实体悟圣境者，何以评判、否定圣人之道？勿论传道。

中国传统文化是智慧宝库、是人类认识真理的一座巅峰。在对西方宗教、哲学甚至科学等文化方式进行的比较中，我们可以发现一个现象，真正精通中国传统文化的人，会非常容易读懂西方的各种理论学说，但是却不会产生狂热的崇拜，而是明了其意境并审慎思考，找出互通并且理性看待各自所谓的优劣短长；但凡没有中国传统文化基础或者对传统文化误解、成见颇深之人，就容易出现盲目崇拜西学的现象，而且其对西学之哲学、宗教之理解往往流于表面而不能深入，西学中与中国传统文化相比较而言非常浅表的理论亦被作为高深的理论对待，并且自以为取得了打开国门看世界得到的丰硕成果而反过来鄙视中国传统文化。比如，有些人读了几本西方哲学诸如康德、黑格尔之后就号称中国没有"哲学"，有些人看到黑格尔对孔子《论语》近乎无知的负面评价就会莫名升起一股自豪感，类似现象比比皆是。这种情况告诉我们的不是人们认为现代中国对于传统中国显示出了现代性，而是告诉我们：太多的人认为西方文化比中国传统和中国现代文化的精华加在一起都具有先进性和优越性，这就是文化自卑的根源及其表现。今日，如果我们还

---

[1] 赵林：《天国之门：西方文化精神》，湖南人民出版社2020年版，"再版前言"部分第9页。

不能正视这一非文化战略推进无以改变的局面，而是狂热地以爱国之类的要求来施压，只能导致国内不同学理路径的人越来越撕裂，而不可能导致大家达成共识并以民族团结为目标的结果。现代中国的文化战略推进过程，也并非所谓强制可以取得成果，这样就完全不符合中国传统文化的精神，也难以真正还原传统文化的本真。而且试图用强制手段推行"文化"，本身就是对"文化"的叛离，其结果只能事与愿违。如目前网络对所谓"不当言论"的口诛笔伐甚多，甚至超越法律底线喊打喊杀，这都不是能凝聚人心达成共识的智慧方法，只是人群撕裂的一种表现，这是文化危机的表现和结果，我们需要针对其原因寻求解决方案，否则只能加剧撕裂。

5. 传统文化需要现代化而不是僵化的教条

中国传统文化现代化，是指前文所讲述的儒家文化的永恒与变化之意，其核心在于对传统文化的内核精神的传承，而要义在于防止形式大于内容的传承，或者僵化于形式而影响内容的传承。现在社会上流行的着汉服、讲古人名言警句，是体现传统文化的一种形式，但是这本身只是形式，传统文化并非是单纯的语言和理论，其要义在于人的心性和行为以及二者的一致性。完全的现代语言、现代生活方式可以将传统文化精神完全贯彻，复古的语言表达和生活方式，也可能实际上背离了传统文化。简而言之，在今天，一个能够通篇背诵四书五经并且对义理解读得头头是道的"文化人"，未必比一个目不识丁的"非文化人"更加符合传统文化精神的要求。我们今天观念中的传统文化，只是传统文化的理论流传了下来，而不是文化本身，文化是需要体现于每一个人的"心主行"的心行一致的真实生活中，而不是在书本上和文字中，文字只是有助于理解如何去践行的方式之一。因此，传统文化现代化，并非一种形式认同，更非一种强制认同，而一定是一个符合现代人生活环境和生存条件的潜移默化的方式。譬如我们今天如果倡导人人打坐参禅、坐而论道，将活生生的文化僵化为某种形式，那么为生活而劳碌奔波的大众就不具备这一形式条件。如果说人人都明确良知是人生的根本，在时时处处都以良知为指引和约束，则文化就会自然兴盛起来。坚守良知是中国人最普遍的信仰，也是超越一切曼妙的理论、人本信仰建立的根本基础。

（二）坚定马克思主义政党文化的政治地位、时代文化地位

1. 马克思主义进一步中国化的问题

马克思主义最初之所以能够被中国广大知识分子和民众接受，而不是像

历史上外来文化进入中国之后必须首先披上中国外衣才能够得以生存，除了当时中国传统文化已经十分衰落之外，更主要是马克思主义与中国传统文化的几大共同性，否则当时正处于西方文化对中国传统文化全面入侵的情况，为什么没有选择其他西方文化，譬如当时无政府主义学说就被共产党人所抛弃，蒋介石在日记中曾经设想过将基督教设为国教，但是也放弃了：一是共产主义理想与儒家大同理想趋同；二是对无产阶级的人性善预设与儒家的人之初性本善趋同；三是无产阶级改造世界与儒家经世治世趋同，皆为入世精神与利民精神；四是无产阶级革命与历朝历代反抗压迫的农民革命趋同；五是集体主义与儒家家国同构趋同；六是人民当家作主与儒家的人本趋同，无须另立上帝和神作为主宰；七是辩证法与儒家的中庸趋同，诸多方面皆具有相似性因而具有亲和性。反观当时在中国传播的自由主义、无政府主义和基督教等，因为和中国传统文化不具备相似性而难以被接受。这是马克思主义被广泛接受的文化根基。如同西方资产阶级革命反对教权却无法让人们不再信奉上帝一样，历史难以割裂；马克思主义被广为接受也是一种历史无法被割裂的体现。另一方面，马克思主义中马克思本人的学说也是在中国儒家西传、中国人本文化西传之后，在欧洲经过两百年左右的吸收和传播之后产生的，中国传统文化的痕迹存在其中也就不足为奇了。这就是历史的机缘巧合，正如同佛家传到中国之后，中国保留了佛家的完整教义传承至今，而佛家发源地却改成了以印度教信仰为主。马克思主义某种程度上是儒家西传之后的回归。共产党人信奉的马克思主义从来都不是封闭的体系，是勇于接受人类一切先进文明成果的文化体系，这就是中国传统文化的包容性和马克思主义学说的开放性相结合的结果。发源于人、造福世人，这是马克思主义的本来面目。在今天的现代中国，马克思主义当然需要进一步中国化，也就是马克思主义应该成为中国文化内在的一部分，而非外在之方。

当然，我们必须清醒地看到，除了与中国传统文化的上述契合之外，马克思主义在当时的价值更在于我们深刻的了解资本主义国家的现状和问题。马克思本人对西方资本主义社会的深入研究，使得当时的先进知识分子看清了资本主义，正是因为对资本主义当时的黑暗和资本主导的社会产生的种种人间疾苦的明确，才让当时的中国并没有在西方资本主义称霸世界时发生价值认同。五四运动开启的民主科学浪潮，只是争取自强的一个方式，而不是对西方文化的整体认同和"拿来主义"，在当时传统文化衰落的情况下，西方资本主义文化也正是因为马克思主义在中国的传播而没有"征服"中国文化。时至今日，我们依然能够强烈地感受到，以金钱和物欲为指引的资本发展，如果没有人文的约束，将出现社会难以承受的后果。因此，马克思主义在当时为中国避免资本主导社会提供了很好的理论成果，也为当时和现在提供了一面映照资本主义社会的镜子。财富的大量创造与财富向少数人的集中是资本的一个逻辑；权力为资本服务是资本的另一个逻辑。权力与财富的关系成为社会不公平的原因和标尺。这是现代中国也必须警醒的、必须避免的。当权力和资本结成联盟或者干脆融为一体，亦即权力私有和财富追逐成为权力的目标，表面上任何所谓公平正义的理想都将是子虚乌有。这种资本主义弊端的历史警示，马克思在其理论中的深刻阐释是必须牢记的。历史没有假如，但是如果可以假设，倘若没有对西方资本主义有深刻洞察和反思的马克思主义的出现，我们今天的文化可能早已全面西化了。因此，在资本主义主导的世界秩序中，中国才能够以自己的现代中国文化延续着民族精神和发展。至今，西方文化的世界扩张仍然在继续，而我们仍然处在一种对文化阵地的坚守过程中，那段历史还在继续，并未结束。

2. 马克思主义政党文化的政治领导地位

这里涉及一个意识形态的话题。各个国家，都必然有意识形态，无论其是否公开宣称有意识形态。马克思主义政党的意识形态，其核心就是政党来自人民、属于人民、服务人民，人民的主体地位和人民的至上性是最为核心的意识形态。马克思主义政党，需要坚守的最根本的理据就在于人民性，人民性是天经地义的。马克思本人在资本主义疯狂进行资本扩张和剥削压迫的年代，之所以研究资本剥削的秘密，之所以宣称不仅要认识世界还要改造世界，就是因为基于人的恻隐之心，希望世界不再有人对人的残酷剥削，让人和人之间恢复到平等仁爱的秩序和关系。阶级的事实形成在当时是一个历史发展的结果，马克思的学说在于突破这一结果状态而寻求新的理想秩序，这种新的理想秩序就在于作为绝大多数人的平民不再任人宰割，也就是今天所说的人民至上的问题。对于世界各国来说，人民至上应该永远是一个国家治理的主题，中国建立的社会主义制度和西方倡导的自由民主制度，在理据上都是在寻找实现人民至上的根本路径，至于是否人民至上是一种事实上的差别和路径选择所导致的实现程度差别，而不是一种理据上的差异化主张。用事实说话，是最好的制度优越性证明，也是确立马克思主义政党文化的政治领导地位的切实支撑。

3. 马克思主义文化是时代新文化

结束帝王的统治，确立人民大众的国家主人地位，这是马克思主义政党文化被现代中国人接受并赞成的至为关键的原因，也是马克思主义政党合法性的根本原因。在古代，帝王代表天来统治大众，虽然其文化理据也是以民为本，但是却与"天视自我民视、天听自我民听"的传统文化要求有着很大距离，在我国，人民大众就是天，甚至民意大于天。执政者来自人民大众又服务于人民大众，执政者成为人民的公仆，这是时代的进步和文化观念的进步，也是传统文化现代化的表现。当然，我们也不能随意曲解中国古代"父母官"的真实含义，以父母之爱对待民众所要求的是无私奉献而不是作威作福；但是"父母官"的称谓在当时虽然具有合理性，在当今却已经与时代语言格格不入。每一个时代都有每一个时代的表达方式，这就是时代新文化之意的缩影。因此说，马克思主义文化，是用时代语言所表达的、符合时代特点的新文化。马克思主义文化作为时代新文化，亦应该是对优秀传统文化的继承和发展，充分体现了执政党在新时代的执政理念。

(三) 甄别借鉴西方文化

积极借鉴西方文化的优秀部分和合适部分，反对和警惕文化的全盘西化。现在对西方近现代文化的推崇中加剧了全盘西化的趋势，西方近现代文化是以西方古典文化为基础建立起来的，同时深受中国人本主义影响而综合形成的产物，这并不是一种定型化的文化类型。西方近现代文化的魅力在于其"启蒙"精神，也就是让人们突破现实政治黑暗和秩序僵化伴生的思想牢笼，其缺点在于没有建立自己的人文根基，因此在启蒙中必然伴随着盲目和狂热。对于黑暗的政治统治，其具备强大的反叛精神和破坏旧秩序的能力，但是却天然缺少建立新秩序的能力，在旧秩序被破坏之后，需要古典文化的核心精神加入来保障新秩序有立根之处。

(四) 国家总体文化战略的文化组成与归一——中华民族的现代文化

国家总体文化是以传统文化现代化为本位、以马克思主义深入中国化为方向、以对西方文化求同存异包容化为借鉴的。在此基础上，实现中国现代文化方向的明确性、文化组成的明确化。在此基础上，在实现中西文化互通过程中，中国文化自我根基确立、自我定位清晰，再寻求中西文化的求同存异。如果没有自我，则中西互通必然陷入西化的结局；如果互通中不能够求同存异，必然形成中西两极对立，这也是不应该的。因此，国家总体文化战略的组成部分应该是以中国传统文化为民族精神根基、以经典马克思主义为重要方向，吸收借鉴西方优秀文化成果、充分体现现代中国特点和中国特色社会主义特定文化发展成果的综合体，是一个人本文化战略。

三、中国现代法治理念的文化评判

（一）良知是良法善治的根源

良知产生良法，良知才能带来善治。中国现代法治的理据在文化，其核心和基础在于良知。当官僚体系出现良知沦陷的时候，这个社会就已经陷入了一个恶性循环。法律和制度永远代替不了良知评判，也永远无法彻底阻挡抛弃良知作恶者的行为。正人心之本、清执政之源，在于文化对人的塑造；寄希望于制度防止人在其位作恶，远不如首先是有德之人在其位从善。抛弃人文而追求制度完美，是舍本逐末，中国现代法治的文化理据首先在于人文而不是制度。

（二）所谓权力之恶实际上是人之恶

现在主张西化的思潮，在面对上述乱政行为的时候就非常具有影响力和号召力。如果西化思潮中倡导的民主直接选举全面施行，这样伤害老百姓心的乱政者，当然会迅速被罢免，得民心者得天下，失民心者在民主的浪潮中不会有机会得以继续乱政数年，这是倡导民主等西方思潮的动机的合理性。在这样一种事实背景和逻辑设定下，我们需要认真思考，千夫所指的乱政者，通过什么有效的机制能够及时予以惩处、避免乱政危害蔓延？类似这样的问题不解决，任何所谓反对西化的理论争论、理论构建和努力都是徒劳，不具备任何说服力和公信力。如果类似这样的问题能够有效解决，西化论自然就没有了市场，因为其没有了实践指向的目标和对象，更没有受众和市场。对于这样的问题，笔者认为应该跳出既成事实的背景和逻辑，从一种整体角度进行分析解决。一个社会，终归需要具备组织性才能有效运行，无政府的社会在当今阶段只能是一个神话；国家与政府，是组织性的最高形式；在社会全体成员中选拔最为贤良的人从政，是一种最为理想的国家治理状态；建立一种贤良能够被选拔出来从政的机制，才是民主选举的要义；在民主选举出贤良从政之后，人民能够参与政治提供智慧和建议，是形成执政者与民众良好互动、和谐一致的方式；当从政之人没有能够完成从政的职责要求，执政机制内部的纠错处理机制和执政外部的民主机制能够及时纠偏。以上是执政与民主的完整逻辑架构。所以笔者认为，人是第一位和根本的，如果没有一大批贤良之人的存在，民主是没有方向可言的。近年来反对"人治"的学说中，一致认为不能将国家治理"寄托于"和"主要依靠"贤良，但是贤良与民主、法治本身并不是一个不可兼得的关系，反而是相得益彰的关系。在真正的贤良之治中，法治是一个底线要求。很多人认为"贤良"是靠不住的，因此稳定的法律制度更靠得住。制度和人本身也不是矛盾的，而更应该是相得益彰的。贤良之人从政，不仅把法律制度当作治理他人的手段，更应该当成自我约束的底线要求，也会更善于发挥法律制度的作用。贤良在国家治理中必不可少，而贤良的生成在于文化而不在于法律和制度。另外，贤良也并非一成不变，在从政的过程中，贤良必须有足够的仁德修养与职位相匹配，才能够保证仁德不被遮蔽。权力、金钱、欲望都是对人的最大考验，对于普通人和从政者都一样，特别是从政者会面临更大的考验。一个好的文化氛围，可以引导人以仁德从政，否则再好的制度设计，最终只能沦为标榜道德的遮羞布。所以，制度的根本在人，人的根本在于文化。好的文化氛围中，不可能产生恶的法律制度；不好的文化氛围中，所谓"好的制度"一定会被架空。因此，文化是一个根本问题，在根本问题确立之后，建立民主的制度作为手段，是顺理成章的事情。当社会中善的力量汇聚在一起并逐步强大、成为主流，恶就没有藏身之处。因此，为政以德，永不过时。重视官德建设，需要充分从中国传统文化中汲取智慧，倡导文化中的修己之学，外在之方永远解决不了人心这一根本的内在问题。在西方对于政府的假设中，将人性恶作为一个基本定律，将政府作恶的事实作为有效论据，将限制政府、政府是民众防范的最主要的对象作为普遍结论，看似很有道理，也将目标指向定位为解决现实中存在的政府侵犯民利的行为。但是这样的假设就是一种真理吗？政府与民众必然是对立关系吗？政府与民众的和谐一致就必然是一种空想吗？既然政府是一种人类最高的组织形式，那么理应构建一种政府与民众利益一致的关系，做出这样的努力才是一种最佳选择。西方社会并非没有这样的努力，也并非政府与民众真的是一种对立关系。如果真的是这种天然的对立关系，美国大选就不会有那么多人积极参与了，而是应该时刻酝酿革命了。选民之所以积极参与大选，就是因为要选出代表自己利益、维护自己利益的人成为总统、组建政府。那种将政府与人民对立夸大到极致，并且营造政府与民众必然对立氛围的，很大程度上是一种利益集团为了自身的"权利和利益"而减少政府束缚的理论造势，亦即所谓的自由资本主义势力，其真正受益的是这些人而非普通百姓。如美国今日之贫富差距加剧、社会阶层分化之事实，正是资本放任的结果。国家和政府天然倾向作恶，以利润为主要甚至唯一目的的私人资本成为百姓利益的代言人，这符合逻辑吗？而且美国的资本集团一方面通过理论造势削弱政府的权力，另一方面积极寻找代言人进入政府和权力体系，为自己谋取更大的利益寻求政治支持和保驾护航。而政府在诸如"福利国家"和收入二次分配等诸多方面实际上是扮演了维护社会基本公平的角色，而政府行为的受益人才是普通大众。如果我们不能认清这样的基础事实，人云亦云的宣扬政府必然之恶，而不是努力推进政府应然之善，那么我们将是邯郸学步。对于现实存在的政府之恶，当然不是因为假设政府必然恶为前提才能予以解决，而是依据政府应然之善的角色定位，我们才会通过法治和民主来预防和惩罚此恶。我们需要构建一个弘扬善的政府，而不是认为我们只能被动面对一个必然恶的政府。譬如儒家做官的理想和普遍性，就是以自己的努力进入权力体系，汇聚善的力量来促进政府的善，这种道义担当才是我们应该歌颂的人性光辉之体现。对于权力之恶的惩处，是天经地义的，这是一个社会的底线，更是对执掌"权力"之"人"的底线要求，而不是对"权力"本身的要求。权力本身没有善恶之别，只有产生和赋予之必要性及其限度问题，所谓权力之恶，是掌握了权力之人没有正确运用权力的结果，其实质是人之恶，而且是人违背了权力应然要求产生的人之恶，权力正确行使的应然结果是对善的促进。这是一直都被偷换概念、混淆是非的一个权力理论的重大错误，我们现在却因为不回归到人本身来分析问题，将人的恶强加给了脱离人就一定变得虚无缥缈的"权力"。权力是谁？不要把西方历史上的过时的、因为特定有产阶层利益之争推出的所谓理论奉为真理。

（三）跳出"强政府与弱政府"的逻辑陷阱

首先要明确，强政府与弱政府的概念存在着一个不易察觉的重大逻辑陷阱。什么是强？什么是弱？"廉洁政府"和"法律之治"意义上的法治政府，是一个"强政府"的必然要求与评判标准，而不是推动构建一个"弱政府"的冠冕堂皇的理由。如果一个政府不廉洁、不法治，这本身就是一个弱政府而不是一个强政府。西方之"弱政府"的概念，首先就是基于西方"分赃制"政府和世袭、专制政府的历史阴影下的一个理论产物，这个理论的原材料是劣质品，因此这个理论产品也不是一个普世的"高级货"。这个时候，如果我们从西方自由主义法治意义上的法治看问题，他们认为"法治"应该让政府"弱"因而市民社会才能"强"，这也是一个西方"阶级斗争"的产物，是资产阶级和世袭王权斗争的理论产物。更重要的是，在中国传统文化中，"无为而治"才是最高级的治理状态，而这个"无为之治"必然是"强政府"才能带来的，政府该管什么、不该管什么、什么状态下可以"无为"但是却"天下大治"，这都是明明白白的中国传统智慧，抛弃了这样的智慧，却用着西方"弱政府理论"这个严重蹩脚的残次品来"指引"中国现代政府建设，的确不可思议。

任何一个时代、任何一个国家，其社会绝不是简单的政府与民众之间的关系对立或者一致。当我们放眼西方社会的历史和当下，放眼历朝历代，就会发现一种异常复杂的政治力量格局的存在是任何一个社会的常态。譬如中国古代的皇权与官僚体系之间是一种非常微妙的关系而绝不是一种简单顺从的关系，皇权一方面需要利用完善的官僚体系来治理国家，另一方面要时刻提防官僚腐败、无度搜刮民脂民膏动摇政权稳定的人心基础，因此才有治国先治吏之说；除了皇权与官僚之间的紧张关系外，社会中各种家族势力、各种利益集团的存在，一方面可能成为皇权和官僚所依赖和争取的政治支持力量，另一方面又可能成为皇权和官僚体系予以打击的对象；官吏可能成为为民请命的民众守护神，也可能因为视民命如草芥而成为民众反抗的对象。西方历史上同样存在如此异常复杂的政治力量格局，如本书反复描述的王权、教权、贵族、资产阶级、大众、各个种族、各种宗教信仰以及分散的众多贵族之间、封建领主之间、国家之间等各种政治力量之间的结盟或厮杀，远不止政府与"被代表"的大众之间的简单关系。因此，复杂的历史是不可能单纯以一个政府和大众的对立切面予以准确描述的。面对中国现实问题的解决，在中国自身的文化传统下和现实状况中寻求正确的理据、通过自己的原生智慧来解决问题，这才是我们的使命。中国问题，需要中国人依靠中国智慧和人本方式解决，这是一个不变的历史规律。在当今中国，一个"弱政府"并不能带来想象中的民众自由，一个廉洁勤政的"强政府"才能带来社会的秩序和自由。我们现在需要的不是弱化政府，而是应该致力于建设廉洁勤政的强政府。

此外，政府的强弱等同于限权法治成败是一个偷换概念的命题，或者说是伪命题。对于任何一个国家来说,我们习惯于将国家划分为政府和社会,对于政府和社会之间的关系而言,没有一个国家的政府可以或者应该全面管控社会的所有领域和社会成员的一切,社会成员的自由其实是一个自主生活的问题,社会成员不应该被政府"指导"着去生活,社会成员具备自主生活的能力是一个从古至今都不言自明的事实。如果政府指导、管控社会成员的一切,那么这就是一个专制政府,这种越俎代庖的管控是超越了政府的能力和职责定位的,这并不代表政府强大,而是无道。历史上的法家法治和希特勒的法治就是典型,这是缺乏基本政治智慧的体现,其败亡充分证明了这并不是强大。但是同时,政府的建立,其目的在于社会的管理,针对管理社会这一目的,必须对政府进行一个恰当的定位、赋予政府应有的职责,为了完成目标定位下的职责,必须让政府拥有支配人和物的权力,这种权力应该强大,而且是强大到足以有效履行职责,那种认为构建一个弱政府,也就是政府应该处处受到掣肘的看法是有问题的。政府的权力足够强大到有效履行职责,譬如一个面对外敌入侵、面对重大自然灾害、面对社会动乱甚至国家分裂等都束手束脚、无能为力的"弱政府"一定是一个极其不合格的政府,而不是可以带给大众自由的政府。譬如2008年发生的汶川地震,其破坏力之大有目共睹。地震当时,身处震区的所有人都体会到了一种前所未有的无奈、无助甚至绝望,为了挽救和保护大众的生命财产安全,国家、党、政府与全国人民众志成城,救援与灾后重建获得极大成功,这其中要归功于有一个"强大"的党和政府。这种强大在于党和政府以人民的生命为第一位的执政理念,在于迅速的组织能力和人、财、物、资源的调配能力,在于一方有难八方支援的人心凝聚力,在于全社会形成的是一种"善"的力量……但凡秉承良知而生活的人,没人希望这时候中国呈现出的是一个弱政府状态。再譬如,对于一个贫困地区而言,让大众脱贫致富是政府的职责,但是该地区民贫官富,即使上级政府积极推动招商引资,经济始终无法发展。有人会认为这时候是因为本级政府太"强大"了,但其实这恰恰是政府"太弱了"的表现。政府的职责无法完成,政府官员不能形成法纪的约束和管制,这完全说明整个国家治理体系中上级政府对下级政府已经失去了基本的领导力,上下级政府在此时都很"弱"。此时法治的深入推进、党风党纪的落地执行,都是让政府改变这种"弱"而变"强",因此,规范权力本身就是政府强大的一个方面和手段,其目标在于构建真正的强政府而不是鼓吹法治是在致力于"弱化政府"。不断强大，是任何一个国家中政府的应有姿态，我们需要的不是弱政府。那种沉迷于西方限权政府理论下的论调，将一种权力/权利对抗的单一化的场景设置和模型设计作为放之四海而皆准的真理，实在是不足取的。将政府职责履行必备的廉洁要素排除在"强政府"的当然要求之外，将与民争利的政府类型作为"强政府"的典型代表，进而要求"弱政府"的出现，实则是在偷换概念[1]中完成了资本主导社会的实质目的。一个不能代表全体人利益的政府、一个不深得民心的政府，再弱都是一种多余甚至反动的存在；一个代表全体人利益的政府、深得民心的政府，再强大都不为过；而且在事实上，代表全体人的利益的政府才能深得民心，才是真正的强大，这二者绝对不矛盾。规范权力是政府强大的指标之一，所谓限权应该是指规范权力。同时，我们有能力、有智慧定位什么是真正的强大，这才是问题的本质。"有道"才能强大，真正的强大就是"有道"的强大，也是对政府的应然定位。

第三节　中国现代法治理据下的政治模式

一、现代中国的法治模式基础

（一）仁爱是法治模式不可替代的基础

法治包含了对政治模式的设计，或者说现代法治理论必然包含政治模式的内容在内。很多法治理论的真实目的也在于推动一种自己认为理想的政治模式的出现。

在实质上，民主、限权、权力制衡等法治模式，其实是一个政治体制和政治制度的问题，本身并非基础的法治问题，只是在近现代西方法治在西方中心主义思潮下被赋予了样板、标准的意义之后，我们才理所当然地认为政治模式是法治的一部分，其实质是两个问题。或者说，这些政治模式是产生法治效果的政治架构，法治的目的是维护这些政治架构的存在；但是这些政

---

〔1〕　偷换概念、移花接木、混淆视听，在西方法治理论的研究中是一种常态。这种常态的出现，并非因为西方的这些理论家们没有基本的理论素养，而是因为其理论的真实目的和真实指向不便在论证中明示，因此才有了如此之多的经不起推敲的各种说法。这些理论如果脱离了其目的的功利价值，可能就会变得一文不值，但是却在国内有着太多的狂热信徒。譬如"在法治国家里，法律就是国王"这种丝毫经不起推敲的、虚构出一个代替人的主体存在的所谓"名言"，都很少有人会冷静下来予以反思。在这样一种"唯美主义"的"浪漫想象"氛围中，我们一直在被牵着鼻子走，是时候改变了。

治架构和法治本身最为核心的就是二者相结合所期待价值的实现。因此，如果将民主、限权、权力制衡这种政治模式本身当作法治目的或者法治的必备要素，或者法治的当然结果，那就势必存在将手段异化为目的的现象。譬如在一个古代家族中，家族中威望最高、能力最强的人当然地成为族长，这其中当然包含着民主的意味，也就是在家族众多成员彼此了解的情况下，为了家族一致的共同利益，是不可能让一个平庸无能之辈成为族长的；而且在对家族重大事务的处理中也需要包含民主的意味，因为重大决策可能需要集体的智慧。但是这其中，民主本身并不是目的，而且在不必要的时候无须贯穿民主，而更多的是一种指挥和服从。这样的模式不会被人诟病，其源于最优秀的人领导、领导的目的是出于大家一致的利益、大家因为血缘亲情而有着高度的互相认同和信任、基于内心认同而无法动摇的利益一致性、大家互相不必讲求权利和边界而是更多的愿意出于亲情而奉献甚至自我牺牲。如果一个国家能够达到家族这样的治理结构背后的互相认同、互相信任、同心同德，则民主并不是必需品，甚至民主是族长等具有担当之责的人无能的表现。家族这样基于血源、亲情构建的仁爱关系，一直是中国古代致力于构建的国家治理模型，从家庭到家族最终到整个国家。如果形成这样的仁爱氛围，孩提不必从小就被教育要时时提防无处不在的人性之恶、权力之恶，男耕女织的时候不必担心"利维坦"在虎视眈眈，一个熟人社会中人人讲求仁爱，不必担心背信弃义者会横行天下，因为这样的人是大家所不容的。因此，在人类的理想社会中和历史实践中，民主在两千多年来一直被认为是一个"坏东西"，只是在近几百年来才逐步被人们认为是一个"好东西"。从这里我们可以看出，民主适用的条件必然伴随了仁爱秩序的崩塌、熟人社会转变为陌生人社会、仁德已经不是所有人的最高价值准则、人与人之间不再互信、所有成员的利益不再具有高度的一致性等一系列条件的出现，才会让人们认为民主是个好东西。也正是因为民主所带来的结果的不确定性以及民主不能带来一种必然的和谐，而是时时处于一种动态的抗争状态，因此民主的应然价值并不与民主的实际作用等同。所以民主本应作为手段，但是却往往被当作目的予以论述。如果民主必然带来和谐、仁爱以及内心认同，那么将民主作为手段而将和谐、仁爱、认同当成目的直接予以表述就不存在任何障碍了。在现代社会，民主主要作为一种对抗手段而存在，民主行为本身就代表了一种权利的彰显和主体地位的宣誓，而不是只能听命于人，这也是民主由手段转变为目的的原因之一。近现代以前大多国家没有民主的普遍性，因此"民主"的方式往往直接表现为"暴力革命"，近现代的"民主"使得"揭竿而起"这一改变命运的主要方式演变为平和的选举和言论自由等方式。比如，以前对皇权或者教权不满到一定程度，只有通过暴力推翻，现在对于执政不满，可以通过选举、弹劾等方式来"换人"。但是无论如何，舍弃仁爱构建的人本秩序之后的西方式民主追求，其最大的弊端就在于，这是人类"忘本"——忽略人之所以为人的根本在于人性之善——无限的夸大人性之恶以致将人性恶作为唯一——的结果；这就是西方式民主理论的致命缺陷。在西方民主的实际运作中，我们完全可以发现，宗教实际上在弥补着西方民主理论的致命缺陷，或者说，在宗教背景下的西方民主理论才能够为大众接受，宗教信仰已经成为西方民主的一个隐含前提和事实前提。譬如我们考察美国历任总统可以发现，以基督教为主的宗教信仰几乎覆盖了历任总统，也就是说没有宗教信仰的笃信"弱肉强食、物竞天择"式的人物在美国没有机会成为政治领袖。而且美国民主的实质还停留于欧洲贵族传统模式中，譬如对美国历任总统几乎都出自几个传统的贵族（家族）这一客观事实，这在中国被称为"裙带关系"。还比如，西方政府真的是民主理论中所认为的恶的象征吗？我们应该清醒地看到，西方的政府为西方大众做了大量的好事，如果真的是"没干人事"，早就垮台了。所以，宣扬失去人之本真的人性恶理论，在西方社会事实上也是站不住脚的。总之，西方民主理论下的"西方式民主"并不是法治的应然模式，更不可能是法治的唯一标准。西方民主理论表面上将民主作为目的，但是在理论之外却是将"善德"作为了实际的实现目标。民主理论宣扬着人性恶，民主实践实现着人性善，这是西方法治模式的分裂。

（二）跳出法治模式"唯制度论"的陷阱

我们观察英、美、法、德等"先进"法治国家可以发现，其权力制衡模式的差异性非常明显，也就是说没有一个固定的模板。民主、限权、权力制衡都是实现法治的手段，文化才是实现法治的根基和目标。譬如在我们热衷讨论的美国两党制和三权分立之外，美国社会一个最大的、最为根本性的政治模式问题是政教关系问题，这是涉及其文化根本的问题，而且是美国立国两百多年来一直关注的核心问题。自美国立国时代以来形成法律制度的所谓政教分离，最初的表达只是"国会不得制定法律设立国教"，而"政教分离"这一表述，是后来由杰斐逊总结出来的。"政教分离"这一表达更加突出了一种自由主义和世俗主义的解释方向，由此带来了对道德自由主义和世俗主义恶果的强烈担忧。因而，当在政治上承认上帝是最高统治者的时候，就等于承认政府要求公民的忠诚和服从之主张是不完全的、工具性的；公民在必要的时候应该听从自己的良心——也就是上帝的指引；即便是人民的强大民主意志，原则上也应该服从上帝的命令。这样的限制才是"有限政府"。这是一条解决超越洛克的宗教容忍理论的道路。因此美国的仁人志士才不会担心：因天下一统的国教不存而致人心不古、世道浇漓。[1]如果我们忽略了最为根本的文化问题，则模式只是一个外衣，而没有灵魂；何况，这种外衣有时候会与灵魂发生冲突，给人们带来了无尽的烦扰。当我们再依据流行的法治研究思路去观察世界上其他被认为是"法治"典范的英国、法国、德国等国家的时候，我们会发现宗教之根对其国家整体的重大历史影响，而所谓法治只不过是他们的宗教、文化根基、政治斗争、利益争夺下的一个表现和产物而已；如希特勒的法治在英国就不会产生，因为英国人不会让希特勒式的人物取代上帝和国王；我们也会发现大革命之后的法国之所以经历了近百年的社会剧烈动荡，其最终未能在"公平、正义、自由"的驱使下让社会达成具体什么是公平、正义、自由的共识以避免动荡。而且，再观察当今世界之具体现实，我们发现西方国家结成"同盟"、试图主宰国际秩序的时候，从来不是因为其共同的"法治（世俗法律主治）信仰"，而是因为它们将"宗教信仰"作为重要感情纽带结成意识形态阵营，以"资本生命"作为直接的驱动力结成利益共同体。

总之，政治模式是一个非常宏大的问题，其宏大在于，任何一种政治模式都是文化、历史、现实政治等多种因素共同作用的结果。在之前的法治理论研究中，极易出现两种倾向：一是极度推崇西方诸如三权分立的政治模式，将此作为一种标准模板，只谈其利不谈其弊；另一种是完全排斥西方的政治模式，通过一种只谈其弊不谈其利的方式，非他而是我。这两种倾向，虽然都有其合理性，但是却未能真正依据政治模式产生的规律、实际作用以及政治模式背后的深层次原因以及国别和历史的差异性和适应性来看问题，结果无不陷入了就制度论制度的逻辑，无论争论如何激烈，其先入为主的批判或

---

[1] [美]迈克尔·W. 麦康奈尔：《美国的宗教与法律——立国时期考察》，程朝阳译，法律出版社2015年版，序言第4页。

者推崇的目的性都会掩盖对真正规律的探寻。政治模式自身的制度设计包含着各自的利弊，其实施过程的现实影响因素又非常多，因此如果不将制度的应然效果和实然状况进行客观考察，不找到制度背后的文化理据，则难以得出有建设意义和指导意义的结论。

二、中国现代法治的模式理据

（一）法治模式自身必然各有优劣

比较三权分立和人民代表大会制度，可以看出中西两种政治模式的缩影。三权分立模式是广受推崇的一种政治模式，也是三权分立国家在进行政治模式宣传的时候最有力的"民主"象征。而人民代表大会制度是中国的根本政治制度，是中国特色社会主义政治的最大优势——人民性的集中体现。就两种模式而言，如果以一种模式的应然理想和另一种模式的实然效果相比较，难以得出有说服力的结论；如果以一种之优势比较另一种之劣势，则又是自说自话；如果单纯从理论上进行比较，则二者难分伯仲，因为都是各有优缺点；如果都从实然角度比较，可能会混淆什么是制度的天然优势和必然弊端、什么是制度在贯彻落实中出现的问题、能够改进的问题；如果单纯就制度本身的理据和实然效果比较，就会忽略制度产生和赖以存在的历史条件、社会条件、文化条件等一系列因素，同时就会忽略制度模式真正成功或者现实失败的根本原因；所以，就制度本身的理据进行比较、就制度的实然效果进行分析、就制度的生成和运行条件进行考察、就制度成败的根本动因进行总结，这四方面是制度模式比较的主要方面，不可或缺。

（二）法治模式重在落实

人民代表大会制度也是代议制影响下的一种形式，其最高理据在于，这种制度依据的是国家的一切权力属于人民、人民是国家的主人这样的前提；之所以采用代议制，是因为所有人直接行使国家最高权力在现实中不可行，无法完成技术操作，这是一种无法避免的现实条件制约；人民的整体性和总体利益的一致性，是这种制度设计的理论假设；国家公权部门和公职人员受到人民代表大会的领导，这是这一制度的初衷。

人民代表大会制度，是在理论和实践中都应该坚持的制度，但是也必须注重实践中出现问题的及时解决，确保人大制度的实际效果和公信力。将好的制度设计转化为好的实践效果，这是制度自信的最关键的核心问题。制度优劣之争不能代替制度落实问题,更不能以制度优劣之争掩盖问题所在。

第四节 中国现代法治道路理据

一、中国现代法治道路之设想

法治道路,可以简单概括为在何种路径上、遵循什么样的具体步骤及方法实现法治理想状态。应该说,法治理想状态实现本身并不是目的,是为国家、社会、人民终极理想之实现奠定一个法治秩序框架。法治道路解决的不是应该如何的问题,而是能够如何的问题,如法治道路不是论述为什么法律必须具有权威,而是设计如何让法律具有权威的问题。而为何法律应该具有权威是文化理据;法律如何完成具有权威的设计,是法治道路;让法律具有权威的道路为何这样设计,是法治道路的理据。总体而言,德政模式下的中国现代法治,是法治理论研究的最优方式,也就是我们应该走一条儒家德政理念下的法治道路。文化培养贤能、政治倚重贤能、法治保障贤能。法治是德政的一个必然部分,切割开来的法治是不会成功的。

西方法治发展的道路被一些人推崇备至,如民间的民主推动道路、法治理论先行启蒙道路等。目前,对于中国法治道路可以分为两个大的理论方向:一个方向是以推动法治模式——实质是通过政治改革完成政治模式重塑——作为法治道路的步骤和目标,如将推动司法独立以完成三权分立和权力制衡的设想作为法治道路的第一步;另一个方向是以推动完成法律某些状态的实现为法治道路的步骤和目标——如推动宪法的严格落实、推动法律的最高权威等。法治作为现代中国极为重要的时代课题,得到了大众的广泛参与,为国家治理提供了极为重要的智慧源泉。这些法治理论研究所提出的法治道路设想,实际上在扮演着中国现代法治自我启蒙的角色,其参与度与争鸣呈现出了一幅现代中国"百家争鸣"的图景。笔者的观点如下:

(一)腐败问题与治吏问题是主要矛盾

人在掌握了权力——亦即对他人和资源具备支配地位的时候,一定会面对比常人更大的诱惑,这种诱惑并非轻易可以抵制的。在对大量的贪腐案件进行分析研究后可以发现,德不配位——亦即权力大小与修为深浅如果不相适应,更加容易发生腐败。针对这种任何社会都存在的权力私有化——如权钱交易、权力市场化——如买官卖官，必须在提升官德的思路下努力构建一种制约和监督的制度，而制约监督的制度主要还是依靠人来推动，因此就是形成推动贯彻制度的人的存在，制度和规则能够使这种制约和监督常态化、规范化有章可循。规范的制度并非单纯对官员的约束，而更是起到了对官员的保护作用，这种保护一是辅助官员能够时刻自警自省，二是为官员抵挡外来的压力[1]。让官员和公职人员在一种合理的制度中寻求自我保护也是一个重要方面，这是一个长期被忽略的问题。

反腐败是对已然之罪的惩罚，同时起到预防未然之罪的作用，但是反腐败绝不是执政能力建设的本体问题，只是执政纠偏的方式，反腐败成效不能代替执政能力提高的根本措施。

(二) 宪法落实需要有智慧的人

《中华人民共和国宪法》是国家的根本大法，这一点是全社会的共识。为了真正全面地落实宪法的要求，我们除了根据宪法制定并严格实施部门法、促进宪法司法化等举措，更重要的是需要智慧解读宪法，进而才能真正落实宪法。智慧解读宪法是全社会达成共识的前提，也是树立宪法权威、推进宪法落实的前提。

智慧落实宪法，需要排除短视的功利主义，需要通过法律考量、政治考量，充分认识到宪法的精神和宪法所体现的长远智慧。其中需要研究的问题很多，仅以言论自由权为例。言论自由权是一个非常值得研究的话题，因为言论是什么众所周知，而自由的边界却不甚明确，甚至自由是什么都是一个见仁见智的概念。对于一个话题，大家都有参与讨论和发表意见的权利，这是言论自由的基础。至于大家可能或者实际发表了什么意见，则根据不同人的立场、见识、目的、表达方式等诸多因素的不同，会出现重大差别。虽然刑法规定了言论自由的底线，但是具体言论问题的判别过程还是一个不甚清晰的标准。因此言论自由就成为一个争论不休的话题。如何解读言论自由？如何确定言论自由的底线？如何让言论自由成为表达民意、促进执政党、政

---

[1] 官员的腐败并非都是一种主动型的腐败，在错综复杂的现实中，被动腐败、随波逐流以致发展为同流合污也是一个值得研究的现象。譬如司法改革中"员额负责制"的设置，确实让很多司法人员可以勇敢的顶住来自各方面的压力；但是"错案终身追责"这一要求在最初提出时，由于没有明确界定，给司法人员凭空增加了很多隐忧，后来通过细化解释才有所缓解。因此，如何减少恪尽职守的官员和公职人员的压力，是一个系统工程，这非常考验决策者的智慧。

府和广大民众形成良性互动的方式,而不是形成恶性对抗的局面?这些都不是一个单纯的口号或者目标要求所能解决的,而是需要靠一大批真正理解宪法、并且能智慧落实宪法的人去引领和推动的。譬如在言论自由下,一个声音高喊爱国,这在表面上完全是符合宪法要求的,但是其爱国的理由是我们振兴民族产业,因此需要排斥外国商品以体现爱国——这样的言论自由是对是错?我们暂且不能轻易回答。接下来的事实证明,这个高喊爱国口号者,实际上生产了大量的假冒伪劣商品,冠以"民族品牌"的旗号,通过这样的"言论自由"包装而大量出售。这时候我们又如何在感情上接纳这种言论自由?这样的事例都是有具体事实支撑的,而非笔者的单纯假设。还有前几年以爱国之名呼吁抵制日本汽车,在浩大而不容置疑的言论造势中,进而又发生了U型锁打伤车主的事件,这其中的言论自由又如何看待?再如我们今天提出文化自信,那么在如何对待传统文化的问题上,那些专门找出中国历史上被政治异化的假儒家来否定传统的人是好的,还是专注于中国传统文化精神的正向影响的言论是恰当的?我们无法给出绝对的答案。因此,小到一个小事件中的言论自由,大到涉及整个国家、民族前途命运的言论自由,没有一个是可以将其封闭于一个单纯的因果关系中就能得出绝对评判的。这就是言论自由的宪法权利问题,我们再看所有的关于宪法的问题,没有一个问题不是需要一批有道义、有担当、有智慧、有能力、有见地的贤良去引领和推动的。所以,落实宪法是智慧,而智慧是属于人所有的,因此我们需要智慧落实宪法首先是需要智慧的人。因此,没有执政党和政府以天下为公之精神秉承人民至上理念执政,没有以天下为己任的现代中国的"士"作为中坚力量支撑引领,没有广大群众的积极参与,任何事业都会裹足不前。所以,达成社会最大共识不简单,需要智慧落实宪法,而落实宪法绝不仅仅是一个法律问题、政治问题或者社会问题,其终归是一个文化问题。

(三)中国式民主方式的畅想

在执政党落实全心全意为人民服务这一宗旨下,发挥民主集中制的优势,厉行法治以提高党的队伍建设、提高党的执政能力。党和政府对法治的奉行,是民主的一个重要方面。中国目前的法律体系,基本上代表了抽象意义上广大人民的利益,也就是法律是民意的反映。因此,党和政府自身的守法、依法执政,是落实民主的最主要内容之一。依法执政、依法行政是当下中国最大的民主要求。

中国应该构建一种智库引领型民主、人民代表大会普选的落实代表性的民主、政治协商会议参政议政型民主、网络为引领的民意表达和及时回应型民主。

任何一个社会，都必然存在除了政府/民众这一模型之外的各种利益群体和政治力量，以"政府/民众——普选"这样的简单思维看问题是不会成功的。任何社会都是在一种多方利益、多种力量的博弈中发展前行的。譬如政府就并非一个单纯的利益统一体——如央地关系问题、地方政府之间的合作与竞争问题；抽象的政府整体和政府公职人员也并非一个绝对的利益整体——如腐败分子和政府之间的复杂关系，公职人员和公职人员之间的关系，政府各个部门之间的横向、纵向关系；在笼统抽象的人民概念下，所有人也并非一个利益整体——如农民和农民也可能是竞争关系、公民和公民可能是仇人关系、企业主和工人可能是紧张关系。面对一个纷繁复杂的大千世界，进行制度设计，我们更多的是需要以事实本来面目为依据，而不是以理论模型为依据。理论模型依据世界而生成，并非世界依据理论模型而生成。在众多复杂的利益关系下，构建中国式民主的模式就需要极具智慧。其实西方社会的民主也是一样的，没有智慧是无法完成民主目标的。

1. 智库引领型民主

在法治进程中，以智库建设为引领调动全体社会成员的积极性是一个非常必要、非常重要的步骤。智库的实际作用发挥、智库的引领示范作用，是中国现代国家治理的一大积极因素。此处的智库引领型民主，并不是说智库取代了执政党对民主的政治引领地位，而是说智库作为中国民意的代表，应该成为民主的主要模式之一。而智库成员，应该是"现代大儒"，"现代大儒"并不是熟读四书五经之表面儒家，而是以仁德为灵魂的各个行业的精英。古代的儒家，并不是单纯的如我们今天所言的道德高尚者，或者说单纯的道德高尚者并不一定是真儒家。古代真儒家是行业精英、全才或者专才，在政治领域体现为文治武功皆出众而天下为公的政治家或者政治监督者。

古代的官本来就出自于民，也始终是民的一部分，只有那些变质的官才脱离了民。现代中国也应该树立这样的理念，官是民众的贤能而不是脱离民的特权阶层。这里涉及精英与平民的话题，官且是民，精英更是民。现在社会上确实不乏因为愚蠢无智慧但空有知识量而语出惊人的伪精英，也常见为了个人名利、为某些势力"站台洗地"而出卖良知、信誉的伪精英，在知识界，这些人被群众戏称为"砖家、叫兽"。一方面，这些人极大伤害了知识精英的整体声誉，特别是在网络信息时代会被无限夸大而形成对整体的印象抹黑。但是同时，我们更不应该忽略中国更广大的知识精英在依据良知而为社会、为国家、为人民呕心沥血，我们不应视而不见、不应以一种仇视心理以偏概全。这些现象，一方面更加说明了本书反复强调的知行合一的观点，也就是知识不等于德行，知识与德行合一才是真正的精英。另一方面，我们也可以看到，没有良知作为灵魂，知识就可能成为害人的工具。

我们一方面不能以圣人要求知识分子，我们需要了解：当我们指望知识分子扮演古代大儒替天行道的时候，知识分子可能为了柴米油盐而发愁，可能也在面对非法侵害而无力自保。另一方面，我们要创造出一个让知识精英——现代大儒真正发挥为天下苍生之幸福鞠躬尽瘁的平台——这就是中国智库——各种类型的智库平台作为谋划国家发展、反映民利、民意的引领。为什么智库很重要？即使我们未能关注到中国大量的智库默默无闻地为中国做出了至关重要的贡献、为国家和人民提供了无可替代的智慧支持；我们总能注意到近年出现的权力非法行使侵害群众利益的几件大事发生的时候，有一群有道义担当、不计个人安危名利、在监督批评为民请命之外，更能提供出智慧方案的知识精英的身影和声音，他们的一次正义呐喊足以振聋发聩，颇有孟子见梁惠王之英雄气概，足以让一个涉及面广的违法行为对无数群众正当利益的侵害戛然而止。这就是良知的力量，也是智慧的力量，更是我们期待的"中国力量"。

智库建设的意义，在于成为官方的智慧源泉，在于成为官民之间的桥梁纽带，在于为中国发展提供正面的智慧支持，在于为负面现象的及时制止起到重大作用。智库是团结广大社会精英的平台，群策群力谋划国家发展。团结天下有识之士是一个国家发展的最为强大的资本。智库存在的形式非常广泛，各级党校，各级社科院、科学院及院士，高校，民间研究机构，还有一个庞大的公职队伍。在这样庞大的备选智库人材中，在现有形势下和现有结构下，如何进一步整合、进一步培养更多人才、如何进一步有效组织等，都是智库建设的重要方向。一个国家、一个民族的发展，一定依靠的是智慧带来的力量。将全体社会成员中的精英智囊的智慧发挥好，这是民主的题中应有之义，构建智库引领型民主，非常值得期待。如果说精英贡献智慧就不代表民主，将精英划分在"民"之外，那么我们心目中的"民"是什么？是西方政客希望出现的"乌合之众"才般配"民"这个称号吗？所以说，精英与普通人本来就不是一对矛盾，而是一个互为促进的和谐整体，只是我们在观念中习惯于将才德之差异作为区分的标准而已。所以，精英不是对大众的贬低，是对人的才德有所差别的客观描述。每一个正当职业的从业者都是社会不可或缺的组成部分，所有人在一种必然的社会分工中彼此扶助的社会，普通人可以独善其身，而精英理应兼善天下，这是一份担当和责任。而所有普通人由孩提到成人到年老，永远有机会不断上升、有通道成为精英，这才是关键。精英越来越多，这才是一个社会欣欣向荣的标志。

2. 民意回应型民主

在如今的网络信息时代，中国的民主应该从及时回应民意做起。在网络上，获得执政不足的反映和信息是非常有效和及时的。对网络言论的管控是一个法治底线的问题，而对网络民情、民意的回应是一个执政能力和态度的问题。要将重管控、实为压制民意表达的现状改变为倾听民意、回应民意、解决问题的良好局面。这样的局面如果尚不能形成，则制度民主的建设将是一句空话。网络式民主，是中国民主进程的一个良好契机，让网络成为凝聚人心的平台，人心凝聚了，网络上的非法行为就会受到凝聚之人心的共同抵制，这是中国通过民主形成凝聚力、达成最大限度社会共识的重要步骤。

民意回应型民主是一个非常复杂的、看似单一却关乎全局的问题；这不仅是一个民主问题，此处以民主追求为核心轴予以展开。举例而言，我们此前在反腐败的大案要案中经常看到一些及令人鼓舞又让人深思的现象——一个主政一方的大员，作为腐败分子被查处，大快人心。而在其腐败事实中明显可以发现，其腐败行为持续了十数年甚至更长时间，其腐败行为在当地广大干部群众中尽人皆知，但是却在十数年的腐败行为之后才"落马"，这又让人感觉匪夷所思并深感"无奈"。我们可以从很多方面进行分析，譬如监督的不足、腐败查处的力度不大、腐败分子理想信念丧失等一系列原因。但是这样的腐败行为，实际造成的损失与危害，绝不是其个人面临牢狱之灾或者被处以生命刑可以弥补的。对腐败分子个人的追责与刑事处罚，只是一个表面的结局，而远远不能结束对深层次问题的追问。

笔者坚持认为处置腐败问题的几个原则：一是选拔贤良是根本性问题，文化是贤良出现的根本，庸官贪官主政是从政人才选拔的失败，而不能认为根本问题在于制度，更不能急功近利以制度设想代替文化之功；二是对腐败的惩处不代表执政能力的当然提高，不腐败者未必有着应有的执政能力，庸官的危害有时可能远远大于贪官，所有的官员都是"清官"不代表所有的官员都具备了从政能力，反腐败是一个底线，提高从政人才与为官相匹配之德（德包括才）才是根本；三是制度建设不能仅有理论中的"应然效果"，必须脚踏实地追求"实然效果"；四是千万不要推崇"唯制度论"，目前很多改革都出现了一种期望一种制度改革的完成就能够解决问题的美好幻想，结果是不仅已有问题没有得到解决，反而增加了一大堆新问题；五是制度改革一定要切实符合中国实际情况，那种以西方所谓某种理念展开的改革，多以失败告终。治大国若烹小鲜，任何大的变革都是一个需要反复推敲的过程，国家和人民经不起"理想主义"者的瞎折腾。

在以上看法的基础上，那么仅就民意回应型民主的制度建设提一些可以起到效果作用的建议。应该建立一种人大受理群众意见的调查反馈机制，这种调查反馈应该在人大选举和任命时以法定程序在人大选举时公开，拟被任命者必须接受质询并公开答复，而人大代表的表决应该实名备案，以作后续评判之需，人大代表需要真正负起责任来，权责相一致，由此形成人民代表大会制度中的民意回应型民主。在检察机关职务犯罪侦查权转隶于党的纪律检查委员会、国家监察委员会之后，腐败的查办惩处成效也是远超腐败预防的工作成效。在今后的制度设计中，可以将腐败预防与网络问政、网络反映的民意以及举报作为线索的同时，将政府重大决策、政府主要官员重大施政行为作为腐败预防与实时监督相结合的主要对象。这样就出现了纪委（监察委员会）作为民意回应型民主的职司主体、将网络和举报反映的民意作为腐败查办和腐败预防相结合的工作模式——由此生成民意回应型民主的一种方式。其实，我们在构建民意回应型民主的时候，有很多方式方法和具体制度可以构建、实施。民意回应型民主的上述例证不在于给出一个完整的制度设想，而是在于表明，这样的民主方式是可行而且一定有效的。

3. 选举型民主的突破与落实

对人大代表的选举，是一个非常重要的问题，这也是中国选举制度最为基础的环节、非常关键的环节。人大代表的定位是以人民代表大会的职能为依据的。在政治上的考量，如加强各界人士的团结等，这是一个附带功能，更主要的是人民代表大会基本职能是要反映中国的现实问题，亦即所谓的反映民意；在反映问题的基础上，要依据各自的行业、专业等优势，能够提出解决问题的方案；同时，在选举、立法等职能的发挥上，需要应用集体智慧。人大代表的能力是一个主要的方面，其能力要与对人民的代表性相结合。同时，人大代表不是一个表明政治地位甚至某些特权的身份，更不是代表个人利益的身份，因此必须由具有相应的公心之人担任。我们常说群众的眼睛是雪亮的，那么在人大代表的选举过程中，一定要找到合适的方式来体现人大代表的竞争性、透明性、公开性，接受群众的监督。笔者认为，那种从来无法提出一个有效提案或者提案往往悖离基本常识的情况，是可以而且应该被避免的。在现实中，人大代表选举出现的种种问题，必须予以解决，以增强人民群众对人民代表大会制度的信心，最终实现人民代表大会制度的初衷。

二、现代中国的法治道路选择之内生原因

（一）清醒认知"法治信仰"的不可能性

法治不应该成为信仰。信仰不是随便说说的，不能盲目地将当下的法治基本治国方略拔高成为信仰。信仰是引领人矢志不渝的内心最高追求，是一个完整的文化体系。法治何以成为信仰？在中国的语境中，如果法治成为信仰，这个社会就大大降低了自己的追求，而且如果以法治信仰为目标，法治作为一种最低的国家治理要求也根本不可能实现。这是必须被清醒认识的。

中国现代法治必然走一条与西方法治不同的道路，这就是中国特色社会主义法治道路。譬如西方近现代法治理论，其没有提升人格的文化基础，也不具备如孟子见梁惠王般改变黑暗政治中执政者的能力和条件，譬如教权统治时期。因此有着"民主虽然可能不会产生最好的制度，但是肯定可以避免产生最坏的制度""让法律主治，就可以排除人的随意性"这样的理念，但是这显然不是一种根本，我们在具备对根本问题进行改变提升的情况下，如果痴迷于这种论调，则我们并没有选择一条最优的法治道路。因此，破除以"唯制度论"为代表的"法治信仰论"，能让我们理性地分辨手段与目的之关系，找到根本问题所在并找到相应的解决办法。

（二）重视干部队伍和公职人员的本体建设

在政治舆论中，真正修正错误才是根本，否则就难以建立大众对执政者

的信任，唯制度论也就会越来越有市场，唯制度论中"外国的月亮比中国的圆"就会成为常态。这样的问题，首先是一个人心的问题，其次才是一个制度的问题，目前却演变为首先是制度的问题，或者唯一就是制度的问题，本末倒置，因此我们也必须清醒地认识到，人是最根本的问题。一个人占据着本应天下为公的位置，心中却处处以一己私利为出发点，这样是绝无可能产生真正的智慧的，产生的只有贪、嗔、痴之心和所谓权谋权术，也就是德不配位，因此选人用人历来是政治的关键，有足够修为之人在适当的公权岗位，这才是问题之本。公职人员理应是社会精英，这是我们现实的公务员选拔制度的应然设置。对于下面这种貌似有理的说法："什么时候中国的社会精英不想当官了，不想做公务员了，这个社会就真的进步了"，笔者非常好奇：难道社会精英都不想承担起服务社会的职责和责任，难道选拔和提倡平庸和碌碌无为之辈进入公职系统，这就代表社会进步了吗？这样就能让社会更加进步吗？奇谈怪论甚多，源于以公职人员之目标是权力之腐败为预设前提。笔者一直反对因身份定位人格的二元对立思维，就是这个原因。此外，一方面，我们对很多人群无限提高要求，譬如认为共产党员都应该大公无私，大公无私本是一种超凡入圣的人生境界，实际上大公无私只有少数圣贤可以做到，如果但凡公职人员和党员都可以做到、应该做到，那么这个世界变得美好起来就实在太简单了，人类也不至于迷茫了几千年还找不到理想变为现实的简单路径。大公无私应该是一种理想和指向，而不是对现实的判断和现实要求。不能以圣人标准要求和定位所有人和某一标签下的人群，公职人员首先就是一个普通人从事一份公职职业，不要以党员和公职身份将他们与普通人截然剥离开来，人为地造成阶层分化，能够按照职业要求把工作做好就可以了，不应要求其大公无私。这根本做不到，曲高必和寡，导致最后大公无私这一理想目标追求成了人人都会说，但是却人人做不到的一个空洞口号和官方语言模板；孔子作为圣人直到七十岁才能"从心所欲而不逾矩"，普通人怎么可能一旦具备某种身份就达到圣人标准？这就是因为我们不承认"心性"问题导致的重大理论误区。

　　公职人员需要有与其职业贡献相当的待遇，但是不是给予特权。高薪养廉是一个对新加坡薪金制度的误传。新加坡当时是在整顿好了严重贪腐问题之后，为了吸引优秀人才进入政府工作而采取了高薪的积极措施，并不是为了"养廉"而"高薪"[1]。国内近年以新加坡为样板所争论的"高薪可否养廉"是一个没有事实依据的伪命题；让公职人员享受与其职业的专业能力和社会贡献相匹配的薪资待遇，这才是应有的态度，根本不存在用"高薪"去"养廉"的问题；同时，我们不能用"纳税人"的概念来降低公职人员的个人人格，譬如以主奴心态说纳税人"养"着公职人员；譬如我们看到人民警察面对侵害他人生命的歹徒时不顾个人生死履行职责而受伤的时候，如此时"纳税人"认为这是天经地义的而无一丝一毫感动与钦佩，这种近乎"冷血"的心态绝不是一种社会应该提倡的理念，别让人失去了基本的人性成为社会的主流观念且号称为正义。具体的每个公职人员就应该是一份依靠自己的能力谋求到的职业，凭专业能力谋求生存，这是一个基本态度，之后才是何等程度的高尚要求；"纳税"是一个社会收入再分配的经济概念，收入再分配中如何进行再分配是一个政治的核心问题，"取之于民、用之于民"，这就回到了权力不能私有，要天下为公的问题。

此外，用"纳税人"的概念，将大众与政府之关系甚或大众与公职人员的关系简化、矮化为一种赤裸裸的金钱关系，则我们很多应然的追求就失去了合理性。譬如中国古代儒家做官是为了造福百姓，因此达到贤良标准的政治精英是需要具备仁德和智慧的，做官造福民众是精英的道义担当，换言之是使命。再比如中国古代社会的"士"阶层，其历史作用的发挥绝非纳税人概念可解。因此，纳税人概念下的官民关系，是建立在无须考虑道义和良知这一"社会契约论"基础上的西方式理论，这样的理论之巨大危害，本书已经反复论证说明。将人与人的关系恢复到道义之天道、人道，这才是解决中国当下问题的良方。如果不能细细体察各种论调背后的文化根基，看似找到的是解决问题的良方，实则这一良方背后的文化观念是问题出现的根源。

税收与税收的使用是任何一个国家最为核心的政治层面的问题，也是决定历朝历代治乱的主要因素，这个政治核心问题不能矮化为一个纳税人与公职人员之间的关系问题，而应该还原为一个国家治理的核心问题。什么应该收税什么不该收税的税种问题、税费税率问题、税收用途以及税收二次分配问题、税收作为国家财政支出程序及监督问题，有一系列重大问题需要思考。

---

[1] 这是笔者参加"中国新加坡友好协会"的一次学术研讨会时，新加坡方人员介绍的情况，并且指出中国对新加坡"高薪养廉"的误传和新加坡的实际情况。

不仅收税不可以随意搜刮民脂民膏，而且税收收入的使用也必须符合全民利益，这样才能为税收的合法性奠定基础。税收绝不仅仅是一个经济学问题，更是一个政治学的核心问题。税收作为一个重大的政治问题，无须用西方的契约论思维来解释，中国和西方的税收历史给了我们太多的参考。在考察古今中外的政治规律的时候，我们会发现税收的成败是左右甚至在特定情况下决定国家兴衰或者兴亡的至关重要的问题。譬如英国《自由大宪章》就是因为国王对贵族征税过多而引起的权力斗争，引起了政治格局的重大变化。纳税人的概念是一个用金钱来证明政府与民众之间的服务与被服务关系的说辞，倘若此种说法天经地义，那么目前出现的权贵勾结是否就成为合理的存在？譬如权力为经济保驾护航演变成权力为特定的资本保驾护航。是否是富人纳税多、穷人纳税少就意味着政府应该给予富人更多的服务？那些社会弱势群体由于没有纳税就不应该得到政府的服务？公职人员与民众之间的关系，首先应该是一种基于人与人之间的关系——最佳状态是和谐、分工、互助；接下来是一个公职人员对待大众的职业化和具体职责问题；而绝不是一个"养"与"被养"的关系。将人与人的关系突出为一种金钱关系，不甚妥当，这种假设的金钱雇佣关系，是偏离了人本文化的表现。纳税人的概念如同西方的"私有财产神圣不可侵犯"一样，是西方富人阶层以争取政治权力来保障个人财富的时代的一种说辞，并非放之四海而皆准的真理，更不是一种基于人文和人本所体现的人类社会准则，其基于的是财产以及支配财产所带来的社会地位保障；在贫富差距极大的资本扩张时代，大众是无须高喊"私有财产神圣不可侵犯"和"我是纳税人"的，因为大众根本没有财产，其命运只是维持基本生存，谁剥夺了其基本生存的条件，唯有以命相搏而已。在中西文化交融中产生的文化错位，已经让太多的逻辑混乱的概念左右着我们的人本思考，回到人文来看待人与人的关系，远比被西方各种"概念"牵着鼻子走更为根本，更能构建真正合理的仁爱关系，而非以金钱为基础的关系。所谓唯制度论，根本无法改变"四风"这些危害极为巨大的问题，甚至对贪腐等腐败犯罪也只能起到威慑作用，未必治标但是肯定不治本，没有一个腐败犯罪不是在具备明确的法律禁止条款的情况下发生的，法治根本改变不了人心的根本问题，这是必须被清醒认识的。那种认为法网、纪律之网需要织得极为细密来改变问题的想法，是在舍本逐末，不停地强化、细化各种规范和制度，制度之上不断叠加[1]制度,规范之上不停叠加规范,但人心如果不变,法纪必然不举。制度和制度模式本身只是一种手段,当这种手段本身被当成了目的之后,真正的目的被忽略了,手段优劣之争是永远也寻求不到终极结论的。在国与国的政治凝聚力竞争和宣传中,制度之争成为焦点,但是真正竞争取胜的关键在于目的之实现,而且竞争取胜本身也不是目的,目的在于真正实现制度设计的良好初衷,亦所谓事实胜于雄辩。坚守自己的制度,避免陷入将制度这一手段当成目的的逻辑陷阱,能够实现良好的制度设计初衷,这才是制度问题的关键。因此,从人文角度打造干部队伍和公职人员队伍,刻不容缓。

三、现代中国法治的道路理据

(一)政府推进与自然演进之辨析——伪命题

西方社会所谓自然演进型法治,是需要仔细辨析的一个概念。西方的法治,从宗教法治角度看,并非自然演进,而是一个文化过程;西方近现代的世俗法治,也并非自然演进,而是一个革命过程。我们通常所讨论的"自然演进型"的西方法治,主要是指这种法治是发自于社会而非发自于官方的,这是一个严重的误解,因为近现代资产阶级革命之前的西方法治就是官方的,民间只是这种法治教化的对象;自近现代资产阶级革命以来,法治作为一种革命的理论武器,亦不是"自然"演进,而是带有十分强烈的功利目的和实用主义的指向,而且由于推崇该理论的人是"非权力拥有者",因此带有了更多的"民间"意味,但是一旦权力发生转移,这种法治就已经不是"民间"性质了。所以,所谓西方的自然演进型法治这一说法是不成立的。

在中国传统社会,读书人不需要在社会中进行理论革命,而是有途径通过自己直接进入权力体系,来施展自己的理想和抱负,因此官方和民间并不存在这种截然对立而是理应融为一体,贪官污吏是与文化相悖反的存在形态,虽然贪官污吏从来都不是个别存在,这也是中西历史上都无法完全解决的问题。即使进入资本的时代,通过权力获取利益失去了正当性,但是通过资本

---

[1] 针对目标问题,建立甲制度,为了甲制度能够落实下去,建立乙制度来保障,又为了乙制度能够落实下去,再建立丙制度,不断叠加,最后制度无数,这些制度在实践中往往被束之高阁,而且制度本身的合理性存在很大问题,甚至让人无所适从,而目标问题并未解决。这是一个普遍问题,可以称之为"制度形式主义"。

获取利益天经地义，人们逐利的渠道变了，但是利益的争斗却一直没有停止。只有当政治统治无道的时候，作为纯粹"民间"的力量才与官方有了截然对立的状态。因此，真正的文化的使命是抗衡无道之治、引导有道之治的，当文化被异化或者文化与政治对立的时候，就是需要认真检视政治的时候。因此，那种认为"自古儒家就是想当官"的说法，应该一分为二地看待——如果以现代社会中为了追逐名利而做官的假设看待，当然会鄙视做官之人；但是如果将儒家做官是一种社会精英的天下担当看待，则我们得出的就是另一个结论。因此，任何法治道路或者国家治理道路，就儒同如何看待做官一样，必须在当时的文化氛围中来评判，而不是脱离文化来看待。西方法治的"自然演进"是社会阶层固化的产物，是对政治的反抗，这不是唯一可行的法治道路。在现代社会，提倡任人唯贤，就是在客观承认人的重要意义的基础上，让社会精英进入权力体系。

在现代中国，政府推进型法治也需要仔细辨析。现代中国的法治，依据本书的主张，是国家治理的题中应有之义，是执政者的基本职责，是社会大众的基本需求，法治理想本身就是政府和大众利益一致性的要求。现代中国的法治本应该是一个常态，只是现在社会矛盾和问题导致其并未成为常态。法治非常态是一个文化根基问题，因此所谓政府推进型法治，是在文化主治总体思路下的一个方面而已。这里面就体现了作为执政者的一种自我要求。虽然法治是一个社会的最低要求，但却不是自然而然就能够做到的，因此这里面必须由执政者用智慧和执政能力推进。

(二) 执政党自身建设之路——法治与政治的关系

法治与政治的关系，通常被等同于法与政治的关系。法律与政治的关系，有的观点认为二者具有相对独立性，意在法律应该体现公共意志而非单纯的执政者意志，法律应该承担起制约政治并且不成为政治的工具的作用。这样的应然希望是值得提倡的，也具有很重要的警示意义，但是这不是现实，也不是能够实现的理想。法治对政治权力的约束是法律的应有之义，因为政治权力也必须遵守法律底线，同时政治权力往往容易突破底线，但政治不等同于政治权力，法律也不等同于与政治权力必然对立的公意。政治权力之外的公意与政治权力是否一致，本身是一个政治问题而不是一个法律问题。政治权力可能代表公意或者就是公意的一部分，可能与公意相悖反，也可能代表一部分公意而与另一部分公意相悖反。政治权力由于具有舆论引导性、特定情况下的强制性和暴力性,因此会"压制"与之不一致的公意,或者顺从与之不一致的公意,这时都表现为在法律框架内进行协调的问题。一旦政治权力同与之不一致的公意对立到一定强度,必然摧毁现有法律框架,法律秩序失效。法治本身就是政治的一部分,其中体现为政治权力是否在法律框架内同与之不一致的公意达成平衡,一旦失衡,就会出现法律失效的另外的政治对抗和政治格局。法治本身就是政治的一部分。

因此,现代中国的法治,必然要纳入政治框架中思考,但是绝不意味着法治容忍和顺从政治权力可以突破法治底线,而是需要让政治在法治底线范围内运行。因此,中国执政党必须在法治框架内活动,同时作为推动法治的最主要的力量。执政者破坏法治,就意味着自我破坏,执政者推动法治不利,即意味着国家治理能力的不足。因此,法治能力是执政能力的标志,法治的维护也是对执政的维护,执政者当然应该成为主动推动法治的中坚力量以与其执政地位相匹配。

(三)法治的关键不在司法在行政自身——法治与权力

司法公正和司法中体现的法治固然重要,这是法治建设中的应有之义,但是目前推崇三权分立式的司法权威以求法治之功的说法是有问题的。面对庞大的行政体系和复杂的行政实践,司法是根本没有能力履行对行政的监督之责的。我们通常喜欢用行政诉讼来讨论,但是行政诉讼本身是一种诉讼,其无法涵盖对行政最为关键的监督制约领域。

我们抛开三权分立之说的利弊,在现实的中国语境下,我们并非没有达到三权分立效果的制度设计,而是要加强这种制度设计的效果。目前的纪律检查委员会和国家监察委员会的设置,其在实际中可以担负起行政监督的职责,这是重点考虑的方向,而不是以西方三权分立为模板进行所谓的改造。因此我们不应囿于政治模式作为先决条件,而是在现有政治模式框架中寻求适合中国的现实法治道路。

(四)理直气壮推动贤良政治

我们需要正视法治与人的关系,理直气壮地推动贤良政治,贤良政治是法治的内在要求,法治也是贤良政治的必然要求,而且应该实现理论上的一体化并在实践中真正落实。"徒善不足以为政,徒法不能以自行",这是一个千古不易的道理。反观世界发展史中各个国家强大的原因,都不难发现是文化主导的社会,有着有才德的人让国家强大起来,让人民幸福起来,制度首先是贤良之人设计的制度,而不是首先是制度培育出了贤良之人。在政治、经济、外交、军事、国防、教育、文化、科技等各个现代人熟知的领域中,没有一个不是需要依靠贤良之人引领并且强大的,这就是"人能弘道而非道能弘人"。法治只能提供一种规则底线,文化是提供精神指引。如在政治领域中,法治可以防止权力不被执掌权力者私有化或者权力被私有之后及时校正,但是文化可以引领权力主动天下为公;法治本身至多可以保障政治家获得权力,但是文化可以培养政治家的政德。此外,贤良政治最大的要求就是今日所言之德才兼备,法治无法主导人们提高军事指挥才能和作战能力以保家卫国、如何创造和增加社会总财富、如何在外交中运筹帷幄、进行科技发明、如何形成民族精神同舟共济、去探索宇宙的奥秘和领悟人生的意义……因此,我们在明确了法治和文化的作用之后,应该理直气壮地主张贤良政治,加快精英的培养和选拔,这才是国富民强的根本之道。那种鼓吹权力/权利二元对立、鼓吹西方式民主法治成为社会主线和主导的思维,本身就是一种西方特定时期的革命思维,是无法主导社会进步发展的。一场战争的爆发、一次瘟疫的流行,足以摧毁一切我们所畅谈的所谓法律主治和法即正义。我们在中西国家治理比较中,应该全面研究其他国家之所以强大的真正原因,也需要真正了解其他国家强大的综合要素,否则就不可能真正地自强与见贤思齐。再看中国,我们有太多太多需要正视和解决的问题,而这些问题根本不是法治层面可以解决的问题,其根本与法治不相及。不要将法治神化为神话,法治神话带不来解决问题的人才和智慧,中国问题,其解决在于唯才是举、任人唯贤,需要的是良知下的智慧。中国不乏各方面的人才储备,要让这些人才能够人尽其才、任人唯贤,这才是国家强大的根本,也是人民幸福的根本。

贤良政治是实现民主和平等的根本路径,这看似是一个悖论,实则是一条最切实可行的路径,二者不仅不冲突,而且是和谐一致的。贤良政治是推进法治的关键,法治与贤良政治不是一对矛盾,这也是必须清醒认识的。那种将贤良政治与法治相对立进而取舍的观点,也是必须非常警惕的一种极其有害的论调:认为人是靠不住的,只有良好的法治才靠得住。贤人和法治必须是矛盾的吗?难道就不能是互为促进的吗?贤良政治更会产生良好的制度,良好的制度更会保障贤良的出现、从政与实现贤良之志,贤良是政治的根本。贤良政治是实现法治的必要条件,现代中国也必须以通过贤良政治推进法治这一路径,实现法治这一基本达标的国家治理状态。尤其在现代中国,各种制度设计和法律设置已经在理论上趋于完美，实践中的种种弊病是由于贤良的缺失而导致很多制度实施效果不佳，这也是必须认清的现实。我们通过对他国文化的研究可以发现，一种民族的文化所塑造的民族信仰和民族精神，在民族发展中起着巨大作用或者灵魂作用；在国际合作和竞争中，同样是实事求是研究文化塑造了什么人以推动或者阻碍了他国的发展，才能够得到精要。如名著《菊与刀》的问世，为美国对日政策提供了绝佳的参考，这样的文化和民族精神、国民性格研究，远胜 100 部"抗日神剧"对日本的认知；一部托克维尔的《旧制度与大革命》，可以让我们看到法国大革命中很多政治规律和真实的政治动因，远比空谈法国民主发展中宣扬了什么理念的研读与解析重要。对英美国家基督教的信仰与民族精神、国民性格的研究，远胜于对流于表面的三权分立的研究。相反，如果单纯认为日本的神道教和武士道[1]、西方的基督教是科学思维下不屑于关注的"迷信"而不去深入研究其社会功能，则我们完全就不能够了解他国的真相。在我国与他国制度优劣之争的论证中，戴着有色眼镜和先入为主的预设结论进行探讨，刻意美化、夸大或者刻意忽略、丑化，结果一定是我们最终完全误读、误判了我国与他国的真实情况，以一种虚假的情况作为制定战略的基础，必败无疑。实事求是，仍然是我们需要时刻铭记的，实事求是是共产党人的永恒标准。同样，对中国古代与西方贤良政治中的政治人物研究，也是非常有必要却被忽视的，绝不能因为立场或者意识形态上的否定而忽视研究，从政治人物研究政治规律和国家治理，是一个重要的领域，必将对当下中国的国家治理和贤良政治产生积极的作用。同样，面对很多以"中国人无信仰"为论调的观点，我们真正从传统文化中可以很清晰地发现中华民族的信仰以及现代延续，也可以很清晰地明确天道信仰和人道信仰作为塑造人格的文化的重要意义，以及这种文化如何能凝聚人心、带来强大。总之，我们现在需要更多真正的贤良，这样才能立于不败之地，而真正贤良的标准，应该有大儒的风骨和智慧。

一个现实的社会中，人和人都是有所差别的，无论在出身财富还是能力智慧等先天和后天方面；我们的社会应该造就的一种文化氛围是所有人都能有机会、有意愿不断提升自己的智慧、能力和人生境界，这才是一个社会永

---

[1] 日本武士道给日本带来的积极作用众所周知，而日本武士道首要的精神源泉来自"孔孟之道"，却是很少有人知道的。

远拥有前进动力与和谐能力的密钥;一个社会必然需要有组织性,组织性的最高状态就是国家的形成和政治治理的出现;在人有差别的状况下,一方面提高所有人的智慧和能力,另一方面需要在现有条件下选贤任能,让贤能为大众服务。以上是最为正常不过的一种社会形态;假定所有人都是能力智慧相同、都"应该平等",因此政治贤能不是社会发展的关键而是防范的对象,建立一种"民主"时刻加以防范,这样的逻辑和古希腊那种轮流制的"民主"中严格防范贤能出现并无二致,这是极其愚蠢的一种想法。民主在于选拔精英从政而不是否定精英。少数人对多数人的治理、统治、引领,永远是一个国家形态中的常态,我们需要推动的是在这种常态中真正的精英或者说贤良从政。人民群众创造了历史,这是没错的,但是这绝不意味着掩盖和否定贤良的作用,贤良或者英雄和人民群众共同组成了历史,各自发挥着历史作用并形成合力,二者并不是对立的关系。在今日之中国,诸多涉及国计民生、国家安全、国家和社会发展、大众幸福的领域,必须有贤良起到引领作用,贤良的必要品格之一或者说首要品格就是具备文化塑造的理想人格,也唯有具备相关智慧和能力的人在适应的岗位上才可谓具备理想人格,理想人格和智慧、能力是一体的。智小而谋大、德薄而位尊者,定当是不具备理想人格的,因为德不配位者偏偏要谋其政,何来理想人格?理想人格者的引领、大批理想人格者的中流砥柱作用,是让现代中国在各个领域长足发展的关键。应该多一些先天下之忧而忧、后天下之乐而乐的真君子,才是中国现代国家治理的希望所在。在法学研究中,经常引用培根的一句话:"十次犯罪只污染了一段水流,一次不公正的判决却污染了河水的源头。"实际上,人心才是河水的源头,心不正者,必不能政。"官"来自"民",官本身亦是民,现代官员"亲民"之说,已经将官脱离于民,这和大学之道所讲的亲民完全是两种境界。非贤良主政一方,法治和法律随时就是权力滥用场景下的工具和玩物而已。推而广之,在目前的法治现状下,法律不是所有人共同遵守的规则,权力、财富的拥有者可以随时突破法律底线,非权力和财富拥有者也可以随时突破法律的底线,只是前者往往更隐蔽、更加具有"技术含量",而后者往往表现为暴力特征和公开性,后者大概率会进入法律评判阶段,而前者往往成为一个远离法律评判的常态化存在,所以说反腐败永远在路上。

我们从表面看是法治出了问题,其实质终归都是人心出了问题,不从人心这一根本出发,问题根本无法解决。徒法不能以自行,这个古人早已说得明明白白的常识性道理，在今天却被极端化推崇法治制度建设的"唯制度论"这一违背基本常识的观念所取代。没有一起腐败犯罪不是发生在严密的法律制度设定之中的，何况在现有法律评价的腐败之外还有更多法律无法涉足、超出法律评价能力的更大的乱政行为大量存在。因此，在中西历史上，选拔官吏始终都是国家治理的重中之重，所谓治国先治吏、有治人无治法。今日之中国，以文化标准和法治标准选拔官员，是非常必要的，这才是源头之治。落实执政的政治理想，关键在人。我们从近年来的反腐败案例中可以发现，大部分腐败官员的贪腐行为虽然具有隐蔽性，但是对贪污官员乱政行为的反感和反对一开始就存在，我们没有形成一种真正的监督和校正的力量。这是非常值得思考的一个问题。在致力于腐败零容忍和及时查处的同时，选贤任能是更为根本的问题，没有一支强大的、天下为公的官员队伍，国家治理会举步维艰。真正做到选贤任能，不仅是一个法治保障问题，更主要是一个政治智慧的问题。在学术研究中，对贤良政治的研究是一个至关紧要的学术领域，不可因为现在将人治与法治主观对立的思路影响而废弃，否则将是对国家治理重要智慧来源的抛弃，也是国家治理中秉承人本问题的最大缺憾。研究、倡导、推动、推崇贤良政治，我们应该理直气壮！这不仅不是不信奉法治，反而是法治的题中之义，也是法治理想实现的必备条件。

结 语　以中华民族精神推动人本法治

一、中国人永远的家国情怀

我们经常有一个疑问，那就是中华民族是否有信仰。笔者认为，信仰不是盲从，信仰也不是对未知的敬畏，譬如跟随他人信奉一个从未谋面的"上帝"，因为这个上帝是别人定义的"上帝"，并不是"上帝"自己告诉你的，因而信仰上帝就会异化为对他人的信仰甚至盲从。信仰应该是一种体现在人生全过程的灵魂指引，信仰发源于每个人的自心而不是外在的强加。对于每个个体而言，弘扬人性的光辉就是践行信仰，而知行合一就是弘扬人性光辉的最为简便易行的方式。弘扬人性光辉就是对人生至理的追寻，就是自我修行，就是良知的显现，就是悲悯之心的生成。圣贤的悲天悯人、言传身教，是对每个平凡之人的最佳指引。在人性光辉的指引下，中国人自古就形成了以仁爱待人的伟大情怀，这种情怀是对家的奉献，是对国的热爱，是对民族的认同，是对人类的关怀，是对天下的道义担当，是对天地造化的感恩。用最为简洁的语言表述，中国人的信仰就是中国人永远不变的家国情怀。人组成家，家组成国，家是人的家，国是人的国，对家国的热爱，就是对人性光辉的信仰和礼赞。

现在流行一种说法，就是中国人被奴役了几千年，因此传统文化无论是作为奴役人民的工具还是作为未能完成带领人民摆脱奴役的武器，都始终处于一种被批判的地位。笔者常常思考，如果说我们反对和批判历史上曾经存在的奴隶制度、封建制度，这本无可厚非；但是历史如果真的完全是这样一种样貌："勤劳勇敢"的中国人民，在几千年的历史长河中始终处于被统治者奴役的状态，统治者和进入权力体系的社会"精英"成为奴役人民的主体，只是偶尔出现几个清官可以歌颂一下。那么，这种民族的历史始终是让人心

结　语　以中华民族精神推动人本法治

有戚戚焉的，同样也是没有什么可以自豪的。如果历史真的如此，我们现在不仅不能达到所希望的文化自信，而且我们会继续在文化自卑的道路上走下去。但事实是，因为对传统文化的扭曲认知让现代中国人产生了严重的文化自卑，这才是真实的状况。目前对传统社会和传统文化的歪曲已经达到了让现代中国人丧失民族自豪感和信心的严重程度，再不警醒，为时晚矣。很难想象，按照这样的趋势发展下去，数百年后人们对待自己的历史和周围的同胞，会是一种什么样的心态，又会出现什么样的后果。这个问题是今天必须考虑的，也是至为关键的，我们要还民族历史以本来面貌和一个公正。对封建统治的反抗，例如农民起义，成功之后亦不过是重复着昨天的故事，"城头变幻大王旗"而已。我们按照这样的标准再看西方的历史，如果不带有预设结论进行考察，同样可以发现，西方人民无论如何勤劳勇敢或者平等博爱，同样是被奴役了几千年，毫无争议；在反抗压迫的时候，同样呈现出残忍的杀戮和乌合之众的样貌。难道这就是我们今天定论的悲情的历史本真吗？人类社会至今，始终不乏对理想社会的设想和孜孜不倦的追求，但是现实和理想永远是两个世界，正如西方哲人、西方宗教所言的天国和现实国家永远没有结合统一的机会。这可能也是我们可以理解这样的结论的原因："三千年读史无非功名利禄，九万里悟道终归诗酒田园！"

历史虽然并不是一片光明，但也绝不是一片黑暗，而是在黑暗来临的时刻总有人性的光辉引领光明的胜利，这才是历史的真实样貌。在中国传统社会解体之际，政治把持着文化的话语权，政治权力掌控者几乎等同于文化的主导者，而不像儒家"以道事君，不可则止"的年代，文化能够形成对政治的强有力的制约和监督。所以在反对封建政权的部分人的主张中，也势必将传统文化和政权一并打倒，才能够实现自己的政治主张和政治诉求。新文化运动，以胡适等具有西方留学经历的人为代表，以鲁迅等国内文人对传统、中国人国民性的完全否定和批判为风格，以西方"民主""科学"为归宿和武器，将中国传统文化特别是儒家文化彻底否定，以西方文化作为指引中国未来的"先进文化"来"启蒙"中国[1]。至今，我们的话语体系中，反对全盘西化，又以当年的全盘西化为开端和自豪，这是一个极大的矛盾。在今天，中国传统社会"闭关锁国、落后挨打"似乎是一个铁定的历史事实，也

---

〔1〕　千秋功与罪，犹待后人说。

是西方和中国在以鸦片战争为开端的一系列军事、外交、经济、政治冲突的原因"正解"。这似乎可以被解读为：当年西方打中国并大肆掠夺，错不在西方，而在于中国当年太落后，文化落后，观念落后，甚至正常的国际贸易都不做，要恨就恨中国自己不争气，在现代中国，这似乎是一种普遍蔓延的情绪。但是深入研究中国历史我们会发现，中国与西方进行了两千多年的贸易，而且一直处于一种极大的贸易顺差地位；中国近现代被西方打的实质是西方对中国的资本掠夺引发的战争，在当时银本位的时代，中国因在世界上处于富有状态因而被掠夺[1]；因此，"闭关锁国、落后挨打"似乎不足以解释真正的史实[2]。西方社会当时秉承的是弱肉强食的国际丛林法则进行的侵略战争，目标在于财富掠夺，各种台面上的理由只是"美其名曰"，实质是"胜者为王"而已。新文化运动是表面反对传统文化、崇尚西方文化，而实质反对传统政权，清朝时期已经是传统文化极度衰落的时期，因此这是政治格局大变动时期的文化表象；现在我们深感一种文化危机并反对全盘西化，正是因为西方文化已经成为一种具有强大"杀伤力"的文化，否则我们也没有必要如此重视"反对全盘西化"的问题，这也是巩固政权的需要，但是今天的文化自卑却导致我们缺少了反对文化全盘西化的充足底气，因为我们已经被西方文化和逻辑牵引着走了上百年。科学还是科学主义？民主还是乌合之众？西方留给我们的"启蒙"在今天必须认真思考了，因为百年前的文化纠结，今日还在继续。历史学家许倬云先生表达过这样的意思：胡适当年引进"德先生"和"赛先生"，今天看来是有点"急"了，忽略了这背后还有一整套的东西。傅斯年当年在给胡适写信的时候表达这样的意思：安心立命，还是要依靠中国传统文化。几千年的文化传统，并非一朝一夕可以改变，也并非一时一事就可断言其先进落后，每个人都有其局限，我们不能造神。今日之现代中国，我们很多主流的观念和看法，实质上还是当年西方对中国进行资本掠夺和文化入侵时有意为中国人设定的一套逻辑，以当年西方为中国设定的逻辑话语反对全盘西化，胜算几何？我们真的应该认真分析西方当年为中国设定的逻辑话语了；我们是否有勇气、有能力来改变，这是一个大问题，

---

〔1〕 甲午战争之前，中国的国内生产总值（GDP）总量世界第一。参见戴旭：《戴旭讲甲午战争：从晚清解体透视历代王朝的政治败因》，人民日报出版社 2018 年版，引言第 12 页。

〔2〕 这是指中国清代的"海禁"政策，而海禁是防止倭寇（日本）骚扰的政策，其本质上与是否对外开展贸易无关。海禁等同于闭关锁国，这是歪曲历史事实。

这恐怕不是杞人忧天。如果今日还是不能回归人的人性和人文来思考问题，我们将继续在一个西方资本的大时代下被继续"启蒙"而最终失去自我，这不是危言耸听。而突破这一切的关键点，还是我们今天做什么，让全体社会成员——无论阶层与身份——能够人尽其才、各得其所、安居乐业、安心立命。文化不应成为政治的私产和统治的工具，而应是用来化育人心的，否则文化时刻存在着一种被异化的风险，无论是为了否定文化还是颂扬文化，这就是历史的经验。从这个角度，我们才能看清今日中国文化状况形成之真实的历史脉络。

从目前的趋势看，基督教等宗教应该继续成为西方的主流文化，西方社会才会继续健康发展。但是基督教是否需要更加贴近人文，是需要思考的问题。中国传统文化对人文的深刻洞察，源于体悟，只是中国现代社会缺少了一种由奉行人道而体悟天道的文化氛围和社会条件。因此，"为天地立心，为生民立命，为往圣继绝学，为万世开太平"，永远是文化的重任，而文化的关键在人——明明德、亲民之人！我们需要更多的"明明德"之人引领文化！这样我们才能继续践行中国人的家国情怀！在中国共产党的坚强领导下，在全体人民真正当家做主的社会主义制度下，我们有能力完成应然的历史使命。

二、历史呼唤新的轴心时代

我们习惯于赞美西方近现代的文明成就，其实西方近现代也是其走进一个精神迷茫大时代的开始。西方社会中，教权和王权、贵族共同以宗教之名进行统治，为了反对政治统治，近现代革命中资产阶级采取了一并反对宗教文化的方式，虽然教权王权在当时的施政方式从根本上背离了宗教教义、文化的要求，但是因为资产阶级在当时的历史条件下是不可能获得宗教文化的主导权和话语权的，反对宗教就一并将教义反对了，因此科学、哲学等都成为反对教权的思想武器，当然这并不是社会观念的彻底颠覆，而是在原来的传统中出现了新的思潮并具备了巨大的社会影响力甚至颠覆了社会的政治格局。所以也就出现了将卢梭的社会契约论、达尔文的生物进化论[1]这些明显

---

[1] 达尔文在《物种起源》（参见［英］查尔斯·达尔文：《物种起源》，焦文刚译，北京联合出版公司 2015 年版。）一书中，清晰的表明了其生物进化结论是一种假设，并未形成完整的证据链。其在《人类的由来及性选择》［参见［英］达尔文：《人类的由来及性选择》，叶笃庄、杨习之译，北

系假说性质的理论奉为真理的情形，明知其学说并不为真也要宣扬、赞同并作为理论武器。但是资产阶级革命成功后，在打破了教权和王权对宗教这一文化根本的把持之后，又恢复了宗教文化的地位，宗教依然是其国家治理的终极依据。如美国虽然未将基督教设为国教，这是因为摆脱中世纪政治阴影所必须做出的政治策略选择，避免重复被自己反对的中世纪的教权统治形式而引起质疑，而实际上基督教的地位是必须确立的。在对美国宪法的研究中，有论者指出其每一条宪法条款都有直接的《圣经》依据，基督教已经深入人的骨子和其民族精神里面了，怎么可能被轻易改变。但是由于西方历史上，无论是教权还是王权，只要一家独大，就会形成残暴黑暗的政治统治，所以资产阶级非常希望出现王权与教权相对抗、制衡的局面，这样就可以以第三方力量的形式游刃有余于其中，以便实现自己的利益诉求和权力主张。这种权力之争的出发点，演变为一种颇具魅力的制度模板，并非制度本身必然的结果，而是制度施行中实现了利益平衡的效果。

  对于西方资产阶级革命时期而言，面对强大的宗教文化传统，如何找到打破路径？16世纪开始的大规模儒学西传为资产阶级理论家带来了契机，那就是找到了可以抛弃上帝而确立人本主义的理论支持。但是由于人本主义需要一种切实的体悟，而并非只是抽象的、教条的说教，因此西方资产阶级理论家对人本主义只是停留于表面利用，而并未给西方社会带来宗教文化的根本性变革。在中国封建社会即将解体之际，也亟须找到一种能够突破传统文化

（接上页）京大学出版社2009年版］一书中，亦未能形成证据链证明人是由猿猴进化而来的。因此，这只是猜想。在所谓科学高度发达的今天，我们依然没有通过"科学"支撑起来达尔文的进化论。达尔文在对动物进行"拟人化"和对人进行"拟动物化"式的研究中，没有"子非鱼安知鱼之乐"的智慧，也没能对人的心灵世界进行客观的探索，其目的性非常明显，因此将道听途说的东西都作为证据来证明其结论。其看到的是所有个体基于本能、自私、竞争为基础的"无序碰撞"，而根本未能深入研究这种"无序碰撞"背后的"固定因果法则"。达尔文的成名不在于其"科学贡献"，在于其"政治贡献"。为什么笔者如此突出强调我们要突破此类假说对我们思想的束缚呢？当我们放眼国内国际很多对未知世界探索的成果和设想，无论是以"科学"还是"哲学"之名义、方法，譬如多维空间、平行宇宙、宇宙全息投影理论、上帝粒子、暗物质、暗能量等，这都是在某种意义上对达尔文假说的否定，至少是不受其束缚才能进行的探索。如果我们习惯于将达尔文的假说作为评判某种立场的标准，那么中国未来对未知世界探求的能力又将落后于世界先进水平，我们又何谈国际合作和竞争能力？这就成了画地为牢、作茧自缚，实在不可取。中国传统智慧已经被抛弃了太久，譬如我们不能以"有物混成、先天地生"来自豪地告诉世人；老子为什么对"宇宙大爆炸以及奇点"在两千年前就描述过了；当我们试图走出一条新路的努力中，如果再自废武功，就真的不智慧了。

话语体系的理论来打倒传统文化进而推翻封建政权，这时候只有从西方寻找理论支持，因为中、印、西三大文化系统中，印度的东方文化与中国传统文化并不具有极大的差异性，而且印度传来的佛家已经完全成为中国传统文化的一部分，因此面对无政府主义、宗教文化和自由主义的时候，民主、自由、科学自然就成为一个最为吸引人且最能达到目的的理论体系。但是西方这一套理论体系存在着先天营养不良，没有真正的立根于人文，显得不伦不类，造成了极大的社会动荡和精神迷茫。

同时，我们现在往往执着于一种观点，认为中国传统文化是中国古人的，不属于自己；认为西方文化是外来的，也不属于自己；现代人自己并没有创造出足以与中国传统文化和西方古典文化相媲美的新文化，而是更多的随着近现代资产阶级革命时期产生的理论在前行。马克思主义中国化也处于一种需要大力深化的阶段。因此，在现代中国，人们对任何一种文化的认同，都代表了一种对自己之外的"外在"或者"外来"文化的臣服心态，而很少认真思考作为我们自己应该如何去构建自己的时代文化、民族文化，而所有外在的文化只是提供了一条便捷的路径和资源宝库而已。对各种文化属于谁的外在形式感看重远远大于这种文化所讲的内容是不是我们本来就有的内在需求。如中国传统文化是性命之学、修己之学、心性之学，我们现在更多的是在争论这种文化是否曾经为封建统治者服务、是否违背了现代的平等观念、是否是迷信、是强于西方文化还是代表愚昧落后、是不是造成中国古代科技不发达的原因、是否造成了对制度和法律的轻视等，涵盖各种外在属性、视角变化多端，讨论目的各异，但是就是不能够踏实研究心性之学究竟讲了什么、通过什么方式可以体悟心性以及我们是否应该在自己的心性上切实做功夫，或者干脆以"不科学"为由，一否了之。今天，我们如果继续将所有的理论建立在西方人早已抛弃的一系列假说之上，而这些假说已经渐渐退出历史舞台，我们将面对的是人心和精神的更加动荡，这是必须未雨绸缪的。我们在讨论历史的时候，经常会使用"历史局限性"这样的词语，不可否认的是，我们自己也正处于一种历史局限中。但是我们现在拥有超越历史局限和时空局限的智慧和能力，绝对不可弃之不用。中国的道统，由天道而人道，提供了一个其大无外、其小无内的超越时空局限的文化精神的路径，这是我们应该回归的人文精神。

时至今日，我们已经走出了历史的文化动荡阶段，中西文化互通与交流已经具备了抛弃功利目的的条件，因此需要冷静下来思考中西文化之间的问题了。人类发展到今天，自豪的地方很多，但是作为一个大的历史时代而言，在两次世界大战生灵涂炭之后，人们并未能真正思考明白，我们人类今天为何遇到了如此多的互相仇恨、彼此杀戮、物欲横流、精神迷茫、灵魂迷失。我们在前所未有的迷茫中寻找着到达光明彼岸的路径，却陷入了更加无休止的纷争，为了人生的本真而争论，甚至为寻找本真的路径和方法而划分阵营。我们失去了轴心时代的信仰，人们也变得不再那么宽容，悲天悯人仿佛已经渐行渐远，挥之不去的是各种利益之争和欲望追逐。因此，历史呼唤一个新的"轴心时代"的到来，而中国传统文化，仍然将是新轴心时代中最为璀璨的一颗明星，其"譬如北辰，居其所而众星共之"。

三、法治之道理应止于至善

法治，不应该仅仅停留于对治术的思考，更应该合于对政道的要求，亦即我们应该探求的是法治之"道"。至善追求，是人类的最高追求，法治是通往至善追求的一条路径，法治之道应止于至善。每个人都需要追求至善，追求至善的过程也就是增长智慧的过程，有智慧、有良知的人才能真正成为自己的主人，也才能够成为国家和社会的主人。切断人们自我智慧完善的路径，之后告诉人们说——你们只需要知道，你们是天然的主人——这也是一种愚民，其结果就是亿万的"乌合之众"或者"被操控的民主"，被别人操控的民主，其本质是自己成为被利用的工具。真正的民主，是让每个人都有机会在良知中寻求本真和智慧，在智慧中看清现实，而后首先能够成为自己的主人而不是随波逐流任人摆布愚弄或者成为被利用的工具，西方式民主已经陷入困境，就是其因为没有人本的提升路径。一个良知与智慧并重的民族，是团结互助而不是人人互相倾轧争斗，在这样的文化土壤中，才能够让人性之恶的种子自生自灭而不是遍地开花结果。善恶相较，善者众，则恶无处生；倘若善恶是非不分，恨恶者实为恨自己不能进入恶之阵营，众人之理想乃进入恶的行列以获益，则恶势必战胜善。于国家治理层面而言，中国的"官"出于"民"，社会阶层不再固化，社会理想人格者渐多，贤能进入公职体系，形成一个理想人格型的公职队伍，这是一个紧要的大问题。考察中国人的现状，能够以文化战略推进全体国民理想人格的成长，永远比空喊民主要有益，民主是一种手段，不是目的。对于腐败和乱政，需要厉行法治这一最低社会要求，不能高标准立法、选择性执法，人心是一切。玄虚的法治理论只能冲淡法治是底线这一常识，我们需要的是实实在在的法治标杆。奉法者获益，乱法者受罚，应该成为一种常态；如果乱法者获益，奉法者吃亏，说明我们连最起码的底线都没有坚守住，这种状况亟须改变，改变是需要依靠人来改变的。如果没有良知引领社会并形成一种强大的力量，一切都将是空谈。

一个社会上，只有所有人都明白人生的至善与智慧合一，才能共同智慧的建设理想家园而不是任人宰割、任人愚弄，否则就会出现天天高喊民主自由而实际却成为某些利益人群、利益集团工具的结果。譬如真正懂得儒家精神的人，是不会被愚弄的，真正的儒家从来也没有愚民，愚民的是将儒家作为工具的、实际上完全悖离儒家精神的人。真儒一定是仁者——仁爱天下之人，且富贵不能淫；智者——智慧践行和弘扬天道和人道之人，且贫贱不能移；勇者——勇于反抗黑暗和不公，且威武不能屈。这些，古代圣贤都做到了。在各种曼妙的理论中，对人有着各种各样的天然假设，但一旦比照活生生的现实，比照每一个鲜活的个体，我们就会发现，一切"理性假设"都是完全无法成立的。腰缠万贯、富可敌国者，身居要职、位高权重者，未必不是可怜人——自身无限追逐欲望满足却着实可怜；反观我们民族历史上和现代社会中真正的文化大家、真正的儒家官员和党员干部，却是令万人敬仰的——他们真正活出了人性的光辉，他们真正的忧国、忧民、忧社稷，并且懂得如何去做。如果我们越来越多的人具备了自主其心的能力，良知引领社会、文化塑造越来越多的真正精英，社会的光明和人性的光辉就会让这个社会少些黑暗。通过社会集体良知显现让黑暗无处遁形是根本，否则很多人必然经受不住黑暗中的名利诱惑而纷纷躲进黑暗。不行人道，何以弘天道；不知天道之存在，何以明了人道之本真。人能弘道，我们需要更多真正的弘道之人。重视法治的力量，但是不要忽视了社会良知的力量，更不能将二者割裂开来，良法之治就是践行良知的一种方式。人类不可能因为一种制度、一种理想、一种理论的出现而一劳永逸的解决问题，人类生存、生活永远都是面对问题、解决问题，人性的迷失与回归是一个永恒的主题。整个宇宙和社会、生物链、食物链都是在一种循环往复中生生不息，而我们需要做的就是构建起一种良性循环而远离恶性循环。人类的历史已经留给了我们足够丰富的素材可资借鉴，我们现在要做的就是避免对错误的重蹈覆辙。

人类加之于自身的规则，出于一个内心的理想追求和文化认同，法治作为一种由良知而规范的方式,只能是人生和人类社会的一个外在和切面,这种法治方式也只能是追求内心良知的一个方面,而不可能是全部甚至代替良知这一本体问题。在精神危机成为人类普遍现象的现代社会,回归对内在自心的认知、体察和理想境界的追求,将外在于自心的存在正确定位,是当务之急。外在的,只能是一种工具价值。大学之道,在明明德,在亲民,在止于至善。法治理应归属于天道与人道的一部分,法治作为现代人追求理想的一种方式,其终极目的必然回归到人的自身,法治成为政道,也必须依归于人类的最高追求,儒家的仁德与智慧,是解决中国当下问题的最佳文化依归。如果我们不能正视现代的人文缺失,而是盲目的自豪于现代的"先进性",那么所有先进成果最终会毁于人文缺失这一重大严峻的现实。为政以德,仍然是中国现代国家治理的一个终极的智慧,我们根本无法超越为政以德这一最高智慧。现代中国的国家治理,更需要的是中国自己的智慧,中国传统文化是最好的智慧宝库,中国现代法治,也更需要借鉴中国传统的政治智慧。中华民族在今天的历史关口,如果将法治确立为终极的理想,将所谓法的理性和正义确立为最高的价值准则,那么中华民族必将走上一条极其错误的不归路,中华民族将迎来的不是振兴和复兴,而是要面临彻彻底底的失败,这是法治建设中必须明确的一个原则性问题,事关中华民族未来发展的根本性理念问题。作为以法律为专业和职业的人,不能认为让法律成为社会主导是法律人的目标和责任,而是要正确定位法律的底线地位,这才是法律人应有的姿态,也是法律人的历史责任,也才是真正的热爱法律。总之,文化主治是必然规律,中国传统文化的根本精神之天人合一的最高境界,是解决当今社会之种种撕裂的最佳选择,法治必须在文化主治下发挥作用,这即是对法治的更高要求,也是法治实现的必备条件,也是将法治工具价值和融入文化的法治目的价值一体化。总之,法治之道止于至善。

参考文献

一、中文专著

1. 姜小川：《司法的理论、改革及史鉴》，法律出版社2018年版。
2. 张晋藩：《依法治国与法史镜鉴》，中国法制出版社2015年版。
3. 段秋关：《中国现代法治及其历史根基》，商务印书馆2018年版。
4. 李林主编：《中国特色社会主义法治发展道路》，中国法制出版社2017年版。
5. 卓泽渊：《法治国家论》（第4版），法律出版社2018年版。
6. 李德顺：《法治文化论》，黑龙江教育出版社2018年版。
7. 谷德春：《中国特色社会主义法治理论与实践研究》，中国人民大学出版社2017年版。
8. 於兴中：《法治东西》，法律出版社2015年版。
9. 俞荣根：《礼法传统与中华法系》，中国民主法制出版社2016年版。
10. 季卫东：《法治构图》，法律出版社2012年版。
11. 梁治平：《法辨：法律文化论文集》，广西师范大学出版社2015年版。
12. 李龙：《中国特色社会主义法治理论体系纲要》，武汉大学出版社2012年版。
13. 何勤华等：《法治的追求——理念、路径和模式的比较》，北京大学出版社2005年版。
14. 俞荣根、龙大轩、吕志兴编著：《中国传统法学述论——基于国学视角》，北京大学出版社2005年版。
15. 李龙主编：《西方法学名著提要》，江西人民出版社2005年版。
16. 谷德春主编：《西方法律思想史》，中国人民大学出版社2004年版。
17. 何勤华等编著：《西方法律思想史》，科学出版社2010年版。
18. 史彤彪：《西方法治思想精义》，黑龙江教育出版社2018年版。
19. 严存生主编：《西方法律思想史》（第3版），法律出版社2015年版。
20. 梁治平：《寻求自然秩序中的和谐：中国传统法律文化研究》，商务印书馆2013年版。
21. 刘哲昕：《精英与平民：中国人的民主生活》，法律出版社2014年版。
22. 卓泽渊：《法政治学研究》，法律出版社2011年版。

23. 沈国明等:《法治中国道路探索》,上海人民出版社2017年版。
24. 周大伟:《法治的细节》,北京大学出版社2013年版。
25. 谢晖:《法治讲演录》,广西师范大学出版社2015年版。
26. 季卫东:《法治秩序的构建》,商务印书馆2014年版。
27. 王东京、田清旺、赵锦辉编著:《国家治理——中国政府转型》,重庆大学出版社2019年版。
28. 应松年主编:《法治政府》,社会科学文献出版社2016年版。
29. 江平:《法治天下——江平访谈录》,法律出版社2016年版。
30. 陈有西:《变革时代的法律秩序:当代中国重大立法司法问题探讨》,法律出版社2012年版。
31. 罗思荣:《身边法律秩序的建构》,中国法制出版社2014年版。
32. 苏力:《大国宪制——历史中国的制度构成》,北京大学出版社2018年版。
33. 苏力:《送法下乡——中国基层司法制度研究》,北京大学出版社2011年版。
34. 苏力:《制度是如何形成的》,北京大学出版社2007年版。
35. 武树臣:《中国法律思想史》(第2版),法律出版社2017年版。
36. 张文显主编:《法理学》,高等教育出版社2018年版。
37. 周永坤:《法理学——全球视野》(第4版),法律出版社2016年版。
38. 沈宗灵主编:《法理学》(第4版),北京大学出版社2014年版。
39. 张恒山:《法理要论》(第3版),北京大学出版社2009年版。
40. 付子堂主编:《法理学进阶》(第5版),法律出版社2016年版。
41. 马长山主编:《法理学导论》,北京大学出版社2014年版。
42. 卓泽渊:《中国的法治之路》,外文出版社2018年版。
43. 王利明:《法治具有目的性》,北京大学出版社2017年版。
44. 王利明:《法治:良法与善治》,北京大学出版社2015年版。
45. 张文显主编:《良法善治:民主 法治与国家治理》,法律出版社2014年版。
46. 张文显:《法治与法治国家》,法律出版社2011年版。
47. 高鸿钧:《法治漫笔》,译林出版社2017年版。
48. 孙国华、朱景文主编:《法理学》,中国人民大学出版社2014年版。
49. 张中秋:《中西法律文化比较研究》(第5版),法律出版社2019年版。
50. 胡建淼:《法治天下:胡建淼法治演讲录》,法律出版社2016年版。
51. 马长山:《"法治中国"建设的理论检视》,法律出版社2017年版。
52. 胡玉鸿:《法治解决道德领域突出问题的作用研究》,中国法制出版社2018年版。
53. 何勤华:《法治的启蒙》,法律出版社2017年版。
54. 钱穆:《论语新解》,九州出版社2011年版。

55. 钱穆：《民族与文化》，九州出版社 2012 年版。
56. 钱穆：《庄子纂笺》，九州出版社 2016 年版。
57. 钱穆：《中国史学名著》，九州出版社 2012 年版。
58. 钱穆：《文化学大义》，九州出版社 2017 年版。
59. 钱穆：《中国历史精神》，九州出版社 2016 年版。
60. 钱穆：《中国历代政治得失》，九州出版社 2012 年版。
61. 钱穆：《政学私言》，九州出版社 2016 年版。
62. 梁漱溟：《人生至理的追寻——国学宗师读书心得》，当代中国出版社 2008 年版。
63. 梁漱溟：《东西文化及其哲学》，中华书局 2018 年版。
64. 梁漱溟：《我生有涯愿无尽：梁漱溟自述文录》，中国人民大学出版社 2011 年版。
65. 胡适：《中国哲学史大纲》，中华书局 2013 年版。
66. 周何编撰：《儒家的理想国：礼记》，九州出版社 2017 年版。
67. 梁启超：《梁启超论中国法制史》，商务印书馆 2019 年版。
68. 林语堂：《孔子的智慧》，长江文艺出版社 2015 年版。
69. 钟兆云：《辜鸿铭全传：改变崇洋媚外的中国》，中国青年出版社 2016 年版。
70. 《四书五经》，中华书局 2009 年版。
71. （明）王阳明著、鲍希福点校：《传习录》，文化发展出版社 2018 年版。
72. 楼宇烈：《中国文化的根本精神》，中华书局 2016 年版。
73. 汤用彤：《会通中印西》，东方出版中心 2012 年版。
74. 傅佩荣：《傅佩荣谈人生：哲学与人生》，东方出版社 2012 年版。
75. 劳承万：《中西文化交汇中近百年理论难题》，中国社会科学出版社 2018 年版。
76. 张允熠：《中国文化与马克思主义》，人民出版社 2015 年版。
77. 张允熠、陶武、张弛：《中国：欧洲的样板——启蒙时期儒学西传欧洲》，黄山书社 2010 年版。
78. 马立诚：《最近四十年中国社会思潮》，东方出版社 2014 年版。
79. 马立诚：《历史的拐点：中国历朝改革变法实录》，东方出版社 2016 年版。
80. 杨百寅、单许昌：《定力：中国社会变革的思想基础》，北京大学出版社 2018 年版。
81. 蒋庆：《再论政治儒学》，华东师范大学出版社 2011 年版。
82. （春秋）老子著，（唐）吕岩释义，韩起编校：《吕祖秘注道德经心传》，广西师范大学出版社 2014 年版。
83. 许倬云：《中国文化的精神》，九州出版社 2018 年版。
84. 许倬云：《现代文明的成坏》，浙江人民出版社 2016 年版。
85. 许倬云：《中国古代文化的特质》，鹭江出版社 2016 年版。
86. 许倬云：《中西文明的对照》，浙江人民出版社 2016 年版。

87. 陈红太：《儒学与中国传统政治哲学》，现代出版社 1997 年版。
88. 傅佩荣：《人能弘道：傅佩荣谈论语》，东方出版社 2018 年版。
89. 傅佩荣：《儒家哲学新论》，中华书局 2010 年版。
90. 俞荣根：《儒家法思想通论》，商务印书馆 2018 年版。
91. 徐行言主编：《中西文化比较》，北京大学出版社 2004 年版。
92. 陆卫明、李红：《中国文化精神与现代社会》，中国社会科学出版社 2015 年版。
93. 张岱年：《张岱年自选集》，首都师范大学出版社 2008 年版。
94. 李仕权：《改革的教训：打捞中国历代沉没的改革》，中信出版社 2015 年版。
95. 卓新平：《中国人的宗教信仰》，中国社会科学出版社 2015 年版。
96. 吴钩：《中国的自由传统》，复旦大学出版社 2014 年版。
97. 许纪霖、刘擎：《中国启蒙的自觉与焦虑：新文化运动百年省思》，上海人民出版社 2015 年版。
98. 杨念群：《五四的另一面："社会"观念的形成与新型组织的诞生》，上海人民出版社 2018 年版。
99. 邓秉元：《新文化运动百年祭》，上海人民出版社 2019 年版。
100. 朱大可：《华夏上古神系》（上卷、下卷），东方出版社 2014 年版。
101. 邓晓芒：《灵之舞——中西人格的表演性》，作家出版社 2016 年版。
102. 邓晓芒：《哲学史方法论十四讲》，生活·读书·新知三联书店 2019 年版。
103. 王绍光：《中国·政道》，中国人民大学出版社 2014 年版。
104. 王绍光：《中国·治道》，中国人民大学出版社 2014 年版。
105. 王绍光：《民主四讲》，生活·读书·新知三联书店 2018 年版。
106. 李曦恒：《缔造大同：钱学森"世界大同+共产主义"理想新论》，社会科学文献出版社 2017 年版。
107. 张岱年、程宜山：《中国文化精神》，北京大学出版社 2015 年版。
108. （战国）子思，李静译注：《中庸全集》，海潮出版社 2009 年版。
109. 辜鸿铭：《辜鸿铭讲论语》，北京理工大学出版社 2013 年版。
110. 梁启超：《中国近三百年学术史》，吉林出版集团股份有限公司 2016 年版。
111. 胡适：《中国哲学史》（上、中、下），新世界出版社 2017 年版。
112. 赵忆宁：《探访美国政党政治：美国两党精英访谈》，中国人民大学出版社 2014 年版。
113. 郭星华等：《现代法治建设与传统文化变迁》，中国人民大学出版社 2018 年版。
114. 段忠桥主编：《何为政治哲学》，中国社会科学出版社 2018 年版。
115. 刘江红：《中国社会结构变动与文化政策演进》，社会科学文献出版社 2016 年版。
116. 郑永年：《中国模式：经验与困局》，浙江人民出版社 2010 年版。
117. 包刚升：《被误解的民主》，法律出版社 2015 年版。

118. 刘军宁：《保守主义》（第 3 版），东方出版社 2014 年版。
119. 陈先达：《文化自信中的传统与当代》，北京师范大学出版社 2017 年版。
120. 王家范：《中国历史通论》，生活・读书・新知三联书店 2019 年版。
121. 真溱：《国家智囊：兰德公司如何影响世界》，电子工业出版社 2019 年版。
122. 江涌：《谁在操纵世界的意识：从苏联解体到"颜色革命"》，社会科学文献出版社 2018 年版。
123. 李尚全：《正智与生活——30 年闻思佛学的心力路堤》，东方出版中心 2010 年版。
124. 李筠：《西方史纲：文明纵横 3000 年》，岳麓书社 2020 年版。
125. 马勇：《重寻近代中国》，线装书局 2014 年版。
126. 马勇：《中国圣雄：梁漱溟传》，东方出版社 2015 年版。
127. 刘哲昕：《家国情怀：中国人的信仰》，学习出版社 2019 年版。
128. 谢屏、沈雷燕：《中西宗教文化比较》，中国旅游出版社 2016 年版。
129. 金观涛：《历史的巨镜》，法律出版社 2015 年版。
130. 王国维：《王国维：国学境界》，当代世界出版社 2017 年版。
131. 陈序经：《文化学概观》，岳麓书社 2009 年版。
132. 寒竹：《中国道路的历史基因》，上海人民出版社 2018 年版。
133. 李明军：《天人合一与中国文化精神》，山东人民出版社 2015 年版。
134. 吴国盛：《科学的历程》（第 4 版），湖南科学技术出版社 2018 年版。
135. 刘哲昕：《文明与法治：寻找一条通往未来的路》，法律出版社 2013 年版。
136. 张大军：《我从哪里来 又到哪里去》，中共中央党校出版社 2015 年版。
137. 张西平：《儒学西传欧洲研究导论：16-18 世纪中学西传的轨迹与影响》，北京大学出版社 2016 年版。
138. 瞿同祖：《中国法律与中国社会》，商务印书馆 2010 年版。
139. 杨鸿烈：《中国法律发达史》，中国政法大学出版社 2009 年版。
140. 卓新平主编：《基督教文化 160 问》，东方出版社 2006 年版。
141. 费孝通：《乡土中国》，上海人民出版社 2013 年版。
142. 范忠信：《法治中国化研究》，中国政法大学出版社 2013 年版。
143. 范忠信、陈景良：《中西法律传统》（第 7 卷），北京大学出版社 2009 年版。
144. 黄心川主编：《世界十大宗教》，社会科学文献出版社 2007 年版。
145. 李建群主编：《当代国外社会思潮》，中国社会科学出版社 2017 年版。
146. 陆学艺主编：《当代中国社会结构》，社会科学文献出版社 2010 年版。
147. 李亚凡编：《世界历史年表》，中华书局 2014 年版。
148. 王亚南：《中国官僚政治研究》，商务印书馆 2010 年版。
149. 许纪霖、刘擎主编：《西方"政治正确"的反思》，江苏人民出版社 2018 年版。

150. 习骅：《中国历史的教训》，中信出版社 2015 年版。
151. 刘哲昕：《法治才是硬道理：从法治思维到命运共同体》，法律出版社 2014 年版。
152. 孙中山：《建国方略》，生活·读书·新知三联书店 2014 年版。
153. （战国）吕不韦著，王学典编译：《吕氏春秋》，江苏凤凰科学技术出版社 2018 年版。
154. 钱小平主编：《法治反腐的路径、模式与机制研究》，东南大学出版社 2017 年版。
155. 郑永年：《中国文明的复兴》，东方出版社 2018 年版。
156. 俞可平：《社群主义》，东方出版社 2015 年版。
157. 苏秉琦：《中国文明起源新探》，生活·读书·新知三联书店 2019 年版。
158. 郑永年：《重建中国社会》，东方出版社 2016 年版。
159. 崔永东：《中西法律文化比较》，北京大学出版社 2004 年版。
160. 林语堂：《吾国与吾民》，黄嘉德译，湖南文艺出版社 2012 年版。
161. 王蒙：《中华玄机》，天地出版社 2017 年版。
162. 蒋庆：《广论政治儒学》，东方出版社 2014 年版。
163. 尹华广：《文化精神与法律生命：梁漱溟新儒家法律思想研究》，浙江大学出版社 2019 年版。
164. 周国平：《各自的朝圣路》，浙江文艺出版社 2013 年版。
165. 梁晓声：《中国社会各阶层分析》，文化艺术出版社 2014 年版。
166. 张鸣：《重说中国近代史》，中国致公出版社 2012 年版。
167. 梁治平：《为政：中国古代的致治理念》，生活·读书·新知三联书店 2020 年版。
168. 贺培育等：《中国智库发展历史演进与发展趋势研究》，人民出版社 2019 年版。
169. （三国）王肃注，（日）太宰纯增注：《孔子家语》，宋立林校点，上海古籍出版社 2019 年版。
170. 张松辉：《道冠儒履释袈裟——中国古代文人的精神世界》，岳麓书社 2015 年版。
171. 因缘生：《学庸衍义》，世界知识出版社 2017 年版。
172. （明）王阳明：《传习录》，叶圣陶点校，三晋出版社 2019 年版。
173. 高秉江：《西方知识论的超越之路——从毕达哥拉斯到胡塞尔》，人民出版社 2012 年版。
174. 许思园：《人性与人之使命》，李应志译，华中科技大学出版社 2019 年版。
175. 赵林：《天国之门：西方文化精神》，湖南人民出版社 2020 年版。
176. 梁治平：《礼教与法律：法律移植时代的文化冲突》，广西师范大学出版社 2015 年版。
177. 袁珂译注：《山海经全译》，北京联合出版公司 2016 年版。
178. 袁珂：《中国神话史》，北京联合出版公司 2015 年版。
179. 赵敦华：《圣经哲学历史》（上、下卷），江苏人民出版社 2016 年版。
180. 李任：《富勒：法律与道德的追问者》，黑龙江大学出版社 2013 年版。

181. 任剑涛：《当经成为经典：现代儒学的型变》，社会科学文献出版社2018年版。
182. 吴飞：《心灵秩序与世界历史：奥古斯丁对西方古典文明的终结》，生活·读书·新知三联书店2019年版。
183. 何平、夏茜：《李约瑟难题再求解：中国科技创新乏力的历史反思》，上海书店出版社2016年版。
184. 傅佩荣：《究竟真实：傅佩荣谈老子》，东方出版社2018年版。
185. 赵敦华：《基督教哲学1500年》，商务印书馆1994年版。
186. 徐向东：《自由主义、社会契约与政治辩护》，北京大学出版社2005年版。
187. 张其成：《中医五行新探》，中国中医药出版社2017年版。
188. 王正山、张其成：《中医阴阳新论》，中国中医药出版社2017年版。
189. 吴思：《我想重新解释历史：吴思访谈录》，复旦大学出版社2011年版。
190. 吴晗：《中国人的生存规矩》，四川人民出版社2019年版。
191. 吕思勉：《中国通史》，中华书局2015年版。
192. 张大军：《进入多维时空的物质世界》，中共中央党校出版社2016年版。
193. 张大军：《宇宙的秩序即道德的秩序》，中共中央党校出版社2016年版。
194. 苏力：《法治及其本土资源》（第3版），北京大学出版社2015年版。
195. 胡适：《容忍是自由的根本》，江苏人民出版社2015年版。
196. 柯华庆：《第三次变革》，上海三联书店2013年版。
197. 张舜清：《儒家生命伦理思想研究——以原始儒家为中心》，人民出版社2018年版。
198. 李强：《当代中国社会分层》，生活书店出版有限公司2019年版。
198. 蒋廷黻：《国土无双：蒋廷黻回忆录》，新星出版社2016年版。
200. 南怀瑾：《南怀瑾选集》（典藏版全12卷），复旦大学出版社2003年版。
201. 张维为：《中国超越：一个"文明型国家"的光荣与梦想》，上海人民出版社2014年版。
202. 傅渥成：《宇宙从何而来》，湖南科学技术出版社2018年版。
203. 陈潭等：《治理的秩序——乡土中国的政治生态与实践逻辑》，人民出版社2012年版。
204. （汉）董仲舒撰，周桂钿译注：《春秋繁露》，中华书局2011年版。
205. 马勇：《帝国设计师：董仲舒传》，东方出版社2015年版。
206. （西汉）刘向著，王学典编译：《战国策》，江苏凤凰科学技术出版社2018年版。
207. 茅海建：《天朝的崩溃：鸦片战争再研究》，生活·读书·新知三联书店2017年版。
208. 李路路、李汉林：《中国的单位组织：资源、权力与交换》，生活·读书·新知三联书店2019年版。
209. 王占通：《中国古代法律思想史新论》，北京大学出版社2018年版。
210. 朱峰：《拉兹：法律权威的规范性分析》，黑龙江大学出版社2013年版。

211. 郑永扣主编:《意识形态与社会冲突治理》,中国社会科学出版社 2017 年版。

212. 方李莉、于惠芳:《社会变迁中的知识运动》,北京大学出版社 2011 年版。

213. 高兆明:《心灵秩序与生活秩序:黑格尔〈法哲学原理〉释义》,商务印书馆 2014 年版。

214. 郭光灿、高山:《爱因斯坦的幽灵:量子纠缠之谜》(第 2 版),北京理工大学出版社 2018 年版。

215. 王绍光:《抽签与民主、共和——从雅典到威尼斯》,中信出版社 2018 年版。

216. 刘禾主编:《世界秩序与文明等级:全球史研究的新路径》,生活·读书·新知三联书店 2016 年版。

217. 高景柱:《在平等与责任之间——罗纳德·德沃金平等理论批判》,人民出版社 2011 年版。

218. 蔡华堂:《美国军事战略研究》,时事出版社 2019 年版。

219. 郭广珍:《威权体制的运行分析:政治博弈、经济绩效与制度变迁》,格致出版社、上海三联书店、上海人民出版社 2017 年版。

220. 彭华民主编:《民生为本的社会建设》,社会科学文献出版社 2018 年版。

221. 张宇燕主编:《全球政治与安全报告(2019)》,社会科学文献出版社 2019 年版。

222. 王立新:《意识形态与美国外交政策:以 20 世纪美国对华政策为个案的研究》,北京大学出版社 2007 年版。

223. 张永祥、肖霞译注:《墨子译注》,上海古籍出版社 2015 年版。

224. 王鸿刚:《世界趋势 2050》,中信出版社 2018 年版。

225. 黄铭、曾亦译注:《春秋公羊传》,中华书局 2016 年版。

226. 叶蓓卿译注:《列子》,中华书局 2011 年版。

227. 石磊译注:《商君书》,中华书局 2011 年版。

228. 王国轩、王秀梅译注:《孔子家语》,中华书局 2011 年版。

229. 欧树军、王绍光:《小邦大治:新加坡的国家基本制度建设》,社会科学文献出版社 2017 年版。

230. 周兆呈:《新加坡公共政策传播策略:政府如何把握民意有效施政》,民主与建设出版社 2015 年版。

231. 中国社会科学院科研局组织编选:《资中筠集》,中华社会科学出版社 2002 年版。

232. 孔祥智等:《乡村振兴的九个维度》,广东人民出版社 2018 年版。

233. 杨国强:《晚清的士人与世相》,生活·读书·新知三联书店 2017 年版。

234. 桑榆等:《中国谋略家正传》,三秦出版社 2012 年版。

235. 陈默译注:《鬼谷子》,吉林美术出版社 2015 年版。

236. 马勇:《觉醒:甲午与中国历史转折》(第 2 版),新星出版社 2020 年版。

237. 王光波：《日本两千年简史：从神武天皇到令和时代》，金城出版社 2019 年版。
238. 郑寅达、陈旸：《第三帝国史》，江苏人民出版社 2020 年版。
239. 戴旭：《戴旭讲甲午战争：从晚清解体透视历代王朝的政治败因》，人民日报出版社 2018 年版。
240. 费孝通：《美国人的性格》，华东师范大学出版社 2013 年版。
241. 费孝通：《中国文化的重建》，华东师范大学出版社 2013 年版。
242. 郭彦林：《历史虚无主义思潮评析》，中国社会科学出版社 2018 年版。

二、中文期刊

1. 姜小川："法治能力及其提升的理论与实践"，载《哈尔滨市委党校学报》2018 年第 4 期。
2. 舒国滢："'法理'：概念与词义辨正"，载《中国政法大学学报》2019 年第 6 期。
3. 何家弘："'美国式民主'之我见"，载《理论视野》2019 年第 2 期。
4. 卓泽渊："40 年改革开放与社会主义法治国家建设"，载《学习时报》2018 年 11 月 21 日。
5. 俞荣根："超越儒法之争——礼法传统中的现代法治价值"，载《法治研究》2018 年第 5 期。
6. 张晋藩："大力弘扬中华法文化"，载《民主与法制时报》2019 年 9 月 28 日。
7. 舒国滢、王重尧："德治与法治相容关系的理论证成"，载《河南师范大学学报（哲学社会科学版）》2018 年第 5 期。
8. 何勤华："法律文明的内涵及其历史解读"，载《法商研究》2018 年第 6 期。
9. 金若山、吕世伦："法治理论体系建构刍议——以基本内容为视域"，载《求是学刊》2016 年第 1 期。
10. 俞荣根等："法治中国视阈下中华礼法传统之价值"，载《孔学堂》2015 年第 2 期。
11. 马长山、李金枝："公民精神理性成长的法治意义——基于新中国成立 70 年来的历史回顾与前瞻"，载《知与行》2019 年第 5 期。
12. 卓泽渊："国家治理现代化的法治解读"，载《现代法学》2020 年第 1 期。
13. 卓泽渊："坚持和完善中国特色社会主义法治体系"，载《学习时报》2020 年 2 月 19 日。
14. 李龙："坚持马克思主义法学在深化依法治国实践中的指导作用"，载《法治现代化研究》2018 年第 1 期。
15. 张文显："坚定不移走中国特色社会主义法治道路"，载《党建研究》2020 年第 4 期。
16. 俞荣根等："礼法之治——中国古代的"良法善治"追求"，载《孔学堂》2017 年第 4 期。

17. 李步云、夏纪森："论法哲学的基本范畴——李步云先生访谈"，载《法律与伦理》2019年第2期。
18. 吕世伦、连赛君："略论儒家仁理念与中国特色社会主义法治建设的价值传承"，载《北方法学》2018年第2期。
19. 姜小川："清末司法改革对中国法制现代化的影响与启示"，载《法学杂志》2012年第7期。
20. 卓泽渊："全面依法治国的新推进"，载《中国领导科学》2019年第6期。
21. 何家弘："探索中国的民主之路"，载《中国政法大学学报》2019年第2期。
22. 张晋藩："体现马克思主义唯物史观的中华法文化"，载《法学杂志》2020年第3期。
23. 李林："新时代坚定不移走中国特色社会主义法治道路"，载《中国法学》2019年第3期。
24. 李林："新时代中国法治理论创新发展的六个向度"，载《法学研究》2019年第4期。
25. 张文显："新时代中国社会治理的理论、制度和实践创新"，载《法商研究》2020年第2期。
26. 吕世伦："新时代中国特色社会主义法治的三大任务——从马克思主义经典作家的论述切入"，载《法治现代化研究》2018年第1期。
27. 徐显明："新中国人权道路的基本经验和核心内容"，载《中国法律评论》2019年第4期。
28. 张中秋："中国传统法本体研究"，载《法制与社会发展》2020年第1期。
29. 姜小川、易娟："中国传统法律文化中的司法公正观念"，载《中共贵州省委党校学报》2013年第5期。
30. 李龙："中国特色社会主义法治体系的理论基础、指导思想和基本构成"，载《中国法学》2015年第5期。
31. 俞荣根："走出'律令体制'——重新认识中华法系"，载《兰州大学学报（社会科学版）》2020年第4期。

三、外文译著

1. [美]埃里克·霍弗：《狂热分子：群众运动圣经》，梁永安译，广西师范大学出版社2011年版。
2. [英]梅格纳德·德赛：《马克思的复仇——资本主义的复苏和苏联集权社会主义的灭亡》，汪澄清译，中国人民大学出版社2016年版。
3. [美]傅高义：《日本第一：对美国的启示》，谷英、张柯、丹柳译，上海译文出版社2016年版。
4. [古希腊]亚里士多德：《政治学》，吴寿彭译，商务印书馆1965年版。

5. [美]伯尔曼:《法律与宗教》,梁治平译,商务印书馆2012年版。
6. [美]费正清:《费正清中国回忆录》,阎亚婷、雄文霞译,中信出版社2017年版。
7. [美]托马斯·斯坎伦:《为什么不平等至关重要》,陆鹏杰译,中信出版社2019年版。
8. [瑞士]荣格:《荣格自传:回忆·梦·思考》,朱更生译,浙江文艺出版社2017年版。
9. [奥]弗洛伊德:《释梦》,孙名之译,商务印书馆1996年版。
10. [英]查尔斯·达尔文:《物种起源》,焦文刚译,北京联合出版公司2015年版。
11. [美]悉达多·穆克吉:《基因传:众生之源》,马向涛译,中信出版社2018年版。
12. [英]英国《新科学家》杂志:《万物起源》,张卜天译,湖南科学技术出版社2017年版。
13. [英]安妮·鲁尼:《爱因斯坦自述》,Anne Rooney、王浪译,黑龙江教育出版社2016年版。
14. 辜鸿铭:《中国人的精神》,李静译,天津人民出版社2016年版。
15. [法]萨特:《存在与虚无》,陈宣良等译,生活·读书·新知三联书店2014年版。
16. [英]约翰·密尔:《论自由》,尹丽莉译,煤炭工业出版社2016年版。
17. [瑞士]C. G. 荣格:《自我与自性》,赵翔译,世界图书出版公司2014年版。
18. [英]弗里德里希·奥古斯特·冯·哈耶克:《通往奴役之路》,王明毅等译,中国社会科学出版社1997年版。
19. [古希腊]色诺芬、柏拉图:《读懂古希腊哲学的第一本书:苏格拉底》,黄颖译,中国华侨出版社2017年版。
20. [英]霍布斯:《利维坦》,黎思复、黎廷弼译,商务印书馆2017年版。
21. [英]凯伦·阿姆斯特朗:《轴心时代(公元前800年—公元前200年)——塑造人类精神与世界观的大转折时代》,孙艳燕、白彦兵译,海南出版社2010年版。
22. [美]罗纳德·M. 德沃金:《没有上帝的宗教》,於兴中译,中国民主法制出版社2015年版。
23. [法]勒庞:《乌合之众——群体暴力与大革命》,李隽文译,江苏凤凰文艺出版社2017年版。
24. [英]伯特兰·罗素:《权力论:新社会分析》,吴友三译,商务印书馆2012年版。
25. [美]塞缪尔·P. 亨廷顿:《变化社会中的政治秩序》,王冠华等译,上海人民出版社2008年版。
26. [英]理查德·H. 托尼:《宗教与资本主义的兴起》,沈汉等译,商务印书馆2017年版。
27. [英]马克斯·韦伯:《新教伦理与资本主义精神》,郁喆隽选译,浙江大学出版社2018年版。
28. [英]威廉·R. 史密斯:《以色列的先知及其历史地位》,孙增霖译,上海三联书店

2013年版。

29. [美]弗朗西斯·福山：《政治秩序的起源：从前人类时代到法国大革命》，毛俊杰译，广西师范大学出版社2014年版。
30. [美]罗纳德·德沃金：《自由的法：对美国宪法的道德解读》（第3版），刘丽君译，上海人民出版社2017年版。
31. [日]紫山川崎三郎：《东邦伟人曾国藩》，王纪卿译，山西人民出版社2018年版。
32. [美]爱因斯坦：《爱因斯坦文集》（全3卷），许良英等编译，商务印书馆2010年版。
33. [英]詹姆斯·费尔格里夫：《地理与世界霸权》，胡坚译，浙江人民出版社2016年版。
34. [美]黑尔：《曾国藩与太平天国》，王纪卿译，山西人民出版社2018年版。
35. [美]拉塞尔·柯克：《美国秩序的根基》，张大军译，江苏凤凰文艺出版社2018年版。
36. [美]詹姆斯·Q.威尔逊：《美国官僚体制：政府机构的行为及其动因》，李国庆译，社会科学文献出版社2019年版。
37. [美]阿贝拉：《兰德公司与美国的崛起》，梁筱芸、张小燕译，新华出版社2016年版。
38. [法]卢梭：《社会契约论》，李平沤译，商务印书馆2011年版。
39. [英]格雷厄姆·沃拉斯：《政治中的人性》，朱曾汶译，商务印书馆2015年版。
40. [美]菲利普·霍夫曼：《欧洲何以征服世界？》，赖希倩译，中信出版社2017年版。
41. [美]斯蒂文·斯科特·古布泽：《弦理论》，季燕江译，重庆大学出版社2015年版。
42. [法]托克维尔：《论美国的民主》，吉家乐编译，浙江工商大学出版社2018年版。
43. [美]罗杰·G.牛顿：《探求万物之理：混沌、夸克与拉普拉斯妖》，李香莲译，上海科技教育出版社2013年版。
44. [日]宫崎市定：《中国的历史思想——宫崎市定论中国史》，张学锋等译，上海古籍出版社2018年版。
45. [挪]约翰·加尔通：《美帝国的崩溃：过去、现在和未来》，阮岳湘译，人民出版社2013年版。
46. [英]埃德蒙·柏克：《法国大革命反思录》，冯丽译，江西人民出版社2015年版。
47. [英]罗素：《西方哲学史》（上卷），何兆武、李约瑟译，商务印书馆1963年版。
48. [法]约翰·加尔文：《基督教要义》（上册、中册、下册），钱曜诚等译，生活·读书·新知三联书店2010年版。
49. [法]孟德斯鸠：《孟德斯鸠论中国》，许明龙编译，商务印书馆2016年版。
50. [英]休谟：《自然宗教对话录》，陈修斋、曹棉之译，商务印书馆1962年版。
51. [以]S.N.艾森斯塔特：《犹太文明：比较视野下的犹太历史》，胡浩、刘丽娟、张瑞译，中信出版社 2019 年版。

52. ［英］约翰·B. 汤普森：《意识形态与现代文化》，高铦等译，译林出版社 2019 年版。
53. ［英］安东尼·D. 史密斯：《民族认同》，王娟译，译林出版社 2018 年版。
54. ［英］詹姆斯·斯蒂芬：《自由·平等·博爱》，冯克利、杨日鹏译，江西人民出版社 2016 年版。
55. ［英］彼得·弗兰科潘：《第一次十字军东征》，欧阳敏译，海南出版社 2019 年版。
56. ［英］屈勒味林：《英国史》（全 2 册），钱端升译，红旗出版社 2017 年版。
57. ［法］孟德斯鸠：《论法的精神》（全 2 卷），许明龙译，商务印书馆 2012 年版。
58. ［英］戴雪：《英宪精义》，雷宾南译，中国法制出版社 2016 年版。
59. ［美］埃德蒙·福赛特：《自由主义传》，杨涛斌译，北京大学出版社 2017 年版。
60. ［古希腊］柏拉图：《理想国》，忠洁译，红旗出版社 2017 年版。
61. ［德］施瓦布：《古希腊神话与传说》，高中甫等译，商务印书馆 2015 年版。
62. ［德］黑格尔：《法哲学原理》，邓安庆译，人民出版社 2016 年版。
63. ［美］哈罗德·J. 伯尔曼：《法律与革命》（第 1 卷、第 2 卷），贺卫方等译，法律出版社 2018 年版。
64. ［德］伊曼努尔·康德：《康德论人性与道德》，石磊编译，中国商业出版社 2016 年版。
65. ［英］约瑟夫·拉兹：《法律体系的概念》，吴玉章译，商务印书馆 2018 年版。
66. ［德］费尔巴哈：《基督教的本质》，荣震华译，商务印书馆 1984 年版。
67. ［美］李侃如：《治理中国：从革命到改革》，胡国成、赵梅译，中国社会科学文献出版社 2010 年版。
68. ［英］伯特兰·罗素：《中国问题》，田瑞雪译，中国画报出版社 2019 年版。
69. ［德］卡尔·雅斯贝斯：《历史的起源与目标》，李夏菲译，漓江出版社 2019 年版。
70. ［日］小桥京花：《一学就会的毕达哥拉斯神奇数字》，黄智殿译，上海世界图书出版公司 2014 年版。
71. ［英］西蒙·蒙蒂菲奥里：《耶路撒冷三千年》，张倩红、马丹静译，民主与建设出版社 2015 年版。
72. ［法］亚历西斯·德·托克维尔：《旧制度与大革命》，马晓佳译，湖南人民出版社 2013 年版。
73. ［奥地利］阿尔弗雷德·阿德勒：《洞察人性》，张晓晨译，上海三联书店 2016 年版。
74. ［德］海德格尔：《存在与时间》，陈嘉映、王庆节译，生活·读书·新知三联书店 2014 年版。
75. ［美］格若赫姆·罗珀：《博弈论导引及其应用》，柯华庆、闫静怡译，中国政法大学出版社 2005 年版。

76. 《古兰经》（第4版），马坚译，中国社会科学出版社1995年版。
77. [美]约翰·罗尔斯：《正义论》，何怀宏等译，中国社会科学出版社1988年版。
78. [古希腊]柏拉图：《法律篇》（第2版），张智仁、何勤华译，商务印书馆2016年版。
79. [美]傅高义：《邓小平时代》，冯克利译，生活·读书·新知三联书店2013年版。
80. [德]卡尔·雅斯贝斯：《时代的精神状况》，王德峰译，上海译文出版社2015年版。
81. [美]威廉·巴雷特：《非理性的人》，段德智译，上海译文出版社2019年版。
82. [美]本尼迪克特·安德森：《想象的共同体：民族主义的起源与散布》，吴叡人译，上海人民出版社2016年版。
83. [以]尤瓦尔·赫拉利：《人类简史：从动物到上帝》，林俊宏译，中信出版社2017年版。
84. [美]塞缪尔·亨廷顿：《文明的冲突与世界秩序的重建》，周琪等译，新华出版社2009年版。
85. [美]斯塔夫里阿诺斯：《全球通史：从史前到21世纪》（第7版），吴象婴等译，北京大学出版社2017年版。
86. [英]爱德华·卢斯：《西方自由主义的衰落》，张舒译，山西人民出版社2019年版。
87. [美]麦康奈尔：《美国的宗教与法律：立国时期考察》，程朝阳译，法律出版社2015年版。
88. [美]道格拉斯·C.诺思、约翰·约瑟夫·瓦利斯、巴里·R.温格斯特：《暴力与社会秩序：诠释有文字记载的人类历史的一个概念性框架》，杭行、王亮译，格致出版社、上海三联书店、上海人民出版社2013年版。
89. [美]约翰·范泰尔：《良心的自由——从清教徒到美国宪法第一修正案》，张大军译，贵州大学出版社2011年版。
90. [英]亚当·斯密：《道德情操论》，蒋自强等译，商务印书馆2015年版。
91. [德]阿图尔·叔本华：《附录和补遗》（第1卷），韦启昌译，上海人民出版社2018年版。
92. [德]叔本华：《人生的智慧》（第2版），韦启昌译，上海人民出版社2018年版。
93. [英]史蒂芬·霍金：《果壳中的宇宙》，吴忠超译，湖南科学技术出版社2002年版。
94. [英]约翰·洛克：《政府论》（上篇、下篇），丰俊功、张玉梅译，北京大学出版社2014年版。
95. [德]马克思、恩格斯：《共产党宣言》，中共中央马克思恩格斯列宁斯大林著作编译局编译，人民出版社2014年版。
96. [美]弗朗西斯·福山：《历史的终结与最后的人》，陈高华译，广西师范大学出版社2014年版。
97. [美]博登海默：《博登海默法理学》，潘汉典译，法律出版社2014年版。

98. [美]罗伯特·C.埃里克森:《无需法律的秩序:相邻者如何解决纠纷》,苏力译,中国政法大学出版社 2016 年版。
99. [美]杰克·奈特:《制度与社会冲突》,周伟林译,上海人民出版社 2017 年版。
100. [美]马歇尔·萨林斯:《人性的西方幻象》,王铭铭编选,赵丙祥、胡宗泽、罗杨译,生活·读书·新知三联书店 2019 年版。
101. [美]理查德·佛罗里达:《新城市危机:不平等与正在消失的中产阶级》,吴楠译,中信出版社 2019 年版。
102. [日]丸山真男:《现代政治的思想与行动》,陈力卫译,商务印书馆 2018 年版。
103. [德]弗里德里希·尼采:《权力意志》,孙周兴译,上海人民出版社 2018 年版。
104. [美]赫伯特·马尔库塞:《单向度的人:发达工业社会意识形态研究》,刘继译,上海译文出版社 2008 年版。
105. [英]哈特:《法律的概念》(第 3 版),许家馨、李冠宜译,法律出版社 2018 年版。
106. [德]叔本华:《作为意志和表象的世界》,石冲白译,商务印书馆 1982 年版。
107. [古希腊]亚里士多德:《读懂亚里士多德的第一本书:形而上学》,黄颖译,中国华侨出版社 2017 年版。
108. [英]约翰·斯普林霍尔:《青年、流行文化与道德恐慌:从下等戏院到匪帮说唱,1830—1996》,王华、骆益、孔潭译,中国青年出版社 2018 年版。
109. [美]丹尼尔·贝尔:《意识形态的终结:50 年代政治观念衰微之考察》,张国清译,中国社会科学出版社 2013 年版。
110. [英]亚当·斯密:《国富论》,胡长明译,重庆出版社 2015 年版。
111. [美]罗纳德·德沃金:《民主是可能的吗?新型政治辩论的诸原则》(第 2 版),鲁楠、王淇译,北京大学出版社 2014 年版。
112. [美]安德鲁·纳戈尔斯基:《纳粹猎人》,陈鑫译,社会科学文献出版社 2019 年版。
113. [美]杰夫·谢索:《至高权力:罗斯福总统与最高法院的较量》,陈平译,文汇出版社 2019 年版。
114. [英]赫克托·麦克唐纳:《后真相时代》,刘清山译,民主与建设出版社 2019 年版。
115. [美]悉德尼·布拉德肖·费伊:《第一次世界大战的起源》,于熙俭译,文化发展出版社 2019 年版。
116. [美]拉塞尔·柯克:《保守主义思想:从伯克到艾略特》,张大军译,江苏凤凰文艺出版社 2019 年版。
117. [英]阿诺德·汤因比:《一个历史学家的宗教观》,曼可佳、张龙华译,上海人民出版社 2016 年版。
118. [德]诺贝特·埃利亚斯:《文明的进程:文明的社会发生和心理发生的研究》,王佩莉、袁志英译,上海译文出版社 2018 年版。

119. [美]汉娜·阿伦特:《论革命》,陈周旺译,译林出版社 2019 年版。
120. [美]黄仁宇:《从大历史的角度读蒋介石日记》,九州出版社 2011 年版。
121. [美]艾伦·布林克利:《美国史》(第 13 版),陈志杰等译,北京大学出版社 2019 年版。
122. [美]卡赞斯坦主编:《国家安全的文化:世界政治中的规范与认同》(英文版),北京大学出版社 2009 年版。
123. [美]汉娜·阿伦特:《极权主义的起源》(第 2 版),林骧华译,生活·读书·新知三联书店 2014 年版。
124. [美]沙希利·浦洛基:《大国的崩溃:苏联解体的台前幕后》,宋虹译,四川人民出版社 2017 年版。
125. [美]克林顿·罗西特:《近代西方国家的危机政府》,孙腾译,中国华侨出版社 2019 年版。
126. [荷]胡果·格劳秀斯:《战争与和平法》(第 2 版),[美] A. C. 坎贝尔英译,何勤华等译,上海人民出版社 2017 年版。
127. [英]约瑟夫·拉兹:《价值、尊重和依系》,蔡蓁译,商务印书馆 2016 年版。
128. [英] J. F. C. 富勒:《第二次世界大战(1939—1945):战略与战术的历史》,姚军译,文化发展出版社 2017 年版。
129. [英]大卫·休谟:《人性论》(全 2 册),贺江译,台海出版社 2016 年版。
130. [美] C. 赖特·米尔斯:《权力精英》,李子雯译,北京时代华文书局 2017 年版。
131. [美]斯蒂芬·吉利根:《潜意识之门:生生不息催眠圣经》,洪伟凯译,北京日报出版社 2018 年版。
132. [澳]彼得·哈里森:《科学与宗教的领地》,张卜天译,商务印书馆 2016 年版。
133. [德]马克斯·韦伯:《学术与政治》,冯克利译,商务印书馆 2018 年版。

后 记

博学鸿儒，心向往之，历经数载，矢志不渝；
大道至简，须臾不离，人能弘道，知行合一；
分别执着，大道则隐，格物致知，大道则显；
时空本无，方死方生，从心所欲，天人合一；
自利利他，天下为公，明明德者，方能亲民；
实事求是，不尚空谈，圣贤之德，今人存焉；
君子不器，仁者爱人，平等博爱，万法同源；
一叶障目，不见泰山，法亦如是，本立道生；
内求良知，外求物理，天地精神，存乎自心；
见地修证，归于行愿，三两知己，仁者万千；
文化为本，法治为用，所指同一，勿争高低；
宇宙三杰，人居其一，不可自贬，徒留物欲；
法门众多，八万四千，儒释道者，理应无别；
天道上帝，皆在人心，自强不息，厚德载物；
中华民族，多难兴邦，文化立国，大同可期；
今日中国，重塑人本，凝聚共识，伟大复兴！
感恩母校，感恩师长，感恩同仁，感恩圣贤！

致谢和声明

　　学术研究,讲求学以致用,而不是为了在自己的"主观世界"中打造一个与世隔绝的真空王国以求自娱自乐;本书的写作初衷在于为中国现代法治建设和国家治理提供一种个人视角,以求为中国现代法治建设尽一己绵薄之力。笔者虽自知"人微言轻",但深信"位卑未敢忘忧国",此乃激励笔者选此题目进行研究的动力。同时,学术研究和写作提倡创新,因为简单重复别人说过的话,并不是学术研究的使命。但是创新需要有感而发而不能言之无物,不能为了创新而创新般哗众取宠。本书的思考,起初并无太多"创新"之意,在数年的构思和写作过程中,文章的诸多观点随着自己的思绪逐步脱离了"主流"和"通说"而显得有些"另类",无心插柳式地创了一些"新"。可能在数年后,本书的观点可能会成为本人旗帜鲜明反对的论调,也可能成为本人继续坚持并得到更多学界同仁认可的主张,但是这些都不是今日之自己可以预见和左右的。数年之后唯一可以肯定的是,当年的这本书是用"心"创作的,也是表达了本人此人生时段内心真正认同的主张,而本人此时认为这些观点和主张是对中国现代法治建设定当有益的肺腑之言。

　　不违良知、不说假话,是在这本不足以自信有所建树的专著中,唯一能够聊以自慰的底线。"心底无私天地宽","海纳百川,有容乃大;壁立千仞,无欲则刚"。本书似乎缺少了太多顾及他人观感的现实考量,而平添了许多孤芳自赏的"书生意气"。恳切希望今后能够得到各位学界前辈和同仁的批评指正。本书对人生意义的话题进行了一些触及,但对本人来说,实则始终处于一种求索阶段,并且依然迷茫。多年的司法实践工作,让我对法治有了更多直观的感受,但是也积聚了越来越多的困惑,笔者进行学术研究的初心之一就是解决内心的这些困惑,因为对待法治领域出现的困惑,也事关人生终极意义的困惑。

致谢和声明

在写作过程中，得到了我的博士生导师——治学严谨、见地深刻、仗义执言、浩然正气的姜小川先生的悉心指导，而且先生总能以高风亮节对待弟子，虽不完全赞同笔者在本书中的诸多具体观点，但是却坚持"君子和而不同"之心态以对，笔者心中充满对先生的感恩与景仰之情。我的恩师——中共中央党校卓泽渊教授在百忙之中审阅了书稿并提出了诸多极为宝贵的指导意见，特别是提醒笔者要重视先秦儒家思想的发掘，以中庸之道评判近现代法治理论的诸多研究成果等，给了笔者极大的启发与鞭策，感激不尽。也要特别感谢中国政法大学出版社的各位同仁，特别是第五编辑部的丁春晖主任及其团队，他们的大力支持和辛勤汗水让本书能够得以面世。同时，家人、亲友的由衷理解、全力支持、鼓励鞭策和无私帮助带给我无限的感动和温暖，让我扛住了写作过程中面对的各种压力，当然这些压力更多的是源于自己知识的匮乏。在此要特别感谢妻子毛志宇的全力支持和默默付出。

在多年的生活、工作、求学经历中，本人有机会与更多的来自不同行业、职业、专业、地域的人接触并深入交流、倾听他们内心的声音。深入的交流加深了对原本与自己没有交集的不同人群的了解和理解，也更加让我坚信：人性本善。同时，本人也深刻感受到，在人民当家做主的新时代，在中国共产党的坚强领导之下，中华民族只要团结一心、致力于消除彼此的误解、成见与隔阂，定能创造出一个更加和谐、更加强大的现代中国；和谐、强大的现代中国，是现代中国人安身立命的首要依托；而人本文化的深入人心，让现代中国人找到安心立命的精神家园，这是一个国家强大、和谐的关键所在。"路漫漫其修远兮，吾将上下而求索"，中华优秀传统文化的弘扬和中国现代法治建设的一体推进，将是本人矢志不渝求索和践行的学术研究方向。

鄢晓实
2020 年 12 月